Kristin Westphal | Ursula Stenger | Johannes Bilstein (Hrsg.)
Körper denken. Erfahrungen nachschreiben

Räume in der Pädagogik

Herausgegeben von
Johannes Bilstein | Jutta Ecarius | Benjamin Jörissen |
Eckart Liebau | Ursula Stenger | Kristin Westphal |
Jörg Zirfas

Dass der Raum und die Vielfalt von Orten weit mehr sind als die Resultate von architektonischen Entscheidungen und sozialen Platzierungen, gilt mittlerweile als gesicherte Erkenntnis. In der Pädagogik ist die Frage nach dem Raum eine grundlegende Frage und gleichzeitig eine, deren zentrale Bedeutung noch nicht die ihr gebührende Aufmerksamkeit erhalten hat. Dabei ist die Pädagogik in allen ihren wissenschaftlichen und praktischen Perspektiven – theoretisch, empirisch, historisch, institutionell – auf eine Reflexion von Räumlichkeiten zentral angewiesen.

Kristin Westphal | Ursula Stenger |
Johannes Bilstein (Hrsg.)

Körper denken. Erfahrungen nachschreiben

BELTZ JUVENTA

FSC
www.fsc.org
MIX
Papier aus verantwortungsvollen Quellen
FSC® C089473

Dieses Buch ist erhältlich als:
ISBN 978-3-7799-6529-9 Print
ISBN 978-3-7799-5852-9 E-Book (PDF)

1. Auflage 2021

in der Verlagsgruppe Beltz · Weinheim Basel
Werderstraße 10, 69469 Weinheim

Herstellung: Ulrike Poppel
Satz: text plus form, Dresden
Druck und Bindung: Beltz Grafische Betriebe, Bad Langensalza
Printed in Germany

Weitere Informationen zu unseren Autor_innen und Titeln finden Sie unter: www.beltz.de

Inhalt

Ridnauntal. Südtiroler Berge

Einleitung. Körper denken. Erfahrungen nachschreiben

BERGAB
Wer einmal einsam einen Berg erstieg, erschöpft da oben ankam, um sodann mit Schritten, welche seinen ganzen Körperbau erschüttern, sich bergab zu wenden, dem lockert sich die Zeit, die Scheidewände in seinem Innern stürzen ein und durch den Schotter der Augenblicke trollt er wie im Traum. Manchmal versucht er stehen zu bleiben und kann es nicht. Wer weiß, ob es Gedanken sind, was ihn erschüttert, oder der rauhe Weg? Sein Körper ist ein Kaleidoskop geworden, das ihm bei jedem Schritte wechselnde Figuren der Wahrheit vorführt. (Walter Benjamin 1991, S. 407)[1]

Ich bin von den Bergen hinabgestiegen bis in die Fußnoten. (Helga Peskoller in einem Gespräch)

Wie kann man (den) Körper denken? Wie mit dem Körper denken? Das sind unsere Leitfragen für den vorliegenden Band, eine Festschrift, die Helga Peskoller zugedacht ist. Sie bedeuten, sich dem zuzuwenden, was mit dem Körper unablässig geschieht, den Erfahrungen, die wir nur mit dem Körper machen können, nicht ohne ihn – im Innehalten, Nachspüren, Nachsinnen, Nachdenken. Diese Erfahrungen nicht in abstrakte und luftige Höhen zu schicken, wo sie sich verflüchtigen, verdünnen oder ganz ausgelöscht werden, sondern nachzuschreiben, ist das Verbindendende der in diesem Band versammelten Beiträge aus unterschiedlichen Perspektiven. Das einleitende Zitat von Walter Benjamin schreibt in seiner ihm eigentümlichen Sprache nach, dass es nicht allein um den beflügelnden Gang in die Höhe geht, sondern mit dem Umkehrpunkt des Gipfels auch um den Abstieg des Körpers, wenn sein Gewicht eine vielleicht sogar schwierigere Herausforderung bedeutet. Denkt man Auf- und Abstieg zusammen, zeigt sich dies in Erfahrungen, die sich in der Spannung zwischen Widerständigkeit und Beflügelung, Aktion und Passion, Aktivität und Passivität, Erschütterung und Traum in vielfältigsten Nuancierungen und Schattierungen niederschlagen und entfalten. Eine Kulturgeschichte um die Erfahrung der Höhe artikuliert sich immer auch als eine des Fallens und Stürzens.[2] Bewegt werden dabei die Gedanken, Innen- und Außengrenzen sind nicht mehr trenn-

---

1 Walter Benjamin (1991): Das Kunstwerk im Zeitalter seiner technischen Reproduzierbarkeit (3. Fassung). In: Ders. Abhandlungen: Gesammelte Schriften I.2, S. 471–508.

2 Helga Peskoller (2017): BergDenken. Eine Kulturgeschichte der Höhe. Wien.

scharf auszumachen und können sich bei näherer Betrachtung sogar als imaginär erweisen.

Lebendige Körper sind Träger von Praktiken und Teil materieller Kulturen. Sie vermögen kollektives Wissen in der jeweiligen Tätigkeit individuell zur Geltung und zum Ausdruck zu bringen. Dabei ist der Körper als Handlungsträger, Ausdrucks- und Wahrnehmungsorgan an dem beteiligt, was er selbst hervorbringt: Wissen erschließt sich nicht *über* Körper allein, sondern dynamisch *durch* und *in* Körper/Bewegungen. Mit Helmuth Plessner, der mit dem Begriff Leib die „exzentrische Position" des Menschen markiert und zwischen dem Leibsein und Körperhaben unterscheidet, gelangt der Körper als ein Unruhestifter ins Spiel, tritt doch das Affektive, Emotionale, Un- und Vorbewusste, Ungesagte, Unerhörte oder Widrige zu Tage.

Die Differenz, als lebendiger Körper zu fungieren und gleichzeitig von sich Abstand nehmen zu können, ist die Voraussetzung der Befähigung bzw. die Bedingung der Möglichkeit des Menschen, über sich selbst nachzudenken und zur Sprache zu kommen. Das macht es möglich, Bezugshorizonte vom Anderen her, als historisch, mimetisch-performativ, differenzbewusst und prinzipiell als nicht abschließbar zu denken. Historizität im Wissen um die eigene Begrenztheit bedeutet dann, die Geschichtlichkeit aller Gegenstände mit irreduzibler Offenheit gegen die Festlegung auf eine spezifische Zukunft hin zu reflektieren. Performativität ist hier in dem Sinne gemeint, dass die Wirklichkeit des Menschen nicht in einem zeitlichen oder logisch vorgängigen Sinne existiert, sondern dass mit den Leibern, den Handlungen, den Bewegungen, Emotionen, mit anderen Menschen, Bergen und Wäldern Wirklichkeit erzeugt wird, die dann freilich im Nachschreiben gedacht werden.

In fünf Kapitel wenden wir uns dem Thema in unterschiedlichen Perspektivierungen zu: sei es aus (kultur)historischer, anthropologischer und phänomenologischer, ästhetischer oder künstlerischer Sicht. Auch Fotomotive und Zeichnungen von Bergen werden aufgegriffen.

Das **Kapitel 1 Körperlichkeit** thematisiert den Körper/Leib einerseits in seiner Materialität und Verletzbarkeit in verschiedenen Gestalten – als Atem, Narbe, Blut oder Haare – und andererseits in seiner Medialität, indem der Zusammenhang von Ereignis, Körper, Erfahrung und Kommunikation reflektiert wird.

Das **Kapitel 2 Körper im Raum/Verortungen** greift im Weiteren die Dimensionen auf, in denen sich Körper zwischen Ausdehnung und Zusammenziehung, zwischen Himmel und Erde, Horizont und Grund aufzuspannen vermögen. Ins Spiel kommen Subjektivierungsprozesse, gesellschaftliche, politische, raumbildende Prozesse. Deutlich wird an den Beiträgen, wie eng Körperlichkeit/Leiblichkeit mit den Dimensionen von Zeitlichkeit und Räumlichkeit und nicht zuletzt mit Machtverhältnissen verzahnt ist.

Im **Kapitel 3 Körper in Bewegung/unterwegs** geht es um die Beschreibung und Reflexion von existenziell menschlichen Erfahrungen in verschiedenen

Kontexten und Situationen. Der Körper in Bewegung ist zuallererst Orientierung im Raum. In der Bewegung erschließen sich immer wieder neu andere Horizonte. Nähe und Ferne, An- und Abwesenheit treten in immer wieder neuen Konstellationen zu Tage. Dies vollzieht sich je anders im Schwimmen, Gehen oder Mitgehen, unterwegs und in den Lüften beim Fallschirmspringen.

Das **Kapitel 4 Körper an der Grenze** öffnet demgegenüber den Blick auf Grenzerfahrungen, denen wir in Krisensituationen ausgesetzt sind. Solche Erfahrungen in der Spanne zwischen Selbstverlust und Selbstüberschreitung nachzuschreiben, geht einher mit dem Vorgang des Erinnerns. Unmittelbare Eindrücke, Momente, Sprünge und Lücken im Erinnern werden in Sprache überführt, die danach drängt, sie entweder in eine sinnvolle, nachvollziehbare Erzählung oder in eine dichte oder szenische Beschreibung zu geben, die auch poetische Züge annehmen kann – wie unsere Beiträge zeigen. Auf dem Weg gehen Elemente verloren; neue, unbekannte stellen sich im Nachschreiben ein: *wechselnde Figuren der Wahrheit* – wie es Benjamin in unserem Zitat nennt, „wenn aber eine haftet, heißt sie ein ‚Satz'"[3].

Nicht zuletzt schließt sich der Bogen mit dem **Kapitel 5 Körper in der Kunst/ästhetischen Erzeugung.** Thematisch wird, dass Körper und Wahrnehmung – in ganz besonderer Weise in den darstellenden Künsten (beim Tanzen ist der Leibkörper Medium und Gegenstand ineins) – daran beteiligt sind, gewohnte Hör-, Seh-, Fühl- und Denkmuster zu befragen und zu irritieren. Eröffnet werden Möglichkeitsräume, andere Sichtweisen auf Selbst und Weltverhältnisse und andere Formen des Mit-einander Handelns. In den Künsten begegnet uns der Körper *als* fremder Körper. So erfahren wir im Theater, wie ein Körper im Spiel vor anderen zu einem anderen imaginiert werden kann. In der Bildenden Kunst ist es der Körper des Bildes, das uns Zeugnis gibt über die damit verbundenen Menschheitsbilder sowie Transformationen.

Zwischen den Kapiteln finden sich Abbildungen von Bergen in vielerlei Gestalt, allen möglichen Silhouetten, Stimmungen, Variationen von Faltungen und Formungsarten – fotografiert von Helmut Eberhöfer, Lebensgefährte und im buchstäblichen Sinne Wegbegleiter von Helga Peskoller, hat er doch all die Berge mit ihr zusammen bestiegen und durchquert.

Kristin Westphal. Ursula Stenger. Johannes Bilstein
Frankfurt, Köln 1.4.2021

---

3 Pariser Tagebuch, 11. Februar 1930, GS IV.1, S. 586f. Frankfurt am Main.

1 Körperlichkeit

Apuanische Alpen. Cararra

Der Körper im Text

Pädagogisch-anthropologische Gedanken zum Atem und zur Narbe anhand von Paul Austers Winterjournal

Jörg Zirfas

„Es geht um die Schwerkraft, die den Körper zum Boden zurückholt und es geht um die Einbildungskraft, die dagegen zu halten versucht."
Helga Peskoller, Stürzen

Jahrhundertelang stand der Körper in der Pädagogik sozusagen im „Schatten des Geistes". Zwar finden wir schon in der griechischen und römischen Antike die Vorstellung eines engen Zusammenhangs von Körper und Geist, aber wir finden in den Anfängen des abendländischen Denkens auch eine bis heute andauernde Vormachtstellung des Geistes (der Vernunft, des Verstandes, der Rationalität, des Intellekts etc.) über den Körper. Seit dem 19. Jahrhundert – und hier vor allem mit Friedrich Nietzsches (1844–1900) Überlegungen zu einer „Phänomenologie des Körpers" – wird der Körper gegenüber dem Geist – rehabilitiert und neu bewertet; aber es dauert noch einmal hundert Jahre, bis in den achtziger Jahren des letzten Jahrhunderts der Körper auch eine systematisch prominente Stelle in den Theorien und Modellen der Pädagogik einnimmt (vgl. Rumpf 1981; Kamper/Wulf 1982; 1984; zur Lippe 1988). Hierbei ist gelegentlich – im Anschluss an die philosophische Anthropologie von Helmuth Plessner – auch auf die Differenz vom Körper als dinglichem Phänomen einer begreifenden Außenwahrnehmung und vom Leib als Phänomen einer spürenden Innenerfahrung aufmerksam gemacht worden: Den Körper hat man, leiblich ist man.

Ausgehend von der Phänomenologie, der Psychologie, der Soziologie, der Philosophie und der Geschichtswissenschaft bemüht sich seit dieser Zeit auch die Pädagogische Anthropologie verstärkt um eine theoretische Aufarbeitung des Körpers bzw. des Leibes. Denn dieser ist nicht nur Voraussetzung jeder Form von Erziehung und Bildung, sondern auch ihr prinzipielles Medium: Erziehungs- und Bildungsprozesse verlaufen zentral über die Körperlichkeit des Educanden wie des Erziehers. So ist in den genannten Disziplinen immer wieder hingewiesen worden auf die mit dem Prozess der Zivilisation verbundene Trennung von Körper, Geist und Seele, auf die Folgen von Disziplinierung, Normierung und Geometrisierung des Körpers, auf die Rationalisierung, Inszenierung und Produktion von Körperlichkeit, auf die Fragen eines ein- oder transgeschlechtlichen Körpers oder auf die Möglichkeiten und Fähigkeiten des Körpers mit Bezug auf die Wahrnehmung, die Erfahrung, die Gefühle, die Imagination und die Wünsche. Darüber hinaus liegen auch Ansätze vor, die die Entmaterialisierung durch die Bildmedien, die Technologisierung durch die life sciences und die Fragmentarisierung eines holistisches Körperbildes bedenken (vgl. Bilstein/Brumlik 2013).

Als eine Grundthese der zeitgenössischen Pädagogischen Anthropologie kann gelten, dass es einen sog. „natürlichen" Körper nicht gibt (und daher auch keine „natürlichen" Sinnlichkeiten, Leidenschaften, Bewegungen etc.), und dass wir daher nur von Körperkonstruktionen unterschiedlichster Provenienz sprechen können, die wiederum in der Pädagogik zu unterschiedlichen Bildungs- und Erziehungskonzeptionen Anlass gaben und insofern auch unterschiedliche Effekte gezeitigt haben. Die Vorstellungen, die die Antike von einem „Körper" hatte (vgl. Snell 1993), sind andere, als diejenigen, die wir im zeitgenössischen Indien finden (vgl. Michaels/Wulf 2009), der Körper eines Bauarbeiters ist ein anderer als der Körper des Künstlers (vgl. Lohwasser/Zirfas 2014) und insofern sind auch die sozialen Erwartungen im körperlichen Verhalten und im körperlichen Miteinander sehr unterschiedlich. Wenn hier von „Natürlichkeit" die Rede ist, so sind damit nicht die genetischen Ausstattungen des Menschen gemeint (auch diese sind ja durchaus different) und auch nicht die physiologischen und biochemischen Stoffwechselprozesse des Körpers oder der Körper als Organismus. „Natürlichkeit" als feststehende (biologische) Grundlage lässt sich im Kontext der (evolutionären) Entwicklung des Körpers nicht auffinden. Hierzu schreibt Dietmar Kamper: Der Körper „kann um keinen Preis als natürlich oder ursprünglich angenommen werden. Vielmehr muss er als lebendig-wirksames ‚Resultat' der Evolution, der Vorgeschichte und der Geschichte in Rechnung gestellt werden. Das gäbe den historischen Human- und Sozialwissenschaften, insbesondere der historischen Anthropologie, einen Vorrang vor den Naturwissenschaften und vor den Varianten der naturwissenschaftlichen Anthropologie" (Kamper 1997, S. 407).

Im Folgenden möchte ich mir vor diesem Hintergrund aus der Sicht einer historisch-pädagogischen Anthropologie zwei Motive der Autobiographie von Paul Auster Winter Journal (2013), die er mit 65 Jahren veröffentlichte, näher betrachten. Interessant ist dieses Buch von Auster zum einen deshalb, weil er – wie der Klappentext verrät – „die Bilanz seines intensiv gelebten Lebens – am Beispiel der Geschichte seines Körpers" schreibt. Dazu heißt es: „Was immer erzählt werden kann, muss von innen kommen, aus deinem Inneren, aus der Sammlung von Erinnerungen und Wahrnehmungen, die du in deinem Körper mit dir herumträgst" (ebd., S. 148). Das heißt, das Buch präsentiert Körpererfahrungen der Gegenwart oder der Vergangenheit aus der Innenperspektive des Subjekts. Und es macht zweitens darauf aufmerksam, dass Körpererfahrungen eine Geschichte durchlaufen, also Resultate einer gelebten Biographie sind, die wir aber nicht anders haben als in Texten und Geschichten.

Mir geht es dabei nicht um die Perspektive einer erziehungswissenschaftlichen Biographieforschung, die häufig den Blick auf die mehr oder weniger reflektierte Innenperspektive auf Lernprozesse im Kontext mit objektiv vorgegebenen, institutionalisierten Lernmöglichkeiten lenkt (vgl. Krüger/Marotzki 2006), sondern um die Perspektive einer pädagogischen Anthropologie, die – im Sinne Kampers – im Hinblick auf unterschiedliche Körperformationen, -teile und -aspekte mit unterschiedlichen disziplinären und methodischen Zugängen – je unterschiedliche Facetten, Zusammenhänge und Differenzen verdeutlichen kann. Ich verzichte daher auch auf ein Porträt des Autors (vgl. Wikipedia 2020) und widme mich nur zwei körperlichen Aspekten in pädagogisch-anthropologischer Absicht, nämlich den weniger diskutierten Narben und dem kaum bedachten Atmen. An diese Phänomene knüpfe ich ohne Anspruch auf Systematik und Generalisierbarkeit einige Überlegungen.

> „Das Inventar deiner Narben, insbesondere der in deinem Gesicht, die du jeden Morgen, wenn du dich rasierst oder dir die Haare kämmst, im Badezimmerspiegel sehen kannst. Du denkst selten daran, aber wenn du es tust, begreifst du, es sind Zeichen des Lebens, die verschiedenen in dein Gesicht geschnittenen zerklüfteten Linien sind Buchstaben aus dem geheimen Alphabet, dass die Geschichte dessen erzählt, der du bist, denn jede einzelne Narbe ist die Spur einer verheilten Wunde, und jede einzelne Wunde war das Ergebnis einer unerwarteten Kollision mit der Welt – soll heißen, eines Unfalls, als einer Sache, die nicht hätte zu passieren brauchen, denn ein Unfall ist per definitionem etwas, das nicht zu passieren braucht. Zufälle im Gegensatz zu Notwendigkeiten, und heute früh beim Blick in den Spiegel die Erkenntnis, dass alles Leben zufällig ist, ausgenommen die einzige Notwendigkeit, dass es früher oder später zu Ende gehen wird“ (Auster 2013, S. 11 f.).

In dieser kleinen Beobachtung stecken über die Narben hinaus und mit ihr zusammenhängend eine Fülle von Aspekten, die anthropologisch bedeutsam sind: das Gesicht, der Spiegel, das Unbewusste, das Leben, die Geschichte, die Wunde, der Unfall, die Kontingenz, die Notwendigkeit und der Tod. Ich gehe nur auf die Narben ein.

Die Narben werden von Auster definiert als „Zeichen des Lebens“ (ebd., S. 11). Sie sind wie eintätowierte Geschichten, die die Geschichte des Menschen erzählen, der sie „trägt“. Das gilt neben den „Narben alter Wunden“ auch für andere Zeichen, wie „Abnutzungen [...], von der Arbeit verhärtete Stellen, die Runzeln und Furchen vergangener Hoffnungen, Flecken, Male, Ekzeme, Schuppenflechten, Begierden“ (Serres 1993, S. 20). Alle diese Zeichen, und vor allem wohl die Narben, verdeutlichen eine Verletzlichkeit des Menschen, erinnern ihn an seine Fragilität und Endlichkeit und vermitteln ihm – wenngleich häufig unbewusst – die Erkenntnis, dass das Leben aus Unfällen, Krankheiten und Verwundungen besteht, die die Grenze des Körpers stetig und nachhaltig durchbrechen: Gerade im Spiegel kann man das sehen, wenn man nur hinschaut. Denn diese „natürlichen Tätowierungen" werden häufig „abgewehrt, da sie für alle ganz offensichtlich das statuarische Erscheinungsbild der medialen Persona verunreinigen, anknacksen, aufbrechen. Ihre Haut ist nicht die geschlossene und sauber polierte, fugenlose Fläche, die Sie vielleicht gerne an sich selbst als einer Statue sehen wollen" (Schulze 2020, S. 80).

Das buchstäbliche Reflektieren der Narben im Spiegel setzt die Erinnerung in Gang, die eine Geschichte der Wunden aktualisiert: „Narben von aufgeplatzten Augenbrauen, eine links und eine rechts, nahezu perfekt symmetrisch, die erste nachdem du beim Völkerball im Turnunterricht der Grundschule mit Karacho gegen eine Mauer gerannt warst [...], die zweite mit Anfang zwanzig, als du beim Basketball Anlauf zu einem Korbleger nahmst und ein Foul von hinten dich gegen den metallenen Korbpfosten fliegen ließ" (Auster 2013, S. 13 f.). In diesem Sinne dient die Phantasie – wie Kamper (1990) sie verstand – als Medium der Entschlüsselung der Narbenschrift und als Erinnerung an die Verwundungen. Genauer ist die Phantasie der Ort der Verwundung und die Narbe der Ort des Gedächtnisses. Die (schriftstellerische) Phantasie birgt dann die Möglichkeit einer Permanenz der Verwundungen und ist damit ein eminenter Ort der Selbstvergewisserung. Der Mensch erscheint als Geschichte seiner Narben. Man kann nach Kamper einer Hermeneutik der Narbenschrift nicht entgehen, sie birgt einen einzigartigen Wiederholungszwang: „Die Menschen versuchen Vergangenheit wiederzuholen und zu wiederholen" (ebd., S. 218). Die Vergangenheit wiederzuholen kann nicht gelingen, doch sie zu wiederholen ist in vielen, wenn auch nicht in allen Fällen möglich: „Eine weitere Narbe an deinem Kinn, Ursprung ungekannt. Sehr wahrscheinlich in früher Kindheit zugezogen [...] und du findest es merkwürdig, wenn nicht regelrecht verwirrend, dass etwas, das man nur eine unsichtbare Hand nennen kann, dir diesen Strich auf die Haut gezeichnet hat, dass dein Körper der Schauplatz von Ereignissen ist, die aus der Geschichte ausgelöscht wurden" (Auster 2013, S. 14). Das phantasmatische Körpergedächtnis beschreibt mit Hilfe der Narben, wie sich die Kultur – bei Auster die des Sportes – in den Körper einschreibt und dabei Spuren hinterlässt. Bei Adorno heißt es, dass die Narben „nur unter Leiden, und nie ganz, integriert [... werden]. Die Zufügung dieser Narben ist eigentlich die Form, in der die Gesellschaft sich im Individuum durchsetzt" (Adorno 1952, S. 24). Und gelegentlich ist es nicht mehr rekonstruierbar, wann und wie sich die Kultur in das Individuum „durchgesetzt" hat.

Die Metapher der Narbenschrift, die es zu entziffern gilt, verweist auch auf die Metaphorik der Durchbrechung der Körperoberfläche, wenn etwas in sie „hineingeschrieben", „geritzt" oder „eingebrannt" wird. Vor allem Nietzsche hat in seiner „Genealogie der Moral" (Zweite Abhandlung) daran erinnert, dass keine Gedächtnisschulung ohne einen körperlichen Prozess vonstatten gehe, der dem Menschen mit „Blut, Martern, Opfer“ ein Gedächtnis einbrennt. Die Vorgeschichte des Menschen ist für ihn vor allem durch die Mnemotechnik bestimmt, die den Charakter des Menschen durch ein System von Grausamkeiten prägt: „nur was nicht aufhört, wehzutun, bleibt im Gedächtnis – das ist ein Hauptsatz aus der allerältesten (leider auch allerlängsten) Psychologie auf Erden“ (Nietzsche 1984, S. 248). Autoren wie Nietzsche, Adorno, Kamper und Auster nehmen die Metaphorik der Körperdurchbrechung wörtlich, sie nehmen die körperlichen Zeichen als das, was sie sind: erinnerungswürdige Verletzungen, die „das Vermögen, den Schmerz des Materials zu empfinden, in das sich die Zeichen einschreiben“ (Kamper 1986, S. 149) erfordern. Und sie sind deshalb erinnerungswürdig, weil sie die Identität einer Person stiften (vgl. Kamper 1993). Denn das eingebrannte Gedächtnis der Narben führt zu jenen Verletzungen und Schmerzen, die „zweifellos beharrlicher und hartnäckiger“ (Auster 2013, S. 8) das Leben begleiten als die physischen Freuden der diversen körperlichen Lüste. Insofern ist es kein unwesentliches Faktum, dass der Mensch damit leben muss, dass er nicht alle Narben entziffern kann. Die sichtbare Vernarbung des Körpers als Einschreibung einer gewaltsamen Geschichte in den Körper und der damit implizierte Gegensatz einer nicht gewaltsamen Geschichte, verleiht den Narben einerseits eine (selbst-)aufklärerische Funktion und andererseits auch einen moralischen Appell: Sie sollten nicht sein. Und dennoch: Ein Mensch ohne Hautzeichen, ohne Narben und „eintätowierte Geschichten“ wäre ein totes Ideal, kein fühlendes Lebewesen.

Anthropologisch interessant erscheint aber noch eine andere Spur, die Auster in seinem Journal schon ganz Beginn legt, wenn er von seinem Schreiben als einer „Phänomenologie des Atmens“ (ebd., S. 7) spricht. Das Atmen ist ein Verweis auf ein existentielles anthropologisches Geschehen. Atmen geschieht in der Regel unbewusst; doch Leben erscheint ohne Atmen undenkbar. Vom ersten bis buchstäblich letzten Augenblick begleitet das Atmen nicht nur das menschliche Leben: „Atem leitet sich wohl von Atman ab, dem hinduistischen Begriff für Einzelseele, die mit der Weltseele eins ist. […] Auch Begriffe der abendländischen Kultur wie Geist, Seele und Esprit verweisen auf Lebenskraft und Atem: das griechische Pneuma für Wind, Atem und Selle, Psyche für Hauch, Atem und Leben sowie das lateinische Spiritus für Mut, Atem und Geist. […] Atem ist ein allgemeines Prinzip des Seins. Ein Prozess des Austausches, des Wechsels, der Umwandlung.“ (Eickhoff 2004, S. 264 ff.) Wenn man sich jeden Atemzug abringen muss, kämpft man gegen den Tod, wenn man in der Natur frei atmen kann, fühlt man die Lust am Leben, wenn der Atem zum Stocken kommt, überfällt einen die Angst, wenn einem der Atem wegbleibt, ist man verblüfft, geht der Atem schneller, so wird die Vitalität spürbar. Gerade der freie Atem verweist auf Motivation, Lebenskraft, Gefühl und Spontaneität. „Was auf dich eindringt, was immer auf dich eingedrungen ist: das Äußere, soll heißen die Luft – oder genauer, dein Körper in der dich umgebenden Luft. [...] Fürs Erste denkst du an den Wind. Später, wenn es die Zeit erlaubt, wirst du an Hitze und Kälte denken, an die unzähligen Arten von Regen, die Nebel, durch die du gestolpert bis wie ein Mann ohne Augen, an das wahnsinnige Trommelfeuer des Hagels auf den Dachziegeln des Hauses in Var." (Auster 2013, S. 18)

„Atmen bedeutet, die Welt zu genießen" (Coccia 2018, S. 96) – selbst dann, wenn es schwierig wird: „Du hältst dein Gesicht in den Wind, versuchst auf dem Bürgersteig voranzukommen, aber sosehr du dich mühst, dein Ziel zu erreichen, du kannst dich nicht bewegen. Der Wind donnert dir entgegen, und anderthalb Minuten lang steckst du fest." (Auster 2013, S. 19)

In diesem Sinne ist der Mensch kein Bewohner der Erde, sondern ein Bewohner diverser Atem-Atmosphären: „Die Atmosphäre ist unsere erste Welt, das Milieu, in dem wir vollständig eintauschen: die Sphäre des Atems." (Coccia 2018, S. 53, 69) Das Atmen verweist auf eine elementare Verbindung des Menschen zu einer Umgebung, auf ein fluides Miteinander des wechselseitigen Eintauchens: „Das Eintauchen ist [...] zuallererst eine Aktion der wechselseitigen Durchdringung von Subjekt und Umwelt, Körper und Raum, Leben und Milieu [...]: Damit es zu einem Eintauchen kommt, müssen Subjekt und Umwelt einander aktiv durchdringen. [...] Das umgebende Milieu zu durchdringen bedeutet, von ihm durchdrungen zu werden. In jedem Raum des Eintauchens verschmelzen formal Tun und Erfahren, Handeln und Erdulden." (ebd., S. 55 f.) Wir atmen Welt ein, werden von ihr durchdrungen und atmen uns in die Welt aus, werfen uns ihr entgegen. Die Unbewusstheit des Atmens verdeckt seine Dramatik: Menschen können nicht in Räumen sein, ohne durch ihr Atmen die Atmosphäre zu verändern und: Menschen können nicht in Räumen sein, ohne durch die Atmosphären verändert zu werden. Atmosphären verbinden das Atmen mit der Luft, der Stimmung und dem Gemüt (Eickhoff 2004, S. 269).

Darüber hinaus ist Atmen auch eine performative Form der Selbst- und Weltgestaltung: „In-der-Welt-Sein bedeutet zwangsläufig Welt machen: Jede Aktivität der Lebewesen ist ein Akt des Designs im lebendigen Leib der Welt" (Coccia 2018, S. 57); aber auch jeder Akt der (atmosphärischen) Welt ist ein Akt des Designs am lebendigen Körper des Menschen. Da der Mensch die Welt atmend bewohnt, teilt er diese Welt mit allen Lebewesen, ist er diesen anderen Lebewesen buchstäblich ausgesetzt – atmen die Menschen doch die Luft anderer Lebewesen. Der Atem ist die „Kunst der Mischung" (ebd., S. 73), ohne im anderen aufzugehen oder mit ihm zu verschmelzen. Der Atem ist zugleich eine Form des Kannibalismus wie der Heimsuchung. Es gibt eine Reihe von Institutionen, „die den Menschen durch den Atem erziehen", wie etwa „Schule, Klöster, Kontore, Universitäten, Akademien, moderne Berufe. [...] Kultur ist Atemformung. Ist Einübung in die Kultur und ins Atmen, ist Eingriff in das spontan verlaufende Ein- und Ausatmen" (Eickhoff 2004, S. 269). Mit den oft unbewussten Atemübungen, werden nicht nur Körper, sondern auch Motivationen und Emotionen reguliert. Und es scheint kein Zufall zu sein, dass das Zurückhalten des Atems im Laufe der Zivilisation immer wieder als ein Mittel betrachtet worden ist, Menschen zu kontrollieren und zu beherrschen (ebd., S. 267).

„Der Atem ist der wahre logos der Welt, ihre Sprache, ihr Sprechen, das Organ ihrer Offenbarung." (ebd., S. 74) Der Atem verweist darauf, dass das Leben immer auch das Leben der anderen ist, ein Leben von anderen und für andere, ein Leben von Relationalität, Öffnung, Durchlässigkeit, Ausgesetztsein, Angewiesensein, Austausch, Durchdringung und Mischung. So kann man bei Donald W. Winnicott erfahren, dass sich der eigene Atem wohl dem der Mutter verdankt – „Für ein Baby, das gerade auf die Welt gekommen ist, hat die Atmung der Mutter vermutlich eine Bedeutung, während seine eigene, schnelle Atmung solange bedeutungslos bleibt, bis sie sich dem Rhythmus der Mutter anzugleichen beginnt" (Winnicott 1994, S. 205) – und bei Peter Sloterdijk heißt es, dass die Menschen „Schwebewesen" sind, „wenn schweben bedeutet: von geteilten Stimmungen und von gemeinsamen Annahmen abhängig zu sein"; daher bildet das „Sein-in-Sphären für Menschen das Grundverhältnis" (Sloterdijk 1998, S. 48, 46). Im Atmen zeigt sich, wie Bewegung und Stillstehen, Wahrnehmung und Verdauung, Spüren und Denken, Verstehen und Handeln und auch wie Ich und Anderer, Leben und Sterben ineinanderfließen.

Blicken wir auf die Narben und auf das Atmen so wird wohl deutlich, dass der Körper über sich hinausgeht, dass er in einen Kontext ungewollter Empfänglichkeiten eingelassen, Umwelteinflüssen ausgesetzt und anfällig für spezifische Situationen, kurzum: dass er sensibel ist. Es ist kein Zufall, dass Auster am Anfang seines Buches daran erinnert, dass es ein „Katalog von Sinnesdaten" ist, der seine Autobiographie strukturiert (Auster 2013, S. 7). Wir müssen den Körper und seine Sensibilitäten nicht von seinen Vermögen, sondern von seinen Relationen her denken. Die Synonyme für Sensibilität wie Aufmerksamkeit, Achtsamkeit, Empfindlichkeit, Empathie, Feinfühligkeit, Gespür, Offenheit, Takt, Vorsicht und Zartgefühl verweisen uns auf einen Zustand der Relationen, der sich in einem Raum zwischen den Körpern oder zwischen den Körpern und den Gegenständen und Atmosphären herstellt. Diese Relationalität umfasst einen weiten Phänomenbereich, der von niedriger Sensibilität über Normal- bis Hochsensibilität – oder auch von Coolness und Blasiertheit, die nichts mehr tangiert über ein angemessenes Interesse und eine vorsichtige Perspektivenübernahme bis hin zum „Sensibelchen", das den stetigen Vorwurf der Verletzbarkeit aufruft – aufgespannt ist. Die Sensibilität setzt den Körper aufs Spiel, sie macht ihn vulnerabel (vgl. Burghardt et al. 2017). Sie öffnet ihn auf die Welt hin und verwickelt ihn mit ihr: „Unsere Empfänglichkeit für alles, was geschieht, ist eine Funktion und eine Wirkung der Vulnerabilität – des Offenseins gegenüber der Geschichte, des Registrierens eines Eindrucks oder des Beeindrucktwerdens." (Butler 2018, S. 195) Die Sensibilität führt uns aus uns heraus, lässt uns die Welt erfahren und erkunden, sie führt zu Formen des Verstehens, der Anerkennung und des Mitleids; mangelnde Sensibilität aber führt zu Formen der Verdinglichung und Enteignung des Anderen, zum Desinteresse und zur Arroganz.

Literatur

Adorno, Th. W. (1952): Die revidierte Psychoanalyse. In: Gesammelte Schriften. Band 8. Frankfurt am Main: Suhrkamp, S. 20–41.

Auster, P. (2013): Winterjournal. Reinbek bei Hamburg: Rowohlt.

Bilstein, J./Brumlik, M. (Hrsg.) (2013): Die Bildung des Körpers. Weinheim/Basel: Beltz Juventa.

Burghardt, D./Dederich, M./Dziabel, N./Höhne, Th./Lohwasser, D./Stöhr, R./Zirfas, J. (2017): Vulnerabilität. Pädagogische Herausforderungen. Stuttgart: Kohlhammer.

Butler, J. (2018): Anmerkungen zu einer performativen Theorie der Versammlung. Berlin: Suhrkamp.

Coccia, E. (2018): Die Wurzeln der Welt. Eine Philosophie der Pflanzen. München: Hanser.

Eickhoff, H. (2004): Ekstase und Atem. Urknall, Ursprung, Urschrei. In: Ch. Wulf, J. Zirfas (Hrsg.), Paragrana. Internationale Zeitschrift für Historische Anthropologie. Band 13. Heft 2: Rausch, Sucht, Ekstase. Berlin: Akademie Verlag, S. 254–277.

Kamper, D. (1986): Zur Soziologie der Imagination. München: Hanser.

Kamper, D. (1990): Phantasie und Gedächtnis – das Drama der Erinnerung. In: W. Zacharias (Hrsg.), Zeitphänomen Musealisierung. Das Verschwinden der Gegenwart und die Konstruktion der Erinnerung (S. 211–219). Essen: Klartext.

Kamper, D. (1993): „Der Geist tötet, aber der Buchstabe macht lebendig". Zeichen als Narben. In: H.-U. Gumbrecht, K. L. Pfeiffer (Hrsg.), Schrift (S. 193–200). München: Fink.

Kamper, D. (1997): Körper. In: Ch. Wulf (Hrsg.), Vom Menschen. Handbuch Historische Anthropologie. Weinheim/Basel: Beltz, S. 407–416.

Kamper, D./Wulf, Ch. (Hrsg.) (1982): Die Wiederkehr des Körpers. Frankfurt am Main: Suhrkamp.

Kamper, D./Wulf, Ch. (Hrsg.) (1984): Das Schwinden der Sinne. Frankfurt am Main: Suhrkamp.

Krüger, H.-H./Marotzki, W. (Hrsg.) (2006): Handbuch Erziehungswissenschaftliche Biographieforschung. 2. überarbeitete u. aktualisierte Aufl. Opladen: VS Verlag.

Lohwasser, D./Zirfas, J. (Hrsg.) (2014): Der Körper des Künstlers. Ereignisse und Prozesse der Ästhetischen Bildung. München: kopaed.

Michaels, A./Wulf, Ch. (Hrsg.) (2009): Paragrana. Internationale Zeitschrift für Historische Anthropologie. Band 18. Heft 1: The Body in India: Ritual, Transgression, Performativity. Berlin: de Gruyter.

Nietzsche, F. (1984): Werke. Band 3. Hrsg. v. K. Schlechta. Frankfurt am Main/Berlin/Wien: Ullstein.

Peskoller, H. (2020): Stürzen. Horizontumkehr, Grenzziehung, ästhetische Bildung. In: M. Krebs, J. Noack Napoles (Hrsg.), Bewegungen denken – Pädagogisch-anthropologische Skizzen (S. 93–108). Beltz Juventa.

Rumpf, H. (1981): Die übergangene Sinnlichkeit. Weinheim/München: Juventa.

Schulze, H. (2020): Aus dem verletzten Leben. Eine Körperanthropologie der Wunden. In: M. Dederich, J. Zirfas, J. (Hrsg.), Paragrana. Internationale Zeitschrift für Historische Anthropologie. Band 28. Heft 2: Mängelwesen Mensch. Berlin: De Gruyter, S. 76–85.

Serres, M. (1993): Die Fünf Sinne. Eine Philosophie der Gemenge und Gemische. Übersetzt von M. Bischoff. Frankfurt am Main: Suhrkamp.
Sloterdijk, P. (1998): Sphären I. Blasen. Frankfurt am Main: Suhrkamp.
Snell, B. (1993): Die Entdeckung des Geistes. Studien zur Entstehung des europäischen Denkens bei den Griechen. 7. Aufl. Göttingen: Vandenhoek & Ruprecht.
Wikipedia (2020): https://de.wikipedia.org/wiki/Paul_Auster (Stand: 19.02.2020).
Winnicott, D.W. (1994): Die menschliche Natur. Stuttgart: Klett Cotta.
Zur Lippe, R. (1988): Vom Leib zum Körper. Naturbeherrschung am Menschen in der Renaissance. Reinbek bei Hamburg: Rowohlt.

Das Konfinium der Haare

Autobiographische Strähnen

Hartmut Böhme

Als Kind hatte ich aus dem elterlichen Bücherschrank den Roman „Sinuhe der Ägypter“ von Mika Waltari (1945, dt. 1950) entführt – der weltweit erfolgreichste finnische Roman: über das heiße Ägypten des 14. vorchristlichen Jahrhunderts. Ich erinnere fast nichts, und ich will den 1100-Roman auch nicht wieder lesen. Aber haarscharf erinnere ich die sexuellen Szenen, besonders die Schilderung des gänzlich haarlosen Körpers der Frauen, die erst dadurch ihre Schönheit vollendeten. In der Öffentlichkeit trugen sie Perücken. Diese haarlose Nacktheit: konnte das denn sein? Einerseits sehnte ich mich nach Haaren, die mich zum Mann machen würden; andererseits sollte die wahre Schönheit der Frauen haarlos sein? Ich versuchte, in der dörflichen Badeanstalt die Frauen beim Umkleiden nackt zu erhaschen: Haare, Haare. Dann beobachtete ich, wie das Rasieren der Beine begann. Und ich ahnte, dass die ägyptische Schönheit auch im Norden eine Heimstatt finden würde. Ja, dass ich dies noch erleben durfte! So sage ich mir heute selbstironisch angesichts der ägyptischen Nacktheit allüberall. Nur das Haupthaar blieb tabu – bei Frauen. Während die mir stets unheimlichen Glatzen bei Männern zur Mode wurden: virile Kahlheit.

Und so fehlte nicht, dass auch Männer begannen, wie ich später im Fitness-Studio staunend bemerkte, ihre Körper mit narzisstischer Sorgfalt zu rasieren. Sie ähnelten sich, nicht ohne Einfluss der Schwulen- und Porno-Ästhetik, immer mehr dem Ideal der haarlosen Statuen-Schönheit an. Kindliche Körper seien das, meinten viele, eine regressive Infantilisierung der haar-physiognomischen Ausdrucksqualität des Weiblichen und Männlichen. Nein, so die anderen, gerade die haarlosen Körper skulpturierten besonders reizvoll die Geschlechtsteile, die nun erst ganz ihre Magie entfalten würden.

Doch dann die weitere Überraschung, die zeitgleich mit der Mode des Haarlosen auftrat: zwar nirgends ein Härchen, aber um so häufiger die Tattoos, die als ornamentales Haarwerk die Körper umrankten. Und natürlich die Schminke und die Düfte der schön maskierten Gesichter und duftenden Puppen. Wenn indes die haarlose Nacktheit mit dem verhüllten Haupthaar korrespondiert, das in der Nacht in üppiger Pracht über den Körper strömen sollte, dann herrscht dabei stets das patriarchale, sexistische Gesetz.

Um was sollte es denn gehen? Der Kontrast von nackter Haut und prächtigem Haar, von öffentlichem Bild und intimer Enthüllung, von verborgenem, scheinbar desexualisiertem Haar und üppiger Wildheit, die sich im Haar-Öffnen entfaltet wie ein Wasserfall –: aus all diesen inszenierten Kontrasten der Haar/Haut-Ästhetik wucherten, verstärkt durch die Bildmedien, immer neue Reize aus der Wirklichkeit der Körper. Wie sind diese Kontrastspiele doch alt! Davon ahnte ich zehnjährig nichts, doch nahm ich, im Sinuhe-Roman lesend, erstmals ihre Spur und Witterung auf. Diese teils modischen Spiele, teils strengen Regimes um Haar und Haarlosigkeit, um Verbergen und Zeigen sind keineswegs auf nur einen Kulturkreis beschränkt. Sie gehören auch nicht nur zum Orientalismus europäischer Phantasien. Nein, seit Jahrhunderten bilden sie die Performanz des Eros, der in jedem Körperteil, in Kleidung und Kosmetik, aber eben auch in jedem Haar und Härchen, und in jedem Nicht-Haar, seine verführerische Magie entfaltet: ein wahres Welttheater der Haare, ob in Ägypten oder Japan, in Amerika oder in Europa.

Als Kind hörte ich das erste Mal das Grimmsche Märchen „Rapunzel". Eine schwangere Frau giert nach den Rapunzeln aus dem Garten der Nachbarin, einer Fee (in der Urfassung), einer gefürchteten Zauberin (in der überarbeiteten Fassung), einer Hexe also, das verstand ich gleich. Den Heißhunger der Schwangeren zu stillen, stiehlt der Mann Rapunzeln. Entdeckt und zur Rede gestellt, muss er der Fee das Kind versprechen. So wächst das „schönste Kind unter der Sonne", Rapunzel genannt, bei der Alten auf. Von den Grimms zum Urbild der bösen Mutter gemacht, ist sie wohl nichts anderes als eine kräuterkundige Frau, die das Kind armer Leute aufzieht, die mit Petersilie (die zu Rapunzeln erst bei Grimm wurde) wohl noch versucht hatten, das Kind abzutreiben. Als Rapunzel zwölf wird, wird sie hochoben in einem türlosen Turm verwahrt, einem klassischen Mädchenexil rund um die Menarche; nur mit der Alten hat sie noch Kontakt. Und nun geschah, was meiner Phantasie keine Ruhe ließ: Täglich ruft die Zauberin: „Rapunzel! Rapunzel! / laß dein Haar herunter!". Und dann ließ Rapunzel – ich konnte es nicht fassen – ihre zwanzig Ellen langen Zöpfe herab, „fein wie gesponnen Gold", an denen sie die Frau Gothel heraufzog. Offenbar wird Rapunzel auf diesem Weg versorgt (auch dies geht im Bild der Hexe unter). Als ich später auf einem Foto die vier Meter langen Haarfluten jener Amerikanerin sah, die, wie es hieß, die längsten Haare der Welt ihr eigen nennt, so reichten sie bei weitem nicht an Rapunzels Haarflechten heran, die mich als Kind so faszinierten.

Zufällig – doch was ist im Märchen zufällig? – belauscht diese Szene ein Königssohn. Verliebt in ihre „süße Stimme", die sie in ihrem Turm erklingen lässt, entwendet der Jüngling den Zuruf der Alten, um seinerseits hinaufgezogen zu werden. Immer rätselte ich über die Kraft des Mädchens und schaute stumm auf die Illustration, die im Märchenbuch eingeklebt war. Ich stellte mir ein aus Haar geflochtenes Kletterseil vor, gar eine Hängeleiter. Die Phantasie kam der dem Weiblichen zugeschriebenen textilen Kunst des Flechtens, Knotens und Webens nahe, die Gottfried Semper (1860) für den Ursprung der Kulturtechniken hielt. Mussten meine Schwestern nicht ihr Haar zu Zöpfen, Schnecken, Schaukeln flechten oder gar zu einem Knoten binden, der im Nacken lag? Besonders dieser kraftvolle Haarglobus gefiel meinem Vater. Er brach in einen Tobsuchtsanfall aus, als die Schwestern diese kunstvollen Gebilde, die auf ihre Entflechtung und Entknotung für den Mann zu warten schienen, kurzerhand abschnitten. Damit hatten sie mit einem Streich den Übergang in die Moderne vollzogen. Ich genoss es, dass die Wut des Vaters nur seine Niederlage in diesem Haar-Krieg besiegelte. Es war ein gelungenes Attentat auf den Patriarchen, der gerade in der Herrschaft über die Haare der Frau und der Töchter triumphieren wollte.

Doch selbst im Märchen geschah, was geschehen musste: Das anfangs erschrockene Mädchen lässt sich auf den Mann ein und beide treiben Sex „lustig und in Freuden eine geraume Zeit“. Das begriff denn auch ich als Kind, weil Rapunzel ja schwanger ward. Als die Fee dies entdeckt, schneidet sie ihr das herrliche Haar ab und verstößt sie in die Welt, wo sie mit Zwillingen niederkommt. Den Königssohn täuscht sie, indem sie die abgeschnittenen Zöpfe herablässt und ihm, oben angelangt, zornig erklärt, niemals werde er Rapunzel wiedersehen. Der verzweifelte Jüngling stürzt sich vom Turm und sticht sich, in eine Dornenhecke fallend, die Augen aus. So irren beide durch die Welt, die zur Wüstenei geworden ist. Bis das gute Glück, wie es muss, den klagenden Jüngling in die Nähe der armen Rapunzel mit ihren Kindern lenkt. Sie erkennt ihn. Und ihre Tränen, mit denen sie seine Augen benetzt, heilen den Blinden. Damit endet das Märchen, dem die Grimms noch die Schlussformel der Märchen anheften: der Königssohn führt Rapunzel in sein Reich, wo sie glücklich und vergnügt lebten.

Wie sollte ich das Märchen verstehen, das just in seinem Geheimnis mich faszinierte. Wie sollte ich verstehen, dass das Abschneiden der Haare und das Ausstechen der Augen zwei Formen strafweiser Kastration darstellten? Hatte nicht Ödipus sich selbst die Augen ausgestochen als Strafe für die verbotene Lust? Und hatte nicht Simson alle Kraft verloren, als seine Geliebte Delila ihm sein Geheimnis entlockt hatte und sie ihm, im Schlaf, die sieben Locken auf seinem Kopf abschnitt? So musste er, schwach wie ein Entmannter, für die Philister im Gefängnis die Mühle drehen wie ein Esel, ja, gar als Spottobjekt wurde er vorgeführt. Wie sollte ich, mit sieben oder acht Jahren, die goldnen Haare als die erwachende Triebkraft von Rapunzel begreifen? Deren wilde und heimliche Verführung zu verhindern: das ist der Sinn des von älteren Frauen gelenkten Mädchenexils. In einem geschützten Raum, unter Frauen, erwartet das Mädchen seine Blutung und den Übergang zur Heiratsfähigkeit. Der Turm schützt das Tabu der Virginität. Doch listig verschafft sich der Trieb Wege, das Verbot zu umgehen: Und dann geschieht das Unerhörte, die Schwangerschaft ohne Ehe. Bevor die zur Unzeit am Unort sich Liebenden dennoch glücklich vereint werden, müssen sie eine Phase leidvoller der Bewährung durchleben, in einem Zustand der Entsexualisierung. Dann erst kann die Ehe eingegangen werden, in der naturhafter Trieb und soziale Form übereinkommen. Gewiss war schon die schwangere Mutter, in ihrem Heißhunger, eine Frau, die ihren Trieb nicht beherrscht. Und so ist die schöne Rapunzel mit ihrem überlangen Haar die Erbin eines Triebschicksals, das sie, zusammen mit dem Königssohn, die Tabus der Gesellschaft brechen lässt. Das aber darf nicht sein. Und derart erfährt man als Kind, dem das Märchen unenträtselt bleibt, im Modus unbewusster Gefühle, welche Moral hier vermittelt wird.

Der schönen Rapunzel nicht unähnlich geht es bei Simson zu, dessen magische Kraft in seinem Haupthaar sitzt. Seine Geschichte hörte ich während des Konfirmandenunterrichts, auch eine Form des Exils der Präpubertät. Ich begriff die Legende überhaupt nicht. Doch war ich eine Zeitlang, im Wunsch nach eigener Stärke, ein glühender Anhänger dieses biblischen Berserkers – wie auch des griechischen Herkules, den ich so wenig als Kulturbringer verstehen konnte wie Simson als Richter. Für mich waren sie Idole wilder Kraft. Nach ihr sehnte sich der noch kindliche Junge, seiner Männlichkeit unsicher. Doch beunruhigte mich, dass diesen Berserkern schließlich nur listig lustvolle Frauen beizukommen wussten und so zu ihrem Schicksal wurden. Der Mutter wird Simson angekündigt als Nasiräer (Nasir, נָזִיר), einer, der Gott geweiht ist. Er unterliegt bestimmten Berührungsverboten und strengen Essensvorschriften und darf Bart und Haare nicht schneiden. Ein Nasir lebt als Asket: einer, der die Triebe beherrscht. Die biblische Erzählung (Richter 13–16) kontaminiert den religiösen Kern eigenartig mit archaischen Elementen von Magie und wüsten Gewaltexzessen. Der Mann Simson mit den ungeschnittenen Haaren ist ein Rambo von wildester Tötungsenergie, so dass für den Leser die klare Trennung in Feind (Philister) und Freund (Hebräer) verwischt. Alle wildhaarigen Unholde – von den Kyklopen, den nordischen Berserkern über Rübezahl, die ungehobelten Räuberbanden und Piraten bis zu den Langhaarigen der Studentenbewegung und den Rastafaris mit den Dreadlocks –: sie alle sind Bürgerschrecks, Provokateure der Ordnung. Es sind die Haare, die das Zeichen einer rauschhaften Gewalt darstellen, die bei Simson stets im Massaker endet. So weckt der biblische Text durchaus Verständnis für die List der Philister-Fürsten, die schöne Delila zu beauftragen, Simson das Geheimnis seiner Unbesiegbarkeit abzulisten. In seinen Haaren wohnt nicht eine gottgefällige Askese, sondern vorzivilisatorische, wüste Gewalt. Man darf sagen: die Haare konzentrieren alles, was man später dem gewaltförmigen, phallisch-narzisstischen Prinzip zuschreiben wird. Dem Haarschneiden dagegen folgen Sklavendienst und Demütigung. Das begriff ich, wohnte ich doch neben einer Kaserne mit fast kahlgeschorenen Soldaten. Doch weil Haare nachwachsen, erlangt Simson seine Potenz zurück. Er vermag die Szene, in der er als Spaßmacher gedemütigt werden soll, umzudrehen zu einer Katastrophe für dreitausend Philister. Über sie und sich selbst lässt er das Gebäude, in dem sie sich für das Spektakel eingefunden haben, zusammenbrechen. Noch im Tod bewährt Simson, der zwanzig Jahre Richter bei den Israeliten war, seinen Charakter als Berserker. Er hätte geschoren bleiben sollen – wie weltweit so viele Mönche und Asketen. Als Geschorener hätte er, worauf schon die Umstände seiner Geburt hindeuten, eine wahre Heilsfigur des Volkes Israel werden können. Doch sein wildes Haar ist sein Schicksal.

Leopold von Sacher-Masoch kennt natürlich die Passion der Simson-Delila-Geschichte: sein Alter Ego, der leidende Liebhaber, erblickt in der florentinischen Villa seiner Domina, der „Venus im Pelz" (1870), ein Fresko: „Delila, eine üppige Dame mit flammendem rotem Haare, liegt halb entkleidet in einem dunklen Pelzmantel auf einer roten Ottomane und beugt sich lächelnd zu Simson herab, den die Philister niedergeworfen und gebunden haben. Ihr Lächeln ist in seiner spöttischen Koketterie von wahrhaft infernalischer Grausamkeit, ihr Auge, halb geschlossen, begegnet jenem Simsons, das noch im letzten Blicke mit wahnsinniger Liebe an dem ihren hängt, denn schon kniet einer der Feinde auf seiner Brust, bereit, ihm das glühende Eisen hineinzustoßen." (von Sacher-Masoch 1997, S. 88) – Rotes Haar, Halbnacktheit, Pelz, lässige, spöttisch-herablassende Haltung, Grausamkeit der Frau, drohende Kastration: das waren Felder des Eros, die wir Jugendliche um 1960 noch zu detektieren hatten, auch wenn auf uns nicht der radikale Masochismus wartete. So bleibt es, wie Freud sagt, beim beigemischten Fetischismus, der, immerhin, auch jene Reize enthielt, die ihr Odeur aus den Zonen des Anrüchigen und Perversen bezogen. Und die Abenteuer der Haare gehörten gewiss dazu.

Denn Haare sind nicht gleich Haare, und zwischen Willkommen und Abschied fristen sie ein von Moden und Konventionen abhängiges Dasein. Die Haare sind, ebenso wie die Kleidung, die Schminke und die Accessoires, der Mode unterworfen – dieser „Göttin des Scheins" (Stéphane Mallarmé). Mode ist die Verführung, sich ins Stoffliche aufzulösen, sich im vestimentären Rausch zu verausgaben. Und die Haare, von der barocken Haar-Kunst bis zu den glamourösen Frisuren der Hollywood-Stars, stellten stets eine erstrangige Herausforderung ans Design dar wie sie zugleich eine Verlockung zu Hingabe und Bewunderung waren. Haare, Kosmetik und Mode wuchsen im 19. Jahrhundert mit Weiblichkeit überhaupt zusammen, während seither Männerkleidung und -frisuren eine steif-charakterlose Beharrlichkeit wahrten – mit nur geringfügigen Spielräumen. Nicht als Élegant oder Dandy, sondern als affig und geckenhaft galt, wer als Mann eine extravagante Frisur und auffällige Kleidung zur Schau stellte.

Das lernte ich postpubertär am eigenen Haar: willkommen war der sprießende Bart, doch zu lernen hatte man, dass Gesichtshaare entstellen. ‚Rasieren' war das Gebot der Nachkriegszeit. Die Haare hatten kurz zu sein, die Kleidung dezent. Das hat sich heute, im Zeichen des Drei-Tage-Bartes und der lizensierten Ausstellung männlicher Haarpracht gründlich geändert. Als Anhänger von Cool Jazz und Existenzialismus ließ ich die Haare wachsen und handelte mir damit häusliches Gebrüll und strafweise Gänge zum Friseur ein. Meine erste Freundin, die mich in die Wunderbarkeiten von 1960 einführte, zupfte sich die Augenbrauen und rasierte Beine und Achselhaar (auf das ich bei mir selbst stolz war). Doch geschminkt und lippenbemalt, mit rotem Glanz im braunen Haar provozierte sie meine Schulklasse: Nach einem Ball bedeutete der Klassensprecher mir und meinem Freund, der auch ‚so eine' hatte, dass wir ‚solche' Mädchen künftig nicht auf Feste mitzubringen hätten. Nun erst recht ließen wir die Haare wachsen, gingen mit ‚solchen' und übten uns ein in die Geheimnisse dessen, was Rubens „Das Pelzchen" nannte – so der Titel des berühmten Porträts seiner Frau Helena Fourment (1636–38, Kunsthistorisches Museum Wien): nur mit einer Pelz-Stola umhüllt, eine andere Venus im Pelz. Wie hatte ich die goldhaarige „Allerleirauh" in ihrem aus „tausenderlei Pelz- und Rauchwerk" zusammengeflickten Mantel geliebt. Und ahnte ihr inzestuöses Begehren, dem sie zu entfliehen suchte, wo wenig wie mein eigenes: meine Mutter liebte ich am zärtlichsten, wenn sie, selten genug, ihr weinrotes Georgette-Kleid mit dem feinfühligen Hermelinkragen oder wenn sie den flauschigen Mohair-Pullover trug.

Doch gingen diese unschuldigen Haar- und Pelz-Zeiten vorbei. Haare, so lernten wir, haben für die erotische Sichtbarkeit eine Anziehungskraft, die dem Mund und den Augen nicht nachsteht. In den nun angesagten Naherkundigungen gewannen die Haare eine wahrlich ungeahnte olfaktorische und taktile Qualität. Ja, eine Zeitlang war uns Adepten der Liebe der Anblick der Haare nur jenes „Konfinium, welches zwischen den beiden Reichen des Sexus gelegen ist" (Benjamin 1983, S. 118). Aufregender noch als das haartrunkene Sehen waren das Tasten und Streicheln des pelzigen Haarlandes und das Schnuppern und Eratmen völlig unbekannter Valenzen des Geruchs. „Das war der Duft, der deinem Haar entströmt, / der mich umhüllt gleich einer Zauberwolke!", so hatte schon Otto Erich Hartleben (1864–1905) unsere olfaktorischen Abenteuer verkitscht (1906, S. 150). Bis wir den Übergang zu Versen von Ingeborg Bachmann fanden, die mehr unserem Lebensgefühl entsprachen, das jenseits der muffigen Republik sein exotisches Phantasia suchte: „Wach im Zigeunerlager und wach im Wüstenzelt / Es rinnt uns der Sand aus den Haaren." (Bachmann 1978, S. 82) Wie sollte man die Rolle der Haare unterschätzen in den Lehrjahren der Liebe? Haare waren ein erstrangiger Sozialisationsfaktor unserer Jugend, eine Hauptprovinz in der „intimen Geographie" (Angier 2000) des „Eros matutinus", von dem Stefan Zweig (1976, Kap. 3) so hinreißend erzählt. Sie sind es vielleicht nicht mehr, weil heute dem Willkommen zu schnell ihr Abschied folgt.

Und natürlich verfielen wir, ohne es zu ahnen, in die Muster des Fetischismus, wenn wir manche Haarsträhne gutwilliger Mädchen und andere Utensilien ihrer körperlichen Nahumgebung eroberten. Daraus wurden die Reliquien unserer Liebe, nicht ahnend, dass im christlichen Heiligenkult die Haarreliquien zu den Stützpunkten des Sakralen in dieser Welt zählten. Wir hatten auch nicht Richard von Krafft-Ebing (1886) oder Wilhelm Stekel (1923) gelesen, die von Fetischisten berichteten, die große Mengen erbeuteter Haar-Fetische wie einen Reliquien-Schatz hüteten und als sexuelle Kraftwerke nutzten. Dergleichen nannte Krafft-Ebing „pathologischen erotischen Fetischismus", der sich „nicht allein auf bestimmte Körperteile (bezieht, H.B.), sondern selbst auf leblose Gegenstände, welche jedoch fast immer Teil der weiblichen Kleidung sind und damit in naher Beziehung zum Körper des Weibes stehen" (1993, S. 174). Solche Pathologisierung hätte uns gekränkt, denn Fetische aller Art gehörten zur Jugendkultur und allemal zum Eros. Viel später erst, als ich die lyrischen „Blasons anatomique du Corps féminin" (d'Aurigny 1881)[1] aus der Renaissance las, begriff ich, dass die Isolation von Körperteilen nicht nur ein privat-erotisches, sondern ein kulturelles Muster in der Zurichtung des Weiblichen ist. Die Liebhaber-Dichter wetteiferten im Preis der Haare, der Augenbrauen, des Halses, der Zähne, des Busens, ja selbst des Schamhaars: jeweils nur ein einziges Körperfragment zum Fetisch erhebend.

Irgendwann hatte ich ein Plakat der „Geburt der Venus" von Boticelli an die Wand meines Zimmers gepinnt: diese schwebende Göttin mit den im Zephir-Wind bewegten Haaren, die sie als andeutende Verhüllung ihrer Nacktheit nutzt, während die Nymphe für die Herrin schon ein im Luftstrom sich öffnendes Gewand bereithält. Ähnlich faszinierte uns das Gemälde „Phryné devant l'Aréopage" (1861, Hamburger Kunsthalle) von Jean-Léon Gérôme: der Legende nach wurde der angeklagten Hetäre von ihrem Anwalt mit dramatischer Geste das Gewand vom Leib gezogen: nackt, und gerade nackt, wie Aphrodite selbst, überzeugte sie die graubärtigen, schlafffleischigen Richter von ihrer Unschuld.

Erst spät bemerkte ich, dass ich mich von den fetischistischen, stets konventionellen Qualitäten von Haar, Kleid und Körper entfernt hatte. Ich blätterte in einem Band des Fotografen George Hurrell, der zwischen 1930 und 1990 so gut wie alle glamourösen Stars von Hollywood fotografiert hatte (Vieira 2013, S. 355).[2] So auch die mit 26 Jahren gestorbene Jean Harlow (1911–1937), die als erste Sex-Blondine den Weg für Marilyn Monroe bahnte. Hurrell lagerte sie in schneeweißem, decolliertem Kleid, weißer Haut und platinblonden Haaren in lässiger Haltung auf das obligate Eisbär-Fell am Boden. Das gefährlich bezahnte Maul des weißen Bären aufgerissen, während sie den Mund leicht zum Lächeln öffnet und eine Zahnreihe schimmern lässt. Die lackierten Fingernägel sind keine Krallen, sondern korrespondieren dem bemalten Mund, den geschminkten

1 Anonymes: Les Blasons du Corps Féminin suivi de Contre-blasons de la beuaté des membres du corps humain.Préface de Pascal Lainé, postface de Pascal Quignard. Paris: Gallimard 1982.

2 Dieses Foto von Jean Harlow, 1934 aufgenommen, verwendeten wir, so teuer es war, als Cover des Buches: Böhme u.a 2016.

Augen und rasierten Augenbrauen, die durch feine schwarze Bögen ersetzt sind. Darüber das lockige, den Kopf umspielende weißblonde Haar vor schwarzem Grund. Nein, diese Frau, die wie so viele Actricen durch den frühen Tod eine Idolisierung erfuhr, ist weit von der animalischen Natur der Bestie entfernt, die zum samtweich behaarten Untergrund ihrer Pose degeneriert ist. Die gefährliche Triebdynamik der Frau ist im Hollywood-Milieu zur fernen Erinnerung und Requisit geworden. Die Frau ist so gezähmt wie der Bär tote Trophäe ist. Die abgründige Sexualität, die überall hervorbrechen könnte – aus den Händen, die zu Krallen, den Zähnen, die zu aggressiven Waffen, den Haaren, die zu Fesseln werden können – ist ein Arrangement geworden, in dem das Tier wie die Frau domestiziert erscheinen. Natur, völlig der Aneignungsmacht der Kultur erlegen, ist zum bloßen Zeichen einer Erinnerung geworden.

Literatur

Angier, Natalie (2000): Frau. Eine intime Geographie des weiblichen Körpers. München.

d'Aurigny, Gilles u. a. (1981): Blasons auf den weiblichen Körper. Übers. v. Lothar Klünner. Nachwort von Albert Marie Schmidt. Berlin.

Bachmann, Ingeborg (1978): Das Spiel ist aus. In: dies.: Werke, hg. v. Christine Koschel, Inge von Weidenbaum, Clemens Münster. Bd. 1, München Zürich, S. 82.

Benjamin, Walter (1983): Das Passagen-Werk (1927–40), hg. v. Rolf Tiedemann, 2 Bde. Frankfurt am Main, hier: Bd. 1, S. 118.

Böhme, Hartmut/Kordaß, Bernd/Slominski, Beate (Hg.) (2016): Das Dentale. Faszination des oralen Systems in Wissenschaft und Kultur. Berlin, Chicago Tokio Barcelona Bukarest Istanbul London u. a.

Hartleben, Otto Erich (1906): Meine Verse. Gesamtausgabe. Berlin: 3. Aufl., S. 150 (entst. 1888).

Krafft-Ebing, Richard von (1993): Psychopathia sexualis. Mit besonderer Berücksichtigung der konträren Sexualempfindung; München [zuerst 1886, 14. Aufl. 1912], S. 174.

Sacher-Masoch, Leopold von (1997): Venus im Pelz. Mit einer Studie über den Masochismus von Gilles Deleuze. Frankfurt am Main, S. 88.

Semper, Gottfried (1860): Der Stil in den technischen und tektonischen Künsten oder Praktische Ästhetik. Ein Handbuch für Techniker, Künstler und Kunstfreunde. Bd. 1: Die textile Kunst für sich betrachtet und in Beziehung zur Baukunst. Frankfurt am Main.

Stekel, Wilhelm (1923): Der Fetischismus. Dargestellt für Ärzte und Kriminologen. Berlin & Wien.

Vieira, Mark A. (2013): George Hurrell's Hollywood. Glamour Portraits 1925–1992. Philadelphia London, S. 355.

Zweig, Stefan (1976): Die Welt von Gestern. Erinnerungen eines Europäers. Frankfurt am Main, Kap. 3.

Spätmodernes Menstruationsmanagement

Die roten Spuren gesellschaftlich unerwünschter Erfahrungen

Gabriele Sorgo

Im Fließen der Körpersäfte offenbart sich die Verbundenheit alles Lebendigen. Indem Körperflüssigkeiten einerseits Zellen und Organe durchdringen und verbinden, aber andererseits auch Körpergrenzen übertreten können, repräsentieren sie Transzendenzerfahrungen. In vielen Kulturen gilt Blut als die Ursubstanz aller anderen Säfte und dient als Metapher für soziale Bindungen und Verwandtschaft. Denn Transzendenz ist zuallererst ein soziales Phänomen (Knoblauch 2018, S. 226). Doch die Bewertung des Blutes wechselt vom erhabenen Lebensquell bis hin zum Schmutz, je nachdem von welchem Lebewesen und von welchem Körperteil es kommt und aus welchen Gründen es fließt. Als die Fotografin Rupi Kaur 2015 die Erfahrung des monatlichen Blutflusses portraitieren wollte und das Foto einer schlafenden Frau im Pyjama mit Blutflecken zwischen ihren Beinen auf Instagram veröffentlichte, wurde das Bild sofort von der Plattform gelöscht. Erst nach der Anprangerung dieser Vorgangsweise in anderen sozialen Medien, durfte das Foto nach zweimaliger Löschung doch veröffentlicht werden (Der Standard 2015). Die Verknüpfung von weiblicher Beckenregion mit Blut hatte gegen die Richtlinien von Instagram verstoßen. Vorstellungen von Ordnung und Reinheit variieren von Kultur zu Kultur und repräsentieren grundlegende gesellschaftliche Strukturen (Douglas 1985, S. 207). In den Einstellungen der spätmodernen Industriegesellschaften zur Menstruation setzen sich Praktiken der Meidung fort, die Jahrtausende alt sind (Delaney/Lupton/Toth1988; Ausserer 2003, S. 19–54). Obwohl die religiösen Vorschriften, welche sie einst legitimierten, ihre Wirkmacht verloren haben, lernen Mädchen und Frauen immer noch, die monatlichen Blutungen schamhaft zu verbergen (Ginsburg 1996). Diese Tatsache wirft die Frage auf, welche Strukturen durch das Unsichtbarmachen des Menstruationsblutes geschützt werden. Warum wirbt die Firma Always erfolgreich um Kundinnen für Menstruationshygieneprodukte mit Erzählungen über die monatliche Blutung als „unangenehme Überraschung", vor der Frauen Schutz brauchen? (Always 2020) Warum ziehen Mädchen in Nairobi es vor, sich für teure Monatsbinden sogar zu prostituieren, statt rote Flecken auf ihrer Kleidung zu riskieren? (Mantler 2020) Um diese Fragen – zumindest hypothetisch – zu beantworten, skizziert der folgende Beitrag den kulturwissenschaftlichen Forschungsstand zu menstruationsbezogenen Phänomenen in spätmodernen Gesellschaften (Wood 1981; Delaney/Lupton/Toth 1988; Phipps 1980) und entwirft eine Zusammenführung historisch-anthropologischer und religionswissenschaftlicher Forschungsperspektiven zum Thema Menstruation.

1. Die Vermeidung roter Flecken

In den westlichen Industriegesellschaften werden menstruierende Frauen nach wie vor stigmatisiert (Johnston-Robledo/Chrisler 2013). Frauen fürchten sich, dass ein Fleck auf ihrer Kleidung sie als Menstruierende bloßstellen könnte (Lee 1994, S. 347). Damenbinden und Tampons werden in pastellfarbenen, meist blau-weißen Verpackungen angeboten. In praxisorientierten Werbefilmen tropft blaue Flüssigkeit auf saugkräftige Materialien und die Frauen tragen vorzugsweise weiße enge Hosen. Blut darf in Bezug auf dieses öffentliche Geheimnis der Frauen weder gezeigt noch ausgesprochen werden. Euphemistische Umschreibungen der Menstruation verweisen darauf, dass sie als etwas aufgefasst wird, das Frauen von außen zugefügt wird, mit dem sie sich aber nicht identifizieren: „Besuch von Tante Rosa" (Koch 2020), „Erdbeerwoche" (TAZ 2017), „der rote König" (Bornemann 2003, Kap. 23, o. S.). Vielen Frauen erscheint die Blutung – manchmal bis zur Menopause – als eine Art Heimsuchung (Lee 1994, S. 349). Denn das Menstruationsgeschehen gilt als schmutzig und gesellschaftlich unerwünscht. Die Tatsache, dass Menstruationshygieneprodukte in der Schweiz als Luxusartikel besteuert werden und Deutschland und Österreich erst 2020 nach heftigen Protesten von Feministinnen den erhöhten Steuersatz auf jene Produkte des täglichen Bedarfs senkten, zeigt, dass Menstruation für unnötig gehalten wird (Haubner 2016). Tatsächlich behaupten zahlreiche Gynäkolog*innen, dass sie das in Gesellschaften mit verlässlichen Kontrazeptiva und niedrigen Kinderzahlen auch sei (Coutinho/Segal 1999). Zahlreiche hormonelle Verhütungsmittel erlauben es, die Zahl der Blutungen während des fruchtbaren Lebensabschnitts von Frauen drastisch zu reduzieren (Hasson 2016). Neben den monatlichen Blutungen müssen derzeit auch die körperlichen Schwankungen, die den Alltag von 50 % der Weltbevölkerung zwischen ca. 13 und 54 Jahren aufgrund des Menstruationszyklus prägen, verborgen und manchmal mit Hilfe von Medikamenten unterdrückt werden.

Alternative medizinische Lehren wie Ayurveda oder die Traditionelle Chinesische Medizin schreiben der Menstruation allerdings eine positive und der Gesundheit zuträgliche Bedeutung zu. Wie die asiatischen Lehren vertritt auch die europäische Naturheilkunde die Auffassung, dass die Menstruation einen Selbstreinigungsprozess des weiblichen Körpers unterstütze, und setzt damit die Lehren der Volksheilkunde der Frühen Neuzeit fort, welche die Menstruation ebenfalls als gesundheitsfördernde monatliche Reinigung betrachteten. Mit den modernen Lehren der westlichen Medizin ist diese Auffassung aber nicht kompatibel.

2. Rote Flecken in visuellen Epistemologien

Science-fiction Filme des 21. Jahrhunderts zeigen aktive und mutige Frauen in Hauptrollen, doch wie solche Heldinnen bei ihren Weltraumabenteuern mit ihrer Blutung umgehen, bleibt ein Geheimnis. Frauen im gebärfähigen Alter dürfen in den neuen Fernsehserien[1] große Raumschiffe oder ganze Raumschiff-flotten kommandieren, sie besiegen Aliens mit herausragenden Nahkampftechniken oder treten im Raumanzug risikoreiche Reisen durch Wurmlöcher an, aber ihre Blutung kommt niemals vor. Obwohl die Film-Plots alle Arten von Diversität reflektieren und alle sexuellen Orientierungen gleichwertig vor Augen führen, wird die Menstruation nicht in diese Erzählungen integriert, sondern völlig ignoriert. Da solche Visionen aber in der Gegenwart geschrieben werden, erzählen sie implizit davon, dass „der rote Fleck im dunklen Kontinent" (Waldeck 1988) in der Zukunft verschwinden sollte. In Filmen des Quality TV findet die Menstruation selten und nur in Situationen Erwähnung, in denen die Verletzlichkeit von Frauen thematisiert wird. Frauen freuen sich z. B. über die Blutung, weil sie nun sicher sein können, dass sie nicht schwanger sind.[2] Oder junge Mädchen werden in unpassenden Situationen von ihrer ersten Blutung überrascht, genauso wie es die Always-Werbung erzählt. In der Serie *The Queen's Gambit* (Produktion: Netflix 2020) muss die Heldin, eine 14-jährige hochbegabte Schachspielerin, mitten in einem schwierigen Spiel mit Bauchschmerzen auf die Toilette laufen. Da sieht sie, dass ihr erstes Monatsblut an der Innenseite ihrer Schenkel herabrinnt. Sie säubert sich so gut es geht und eilt wieder zum Spielbrett, als ob nichts gewesen wäre, um wie gewohnt zu siegen. Diese Szene lehrt, dass erfolgreiche Frauen ihre Menstruation am besten ignorieren sollten. Sie hat einfach keinen Platz im Spiel mit den Männern. Und nur um diese Spiele geht es offensichtlich. Die so genannten „starken Frauen", so deutet diese Erzählung an, müssen noch besser funktionieren als Männer, und zwar gerade weil sie aufgrund ihrer Gebärfähigkeit (in der patriarchalen Logik) verletzlicher sind. Im Science-Fiction Film *Prometheus* (Produktion: Ridley Scott 2012) muss die Heldin mit Hilfe eines medizinischen Roboters einen Kaiserschnitt an sich durchführen, um ein Alien aus ihrem Uterus zu entfernen. Danach hat sie noch viele Stunden mit der frischen Operationswunde gegen

1 Z. B. *Star Trek: Discovery* (Produktion: CBS Television Studios seit 2017) oder *The Expanse* (Produktion: Alcon Entertainment, seit 2015).

2 Z. B. *The Good Girls Revolt* (Produktion: Sony Pictures Television, 2015–16).

weitere Aliens zu kämpfen. Der Regisseur hat das uterine Blut am Körper der Frau nach oben verschoben und es an der chirurgisch zugefügten Bauchwunde austreten lassen. Diese künstliche Wunde und dieses Blut dürfen den Zuschauer*innen zugemutet werden, eine Vagina mit Blut jedoch nicht.

Auch in der sehr erfolgreichen Fantasy-Fernsehserie *Game of Thrones* (Produktion: David Benioff und D.B. Weiss 2011–2019) wird die Menstruation verborgen, obwohl sonst nichts vom weiblichen Körper verborgen bleibt. Tapfere Schwertkämpferinnen kleiden sich wie Männer, führen mit Männern Krieg und besiegen sie im Nahkampf. Über ihre monatliche Blutung erfahren die Zuschauer*innen nichts. Nur die Menarche einer Prinzessin markiert das traurige Ende ihrer Kindheit. Das erste Blut bestätigt ihre Empfängnisbereitschaft und setzt ein patrilineares Ränkespiel in Gang, das sie in eine unerwünschte Ehe zwingt. Die Menstruation bleibt entweder unsichtbar oder lässt die weibliche Gebärfähigkeit als Bürde und Verhängnis erscheinen.

3. Die Farbe der Macht: Blutrot

Das Patriarchat ist in Europa ca. 6000 Jahre alt. Vor dieser Zeit lebten Frauen und Männer, soweit die Funde das rekonstruieren lassen, auch im Neolithikum noch in weitgehend egalitären und mit großer Wahrscheinlichkeit matrifokalen Strukturen (Ehrenberg 1992, S. 114f.; Lerner 1991; Gimbutas1994).

Als Folge der Dekonstruktion patriarchaler Theoriemodelle in den Kulturwissenschaften erschienen seit den 1970er-Jahren zahlreiche populäre Bücher über die Menstruation, die Studienergebnisse aus verschiedenen Disziplinen verknüpften und versuchten, die Verehrung der weiblichen Fruchtbarkeit in der Jungsteinzeit zu rekonstruieren (Voss 1988; Sjöö/Mor 1987). Im universitären Feld interpretierten Kulturanthropolog*innen so genannte Menstruationstabus neu und positiv (Shuttle/Redgrove 1982; Buckley/Gottlieb 1988; Powers 1989). Praktiken der Seklusion und Berührungsverbote wurden nun als Maßnahmen gedeutet, die vor der großen Macht des Menstruationsblutes und des Wochenflusses schützen sollten.

Die Gesamtschau der Meidungen rund um die Menstruation zeigt klar ihre Doppeldeutigkeit. Das Menstruationsblut wurde im vormodernen Europa ebenso wie in Stammeskulturen als mächtiges magisches Mittel betrachtet, weil die Gebärfähigkeit sich einer Brücke zu jenseitigen Mächten zu verdanken schien (Briffault 1927, Bd. II, S. 365–390; Delfin/Haththotuwa/Fraser 2017, S. 123). Angesichts der Fülle an Hinweisen auf die Macht menstruierender Frauen in ethnologischen Aufzeichnungen verglich James Frazer (1994, S. 860–870) in seinem Werk „Der goldene Zweig“ menstruierende Frauen mit gottgleichen Königen, welche aufgrund der ihnen zugeschriebenen sakralen Macht ähnliche Einschränkungen wie Menstruierende zu ertragen hatten. Der Anthropologe

Robert Briffault (1927, Bd. III, S. 325–333) sammelte bereits vor 100 Jahren ethnologische Berichte über Initiationsriten für Knaben, die ganz offensichtlich als rituelle Nachahmung der Menstruation zu deuten waren. Weltweit bemalten Menstruierende oder Schwangere in unterschiedlichen Kulturen ihren Körper mit rotem Ocker, der Männer vor ihrem besonderen Status warnen sollte (Thomson 1960, S. 164). Skelette in steinzeitlichen Gräbern weisen oft starke Spuren von rotem Ocker (Wreschner 1980) auf, die Farbe Rot ist bis heute sowohl mit Leben als auch mit Tod symbolisch verknüpft und steht in schriftlosen Gesellschaften für das weibliche Prinzip (Wreschner 1980, S. 633). Ethnologische Berichte aus allen Kontinenten erzählen von der Anwendung des Blutes und roter Farbe in unterschiedlichen rituellen Handlungen und belegen eine Jahrtausende alte Verknüpfung der Farbe Rot mit Wachstum, Heilkraft und Schutzzauber (Briffault 1927, Bd. II, S. 412–417). Daher kann es nicht verwundern, dass auch Krönungsornate europäischer Herrscherhäuser und die zeremonielle Kleidung der Kardinäle in der katholischen Kirche diese Farbe aufweisen.

Wie schon Briffault (1927, Bd. II, S. 417) so vermutet auch der Kulturanthropologe Chris Knight (1991), dass Frauen im Paläolithikum ihre Menstruationszyklen mit Bezug zum Mond synchronisieren konnten (vgl. Helfrich-Forster et al. 2021). Um ihre Kinder durchzubringen, spekuliert Knight, mussten Frauen die Männer dazu motivieren, Nahrungsmittel mit den Mutter-Kind-Gruppen zu teilen. Die Entstehung des Gruppenzusammenhalts wird auch von anderen Anthropolog*innen der Solidarität unter Müttern zugeschrieben (Tanner 1994; Claessens 1993). Doch Knight meint, dass ein „Sexstreik" während der Menstruation, der die Farbe Rot wahrscheinlich bis heute mit dem sozialen Zusammenhalt der Frauengruppe und der daraus erwachsenden Macht verband, dies unterstützte. Männer mussten für den Zugang zu den Frauen bei der Nahrungsbeschaffung mithelfen, dies unterscheidet Menschen von allen anderen Primaten. Gelingen konnte dies laut Knight aber nur, weil der regelmäßige Monatsfluss der Frauen für magisch und gefährlich gehalten wurde. Knights These, die auf beeindruckendem Datenmaterial beruht, kann erklären, warum Menstrualblut in so vielen Stammeskulturen als überaus schädlich für Jagdwaffen, Jagdglück und für die Jäger selbst gilt. Die mit rotem Blut der Macht markierte Solidarität von Frauen schuf laut Knight (1991, S. 281–287) die Voraussetzung für verlässliche menschliche Gemeinschaften und Nahrungsteilung in der Gruppe. Sie hatte aber zur Folge, dass Menstruationsblut und der Wochenfluss seit Menschengedenken mit besonderen Verboten belegt wurden, die sich erst in patrilinearen Kulturen in Nachteile für Frauen verwandelten. Das Ergebnis dieser ovariellen Solidarität waren laut Knight matrilineare Clans, in denen das Wissen über die Vaterschaft von keiner besonderen Bedeutung gewesen zu sein scheint (vgl. Hauser-Schäublin 2007, S. 175f.; Knight 2008). Die Frauenfiguren der Jüngeren Altsteinzeit lassen eine Verehrung der Mutterschaft vermuten, aber es gibt keine Hinweise darauf, dass sie mit Geschlechtsverkehr in Zusammenhang gebracht wurde (Bott 2009, S. 1515). Vaterschaft muss nicht auf Kriterien der Blutsverwandtschaft beruhen. Vielmehr pflegten die Menschen der Steinzeit vermutlich eher eine Art Gruppenehe (Ehrenberg 1992, S. 112–114) und alle Erwachsenen versorgten gemeinschaftlich die Kinder. Die ersten Abbildungen menschlicher Paarungsakte stammen von 8000 v. u. Z. (Bott 2009, S. 151) und lassen vermuten, dass die biologische Vaterschaft erst spät an Bedeutung gewonnen hat. Als ab 5000 v. u. Z. kriegerische Handlungen in Europa zunahmen (Eich 2015, S. 36), begünstigten sie die Entstehung stratifizierter Gesellschaften durch den Prestigegewinn männlicher Krieger, während der Status von Frauen langsam sank (vgl. Gimbutas 1994, S. 124–131; Mittnik/Massy/Knipper et al. 2019). Die ersten Hochkulturen des Alten Vorderen Orients waren patrilinear und überhöhten bereits den männlichen Beitrag zur Zeugung.

4. Blut, Sperma, Milch

Mindestens bis zum 18. Jahrhundert stellte die Zeugungskraft in Europa einen bedeutenden Faktor zur Konstruktion von Männlichkeit dar (Taylor 2000, S. 49–62). Im vormodernen Denken ging es jedoch weniger um die Fähigkeit des männlichen Gliedes, einer Frau oder sich selbst Lust zu bereiten, sondern darum, die väterliche Blutlinie durch die Zeugung von Kindern fortzusetzen. Männer mussten fruchtbaren Samen haben und sicherstellen, dass ihre Frauen nicht fremd gingen. Als weiblichen Beitrag zur Zeugung betrachtete man im vormodernen Europa ebenso wie auf anderen Kontinenten das Menstruationsblut. Die aristotelische Lehre über die Zeugung der Geschöpfe besagte allerdings, dass nur der männliche Same, der durch eine Vergeistigung des Blutes entstehe, die Kraft zur Zeugung in sich trage (Aristoteles 1959, S. 47–68; vgl. Sissa 1989). Der Uterus wäre bloß ein Ackerboden für den männlichen Samen mit dem uterinen Blut als Dünger. Nach der Geburt menstruieren Frauen laut Aristoteles deshalb nicht, weil das Menstrualblut vom Körper zur Muttermilch veredelt werde. Das lateinische Christentum rezipierte diese Lehre, sodass bis zur Entdeckung des weiblichen Eisprungs der Beitrag der Frauen zur Entstehung des Kindes hauptsächlich darin zu bestehen schien, den Samen zu ernähren, den man sich zuweilen als winziges, bereits fertig geformtes Kind vorstellte. Diese Zeugungslehre war eine Antwort auf das Problem patriarchaler Gesellschaften, dass die Mutter sicher nachzuweisen ist, der Vater jedoch nicht. Da aber das weibliche Menstrualblut dennoch die mütterliche Abstammung und den unersetzlichen Beitrag der Mutter symbolisierte, stellte es eine Konkurrenz zur immer unsicheren biologischen Vaterschaft dar. Die Religionswissenschaftlerin Nancy Jay hält Patrilinearität für eine der zentralen Ursachen für die Entwertung und Diffamierung des Menstruationsbluts (Jay 1988, S. 53). Opferblut, willentlich zugefügte Wunden wie etwa die Beschneidung oder Wunden aus Initiationsritualen für Knaben mussten die uterine Wunde verdrängen (vgl. Barth 1990, S. 87–96). Die besonders strengen Reinheitsvorschriften der Israeliten für Menstruierende (Levitikus 15,19–33) beruhen vor allem darauf, dass gerade die Priesterkaste genötigt war, die männliche Abstammung abzusichern, weil das Priesteramt nur in der männlichen Linie erblich war (Eilberg-Schwartz 1990, S. 166). Die Beschneidungsrituale betonen die Bedeutung der Fruchtbarkeit der rein männlichen Linie, und schreiben in den Körper einen Bund mit Gott ein, von dem alle Frauen ausgeschlossen sind. Besonders auffällig ist die überaus positive Bewertung des Beschneidungsblutes in den Schriften, welche konträr zur Unreinheit des weiblichen Menstruationsblutes konzipiert erscheint (Hoffman 1996, S. 92). Im christlichen Europa entwickelte sich seit der Bronzezeit ein Kult um Heldenwunden und Heldenblut, in den selbst die Leidensgeschichte Christi eingewoben wurde (vgl. McCracken 2003). Doch für die Gegenwart stellt sich die Frage, welche Aufgabe das *Period Shaming* noch in Gesellschaften erfüllt, die mittels genetischer Analysen jederzeit die Vaterschaft belegen können.

5. Not Happy to Bleed

Im Jahr 2016 startete in Frankreich eine nationale Kampagne, die Frauen und Ärzt*innen über Endometriose informieren sollte (Zacharopoulou 2020). Ziel war es, das verborgene Leiden vieler Frauen öffentlich zu machen und das Reden über Menstruation von Scham zu befreien. Denn Menstruationsschmerzen werden bisher von den medizinischen Wissenschaften weder in der Forschung noch in der Beratung angemessen ernst genommen. 2017 zeigte ein britischer Werbefilm für Menstruationshygieneprodukte Blut, das an einem weiblichen Oberschenkel herabrinnt (Roderick 2017). 2019 mutete eine Werbung im australischen Fernsehen dem Publikum zum ersten Mal den Anblick von realistischem roten Blut auf einer Damenbinde zu (Hislop 2019). Das deutsche Zukunftsinstitut verkündete 2020, dass Menstruation in den nächsten Jahren ein Megatrend werde (Papasabbas 2020). Denn Frauen fertigen Mandalas aus ihrem Menstruationsblut an und präsentieren sie auf Instagram (Carter 2020). Start-ups verkaufen waschbare Stoffbinden in bunten Farben, um den Klimawandel zu stoppen, und neuerdings wollen Workshops zur Menstruation den Frauen dabei helfen, ihre zyklischen Schwankungen eher zu genießen als zu verdrängen (Hosner 2020).

Weltweit haben sich viele Feministinnen der Kampagne #Happytobleed indischer Aktivistinnen (Richards 2015) angeschlossen, die auf die besondere Diskriminierung menstruierender Frauen in Indien aufmerksam machen.

Menstruationsaktivismus und Menstruationskunst (Mørk Røstvik 2019) entstanden allerdings schon in den 1970er-Jahren. Künstlerinnen wie Judy Chicago oder Carolee Schneemann zeigten damals in Aufsehen erregenden Performances und Installationen ihr Menstruationsblut. Doch nicht viel scheint sich seither geändert zu haben. Die Menstruationskunst der Gegenwart (Chen 2018) erzeugt zwar Schlagzeilen über *Period shaming*, ohne es jedoch beenden zu können. Daher erschien 2020 das erste Handbuch über kritische Menstruationsstudien (Bobel/Winkler/Fahs et al. 2020), das sich besonders auf die rechtliche Benachteiligung Menstruierender und auf mangelnde Forschung und Aufklärung über Menstruation in modernen Industriestaaten konzentriert. Feministisch orientierte Forschungen führen die Einschränkungen Menstruierender durch den *Concealment Imperative* (Wood 2020) und die Medikalisierung des Menstruationsgeschehens auf die in patriarchalen Gesellschaften nach wie vor verdrängte weibliche Generativität zurück (vgl. Barth 1990; Erdheim/Hug 1990). Frauen internalisieren diese Verdrängung und sind daher bereit, die von der Pharmaindustrie konzipierten Menstruationsmanagementtools anzuwenden, die das völlige Ausblenden der menstruellen Erfahrungen aus öffentlichen aber zu einem großen Teil auch aus privaten Diskursen zur Folge haben. Die monatliche Blutung wird als Störung des „normalen" Arbeitsalltages und als körperliche Dysfunktionalität eingestuft. Im 20. Jahrhundert wurden Tampons bereits mit dem Versprechen der Anpassung des weiblichen Körpers an den männlichen beworben. Nun bieten die Biowissenschaften mit den neuen Empfängnisverhütungsmitteln eine biotechnologische Neuschöpfung des weiblichen Körpers an, der nicht mehr blutet. Die Büchse der Pandora soll geschlossen werden. Der Anthropologe Eilberg-Schwartz (1990, S. 187f.) stellte schon vor 30 Jahren die These auf, dass es in patriarchalen Gesellschaften um die Kontrollierbarkeit des Blutes und der Körpersäfte gehe. Anders als Sperma, Urin, Exkremente und Wundblut fließt das Menstruationsblut aus Körperöffnungen, die nicht zu kontrollieren sind. Obwohl es derzeit Blogs mit Aufrufen zum „freien Menstruieren" (The Female Company 2019) gibt, wo Frauen behaupten, sie könnten das Ausfließen des Blutes so steuern, das sie keinen Wäscheschutz bräuchten, muss die monatliche Blutung aus historischer Sicht doch als ein im Ablauf bisher nicht willentlich zu steuerndes körperliches Phänomen betrachtet werden. Genau diese Begründung hat z.B. das Parlament in Schottland zu dem Beschluss veranlasst, allen Frauen im Land Tampons und Binden kostenlos zur Verfügung zu stellen (Süddeutsche Zeitung 2020). Somit wird die Menstruation als ein Phänomen betrachtet, dem Frauen unterworfen sind, sofern sie das zyklische Geschehen nicht mit pharmazeutischen Mittel unterbinden. Diese Sicht auf das Menstruationsblut betont jedoch die Natur/Kultur-Schranke, wobei die Menstruation als ein nicht zivilisierbares, naturhaftes Geschehen im weiblichen Körper eingestuft wird. Die Option, die zyklische Blutung als eine bereichernde körperliche Erfahrung zu betrachten, die lehrt, dass ein Mensch immer auch

„mehr als nur menschlich“[3] sein kann, bleibt weiterhin ausgeschlossen. Der nicht menstruierende Körper gilt als menschliche Norm, wobei nur willentlich vergossenes Blut von Scham befreit bleibt. Obwohl Pornowebsites Videos über Menstruationssex anbieten, lehnen sie ebenso wie alle Social-Media-Plattformen Videos, in denen Frauen das Einsetzen von Menstruationstassen vorzeigen, ab (ZackZack 2020). Die körperliche Erfahrung der Menstruation hat keinen Platz in der spätmodernen Gesellschaft. Die Szientifizierung der Menstruation (Vostral 2008, S. 22) stellt sogar eine Steigerung der Verdrängung hin zur Leugnung des im Menstruationsgeschehen liegenden Potentials für Transzendenzerfahrungen dar. Weiterhin symbolisiert die Menstruation einen scheinbaren Souveränitätsverlust der Frauen (Vostral 2008, S. 11), auf den zu pochen dem ehemaligen Präsidenten der USA Donald Trump (Frontline PBS 2019, ab Minute 3:30) viele männliche Wähler beschert hat.

Literatur und Onlinequellen

Aristoteles (1959): Über die Zeugung der Geschöpfe. Paderborn: Ferdinand Schöningh.

Ausserer, C. (2003): Menstruation und weibliche Initiationsriten. Frankfurt am Main: Peter Lang.

Always (2020). Warum tragen Frauen Slipeinlagen? Zugriff am 2.1.2021 unter https://www.always.de/de-de/tipps-und-beratung-fur-frauen/slipeinlagen/warum-tragen-frauen-slipeinlagen

Barth, B. (1990): Die Darstellung der weiblichen Sexualität als Ausdruck männlichen Uterusneides und dessen Abwehr. Jahrbuch der Psychoanalyse, 26, S. 64–101.

Bobel, Ch./Winkler, I. T./Fahs, B. et al. (Hrsg.) (2020): The Palgrave Handbook of Critical Menstruation Studies. London: Palgrave Macmillan.

Bornemann, E. (2003): Der obszöne Wortschatz der Deutschen. Sex im Volksmund. Köln: Parkland Verlag.

Bott, G. (2009): Die Erfindung der Götter. Essays zur politischen Theologie. Norderstedt: Books on Demand.

Briffault, R. (1927): The Mothers. A Study of the Origins of Sentiments and Institutions. Bd. II und III. New York: The Macmillan Company.

Buckley, Th./Gottlieb, A. (1988): Blood Magic. The Anthropology of Menstruation. Berkeley: University of California press.

Claessens, D. (1993): Das Konkrete und das Abstrakte: soziologische Skizzen zur Anthropologie. Frankfurt am Main: Suhrkamp.

3 „Mehr als menschlich“ greift hier die Forderung Donna Haraways (2018) nach einer Erweiterung des Blicks der Kultur- und Sozialwissenschaften auf soziale Beziehungen auf, die mehr als nur Menschen verbinden und auf eine Koevolution mit vielen anderen Geschöpfen hinweisen. Die Wertschätzung der Menstruation erfordert so gesehen ein „tentakuläres Denken“, welches die Subjektvorstellungen patriarchaler und androzentristischer Gesellschaften bedroht.

Carter, J. A. (2020): Awaken the woman in you. Zugriff am 30.12.2020 unter https://www.instagram.com/jasminealiciacarter/?hl=de
Chen, L. (2018). A guide to period art. Zugriff am 1.1.2021 unter https://helloclue.com/articles/culture/a-guide-to-period-art
Coutinho, E. M./Segal, S. J. (1999): Is Menstruation Obsolete? Cary: Oxford University Press.
Delaney, J./Lupton, M. J./Toth, E. (1988): The Curse. A Cultural History of Menstruation. Urbana und Chicago: University of Illinois Press.
Der Standard (2015): Instagram: Menstruations-Bild sorgt für Aufregung. Zugriff am 2.1.2020 unter https://www.derstandard.at/story/2000013593293/instagram-menstruations-bild-sorgt-fuer-aufregung
Douglas, M. (1985): Reinheit und Gefährdung. Eine Studie zu Vorstellungen von Verunreinigung und Tabu. Berlin: Dietrich Reimer.
Ehrenberg, M. (1992): Die Frau in der Vorgeschichte. München: Antje Kunstmann.
Eich, A. (2015): Die Söhne des Mars. Eine Geschichte des Krieges von der Steinzeit bis zum Ende der Antike. München: Beck.
Eilberg-Schwartz, H. (1990): The Savage in Judaism. An Anthropology of Israelite Religion and Ancient Judaism. Bloomington/Indianapolis: Indiana University Press.
Erdheim, M./Hug, B. (1990): Männerbünde aus ethnopsychoanalytischer Sicht. In: G. Völger/K. von Welck (Hrsg.), Männerbande. Männerbünde (S. 49–58). Köln: Stadt Köln.
Frazer, J. (1994): Der goldene Zweig. Reinbek: Rowohlt Verlag.
Frontline PBS (2019): Megyn Kelly Speaks Out About Trump's Attacks and Roger Ailes' Response. Zugriff am 12.12.2020 unter https://www.youtube.com/watch?v=I-da6eMEdPk
Gimbutas, M. (1994): Das Ende Alteuropas. Der Einfall von Steppennomaden aus Südrussland und die Indogermanisierung Mitteleuropas. Innsbruck: Verlag des Instituts für Sprachwissenschaft der Universität Innsbruck.
Ginsburg, R. (1996): Don't Tell Dear: The Material Culture of Tampons and Napkins. Journal of Material Culture, 1(3), 365–375.
Haraway, D. J. (2018): Unruhig bleiben. Die Verwandtschaft der Arten im Chthuluzän. Frankfurt/New York: Campus Verlag.
Hasson, K. A. (2016): Not a „Real" Period? Social and Material Constructions of Menstruation. Gender and Society, 30(6), 958–983.
Haubner, L. (2016): Was junge Schweizerinnen über den Blutbrunnen-Protest zur Tamponsteuer denken. Zugriff am 30.12.2020 unter https://www.refinery29.com/de-de/2016/10/125542/zuerich-happy-to-bleed
Helfrich-Forster, C./Monecke, S./Spiousas, I./Hovestadt, T./Mitesser, O./Wehr, T. A. (2021): Women temporarily synchronize their menstrual cycles with the luminance and gravimetric cycles of the Moon. Science Advances, 7 (5), eabe1358, DOI: 10.1126/sciadv.abe1358.
Hislop, M. (2019): Libra's new #bloodnormal campaign shows period blood on TV for the first time. Zugriff am 30.12.2020 unter https://womensagenda.com.au/latest/libras-new-bloodnormal-campaign-shows-period-blood-on-tv-for-the-first-time/
Hoffman, L. A. (1996): Covenant of Blood. Circumcision and Gender in Rabbinic Judaism. Chicago/London: The University of Chicago Press.
Hosner, J. (2020): You are bloody brilliant. Zugriff am 30.12.2020 unter https://quittenduft.ch/.
Jay, N. (1988): Sacrifice, Descent and the Patriarchs. Vetus Testamentum XXXVIII (1), S. 52–70, 53.
Johnston-Robledo, I./Chrisler, J. C. (2013): The Menstrual Mark: Menstruation as Social Stigma. Sex Roles, 68, S. 9–18.

Knight, Ch. (1991): Blood Relations. Menstruation and the Origins of Culture. New Haven. London: Yale University Press.
Knight, Ch. (2008): Early Human Kinship was Matrilineal. In: N. J. Allen/H. Callan/R. Dunbar/W. James (Hrsg.), Early Human Kinship. From Sex to Social Reproduction (S. 61–82). Malden, MA: Blackwell Publishing.
Knoblauch, H. (2018): Die kommunikative Konstruktion der Transzendenz und die populäre Religion. In: H. Winkel/K. Sammet (Hrsg.), Religion soziologisch denken. Reflexionen auf aktuelle Entwicklungen in Theorie und Empirie (S. 221–242). Wiesbaden: Springer.
Koch, D. (2020). The bloody side of life. Zugriff am 2. 1. 2021 unter https://www.arcgis.com/apps/Cascade/index.html?appid=bd946e3fc09c48bd938bfb780232c37e
Lee, J. (1994): Menarche and the (hetero)sexualization of the female body. Gender and Society, 8, 343–362.
Lerner, G. (1991): Die Entstehung des Patriarchats. Frankfurt am Main/New York: Campus Verlag.
Mantler, A. (2020): Rocky Emperor: Rapper aus dem Slum. Zugriff am 30. 12. 2020 unter https://oe1.orf.at/artikel/665827/Rocky-Emperor-Rapper-aus-dem-Slum
McCracken, P. (2003): The Curse of Eve, the Wound of the Hero. Blood, Gender, and Medieval Literature. Philadelphia: University of Pennsylvania Press.
Mittnik, A./Massy, K./Knipper, C. et al. (2019): Kinship-based social inequality in Bronze Age Europe. Science, 366, 731–734.
Mørk Røstvik, C. (2019): Blood Works: Judy Chicago and Menstrual Art since 1970. Oxford Art Journal, 42(3), 33–353.
Papasabbas, L. (2020): Menstruation wird Mainstream. Zugriff am 1. 1. 2020 unter https://www.zukunftsinstitut.de/artikel/zukunftsreport/menstruation-wird-mainstream/
Phipps, W. E. (1980): The Menstrual Taboo in the Judeo-Christian Tradition. Journal of Religion and Health, 9(4), 298–303.
Powers, M. N. (1989): Menstruation and Reproduction: An Oglala Case. Signs, 6(1), 54–65.
Richards, V. (2015): Indian women launch „Happy to bleed“ campaign to protest against „sexist“ religious rule. Zugriff am 30. 12. 2020 unter https://www.independent.co.uk/news/world/asia/indian-women-launch-happy-bleed-campaign-protest-against-sexist-religious-rule-a6748396.html
Roderick, L. (2017): Bodyform shows „realistic“ blood in ad to normalize periods. Zugriff am 30. 12. 2020 unter https://www.marketingweek.com/bodyform-blood-ad-normalise-periods/
Shuttle, P./Redgrove, P. (1982): Die weise Wunde Menstruation. Frankfurt am Main: Fischer-Taschenbuch.
Sissa, G. (1989): Subtle Bodies. In: M. Feher (Hrsg.), Fragments for a History of the
Human Body. Bd. 3 (S. 133–156). New York: Zone.
Sjöö, M./Mor, B. (1987): The Great Cosmic Mother. Rediscovering the Religion of the Earth. New York: Harper One.
Süddeutsche Zeitung (2020): Schottland stellt Tampons und Binden gratis zur Verfügung. Zugriff am 29. 12. 2020 unter https://www.sueddeutsche.de/panorama/schottland-menstruation-binden-tampons-1.4823247
Tan, D. A./Haththotuwa, R./Fraser, I. S. (2017): Cultural aspects and mythologies surrounding menstruation and abnormal uterine bleeding. Best Practice & Research Clinical Obstetrics and Gynaecology, 40, 121–133.
Tanner, N. (1994): Wie wir Menschen wurden. Der Anteil der Frau an der Entstehung des Menschen. Frankfurt/New York: Campus.
Taylor, G. (2000): Castration. An Abbreviated History of Western Manhood. New York/London: Routlege.

TAZ (2017): „Tabuthema“ Menstruation: Nie wieder Erdbeerwoche. Zugriff am 30. 12. 2020 unter https://taz.de/Tabuthema-Menstruation/!5429999/

The Female Company (2019): Free Bleeding leicht gemacht – 5 Tipps für Anfängerinnen. Zugriff am 30. 12. 2020 unter https://www.thefemalecompany.com/magazin/free-bleeding-leichtgemacht/

Thomson, G. (1960): Forschungen zur altgriechischen Gesellschaft. 1. Frühgeschichte Griechenlands und der Ägäis. Berlin: Akademie-Verlag.

Voss, J. (1988): Das Schwarzmond-Tabu: Die kulturelle Bedeutung des weiblichen Zyklus. Stuttgart: Kreuz-Verlag.

Vostral, S. L. (2008). Under Wraps: A History of Menstrual Hygiene Technology. Lanham, MD: Lexington Books.

Waldeck, R. (1988): Der rote Fleck im dunklen Kontinent. Teil II: Die Verletzung der Frau. Zeitschrift für Sexualforschung, 1(4), 337–350.

Wood, Ch. T. (1981): The Doctor's Dilemma: Sin, Salvation, and the Menstrual Cycle in Medieval Thought. Speculum, 56(4), 710–727.

Wood, J. M. (2020): (In)Visible Bleeding: The Menstrual Concealment Imperative. In: Ch. Bobel/I. T. Winkler/B. Fas et al. (Hrsg.), The Palgrave Handbook of Critical Menstruation Studies (S. 331–336). London: Palgrave Macmillan.

Wreschner, E. E. (1980): Red Ochre and Human Evolution: A Case for Discussion. Current Anthropology, 21(5), 631–644.

Zacharopoulou, Ch. (2020): Endométriose: enfin, cette maladie gynécologique sort de l'ombre. Zugriff am 30. 12. 2020 unter http://leplus.nouvelobs.com/contribution/1497920-endometriose-enfin-cette-maladie-gynecologique-sort-de-l-ombre.html

ZackZack (2020): Ausweg Pornhub? Menstruationsblut unerwünscht. Zugriff am 03. 1. 2020 unter https://zackzack.at/2020/07/31/ausweg-pornhub-menstruationsblut-unerwuenscht/

Der Körper im Raum

Eine Erwiderung

Daniel Burghardt

1. Biografischer Zustieg

Dem vorliegenden Text liegen meine ersten Kletterversuche im *Frankenjura* unausgesprochen zu Grunde. Den Gedanken, Körper und Raum in einen systematischen Zusammenhang zu bringen, habe ich während der Arbeit an meiner Dissertation zur *Anthropologie des Raums* entwickelt (vgl. Burghardt 2014). Parallel dazu habe ich auch mit dem Klettern begonnen, ohne jedoch das eine mit dem anderen zu verrechnen. Die Festschrift für Helga Peskoller stellt nun den passenden Anlass dar, Körper, Raum und die Berge zumindest in Ansätzen gemeinsam zu denken. Denn meine ersten Begegnungen mit Helga Peskoller waren zwar in einem wissenschaftlichen Kontext, jedoch kamen wir meistens recht schnell zu *eigentlichen* Themen: dem Bergesteigen und der räumlichen Erfahrung. Auch wenn Helga Peskoller auf die Bezeichnung *Extrembergsteigerin*, soweit ich das mitbekommen habe, nie sonderlich großen Wert gelegt hat, eröffnet sie bereits ihre Habilitationsschrift *BergDenken* mit einem Satz, der keinen anderen Schluss zulässt: „Berge und Wände verstellen Menschen den Horizont; einigen intensivieren sie das Leben. Das gilt auch für mich." (Peskoller 1997, S. 9)

Dabei mutet ihre theoretische Arbeit auf den ersten Blick nicht nur für den Bereich des Profisports durchaus exotisch an, sondern auch für ihre Disziplin der Erziehungswissenschaft. So erfährt man wenig über praktische Techniken, Ernährungstipps oder findet didaktische Vermittlungsvorschläge. Dagegen stellt das verbindende Element die historische und pädagogische Anthropologie dar. Der sich darüber eröffnende Möglichkeitsraum wurde und wird von ihr mit den unterschiedlichsten Formen des Bergdenkens gefüllt. Das so entfaltete Panorama reicht von Fragen des Feminismus (1996), der Einsamkeit (2001) oder zum Überleben (2008) über die Vertikalität (1999), den Sprung (2005) und das Camp (2019) bis hin zum Biwak (2007) und natürlich der Konserve (2016). Gewissermaßen als theoretische Brücke liegt Peskollers Anthropologie ein räumliches und ein körperliches Motiv zugrunde.

Unabhängig von dem konkreten Erleben in den Bergen ist der Zusammenhang von Körper und Raum in den letzten Jahren häufig thematisiert worden. Mit dem *spatial turn* wurde Ende der 1980er-Jahre ein grundlegender Paradigmenwechsel in den Kulturwissenschaften eingeläutet und, neben einer allgemeinen Hinwendung zum Raum, auch verstärkt nach dem Verhältnis von Körpern und dem nun als relational geltenden Raum gefragt. Peskollers *Kulturgeschichte der Höhe,* so der Untertitel der Habilitationsschrift, fügt sich hier ein. Phänomenologisch wird dabei der Perspektive einer räumlichen Existenzweise mit einer Hinwendung zur leiblichen Wahrnehmungsweise nachgegangen. Der Körper bildet hierbei Voraussetzung und Medium räumlicher Erfahrungs- und Wahrnehmungsweisen. Gleichwohl, so die These, ist die dadurch häufig aufgemachte Trennung von einem erlebten Raum des Leibes auf der einen und einem mathematischen Raum der Körper auf der anderen Seite bezogen auf das Bergdenken und darüber hinaus nicht durchzuhalten. Sind in den Bergen doch sowohl das qualitative Raumerleben mit einer subjektiven Wahrnehmung ebenso maßgeblich wie die homogene Gleichförmigkeit eines abstrakten Raums mit seinen physikalischen Gesetzen, welche die Berge durch die Wirkung der Schwerkraft mithin zu einer Gegenerfahrung werden lassen (vgl. Peskoller 2014, S. 397). In einem historischen Durchstieg soll im Folgenden gezeigt werden, dass die räumliche Wahrnehmung wesentlich an eine Anthropologie und Anatomie des Körpers geknüpft ist.

2. Historischer Nachstieg

Seit der Antike bilden Körper und Raum eine gegenseitige conditio sine qua non: So stellen die aristotelische Kosmologie (als eine kausale Theorie der Lagebeziehungen von Körpern) und die euklidische Geometrie (als Modell des mathematisch vermessenen Raums) bis heute zentrale Bezugspunkte der physikalischen und mathematischen Raumdiskurse dar (vgl. dazu im folgenden Burghardt 2017). In der Neuzeit fand die Differenzierung in einen gleichartigen, unbeweglichen absoluten Raum, in den Körper als bloße Objekte eingelagert sind (Newton) und einen, sich erst aus dem Verhältnis der möglichen Orte, die ein Körper im Raum einnehmen kann, ergebenden relationalen Raum (Leibniz) ihre zentrale Grunddichotomie (vgl. Burghardt/Zirfas 2016). Subjekttheoretisch war es Immanuel Kant, der den Raumdiskurs maßgeblich prägte, indem er die generelle Erfahrbarkeit des Raums an die Wahrnehmung des Subjekts knüpfte. Helga Peskoller würde vermutlich noch einen Schritt in der Geschichte zurückgehen und auf einen Brief vom 26. April 1336 rekurrieren, worin Petrarca seine Besteigung des Mont Ventoux schildert. Womöglich haben wir es hier mit der ersten Niederschrift einer subjektiven Berg- und Raumerfahrung zu tun (vgl. Peskoller 1997, S. 59 ff.).

Die an Kant anschließenden Debatten waren dagegen mit der Orientierungsforschung und der Sinnesphysiologie wiederum klassisch naturwissenschaftlich ausgerichtet (vgl. Wagner 2010): Die Orientierungsforschung bezog sich wie Kant – und anders als Petrarca – auf den euklidischen Raum. Im Gegensatz zu Kant war diese jedoch weniger transzendental als physiologisch-körperlich am Aufbau des Nervensystems ausgerichtet. Ausgangspunkt bildet der auf die Gegend des Sonnenaufgangs ausgerichtete Leib mitsamt seiner subjektiven rechten und linken Seite, dem Oben und Unten sowie dem an der Körperstellung ausgerichteten Hinten und Vorne. Der Körper selbst gilt als eingebettet in eine Welt, deren objektive Himmelsrichtungen als ganz allgemeines räumliches Referenzsystem fungieren. Bei Peskoller heißt es dementsprechend: „Sie [die Bergerfahrung, DB] spannt sich über die Wirbelsäule und den aufrechten Gang vertikal wie bei den Bergen auf und bildet in Verbindung mit der Horizontalen das einfache Grundgerüst der Orientierung." (Peskoller 2014, S. 397)

Im Anschluss an die Orientierungsforschung machten Joseph Breuer, Ernst Mach und Elie von Cyon konkret das Ohr für die Theorie der räumlichen Wahrnehmung prominent. So leitete von Cyon aus der anatomischen Lage der drei Bogengänge geradewegs die Dreidimensionalität des Raumes ab und verortete im Ohr den Sitz eines spezifischen Raumorgans. Über eine innere Empfindung des Raumsinns gründet sich danach eine, den äußeren Empfindungen der fünf anderen Sinne vorausgehende, absolute Raumvorstellung. Das Postulat eines sechsten Raumsinns wurde jedoch sowohl von Mach als auch von Breuer physiologisch widerlegt. Beide entwickelten unabhängig voneinander ein physikalisches Modell, wonach die Flüssigkeit im Bogengangsystem keine dreidimensionale Raumvorstellung vermittelt, sondern als Gleichgewichtsorgan lediglich auf Beschleunigung reagiert und für die Bewegungskoordination zuständig ist (Dünne/Günzel 2006, S. 36 ff.). Damit war der Grundstein für die Umwelttheorie eines Jakob Johann von Uexküll gelegt. Uexkülls berühmtes Beispiel vom subjektiven (Umwelt-)Raum bzw. animalischen Funktionskreis der Zecke (qua Geruchsempfindung von Buttersäure, Temperaturempfindung des Blutes von Säugetieren und Tastempfindung von Haaren und Blutgefäßen) hatte wiederum großen Einfluss auf die philosophische Anthropologie des 20. Jahrhunderts (Uexküll/Kriszat 1956). Wenn Üexküll darauf hinwies, dass Menschen die Umwelt im Gegensatz zu Tieren explizit weltoffen wahrnehmen, nahm er damit Überlegungen von Scheler zur Weltoffenheit und von Plessner zur exzentrischen Positionalität vorweg. Pädagogisch verwies auch das 1935 erschienene und mittlerweile als Standardwerk geltende Buch *Der Lebensraum des Großstadtkindes* von Martha Muchow (1978) ausdrücklich auf Uexküll, indem hier dessen Umweltlehre auf die Entwicklung und Sozialisation von Kindern in einem bestimmten urbanen Milieu übertragen wurde. Lebensraum meint hier noch keinen biologischen oder geopolitischen Raum einer Lebensform respektive eines Volkes, sondern einen alters- und klassenspezifischen Umweltraum. Mit dieser an die räumliche Wahrnehmungs- und Orientierungsforschung anknüpfenden Perspektive legte Muchow sowohl den pädagogischen Grundstein für die moderne Sozialisationsforschung, als auch für die kulturtheoretischen Zugänge von Peskoller.

Entwicklungspsychologisch kann schließlich in eine subjektive Wahrnehmung und objektive Vorstellung des Raums differenziert werden. Folgen wir der empirischen Untersuchung zur Entwicklung des räumlichen Denkens beim Kinde von Jean Piaget und Bärbel Inhelder, so entwickeln sich Raumvorstellungen konstruktivistisch und stufenförmig über einen komplexen Modus aus der Motorik des eigenen Körpers und den jeweils kognitiven Fähigkeiten im Zusammenhang mit der zu vollziehenden Handlung. Dabei unterscheiden Piaget und Inhelder grundsätzlich zwischen Wahrnehmung und Vorstellung:

> „Die Wahrnehmung ist das Erkennen der Gegenstände durch einen direkten Kontakt mit ihnen. Die Vorstellung hingegen besteht entweder darin, daß man nicht anwesende Dinge im Geiste sieht, oder, wenn sie der Wahrnehmung anwesender Gegenstände unterliegt, darin, daß man das Erkennen dieser Gegenstände mittels der Wahrnehmung durch Bezugnahme auf andere, in diesem Augenblick nicht wahrgenommene Gegenstände ergänzt." (Piaget/Inhelder 1975, S. 38)

Auch entwicklungspsychologisch lässt sich somit nachvollziehen, dass die sinnliche Wahrnehmung des Raums konkret angeeignet werden muss, um ein abstraktes räumliches Vorstellungsvermögen zu erlangen (vgl. dazu Burghardt 2014, S. 20ff.). Dabei geht die konkrete Wahrnehmung der abstrakteren Vorstellung voran. Piaget und Inhelder entwickelten eine sogenannte Topologie des kindlichen Denkens, welches über einen sensomotorischen Wahrnehmungsraum voranschreitet, der sich mit einem bildlichen Vorstellungsvermögen und dem Spracherwerb über die Wahrnehmung topologische Relationen des Benachbartseins, der Trennung, der Reihenfolge, des Umgebenseins und der Kontinuität in dem Maße objektiviert, wie sich das Subjekt körperlich dezentriert. Das Ergebnis der Studie bildet die Vorstellung von einem mathematisch-euklidischen Raum, d.h. „eine Raumvorstellung unter Berücksichtigung von Geraden, Parallelen und Winkeln" (Löw 2001, S. 76). Danach sind Kinder ab dem Alter von etwa neun bis zehn Jahren in der Lage, ihre eigene Perspektivität auf den Gegenstand zu rekonstruieren und diese gleichzeitig zu reflektieren. Darüber wird der Bezug zu dem Koordinatensystem hergestellt. Die Raumvorstellung ist somit über verinnerlichte Handlungen perspektivisch geworden: „Die Anschauung des Raums", so resümiert das Autorenpaar, „ist kein Ablesen der Eigenschaften der Dinge, sondern vielmehr von Anfang an ein auf die Gegenstände ausgeübtes Handeln." (Piaget/Inhelder 1975, S. 520) Parallel zu der skizzierten Orientierungsforschung und Sinnesphysiologie gelten im frühen Kindesalter die phänomenal und taktil wahrgenommenen topologischen Bezüge als fundamentale Orientierung für alle Handlungen. Dem naturwissenschaftlichen und biologischen Selbstverständnis Piagets folgend, eignen wir uns den Raum vom eigenen Körper aus regelrecht an und gelangen über eine zunehmende Dezentrierung durch komplexer werdende Handlungen zu einem körperlosen euklidischen Raum. Dessen ungeachtet erweisen sich die Raumtheorien von Kant über Üexküll bis Muchow und Piaget als Bedingungen der Erfahrungsmöglichkeit der Höhe und der Berge.

3. Kommender Vorstieg?

Diese kurze Skizze wurde, im Gegensatz zu den phänomenologisch dichten Beschreibungen Helga Peskollers, aus einer vornehmlich biologischen und kognitionspsychologischen Perspektive als notwendige Voraussetzung des Körpers im Raum nachvollzogen. Es bleibt nun ihr überlassen, die hier umrissenen Meilensteine der körperbezogenen Raumforschung weiter auf das Bergsteigen zu übertragen.

Festgehalten werden kann, dass das Verhältnis von Körper und Raum an anthropologische Fragen nach dem Menschen geknüpft ist. Die Geschichte der räumlichen Wahrnehmung verläuft zentral durch den Körper bis hinein in die Anatomie des Menschen. Denn, dass der Körper nach ausreichender Abstraktion aus dem räumlichen Gefüge nicht einfach verschwindet, wie es Piaget und Inhelder zumindest vermuten lassen, und dass der Raum mehr als bloß den Referenzrahmen für Kognitions- und Orientierungsleistungen bildet, sollte evident sein. Und auch wenn vom biologischen Standpunkt eines Üexküll aus der Mensch in den Bergen wohl eher als eine unbegabte Gämse erscheint, teilen wir mit dem Tier zunächst die beschränkte Perspektive eines subjektiven Umweltraums. Gleichwohl haben Menschen die Fähigkeit zur Abstraktion als Bedingung von Weltoffenheit, exzentrischer Positionalität oder Freiheit. Damit melde ich auch vorsichtig Widerspruch zu Peskollers Auseinandersetzung mit dem körperlichen Raum an: Hier betont sie,

> „dass menschliche Selbstverortung kein abstrakter Vorgang sein kann, sondern ein Prozess und Ergebnis konkreter Lebensvollzüge und Lebensführung sein muss und dort verankert ist, von wo aus eine Bewegung, eine Betätigung, eine Erfahrung, ein Tasten, Spüren und Berühren ausgeht. Dadurch tritt das Konzept des absoluten Raums zugunsten eines relationalen, performativen Raumverständnisses zurück und macht Platz für die Räume im Dazwischen" (Peskoller 2014, S. 399).

Gegenüber dem Befund vom Verschwinden des Abstrakten würde ich ein dialektisches Raumverständnis aus konkretem Fühlen, Wahrnehmen oder Erleben *und* abstrakten Denken oder Vorstellen in Anschlag bringen, welches auch dem Plädoyer für ein Dazwischen Gerechtigkeit widerfahren lässt. Denn, soviel kann von Piaget und Inhelder gelernt werden, jeder abstrakten Vorstellung geht eine konkrete Wahrnehmung voran, die auf Handlungen beruht. So ließe sich im Sinne des physikalischen Raums durchaus festhalten, dass dieser die Bedingung räumlichen Erlebens bildet und umgekehrt, das Erleben eine abstraktere Vorstellung des Raums erst ermöglicht. Davon ging auch Lévinas aus, als er gegen Heideggers fundamentalontologische Technikkritik gerichtet, den Raumflug Gagarins zum Anlass nahm, das Erleben des physikalischen Raums als Grundlage für die menschliche Freiheit auszuweisen: „Eine Stunde lang hat der Mensch außerhalb jedes Horizonts existiert – alles um ihn herum war Himmel, oder genauer, alles war geometrischer Raum: Ein Mensch existiert im Absoluten des homogenen Raums." (Lévinas 1996, S. 175 f.) Der absolute und homogene Raum des Universums birgt nach Lévinas auch für den Menschen noch das Potenzial des Universalismus. Heideggers „Aberglaube des Ortes" spalte die Menschen dagegen in „Einheimische und Fremde" – eine Einschätzung, die sich vor dem Hintergrund von Heideggers Antisemitismus sowie dessen Begeisterung für den Nationalsozialismus als durchaus hellsichtig erwies. Und, so Lévinas weiter, „unter diesem Blickwinkel ist die Technik weniger gefährlich als die Schutzgeister des Ortes" (ebd., S. 175). Ganz im Zeitgeist der 1960er-Jahre setzt Lévinas dagegen große Hoffnung in das utopische Potenzial der Technik, die dem Menschen eben auch Platz für die Räume im Dazwischen verschaffen kann. „Die Technik beseitigt das Privileg dieser Verwurzelung und des Exils, das sich darauf beruft. Sie macht frei von dieser Alternative." (ebd., S. 175)

Der Mensch findet sich in Muchows Stadt, auf Peskollers Bergen und in Lévinas' Weltraum wieder. Er wandelt im Zwischen, gehört überall und vielleicht – mit Blick auf den kapitalistisch verursachten Klimawandel – bald auch nirgendwo hin. Indessen stehen Physik und Phänomenologie in einem sich ergänzenden Verhältnis – oder mit den Titeln Peskollers: kein Sprung ohne Schwerkraft, keine Vertikalität ohne Dreidimensionalität, kein Überleben in den Bergen ohne physikalische Grundkenntnisse. Zudem, und darin sind wir uns sicher wieder einig, muss ein kulturwissenschaftlicher Raumbegriff nicht nur relational, sondern auch machtkritisch verortet sein (vgl. Postl 2010). Der Körper im Raum bildet neben einem konstitutiven Orientierungsprinzip nämlich auch ein herrschaftsförmiges Ordnungs- und Verfügungsprinzip, welches jedenfalls entlang der Linien von Klasse, Geschlecht und Ethnisierung wahrgenommen *und* loziert wird.

Literatur

Burghardt, D. (2014): Homo Spatialis: Eine pädagogische Anthropologie des Raums. Weinheim: Beltz Juventa.

Burghardt, D./Zirfas, J. (2016): Anthropologie und Raum: Pädagogische Zugänge. In: C. Berndt/C. Kalisch/A. Krüger (Hrsg.), Räume bilden – pädagogische Perspektiven auf den Raum (S. 51–62). Paderborn: Schöningh.

Burghardt, D. (2017): Körper und Raum: Vier Blickwinkel. In: H. Sowa/M. Miller/S. Fröhlich (Hrsg.), Bildung der Imagination Bd. 3. Verkörperte Raumvorstellungen – Grundlagen (S. 93–101). Oberhausen: Athena Verlag.

Dünne, J./Günzel, St. (Hrsg.) (2006): Raumtheorie. Frankfurt/M.: Suhrkamp.

Lévinas, E. (1996): Heidegger, Gagarin und wir [1961]. In: E. Lévinas: Schwierige Freiheit. Versuch über das Judentum. Frankfurt/M.: Jüdischer Verlag, S. 173–176.

Löw, M. (2001): Raumsoziologie. Frankfurt/M.: Suhrkamp.

Muchow, M./Muchow, H. H. (2012): Der Lebensraum des Großstadtkindes [1935]. Neuausgabe. Weinheim: Beltz.

Peskoller, H. (1996): „Die Rolle der Frau im Alpinismus" – Anlass zu einer Dekonstruktion. In: Sicherheit im Bergland. Jahrbuch. Hgg. vom Österr. Kuratorium für alpine Sicherheit. Wien, S. 18–24.

Peskoller, H. (1997): BergDenken. Eine Kulturgeschichte der Höhe. Wien: Werner Eichbauer Verlag.

Peskoller, Helga (1999): Raumverdichtung durch Vertikalität. In: E. Liebau/G. Miller-Kipp/Ch. Wulf (Hrsg.), Metamorphosen des Raums. Erziehungswissenschaftliche Studien zur Chronotopologie (S. 275–280). Weinheim/Basel: Beltz.

Peskoller, H. (2001): Bergeinsamkeit. Vom Wunsch zur Angst des Scheiterns. In: V. Caysa/W. Schmid (Hrsg.), Reinhold Messners Philosophie (S. 76–114). Frankfurt/M.: Suhrkamp.

Peskoller, H. (2005): Der Sprung. In: J. Bilstein/M. Winzen/Ch. Wulf (Hrsg.), Spiel, Spiele, Spielen. Pädagogisch-anthropologische Annäherungen (S. 209–216). Weinheim: Beltz Juventa.

Peskoller, H. (2007): Biwak. Zustände des Untätigseins. In: Paragrana. Internationale Zeitschrift für Historische Anthropologie Band 16, Heft 1, S. 113–125.

Peskoller, H. (2008): Überlebt. In: Paragrana – Internationale Zeitschrift für Historische Anthropologie. Band 17, Heft 2, S. 195–209.

Peskoller, H. (2014): Körperlicher Raum. In: Ch. Wulf/J. Zirfas (Hrsg.), Handbuch Pädagogische Anthropologie (S. 395–401). Wiesbaden: VS Verlag.

Peskoller, H. (2016): Haltbar, leicht und dicht verpackt – Zur Geschichte des Bergproviants. In: B. Althans/J. Bilstein (Hrsg.), Essen – Bildung – Konsum. Pädagogisch-anthropologische Perspektiven (S. 209–224). Wiesbaden: VS-Verlag.

Peskoller, H. (2019): Camp. In: D. Burghardt/J. Zirfas (Hrsg.), Pädagogische Heterotopien. Von A bis Z (S. 44–58). Weinheim: Beltz Juventa.

Piaget, J./Inhelder, B. (1975): Die Entwicklung des räumlichen Denkens beim Kinde. (orig. 1948). Gesammelte Werke Studienausgabe Band 6. Stuttgart: Klett.

Postl, G. (2010): Körperlicher Raum: Geschlecht und Performativität. In: St. Günzel (Hrsg.), Raum. Ein Interdisziplinäres Handbuch (S. 162–176). Stuttgart: Metzler.

Uexküll, J. J. von/Kriszat, G. (1956): Streifzüge durch die Umwelten von Tieren und Menschen. Hamburg: Rowohlt.

Wagner, K. (2010): Kognitiver Raum. In: St. Günzel (Hrsg.), Raum. Ein Interdisziplinäres Handbuch (S. 234–249). Stuttgart: Metzler.

Den Körper schreiben

Zehn Thesen über den Zusammenhang von Ereignis, Körper, Erfahrung und Kommunikation

Martin Sexl

1. Das *Ereignis* – Das Ereignis, etwa ein Kletterunfall, stößt (oder fällt) einem zu, passiert einem, macht etwas mit einem. Es ist ein einmaliges Vorkommnis, (noch) nicht benannt und (noch) nicht verstanden, unerwartet oder unverhofft, unkontrollierbar, ein singuläres und unwiederholbares Geschehen (vgl. Derrida 1976), das nicht in einer Struktur aufgeht und (noch) keine Bedeutung hat, (noch) nicht in Worte gefasst werden kann. Das Ereignis ist eine Abweichung, eine *abjection* (Kristeva 1980), etwas (Ver-)Störendes, das in eine Ordnung von Bedeutungen einbricht und immer ein Ereignis *für* eine wahrnehmende Person ist, also nicht ein Faktum der Realität, sondern eine Wahrnehmungswirklichkeit.[1] Wo niemand wahrnimmt, kann nicht von einem Ereignis gesprochen werden. Wo niemand etwas erlebt, gibt es auch kein Ereignis. Das Ereignis ist ein Erleben, das wir (noch) nicht begreifen können.

2. Das *Erleben* – Erleben setzt nicht nur die Materialität eines Körpers voraus, den man *hat* (das Ereignis stößt ja einem Menschen zu und damit auf Widerstand), sondern impliziert – damit das Erleben zur Erfahrung gerinnen kann –, eine Bewusstwerdung des Bezugs dieses Körpers zu jenem Ereignis, das erlebt wird. Das Ereignis wird solchermaßen Teil des Körpers, der sich dadurch nicht nur des Erlebens bewusst wird, sondern auch seiner selbst. Er wird zum Leib, der man *ist,* und das Erleben wird zu einer Erfahrung, weil mit der Bewusstwerdung die Tatsache einhergeht, dass das Erleben benannt, begriffen und verstanden wird – weil dieses, mit einem Wort, in die Ordnung eines Zeichensystems integriert werden kann und wird. Während der Körper (seine Maße, seine Kräfte, seine Fähigkeiten etc.) bis zu einem gewissen Grad objektiviert werden kann, kann es der Leib nicht, da er das ist, was subjektiv erlebt und gespürt wird. Der Leib besteht gewissermaßen aus der Summe des immer nur subjektiv zugänglich Erlebten. Mit dem Körper *machen* wir Erfahrungen, über die wir sprechen können und von denen wir uns ein Bild machen können, der Leib *ist*

1 Was für eine Person ein Ereignis ist, muss also noch lange nicht auch für eine andere ein solches sein.

die Erfahrung und bleibt, zumindest in wesentlichen Teilen, im erfahrenden Subjekt gleichsam eingeschlossen.

3. Die *Erfahrung* – Über ein Ereignis kann streng genommen nichts gesagt werden, weil alles, was gesagt werden kann, einer Struktur bedarf, d.h. eines Zeichensystems, das eine Zuordnung von Wahrnehmung/Vorstellung (Signifikat) und Bedeutung (Signifkant) erlaubt und zudem garantiert, dass diese an sich arbiträre Zuordnung durch Konventionen stabilisiert wird. Nur so kann die Kontinuität von Kommunikation gewährleistet werden. Daher ist das Ereignis eine Bedrohung für die Struktur bzw. für den Diskurs, der, um es mit Foucault zum Ausdruck zu bringen, eine Reihe von „Prozeduren" entwickelt hat, die eine „Dimension des Diskurses bändigen: die des Ereignisses und des Zufalls" (Foucault 1991, S. 17). Der Zufall ist immer auch ein Ereignis, aber nicht jedes Ereignis ist zufällig. Wer also über ein Ereignis und ein Erleben sprechen möchte, muss auf eine Zeichenordnung zurückgreifen und spricht daher über etwas anderes, nämlich über eine Erfahrung.

4. Die *Erzählung* – Es geht allerdings nicht nur um die Kontinuität von Kommunikation, sondern auch um jene von Erfahrung selbst, denn nur die Kontinuität von Erfahrung garantiert, dass sich eine Person als ein Subjekt mit einer Geschichte (sowie einer Zukunft) und einer Identität erleben kann. Damit das gelingt, muss sich das Subjekt selbst erzählen (können), muss es das Erlebte in Narrative einordnen, die dem Erlebten einen Sinn geben. Das Subjekt muss sich einen Reim machen (können). Es ist nicht entscheidend, dass diese Erzählung anderen gegenüber zum Ausdruck gebracht wird: Auch für denjenigen, der etwas erlebt und es nicht in Worte bringen möchte oder kann, kann das Erleben nur dann zur Erfahrung werden, wenn er seinem Erleben eine Bedeutung zuordnet (wobei dies ohnehin unwillkürlich geschieht), und sei es auch nur im unterschwellig bewussten Selbstgespräch. Erfahrung ist also auch für einen selbst immer eine Form *bedeutungsvollen* Erlebens und Empfindens. Etwas als bedeutsam zu erleben setzt notwendigerweise voraus, Zeichen verstehen zu können und zu verstehen.

Ein Erleben muss Sinn machen, nicht im moralisch-ethischen oder religiösen Sinne, sondern im Sinne gemeinsam geteilter (also sozial verfügbarer) Erfahrungen. Dafür ist Sprache unabdingbar, oder allgemeiner: eine Ordnung von Zeichen und Praktiken. Bedeutungen sind nicht individuell, sondern sozial. Sie befinden sich nicht in meinem Kopf, sind also keine mentalen Zustände, sondern entwickeln und manifestieren sich im Gebrauch der Sprache, der immer sozial, weil kontextualisiert, ist. Das bedeutet, dass Erfahrung immer gleichermaßen subjektiv und individuell (sie speist sich aus dem individuell Erlebten), und sozial ist (sie bekommt in der Kommunikation, und sei es auch nur mit sich selbst, erst Bedeutung). Bedeutung (im linguistischen wie lebensweltlichen

Sinne) ist also nichts Individuelles, sondern bedarf eines sozial verfügbaren Signifikationssystems (also einer *langue* im Sinne von Barthes bzw. eines *discours* im Sinne von Foucault). Daher haben alle Formen von Bewusstsein und Kommunikation mit ‚Übersetzungsproblemen' und Brüchen zwischen Erlebtem und Gesagtem, Aussage und Ausgesagtem/Gemeintem, Bild und Gezeigtem oder – allgemeiner gesprochen – Zeichen und Wirklichkeit zu tun.

5. Das *Wissen* – Erfahrung ist eine Wissensform, besteht allerdings nicht aus propositionalem („Der Montblanc ist 4807m hoch"), sondern aus phänomenalem und praktischem Wissen („Ich weiß, was es bedeutet und wie es sich anfühlt, den Montblanc zu besteigen, weil ich bereits auf seinem Gipfel war"). Wer auf phänomenales und praktisches Wissen zurückgreifen kann, hat auch Erfahrung. Um Erfahrung erwerben zu können, bedarf es nicht nur der Übung und des gekonnten Gebrauchs der fünf Sinne (die man etwa benötigt, um erfahrene Bergführer*innen nachzuahmen, sei es in einem Ausbildungskurs oder anlässlich einer Montblanc-Besteigung), sondern notwendigerweise auch ein Zeichensystem: Ohne dieses würde man nicht nur die Bedeutung dessen, was man in der Nachahmung tut oder tun möchte, nicht verstehen, sondern würde auch den Sprachhandlungen der Nachgeahmten, etwa deren „Winken" (Wittgenstein 1984, S. 525), nicht folgen können: „Achte beim Klettern stärker auf die Füße!", „Geh ein wenig langsamer!" etc. Wer nicht benennen kann, was er tut, kann auch nicht wahrnehmen, was wesentlich und was unwesentlich ist. Nur die Sprache erlaubt Reflexion, und nur die Reflexion erlaubt ein sinnvolles und effizientes *Ausdehnen* (zum Konzept der Ausdehnung vgl. Varela 1994) unserer Erfahrung auf Bereiche, die uns noch nicht bekannt oder zugänglich sind.

Auch Bedeutungsgebung (d.h. Spracherwerb) bedarf der Übung und der Nachahmung, d.h. letztlich einer Art von Lehrer*innen-Schüler*innen-Verhältnis. Erfahrene Bergführer*innen kann man in ihrem Tun beobachten und versuchen sie nachzuahmen, wenn man von ihnen lernen möchte. Aber was soll man beobachten und nachahmen, wenn es um die Frage geht, wie bestimmte Ereignisse und Erlebnisse von anderen mit Bedeutung erfüllt werden? Es bleibt nichts anderes übrig, als mit ihnen zu reden bzw. jene Texte zu lesen, die für sie bedeutungsvoll sind oder waren.[2]

6. Die *Sprache* – Dass Erfahrung unauflösbar mit Sprachgebrauch verknüpft ist, heißt aber noch lange nicht, dass sie einfach artikuliert werden könnte. Im Gegenteil: Wesentliche Teile der Erfahrung bleiben implizit. Das hat weniger

2 Das lang Vergangene und das schlechthin Fremde sind uns sogar fast ausschließlich nur über Texte zugänglich und nur so für die Gegenwart nutzbar.

damit zu tun, dass sie ein Körperwissen ist, das mit schwer in Sprache übersetzbaren Sinneswahrnehmungen verknüpft ist, sondern dass dieses Körperwissen, so Michael Polanyi, notwendigerweise aus unterschwellig Erfahrenem besteht (etwa: Nervenreize in den Fingern und Zehen beim Klettern) – Polanyi spricht vom proximalen Term, der *subsidiary aware* ist –, das die Grundlage für das explizit Gekonnte (das Klettern selbst) – den distalen Term – bildet, auf das sich die Aufmerksamkeit richtet, dem also die *focal awareness* gilt. Die Praxis des Kletterns zeigt rasch, dass das unterschwellig Erlebte ohne nachzudenken in bedeutungsvolle Erfahrungen ‚übersetzt' wird: Wer nach Griffen langt, empfindet die unterschiedliche Beschaffenheit von Felsoberflächen (rau, abgespeckt, scharfkantig etc. = distaler Term), auch wenn die Empfindung genau genommen in der Handfläche (= proximaler Term) verortet ist (vgl. Polanyi 1969, S. 148). D.h. erst durch die Interpretation von Nervenreizen – die aber nicht bewusst abläuft und deren Erklärung, wenn sie denn überhaupt möglich ist, beim Tun nicht nur nicht hilfreich, sondern häufig sogar kontraproduktiv wäre, lenkt sie doch den Blick von dem ab, worauf man sich konzentrieren sollte – werden bedeutungslose Empfindungen (von Nervenreizen) in bedeutungsvolle (von Oberflächenbeschaffenheiten) übersetzt, d.h. in ein *Gefühl* in den Finger- und Zehenspitzen, das nicht einfach ein Gefühl, sondern ein Gefühl *für* (ein *Gespür*) ist. Oberflächenbeschaffenheiten können vielleicht teilweise formuliert werden – auch das ist allerdings mit einigen Schwierigkeiten verknüpft –, aber vom proximalen Term haben Personen ein Wissen, das sie nicht in Worte fassen können. Um die Beschaffenheit von Felsen richtig interpretieren zu können, benötigt man (viel) Erfahrung (also ein hochentwickeltes Wissen über das unterschwellig Wahrgenommene), aber diese Erfahrung ist in der Bewusstwerdung des Körpers als Leib, in der (Selbst-)Reflexion sowie in der Fortentwicklung und Vermittlung von Können immer nur als sprachlich artikulierte Erfahrung zu haben. Es gilt also: Erfahrung ist immer nur als *Aussage* über Erfahrung verfügbar, ist also immer, wenn man über sie sprechen möchte, verbalsprachlich interpretierte Erfahrung.

7. Die *Lektüre* – Wer also etwas von der Erfahrung (anderer) wissen möchte, muss lesen und zuhören. Aber die Formulierung von Erfahrung(swissen) wie auch die Interpretation von Gelesenem (oder Gehörtem) sieht sich großen Schwierigkeiten gegenüber, wenn es darum geht, die Erfahrungs*qualität* eines Erlebens zu vermitteln und verstehen zu wollen.[3] Die Erfahrungsqualität des Erzählten zu verstehen bzw. nachzuvollziehen ist leichter, wenn Erzähler*in(nen)

---

3 Die Höhe des Montblancs mitzuteilen, ist leicht. Von den Erfahrungen zu erzählen, die man bei seiner Besteigung gemacht hat, ist sehr viel schwieriger und die Erzählung für den, der selbst keinerlei Erfahrung mit Bergsteigen und Klettern hat, vielleicht gänzlich unverständlich.

wie Zuhörer*in(nen) physisch anwesend sind, wenn also somatische (Re-)Aktionen direkt wahrnehmbar – sichtbar, hörbar, riechbar, fühlbar – sind.[4] Es gilt auf jeden Fall: (Schriftliche wie mündliche) Erfahrungsberichte bestehen aus Worten, die durch ‚Nacherleben' gleichsam in die Erfahrungswelt der Leser*innen und Hörer*innen ‚rückübersetzt' werden müssen.

Erfahrungsberichte und Erzählungen – seien sie nun faktual oder fiktional – sind nun aber nicht nur Möglichkeiten, von den Erfahrungen anderer zu berichten und zu erzählen, sondern sind *notwendige* Instrumente, um überhaupt erst einmal eine Sprache für das *eigene* Erleben zu bekommen, damit dieses zu einer bedeutungsvollen Erfahrung werden kann. Zentral (wenn auch als Bedingung unabdingbar) ist also letztlich nicht das Verstehen des Textes, sondern das Verstehen des eigenen Erlebens und der eigenen Erfahrung *durch* den Text. Der Text selbst funktioniert dabei wie eine Geste (vgl. Sexl 2003, S. 165–169; vgl. Butler 2019; vgl. Flusser 1994), die auf etwas *zeigt* – aber selbst nichts *sagt*, einem Blindenstock vergleichbar, mit dem Dinge in der Distanz erreichbar und dadurch erfahrbar und interpretierbar werden – und dabei eine Erfahrung auslöst, die als eine Erfahrung von Welt und nicht als eine von sprachlichen Strukturen erlebt wird; so wie auch bei einem Blindenstock (um bei der Analogie zu bleiben) die Empfindungen an der Spitze des Stocks und nicht die unterschwellig wahrgenommenen Nervenreize in der Handfläche (wo die körperliche Erfahrung ja ‚eigentlich' zu lokalisieren wäre) als Erfahrung erlebt werden.

8. Die *Konstruktion* – Was wir empfinden und was wir fühlen, ist also nicht individuell, und es kommt auch nicht von innen und ist daher nicht ‚authentisch'. Vielmehr sind Erfahrungen Konstrukte und geprägt von der Sprache und von Diskursen.[5] Etwas in der Lektüre zu erfahren heißt also, etwas herzustellen. Texte sind nicht einfach Repräsentationen von Erfahrung – nämlich der Erfahrung von Protagonist*innen eines Textes bzw., bei literarischen Texten, auch der Erzählinstanz –, sondern können erfahrungs- und handlungsgenerierende Momente für Leser*innen sein, die allerdings nicht nur vom Text, sondern auch vom Lesekontext und vom jeweiligen (biographischen, sozialen) Hintergrund abhängig sind. Letztendlich besteht Lesen in der Bewältigung einer ver-

---

4 Dies könnte im Übrigen, wie auch im Theater, eine Form der Katharsis im aristotelischen Sinn bewirken (Nachahmung – Mimesis – hatte für Aristoteles Erlebnisqualität), bei der das Erleben von Affekten die Voraussetzung für Erkenntnis wie Läuterung gleichermaßen ist. Ähnliches gilt für den universitären Unterricht: Selbst vermeintlich nicht interaktive Formate wie Vorlesungen verändern ihren Charakter stark, je nachdem ob sie, wie in Corona-Zeiten, online oder vor physisch anwesenden Studierenden gehalten werden.

5 Das reicht bis in die Grammatik der Sprache hinein: So ordnen Sprecher*innen des Deutschen der Sonne tendenziell Eigenschaften zu, die wir als weiblich ansehen, während der Mond mit als männlich konnotierten Merkmalen versehen wird. In romanischen Sprachen ist es nachweislich umgekehrt (vgl. Koch/Zimmermann 2007).

mittelten und sowohl vorgestellten wie vorstellbaren Wirklichkeit, die von jemandem (Erzählinstanz, Protagonist*innen) vorgeformt wurde. Auch wenn Erfahrungen selbst von einem semiotischen Objekt wie einem Text (und zwar im Gegensatz zu erfahrungsauslösenden Ereignissen, Handlungen und Objekten, die in einem Text beschrieben werden) schlechterdings nicht ‚repräsentiert' werden können – wir können beim Lesen nicht erleben, was Protagonist*innen erleben, sondern müssen uns darauf verlassen, was diese uns ‚zu verstehen geben' –, so können in Texten beschriebene Erfahrungen doch ganz konkrete Ereignisse und Handlungen in der Alltagswirklichkeit *auslösen.* Man kann es noch einmal anders formulieren: Erzähler*innen bauen mentale Simulationen für Leser*innen, also Modelle bzw. Simulakren, die zu erleben und durch die ‚hindurchzugehen' ist, um eine Erfahrung machen zu können.

Das heißt nun aber nicht, dass Erfahrung und mit ihr Körperlichkeit einfach ein Ergebnis von Konzepten ist. Allerdings beeinflussen Konzepte (d.h. vielmehr ihre mediale, insbesondere massenmediale, Repräsentation) auf jeden Fall stark die Erfahrungen von Menschen, ja sogar deren Körperlichkeit: Wir versuchen, unsere Körper jenen Bildern entlang – seien es sprachliche Bilder oder Bilder im herkömmlichen Sinne (etwa Fotografien) – zu modellieren, die wir vorfinden.

9. Die *Fotografie* – Das ‚Perfide' am Bild, zumal am fotografischen Bild, ist, dass wir häufig der Illusion erliegen, es bringe Wirklichkeit zur Abbildung und zeige die Welt so, wie sie ist (während die Sprache von der Welt immer durch einen Graben getrennt sei, der durch Interpretation überbrückt werden müsse). Auch wenn das nicht ganz falsch ist – beruht die Fotografie (zumindest die gegenständliche) doch auf einer ikonischen und indexikalischen Relation zu dem, was sie zeigt –, so ist der unreflektierte Glaube daran doch problematisch. Denn er verführt dazu, der Fotografie in der Darstellung der Welt mehr zu trauen als der Sprache, was letztlich zu einer Stabilisierung des Gezeigten, d.h. zur Mythenbildung im Sinne von Barthes führen kann: zu einer Naturalisierung des geschichtlich Entstandenen (vgl. Barthes 2010). Weil wir an die Eindeutigkeit des auf einer Fotografie zu Sehenden glauben, vereindeutigt sich das auf einer Fotografie Gezeigte, was Ordnungen – Geschlechterordnungen, ethnische Einteilungen, Organisation von Gemeinschaften nach Hautfarbe etc. – einzuzementieren droht. Die (gegenständliche) Fotografie reklamiert für sich, etwas, das man nicht sagen kann, zeigen zu können – oder zumindest suggeriert das fotografische Bild, ‚mehr als tausend Worte' sagen zu können –, gleichzeitig allerdings drängt es gerade durch die Suggestion, Unsagbares zeigen zu können, vieles ins Unsichtbare, weil man mit einem Blick und ohne weiter nachzudenken glaubt, schon gesehen und verstanden zu haben.

10. Die *Literatur* – Die Sprache genießt in der Regel mehr Interpretationsfreiheiten als die (gegenständliche) Fotografie, und zwar durch ihren Reichtum an Ambivalenzen, Kombinationsmöglichkeiten, Metaphern und Analogien.[6] Ein Text kann – zumindest trauen wir es ihm zu –, wenn auch vielleicht nur für einen spezifischen Moment der subjektiven Lektüre, etwas Strukturloses und Ereignishaftes beinhalten. Zugleich und im Gegenzug zur Fotografie können Texte, zumal literarische, durch *andeutungsweise Rede* und durch den Einsatz von Metaphern und Analogien (und durch deren Intensität und Eindrücklichkeit, die Affekte ansprechen) eine Sprache für Erlebnis und Erfahrung bilden, denn die Struktur der Metapher (wie andere Mittel der Rhetorik auch) erlaubt eine sprachliche Fassung des (noch) nicht Gefassten, des noch nicht Strukturierten und des noch nicht Texturierten.

Texte – vor allem literarische, d. h. fiktionale – sind gegenüber dem Selbsterlebten und gegenüber dem fotografischen Bild (das ja in der Regel doch Faktuales zeigt) im Übrigen manchmal im Vorteil: Erstens passiert das Nacherleben von erfahrungsgesättigten Schilderungen in der Regel in einer Situation der Gefahrlosigkeit. Anders formuliert: Beim Lesen kann man sich Ereignissen wie Unfällen, Morden oder fatalen Liebschaften ‚aussetzen', ohne selbst unmittelbar und direkt in ausgesetzter Lage zu sein. Zweitens kann die Erzählinstanz, etwa durch die erlebte Rede, dafür sorgen, dass wir, *metaphorisch* gesprochen, in die Köpfe der Protagonist*innen hineinkriechen können und dabei gleichsam miterleben, was diese erleben. Gerade deshalb kann eine erfahrungsnahe Simulation des Erlebten – oder besser: des Erlebbaren – gelingen. Auch wenn die so ausgelöste Erfahrung etwas Imaginiertes sein mag, so kann ihr Erleben doch ‚echt' sein. Die Möglichkeiten der Rhetorisierung, Intensivierung und Fiktionalisierung erlauben lebensweltliche Anschaulichkeit und damit einen Zugang zu impliziten Erfahrungswelten. Literarische Texte sind daher Teil des Nervensystems unserer Erfahrung und garantieren einen wie auch immer erfolgreichen Kontakt zur Welt – so wie die Hände, die den Fels berühren, mittels ihrer ‚erfahrenen' Nervenzellen dafür sorgen, dass wir nicht in den Abgrund stürzen.

---

6 Wer im Französischen über den Körper seiner*seines Geliebten schreibt, ist nicht, wie im Deutschen, gezwungen, das Geschlecht des*der Beschriebenen zu nennen, denn „son corps" kann „sein" oder „ihr Körper" gleichermaßen bedeuten (vgl. Barthes 2015). Dies erlaubt es unter Umständen, einen ganzen Text zu verfassen und das Geschlecht des Protagonisten oder der Protagonistin in der Schwebe zu halten.

Literatur

Barthes, R. (2010): Mythen des Alltags. Berlin: Suhrkamp.

Barthes, R. (2015): Fragmente einer Sprache der Liebe. Frankfurt am Main: Suhrkamp.

Butler, J. (2019): Wenn die Geste zum Ereignis wird. Wien: Turia + Kant.

Derrida, J. (1976): Die Struktur, das Zeichen und das Spiel im Diskurs der Wissenschaften vom Menschen. In: ders., Die Schrift und die Differenz. Frankfurt am Main: Suhrkamp, S. 422–442.

Flusser, V. (1994): Gesten. Versuch einer Phänomenologie. Frankfurt am Main: Fischer.

Foucault, M. (1991): Die Ordnung des Diskurses. Frankfurt am Main: Fischer.

Koch, S./Zimmermann, F. (2007): El sol – die Sonne. Hat das grammatische Geschlecht von Objekten Implikationen für deren semantischen Gehalt? Psychologische Rundschau 58 (3), S. 171–182.

Polanyi, M. (1969): Knowing and Being. London: Routledge & Kegan.

Kristeva, J. (1980): Pouvoirs de l'horreur. Essai sur l'abjection. Paris: Seuil.

Sexl, M. (2003): Literatur und Erfahrung. Ästhetische Erfahrung als Reflexionsinstanz von Alltags- und Berufswissen. Innsbruck: Studia Universitätsverlag.

Varela, F. J. (1994): Ethisches Können. Frankfurt am Main: Suhrkamp.

Wittgenstein, L. (1984): Philosophische Untersuchungen. In: Werkausgabe in acht Bänden. Band 1, Frankfurt am Main: Suhrkamp.

2 Körper im Raum/Verortungen

Am Manaslu Trek. Nepal

Der Scheideweg

Johannes Bilstein

1. Entscheidung im Raum: Ein archaisches Bild

Menschen leben in Räumen.

Raum-Erfahrungen gehören zu den fundamentalen Grundlagen menschlichen Erlebens (Peskoller 2018; Peskoller 2020). Deshalb bietet es sich an, das mit Räumen Erlebte zum Symbol, zur Chiffre und zum Gleichnis für alle möglichen anderen Lebenssituationen zu machen. Räumliche Erfahrungen liefern die Basis für die wohl größte Zahl an Metaphorisierungen überhaupt (Gärdenfors 2004, bes. S. 178), spatiales Erleben bietet eine Art Grund-Matrix für kognitiv-abstrahierende Welt-Deutungen (Bilstein 2018).

Und Menschen fällen Entscheidungen. Ihr Leben ist voller Wahlen: ja oder nein, dies oder das, jetzt oder später, hier oder dort.

Menschen leben in Räumen und Menschen treffen Entscheidungen. Beides kommt zusammen, wenn unsere Bewegungen im Raum auf Alternativen und Entschlüssen beruhen, wenn wir also Entscheidungen im Raum fällen. Ganz gleich ob wir wandern oder bergsteigen, ob wir auf Skiern gleiten oder das Meer befahren, ob wir in einer Stadt vorankommen wollen – immer beruht der jeweils nächste Schritt, die jeweils nächste Aktion auf einer Entscheidung im Raum: rechts oder links, nach oben oder nach unten, nach vorne oder nach hinten.

Das ist denn auch der Grund, warum die Entscheidung im Raum früh schon zur Metapher für alle möglichen Urteils-Prozesse und Urteils-Zwänge im Leben wird – am verdichtetsten in der Wege-Metapher. Ich gehe einen Weg, komme an eine Weggablung und kann nur einen der beiden alternativen Richtungen nehmen. Diese Situation an der Wegscheide stellt eine der allerersten und sowohl historisch als auch ontogenetisch tiefsten Grundlagen für Übertragungen und Verallgemeinerungen bereit – man muss ja nicht gleich von einem „Ur-Wort" raunen: „Weg-bereiten und Weg als das Ge-langenlassen gehören in denselben Quell- und Strombereich wie die Zeitwörter: wiegen und wagen und wogen. Vermutlich ist das Wort ‚Weg' ein Urwort der Sprache, das sich dem sinnenden Menschen zuspricht." (Heidegger 1959, S. 187)

Tatsächlich bietet die Wegscheide eine der existenziellen Metaphern schlechthin. Jeder erwachsene Mensch kennt die zugrundeliegende Erfahrung, hat selbst schon einmal vor der Frage: „Rechts oder links?" gestanden. Wird diese Erfahrung zur Metapher für die Notwendigkeit moralischer, politischer, religiöser, militärischer oder ästhetischer Entscheidung, dann ist damit auf die räumlich-körperlichen Grundlagen allen menschlichen Lebens verwiesen, wird zugleich Bewegung und Vorwärtskommen thematisiert (Gärdenfors 1996; Bilstein 2019). Das gilt für den Weg zum Himmel oder den Weg zum Guten, den Weg des Liedes (Homer) oder den Weg der Seele, den Weg des Feuers oder des Wassers oder eben auch den Weg zum ewigen Heil.

Die Geschichte von der Wahl zwischen den zwei Wegen (Frost 1916), zwischen rechts oder links, ist in ihrem Kern also uralt und führt uns zurück an den Beginn der europäischen Philosophie. Den wahrscheinlich ersten Beleg finden wir bei Hesiod, in seinem Lehrgedicht „Werke und Tage", das um 700 vor Christus entstand. Dort geht es um die Ordnung der Welt, geregelt durch Recht und Gesetze, um die Bedrohung der Polis und um die – vor allem bäuerlich verstandene – Arbeit, die den Menschen auszeichnet. Dringlich führt der Sprecher seinem Bruder Perses vor Augen, dass ein frevelhaftes Leben leicht zu führen ist, dass moralische Dürftigkeit einfach zu haben ist: „Glatt ist der Weg und sie wohnt ganz nah." (Hesiod 700 v. Chr., Vers 287, S. 24–25) Und dann kommt die gut gemeinte Mahnung:

> „Vor das Gedeihen jedoch haben die ewigen Götter den Schweiß gesetzt. Lang und steil ist der Pfad dorthin und schwer zu gehen am Anfang. Kommst du jedoch zur Höhe empor, wird er nun leicht, der anfangs so schwer war. Der ist von allen der beste, der alles selbst einsieht und bedenkt, was schließlich und endlich Erfolg bringt; tüchtig aber ist auch, wer guten Rat von anderen annimmt." (Hesiod 700 v. Chr., Vers 288–294, S. 24–25; Snell 1975; Becker 2018, S. 27–51).

Damit ist bei Hesiod ein Grund-Bild aufgerufen, das sich von dort aus durch die gesamte europäische Geistesgeschichte zieht: dem Menschen stehen verschiedene Wege offen, er kann und muss sich zwischen dem guten und dem schlechten Pfad entscheiden (Harms 1970, S. 40–49). Dabei ist der gute Pfad durch Arbeit und Mühen, durch Schweiß und Anstrengung gekennzeichnet. Belege für diese Bildlichkeit finden sich über die ganze Antike verstreut – beginnend eben bei Hesiod oder auch mehrfach bei Homer (Becker 1937, S. 41–49). Offensichtlich bietet sich die Grunderfahrung des Weges: dass der Raum strukturiert ist, dass es da vorgebahnte Möglichkeiten der Bewegung gibt, und dass man die Wahl hat zwischen verschiedenen dieser Vor-Bahnungen – offensichtlich bietet sich diese Grunderfahrung seit dem Beginn unseres Denkens an, wenn wir Entwicklung und Bewegung, Alternativen und Zwänge unseres Lebens zur Sprache bringen wollen (Peskoller 2005).

Dies müssen dann gar keine räumlichen Alternativen sein. Einer der zugrundeliegenden Begriffe, das griechische „hodos", „ὁδός", für Weg und Straße, wird dabei zur Grundlage des Begriffes der „Methode", „μέθοδος", der ursprünglich Nach-Gehen benennt, also eine Bewegung des Nachverfolgens im

Raume, die dann auf geistig-kognitive Leistungen übertragen wird (Becker 1937, bes. S. 15–34; Messimeri 2001, S. 63–111). Methode, das ist der gedankliche und forschende Weg auf ein Ziel hin: meta-hodos. So sind, ausgehend von einer räumlich-körperlichen Erfahrung, mit dem Bild des Weges schon früh auch das Voranschreiten des Verstandes, die Bewegung der Gedanken und der Überlegungen angesprochen: der Weg des Forschens und des Geistes. Die existenzielle Erfahrung des Weges, des hodos, überträgt und abstrahiert sich so auf den Versuch, denkend das eigene Denken zu verstehen.

Von der griechischen Antike aus zieht sich die Wege-Metaphorik dann durch unser Denken und unsere – sei es philosophische, sei es erzählende – Literatur, auch im Christentum. Das Jesus-Wort „Ich bin der Weg und die Wahrheit und das Leben“ (Johannes 14,6) bietet schon den frühen Christen Deutungsmöglichkeit für ihre eigenen religiösen Absichten, für ihre Versuche also, dem irdischen Dasein im erinnerten Lebensweg ein Ziel zu geben und die eigene Seele zur Umkehr zu führen (Westerkamp 2007, S. 528–529).

Belege finden sich dann auch bei Matthäus, immerhin in der Bergpredigt:

> „Tretet ein durch die enge Pforte. Denn weit und breit ist der Weg, der ins Verderben führt, und viele sind es, die auf ihm hineingehen. Doch eng ist die Pforte und schmal der Weg, der ins Leben führt, und wenige sind es, die ihn finden.“ (Mt. 7,14)

Ein schmaler und mühsamer Pfad führt zur Tugend, ein breiter und gemütlicher Weg mündet im Laster: Das alte Hesiod'sche Motiv taucht hier nun auch im christlichen Umfeld wieder auf.

Die Erfahrung eines Menschen, der auf einem Weg geht und sich dann zwei alternativen Möglichkeiten des Weitergehens konfrontiert sieht, ist also in unserer Kultur früh und durchgängig metaphorisiert worden: sei es als Bild innerhalb der Tugend-Diskurse, in denen es darum geht, die rechten Maximen der Lebensführung zu erwerben; sei es als Wissens-Metapher, vor allem im Begriff der Methode; sei es als moralische Metapher für die Notwendigkeit, sich für eine, die richtige Seite zu entscheiden oder sei es als religiöses Gleichnis, das die Hinwendung der Seele zu Gott verbildlichen soll.

Von den vielen Wegen und Weges-Geschichten, die uns in der europäischen Ideen- und Denk-Geschichte begegnen, hat freilich eine ganz besonders herausragende Bedeutung gewonnen.

3. Herkules am Scheidewege

Die Notwendigkeit, den rechten von zwei Wegen auszusuchen, spitzt sich in der Scheideweg-Situation noch einmal besonders szenisch zu: da liegen nicht nur zwei Wege vor einem Menschen, der wird auch nicht nur – wie bei Hesiod –

gemahnt, den rechten zu nehmen, sondern er steht selbst direkt an der Weggabelung, muss sozusagen mit dem nächsten Schritt sich für einen der beiden Pfade entscheiden, denn beide zugleich kann er ja nicht nehmen. Für diese Situation gibt es eine Art Prototyp, und das ist Herakles, lateinisch: Herkules. Zum ersten Mal ist diese Geschichte wohl in Xenophons Memorabilien dokumentiert. Ausführlich wird da erzählt, wie Herakles, gerade zum Jüngling herangereift, an einem einsamen Ort steht und nicht weiß, welchen von zwei Wegen er einschlagen soll. Da kommen zwei Frauen auf ihn zu, beide „von hoher Gestalt".

> „Die eine war schön anzusehen und edel, Reinheit war ihres Leibes, Schamhaftigkeit ihrer Augen, Sittsamkeit ihrer Haltung Schmuck; ihre Kleidung war weiß. Die andere war wohlgenährt bis zur Fleischigkeit und Üppigkeit, die Farbe geschminkt, so dass sie weißer und röter sich darzustellen schien, als sie wirklich war, und ihre Haltung so, dass sie gerader zu sein schien als von Natur; die Augen habe sie weit offen gehabt und ein Kleid getragen, aus dem am meisten die jugendliche Schönheit hindurchschimmern kann." (Xenophon ca 364 v. Chr., II, 1, 21, S. 46; Mueller-Goldingen 2004)

Zwei sehr verschiedene Damen sind es also, die da auf Herakles zukommen, und während die eine: areté, die Edle und Sittsame, ruhig an ihm vorbeigeht, fängt die andere: kakia, an, sich zu erklären und um den jungen Mann zu werben.

> „Ich sehe, Herakles, dass du unschlüssig bist, welchen Lebensweg du einschlagen sollst; wenn du nun mich zur Freundin nimmst, dann werde ich dich den angenehmsten und bequemsten Weg führen, keine Lust soll dir verloren gehen und von Beschwerden sollst du verschont bleiben." (Xenophon ca. 364 v. Chr., II, 1, 23, S. 46–47)

Und dann erklärt die Dame auch, wie sie solche Annehmlichkeiten garantieren kann: Um Kriege und Händel brauche er sich nicht zu kümmern, er werde immer das Angenehmste zum Essen und Trinken finden, weich schlafen und so alle möglichen Freuden erleben. Aber es gibt Widerspruch. In der Zwischenzeit ist nämlich auch die andere Dame wieder herbeigekommen und hält nun auch eine Rede. Sie will Herakles nichts vormachen, erklärt, dass sie ihm vor allem Anstrengungen zu bieten habe. Die Götter müsse er ehren, den Freunden helfen, sich im Staate nützlich machen, im Krieg tapfer sein und den Körper unter Schweiß abhärten. (Xenophon ca. 364 v. Chr., II, 1, 28, S. 48). Jedenfalls scheint der Weg der Tugend einigermaßen mühevoll zu sein, und noch einmal weist die Laster-Dame ihn darauf hin:

„Merkst du nun wohl, Herakles, was für einen schweren und langen Weg zum Lebensgenuss dich dies Weib da führen will? Ich dagegen werde dich einen bequemen und kurzen Weg zur Glückseligkeit führen." (Xenophon ca. 364 v. Chr., II, 1, 29, S. 49)

Dennoch entscheidet sich Herakles letztlich für den steinigen Weg der Tugend, der ihn zum letzten Heil und zur größtmöglichen Glückseligkeit führt. Das ist die Ausgangsgeschichte. Xenophon übernimmt sie von Prodikos und erzählt sie so – indirekt – wiederum einem Jüngling, den er ins Erwachsenen-Leben führen will. Und auch diese Erzähl-Situation: ein junger Mann bekommt Herakles als Beispiel vorgehalten, ist durchaus prototypisch. Herakles am Scheidewege, das ist von nun an die Geschichte, die man jungen Fürsten, angehenden Königen, jugendlichen Herrschern vor Augen führt, um sie auf die Bedeutung ihrer Entscheidungen und auf die moralisch und politisch korrekte Richtungswahl bei diesen Entscheidungen hinzuweisen.

Die Prodikos-Geschichte, von Xenophon weitergegeben, verbreitet sich dann im gesamten christlichen Abendland. Herakles am Scheidewege – das wird zu der Metapher schlechthin für die Freiheit der Wahl: zu einer Imagination, die alle Gebildeten sofort verstehen. Der Kunsthistoriker Erwin Panofsky hat diesem Bild bereits 1930 eine umfassende Untersuchung gewidmet und genau herausgearbeitet, dass sich in dieser Geschichte drei vorher schon unabhängig voneinander auftretende Motive vereinen (Panofsky 1930).

Zunächst einmal greift Xenophon in der Herakles-Geschichte auf die auch zu seiner Zeit schon ganz traditionelle Wege-Metaphorik zurück. Zum zweiten ist da die moralische Erkenntnis, dass die Tugend mühsam, das Laster dagegen süß ist. Dabei stehen in diesem Motiv die Inhalte: was denn nun moralisch gut oder schlecht sein könnte, gar nicht zur Debatte – nur das eine ist leicht, das andere ist schwierig. Schon Panofsky vermerkt allerdings etwas süffisant, dass die meist daraus gezogene Schlussfolgerung: was schwer falle, sei auch tugendhaft, nicht ganz zwingend, eigentlich gar nicht logisch sei. Und zum dritten schließlich gibt es da – ganz in griechisch-rhetorischer Tradition – einen Redewettstreit. Die beiden Damen üben sich in Kontrovers-Rhetorik, sie führen – so Panofsky – ein „ganz selbständiges Streitgespräch", so wie andere Schriftsteller etwa „die Erde" und „das Meer", „die Gerechtigkeit" und „die Ungerechtigkeit" oder „das Leben" und „den Tod" miteinander diskutieren lassen (Panofsky 1930, S. 44).

Diese drei Motiv-Stränge: Streitgespräch, Wege-Metaphorik und Leichtigkeit des Lasters, fließen in der Geschichte von Herakles am Scheidewege ineinander und so ist sie über die Jahrhunderte immer weitererzählt und ausgeschmückt worden.

Nicht zuletzt hat sie eine lange und kontinuierliche Bildtradition nach sich gezogen: Seit dem späten Mittelalter entstehen immer wieder Holzschnitte, etwas später Kupferstiche und Drucke, auf denen der Jüngling Herkules mit den beiden Damen zu sehen ist, im Hintergrund steht auf der einen Seite ein mehr oder weniger prächtiges Schloss, auf der anderen Seite steiniges Gebirge – und vor sich hat Herkules in der Regel eine Weggabelung. Oft liegt er dabei in voller Rüstung schlafend am Boden; er scheint diese Wahl-Szene zu träumen, die dann im Hintergrund arrangiert ist – so wie einst Paris bei seinem Urteil (Panofsky S. 54–59).

So findet sich das zum Beispiel im Narrenschiff des Sebastian Brant von 1494: Da wird die Prodikos-Geschichte kurz nacherzählt:

> „Hercles in syner jugent gdacht
> Wes wegs er doch wollt haben acht
> Ob er der wollust nach wollt gan
> Oder alleyn nach tugent stan…“. (Brant nach Panofsky S. 53)

Und dann kommen zwei Damen mit den bekannten Vorschlägen. In einem etwas später hinzugefügten Holzschnitt kann man das dann im Einzelnen sehen: vorne der schlafende Herkules, wieder ritterlich ausstaffiert, dahinter, am Ende von zwei Wegen, die beiden Damen: die eine vornehm-zurückhaltend gekleidet, die andere von aufreizender Nacktheit – hinter ihr jedoch verbirgt sich der Tod! Durch die Verlandschaftlichung ist die Y-förmige Weggabelung als Signum der Entscheidungssituation besonders deutlich herausgearbeitet (s. Abb. 1).

Abb. 1: Herakles am Scheideweg aus: Jacob Locher: Stultifera Navis 1497, fol. 130

Die Moralsatire von Sebastian Brant bzw. Jacob Locher präsentiert also einen durchaus konventionellen Herkules, führt die Scheideweg-Situation als eher visionäre, im Schlaf erlebte Wahl vor, bei der sich – wieder einmal – die Tugend über Arbeit, Mühe und Schweiß definiert.

Die Rezeption der Prodikos-Geschichte wird dann im 16. und frühen 17. Jahrhundert noch einmal intensiviert, und zwar in den barocken Emblem-Büchern, die sich damals in Europa besonderer Beliebtheit erfreuen. Dort kommt das Motiv immer wieder vor, in der großen Emblemata-Sammlung von Henkel-Schöne gibt es dazu eine Fülle an Belegen (Henkel/Schöne 1967, z. B. Sp. 1642/1643).

Herkules am Scheidewege: das ist also ein populärer und insbesondere seit der Renaissance allgemein verbreiteter Topos, der besonders gerne bei der Inauguration eines jungen Fürsten bemüht wird. Dem soll vor Augen geführt werden, dass es für ihn nun um Wahlen und Entscheidungen gehen wird – und zwar um rechte Wahlen und richtige Entscheidungen. Immerhin erwähnt sei, dass sich die Beliebtheit des Themas auch musikalisch niederschlägt: Sowohl in Johann Sebastian Bachs weltlicher Kantate „Lasst uns sorgen, lasst uns wachen" von 1733 (BWV 213), die auch „Hercules auf dem Scheidewege" genannt wird, als auch in Georg Friedrich Händels dramatischer Kantate „The Choice of Hercules" von 1751 (HWV 69) wird die Prodikos-Geschichte jeweils dramatisiert mit verteilten Rollen vorgeführt – eine der wenigen Gelegenheiten, wo Bach und Händel den gleichen Stoff bearbeitet haben.

Beliebt also ist das Thema – aber es kommt noch eines hinzu: Früh symbolisiert sich die zugrundeliegende Wegscheiden-Situation in einem konkreten Zeichen, das von einem bestimmten Zeitpunkt an geradezu selbstverständlich mit ihr verbunden wird: dem Y.

4. Das Y: Der Buchstabe des Pythagoras

Der Anfang der Verbindung von Y-Symbolik und Wege-Metaphorik ist heute nicht mehr genau rekonstruierbar. „Wann zuerst das Y als Signum für die Wahl zwischen zwei Wegen angesehen und als solches für eine Erfindung des Pythagoras gehalten wird, ist nicht sicher zu bestimmen." (Harms 1970, S. 42) Es gibt die Vermutung, dass dieses Y-Zeichen zunächst als Verweis auf eine Weggabelung am Eingang zur Unterwelt auftauchte und dass dabei orphisch-mythische Vorstellungen den Hintergrund bildeten. Darüber hinaus jedoch taucht das Y schon früh immer dann auf, wenn es um die Wahl des Lebensweges besonderer Jünglinge geht: deren Entscheidung wird durch das verdichtete Buchstaben-Symbol in ihrer schicksalhaften Bedeutung markiert. Ganz gleich jedoch ob dieses Y nun als Zeichen für Alternativen beim Weg in die Unterwelt oder für die Wahl des Lebensweges verstanden wird: Wege-Metaphern sind lange schon bekannt und verbreitet, als erstmals der Großbuchstabe Y zum allseits verstandenen Symbol wird. Dann allerdings, insbesondere seit dem ersten nachchristlichen Jahrhundert, gehört der Buchstabe des Pythagoras aus Samos, also „littera Pythagorae“ zum Standard-Repertoire der literarischen Rhetorik. Wir haben dafür viele Belege, die Kenntnis des Pythagoreischen oder Samischen Buchstabens gehört zum selbstverständlich verbreiteten Bildungsgut der antiken Welt. In den Satiren des Persius zum Beispiel, geschrieben etwa 50–60 nach Christus, wird die moralische Bedeutung knapp zusammengefasst.

> „Und dir hat der Buchstabe, der die Samischen Zweige eröffnet,
> mit dem rechten Weg den aufstrebenden Bergpfad gezeigt.“
> „Et tibi quae Samios diduxit littera ramos
> Surgentem dextro monstravit limite callem.“ (Persius, ca. 60 n. Chr., S. 56 f.; Schlotheuber 2005, S. 75)

In einem weit verbreiteten Vergil-Kommentar des Maurus Servius von etwa 400 nach Christus wird das Y lebensgeschichtlich interpretiert:

> „Wir wissen, daß der Samier Pythagoras das menschliche Leben in der Art des Buchstaben Y eingeteilt hat, so freilich, dass das erste Alter (prima aetas) unsicher ist, weil es sich – noch – weder den Lastern noch den Tugenden hingegeben hat. Die Zweiteilung aber des Buchstabens Y beginnt mit der Jugendzeit (secunda aetas), zu welcher Zeit die Menschen entweder den Lastern, das ist der linke Weg, oder den Tugenden, das ist der rechte Weg, folgen.“ (Servius, zit. n. Schlotheuber 2005, S. 74; vgl. Harms 1970, S. 157–194)

Dieses Y-Signum musste gerade den frühen Christen außerordentlich gut gefallen. Immerhin hat sich im Christentum eine starke Rechts-Links-Symbolik ausgeprägt, bei der die linke Seite als die negative und die rechte Seite als positiv bewertet wurde – genauso wie in der pythagoreischen Tradition: auch da stehen das Heil und die Tugend auf der rechten, der Untergang auf der linken Seite. Und so greifen die christlichen Prediger und Autoren gerne auf das Y zurück.

Von großer Wirkung ist da ein Gedicht von Maximinus, einem arianischen Gegner des Heiligen Augustin aus dem 4. Jahrhundert nach Christus, das lange Zeit Vergil zugeschrieben wurde: das Gedicht vom Buchstaben Y, „Carmen de Y littera“ (Harms 1970, S. 161). Dieses Gedicht popularisiert im 4. Jahrhundert nach Christus das Y-Bild in weiten Kreisen und hilft entscheidend dabei, es durch die Jahrhunderte zu transportieren. Im späten Mittelalter ist die pythagoreische Wegscheide, das „bivium Pythagorae“, dann geradezu sprichwörtlich geworden – taucht z. B. bei Petrarca, oder Jacob Wimpfeling und vielen anderen kontinuierlich auf (Panofsky 1930, S. 65). Und schließlich findet auch das Y dann – oft verbunden mit der Herkules-Legende – seinen Weg in die Emblem-

Bücher. Ein Beispiel für Viele: In Rollenhagens: „Nucleus emblematum“ (1613) gibt es ein Emblem, das sich mit dem „Weg der Tugend“ befasst (s. Abb. 2).

Abb. 2: Rollenhagen 1611, Emblem 26, S. 265

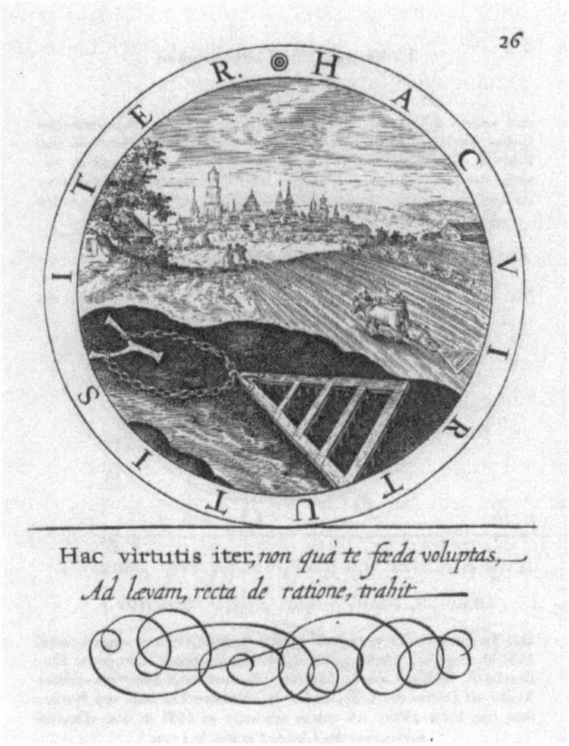

Zu sehen ist ein Feld, das sich an einem Hügel erstreckt, im Hintergrund eine Stadt, ein Bauer bei der Arbeit und im Vordergrund eine Egge, die an ein großes Y gekettet ist. Unter der Überschrift „Hier ist der Tugendweg“ – „Hac virtutis iter“ – wird dann erläutert: „Hierhin geht der Weg der Tugend und nicht nach links, wohin dich schimpfliches Vergnügen von der rechten Einsicht wegzieht.“ (Rollenhagen 1611, S. 264–265) Und bei genauerem Hinsehen entdeckt man dann auf der linken Seite des Bildes auch ein Wirtshaus, auf das sich zwei mehr oder weniger schwankende Gestalten hinbewegen – die haben ganz offensichtlich die falsche Weg-Entscheidung getroffen. Im Übrigen spielt das Y auch in der Ikonik der Freimaurer eine wichtige Rolle: auch hier die Möglichkeiten und Notwendigkeiten menschlicher Entscheidung und Wahl symbolisierend.

Wer immer also in der Literatur oder der gelehrten Bildlichkeit einem Y begegnet, der weiß – jedenfalls bis ins 19. Jahrhundert hinein – worum es geht: Um die Weisheit des Pythagoras, die sich durch die rechte Wahl des Tugend-

Weges definiert. Das Y verdichtet den Sinngehalt der Herkules-Geschichte noch einmal zu einem einzigen Buchstaben-Symbol.

5. Wenn es nur so einfach wäre

Traditionell und beliebt sind die Wege-Metaphern in der europäischen Geistesgeschichte nicht zuletzt deshalb, weil sie doch so schön einleuchtend und so schön einfach sind: Two roads diverged in a yellow wood, and sorry I could not travel both (Frost 1916; Orr 2015) – das kennt ein jeder, sei es beim Autokauf, sei es bei der Partnerwahl. Nur: Ganz so simpel ist das Leben in der Regel nicht – und so zeigt auch die Wege-Metaphorik, zeigt auch die Y-Symbolik bei genauerem Hinsehen bald ihre Beschränkungen.

5.1 Erste Beschränkung: Können wir wirklich entscheiden?

Die allererste, dabei gar nicht so selbstverständliche Grund-Unterstellung der Herkules-Geschichte lautet: dass man entscheiden kann, dass wir als Handelnde – sei es politisch, sei es moralisch, sei es ästhetisch – die Herren unseres Schicksals sind. Große Teile unserer Ideengeschichte haben sich genau damit auseinandergesetzt und herausgearbeitet, wie sehr diese Akzentuierung entweder einer Selbst-Täuschung oder einer hybriden Selbstüberhöhung entspringt (Wulf 2009). Ausgeklammert wird, dass es oft und für Viele gar nichts zu entscheiden gibt. Denn darin, dass Herkules sich entscheiden muss, liegt ja auch ein gewisser Luxus: er kann sich entscheiden, hat immerhin eine Wahl. Das Y markiert insofern eine einigermaßen privilegierte Lebens-Situation: die Wahl zu haben zwischen Alternativen. Das muss man sich erst einmal leisten können.

Und ausgeklammert wird, dass wir ja doch oft auch gar nicht Herren unseres Schicksals sind. Gerade die Bildungsphilosophie in der Tradition des deutschen Idealismus hat sich – z. B. bei Wilhelm von Humboldt – abgearbeitet an dem Wechselspiel von Ich und Welt, das eben nicht begriffen werden kann, wenn man menschliches Handeln in der Welt nur als Ergebnis souveräner Entscheidungsprozesse versteht. „Bildung“ – das ist in dieser Tradition immer als ein Resonanzverhältnis verstanden worden, als ein Prozess, in dem sich nicht ein unabhängiges Subjekt völlig autark für die jeweils richtige Handlungsmöglichkeit entscheidet (Bilstein 2001). Wie wir mit der Welt umgehen, wie wir uns in ihr bewegen – das ist eben nur sehr beschränkt verstehbar, wenn man alles Handeln in ihr als Folge von klaren, selbständig gefällten Entscheidungsprozessen auffasst (Schnepel 2009).

Deshalb, weil sie unterstellt, dass wir Herren unseres Handelns sind, ist die im Y symbolisierte Geschichte eine Helden-Geschichte. Spätestens die Berufung auf Herakles verleiht all den im Y akzentuierten Wege-Bildern einen deutlich heroischen Akzent. Da ist ein Besonderer, der trifft unter besonderen Umständen – Begegnung mit Göttinnen – besondere, lebensbestimmende Entscheidungen. Das Y ist ein Zeichen für Helden. Über deren Beschränktheiten freilich, über die mit allen Heroismen verbundenen lebens- und menschenfeindlichen Stereotypien, denken wir schon lange, intensiv und kritisch nach (Reemtsma 2009). Gerade im Nachdenken und Reden über Erziehung erscheint all der heroistische Kitsch, dem wir in unserer Geistesgeschichte begegnen, problematisch, gefährlich und letztlich kontraproduktiv (Bilstein 2010; 2012) – nicht zuletzt, weil er nahezu vollständig männlich monopolisiert ist.

Bei Thomas Carlyle kann man das gut nachlesen: „Ein Mann soll und muss tapfer sein; er muss vorwärts schreiten und sich wie ein Mann bewähren, – unerschütterlich in die Anordnung und Wahl der höheren Mächte vertrauend; und soll überhaupt sich gar nicht fürchten." (Carlyle 1840, S. 36)

Vorwärts schreiten und dann den rechten Weg nehmen – das Y ist zunächst einmal ein heroistisches Männer-Symbol. Vielleicht ist die Herkules-Geschichte ja wirklich eher etwas für Fürstensöhne: für heranreifende Herrscher also, denen man den Anspruch der Herrschaft nicht weiter streitig macht. Für uns andere dagegen, die wir uns mit den Vorgaben der Welt auseinanderzusetzen haben, wird ja vielleicht auch das Y leicht zum Signum der Illusion, dass wir alleine über unseren Weg entscheiden könnten. Und mit dieser Illusion wird es dann auch zum Zeichen einer Vernachlässigung: der Vernachlässigung unseres Verflochtenseins mit den Anderen und mit der Welt (Lévinas 1995; Peskoller 2003).

5.2 Zweite Beschränkung. Geht es wirklich immer voran?

Wenn Herkules auch nicht weiß, wohin er gehen soll, so weiß er doch Eines ganz gewiss: dass er gehen wird, und zwar voran, nach rechts oder nach links – aber voran. Die gleiche Logik gilt für das Y: Auch hier bietet sich an der Verzweigung die Wahl zwischen zwei Richtungen des weiteren Verlaufs – nach links oben oder nach rechts oben. Auf jeden Fall aber geht es weiter und nach oben. Das Y ist kein Punkt, das Y ist kein Kreis und das Y ist auch keine Acht: Beim Y geht es weiter und voran – wohin auch immer.

Das Y ist ein Zeichen, das von vorneherein gerichtet ist, das eine Weiterbewegung anzeigt, die zu einem Ziel, einem telos, hinführt – im Guten wie im Bösen. Dem Y wohnt eine unhintergehbare Teleologie inne. Tatsächlich gehört das zu den impliziten, nicht weiter hinterfragten Selbstverständlichkeiten sowohl der Wege-Metaphorik als auch der Herkules-Geschichte als auch der Y-Symbolik: dass das Leben vorwärts geht, dass man vielleicht vor die Wahl zwischen verschiedenen Richtungen dieser Vorwärts-Bewegung gestellt ist – das Vorwärts selbst aber steht nicht zur Debatte.

Herkules am Scheidewege – das ist insofern eine in sich progressistische Geschichte, eine Beispielerzählung vom Tätigsein und vom Fortschritt, in welcher der Fortschritt selbst vorausgesetzt und nicht weiter problematisiert ist (Peskoller 2007). In ihren christlichen Versionen erzählt die Herkules-Geschichte vom Weg zum Heil und seinen Bedingungen, ist sie insofern sogar heilsgeschichtlich, eschatologisch angelegt. Wenn sie politisch aufgeladen erzählt wird – zum Beispiel in den Fürstenspiegeln – ist sie geschichtsphilosophisch angelegt – immerhin weiß sie, wie es weitergeht: auf jeden Fall vorwärts, zum Guten oder zum Bösen. Sehr einfach integriert sich dieses Motiv deshalb in eine europäische Fortschritts-Erzählung, in der Geschichte als säkulare Heilsgeschichte verstanden und interpretiert wird (Bilstein 2019). Wenn der Fortschritt des Menschengeschlechtes zum Thema und Ziel historischer Weltinterpretation wird, gewinnt die Herkules-Geschichte, gewinnt auch die Y-Symbolik zunehmend an Attraktivität. Man muss nur die richtigen Entscheidungen treffen – und schon geht's voran, und zwar in die richtige Richtung – und verbunden ist das Ganze mit heldenhaften Anstrengungen (Zirfas 2020). Nicht zuletzt deshalb erscheint die Herkules-Geschichte für Erwin Panofsky denn auch als besonders charakterisierend für die Mentalität der Renaissance seit dem 15. Jahrhundert (Panofsky 1930).

Aber: Lange schon, genauer: Seit der frühen griechischen Antike, gibt es auch die Vermutung, dass unser menschliches Leben, dass auch der Gang der Natur solchen Richtungs-Logiken gar nicht folgt, dass man nicht selbstverständlich von einer Teleologie des Kosmos ausgehen kann. Der prominenteste Gegenentwurf stammt hier von Heraklit, also aus dem 5. Jahrhundert vor Christus. Der kann sich den Lauf der Welt und des Kosmos überhaupt nicht als pfeilförmig vorstellen; stattdessen versteht er das Werden und Vergehen von allem, was ist, in Figuren von Wiederkunft und Rückkehr: kreisförmig also, vielleicht auch im Symbol einer liegenden Acht.

Heraklits uns nur in Fragmenten überlieferte Ideen sind geprägt von Metaphern der Gleichzeitigkeit und des Wiederkehrens. So in Fragment B 30/31 in der Übersetzung von Bruno Snell:

> „Diese Weltordnung hier hat nicht der Götter noch der Menschen einer geschaffen, sondern sie war immer und ist und wird sein: immer lebendes Feuer, aufflammend nach Maßen und verlöschend nach Maßen." (Heraklit 5. Jh. v. Chr., S. 15)

Also nicht auf einem dezidierten, auf ein telos hin gerichteten Schöpfungsakt beruht unsere Welt, sondern auf einem ewig währenden, nicht teleologischen, in Maßen – also: regelmäßig – verlaufenden Zusammenspiel der Elemente.

Das gilt auch für Leben und Tod. In der Herakles-Geschichte droht ja fürchterlichstes Sterben demjenigen, der den falschen Weg wählt und lockt ewiges Leben, wenn man dem rechten Pfad folgt. Bei Heraklit dagegen sind diese beiden: Leben und Tod, unlösbar miteinander verschlungen, und deshalb sind sie auch gar nicht in der linearen Logik eines Weges oder des Voranschreitens zu verstehen. „Unsterbliche sterblich, Sterbliche unsterblich, – lebend einander ihren Tod, ihr Leben einander sterbend." (Heraklit 5. Jh. v. Chr., Fragment B62, S. 23) Da gibt es keinen Fortschritt – weder zum Tod noch zum Leben. Vielmehr sind Anfang und Ende allen Seins von vorneherein miteinander verbunden. „Gleich ist Anfang und Ende auf der Kreislinie." (Heraklit 5. Jh. v. Chr., Fragment B 103, S. 33) Mit dieser Kreislinie ist nun auch ein graphisches Signum eingeführt, das der so heftig zielorientierten Logik des Y entgegensteht. Im Kreis verschlingen sich Anfang und Ende, da gibt es auch nichts zu entscheiden – man kommt ja doch immer wieder am Beginn an.

Dieser Kreis – das weiß auch Heraklit – wird sich nicht immer schließen; unter bestimmten Umständen kann er zur Spirale werden, die immerhin einen Hauch von Gerichtetheit anzeigt. Aber auch sie, die Spirale, kennt vor allem eine Bewegung: die Wiederkehr an den gleichen Ort, denn sie ist gerade und gekrümmt zugleich. „Der Walkschraube Bahn, grad und krumm, ist ein und dieselbe." (Heraklit 5. Jh. v. Chr., Fragment B 59, S. 21)

Damit unterliegt der Gang des Kosmos bei Heraklit einer grundsätzlich anderen Logik als sie der Herkules-Geschichte oder dem Y-Symbol innewohnt. Für die Wahl des Herkules ist es substanziell entscheidend, dass sich die beiden Wege grundsätzlich, ja: geradezu heilsrelevant voneinander abgrenzen, und auch das Y markiert genau diesen fundamentalen Unterschied: Wer sich einmal auf einen der beiden Wege gemacht hat, entfernt sich von der Alternative mit jedem Schritt immer mehr. Für Heraklit dagegen gilt eine andere Wahrheit: „Der Weg hin und her ist ein und derselbe." (Heraklit 5. Jh. v. Chr., Fragment B 60, S. 21) Das sollte man dem Herkules vielleicht einmal sagen – vielleicht würde es ihm manches Kopfzerbrechen ersparen.

Bei Heraklit jedenfalls findet sich keinerlei Teleologie, welche die Welt beherrschen und bewältigen und den Lauf der Dinge vorantreiben will, und auch das Bild des Weges ist bei ihm „zersetzt und aufgehoben" (Becker 1937, S. 146) in der Akzentuierung auf Widersprüchlichem, Paradoxem und auf den Unwägbarkeiten des Lebendigen. Da geht nichts voran, und wer sich da bewegt, ist kein Held, der latente Heroismus der Wegscheide ist hier gar nicht gedacht.

Von dieser Nicht-Teleologie des Heraklit geht eine lange Wirkungsgeschichte aus – in der Neuzeit über Goethe und Nietzsche bis hin zu Heidegger. Immer taugt Heraklit als Gewährsmann und Begründer eines Denkens, das sich der linearen Fortschritts-Orientierung, wie sie für unsere Zivilisation so charakteristisch geworden ist, entzieht bzw. entgegenstellt und das auch zu den damit verbundenen Heroismen zumindest Gegenmodelle präsentiert.

5.3 Dritte Beschränkung: Gibt es wirklich nur zwei Möglichkeiten?

Recht simpel ist die herkuleische Entscheidungs-Situation ja tatsächlich: immerhin findet er sich zwischen zwei und nur zwei Alternativen. Und auch das Y-Zeichen folgt einer eher einfältigen Logik: Auch hier gabelt sich der Weg in zwei und nur zwei Richtungen. Das aber ist in der Welt und im Leben denn doch eher seltener der Fall. Tugend und Laster mögen sich fundamental unterscheiden – dazwischen aber gibt es vor allem eine Vielzahl von anderen Handlungs- und Lebensmöglichkeiten, einen moralischen Graubereich sozusagen, in dem sich Entscheidungen nicht einfach binär einer von zwei Möglichkeiten zuordnen lassen. Sich zwei Wegen gegenüber zu sehen und einen wählen zu müssen – das stellt bereits eine einigermaßen luxuriöse Entscheidungssituation dar: Es könnte doch viel mehr Wege geben, das Dilemma, dem man sich gegenübersieht, könnte sich zum Tri-Lemma ausweiten usw. usw. Die das Leben bestimmenden Entscheidungsprozesse auf Di-Lemmata, auf binäre Alternativen zu reduzieren, das mag vielleicht didaktisch geschickt sein, mag auch den Bedürfnissen zur beruhigenden Vereinfachung komplexer Verhältnisse entgegenkommen – es entspricht aber weder dem Ablauf historischer Prozesse noch der schlichten Lebenserfahrung. Zumeist stehen wir ja doch vor einer Fülle an Möglichkeiten, wären wir schon froh, wenn wir es mit nur zwei Alternativen zu tun hätten – beim Autokauf oder bei der Partnerwahl. Das Y erscheint vor diesem Hintergrund als eine vereinfachende Chiffre, die damit zugleich auch restriktiv wirkt. Man kann auch hier noch einmal auf Heraklit verweisen: In seinen Fragmenten finden sich immer wieder Gedankenfiguren und Bilder, die eben nicht die Notwendigkeit der Entscheidung, sondern die Gleichzeitigkeit von Widersprüchlichem in den Vordergrund stellen. „Das Widereinanderstehende zusammenstimmend und aus dem Unstimmigen die schönste Harmonie." (Heraklit 5. Jh. v. Chr., S. 9) Dieses Wissen um Paradoxa und Vielschichtigkeiten; um die Verwandtschaft und Nähe des Verschiedenen; um die Wege, die scheinbar auseinander und dann doch wieder zueinander führen: Dieses Wissen lässt all die Herkules-Geschichten, lässt auch das Symbol Y als recht simpel erscheinen.

Vielleicht wäre es für den armen Herkules ja ganz vergnüglich und auch für seine moralische Entwicklung bekömmlich, wenn ihm drei oder vier oder fünf Damen entgegenträten; und wenn er sich nicht nur zwischen Tugend und Laster entscheiden müsste, sondern vielleicht auch noch die Genügsamkeit oder die Nützlichkeit oder die Heiterkeit oder die Großzügigkeit – um nur einige Möglichkeiten zu nennen – ihn zu überzeugen versuchten. Das strikt binäre Arrangement sowohl des Herkules-Stoffes als auch des Y wirkt doch auch und vor allem reduktiv und einengend.

Wir lernen also: Wer immer sich als Herkules in Szene setzt, als heroisch über den eigenen Lebensweg entscheidend, der sollte vor allem über Eines nachdenken: Über die innere Logik und die Konsequenzen und die immanenten Beschränktheiten dieser seiner Selbst-Stilisierung, über den unambivalenten Dezisionismus, den nicht reflektierten Progressismus, die binäre Reduktion und den naiven Heroismus der damit verbundenen Grund-Geschichte. Vielleicht ist Herkules für unser Alltags-Leben ja doch nicht die rechte Leitfigur.

Literatur

Becker, M. (2018): Die Bedrohung der Polis. Tübingen: Mohr Siebeck.

Becker, O. (1937): Das Bild des Weges. Berlin: Weidmannsche Verlagsbuchhandlung.

Bilstein, J. (2001): Erziehung, Bildung, Spiel. In: E. Liebau (Hrsg.), Die Bildung des Subjekts (S. 15–71). Weinheim: Juventa.

Bilstein, J. (2010): Kinder als Helden. In: G. E. Schäfer/R. Staege/K. Meiners (Hrsg.), Kinderwelten – Bildungswelten. (S. 153–164). Berlin.

Bilstein, J. (2012): Deutsche Gentlemen – Deutsche Helden. In: M. S. Baader/J. Bilstein/ T. Tholen (Hrsg.), Erziehung, Bildung und Geschlecht. Männlichkeiten im Fokus der Gender-Studies (S. 41–60). Wiesbaden: Springer VS.

Bilstein, J. (2018): Vom Inneren der Seele bis an das Ende der Welt. In: E. Glaser,/H. C. Koller/W. Thole/S. Krumme (Hrsg.), Räume für Bildung – Räume der Bildung (S. 24–39). Opladen: Budrich.

Bilstein, J. (2019): Pfeil und Bogen: Spannung als Metapher. In: W. Lohfeld (Hrsg.), Spannung – Raum – Bildung (S. 76–92). Weinheim, Basel: Beltz.

Carlyle, T. (1849): On Heroes, Hero-worship and the Heroic in history. London: Chapman & Hall.

Frost, R. (1916): The Road not taken. In: R. Frost: Mountain Interval (S. 9). New York: Henry Holt.

Gärdenfors, P. (1996): Mental representation, conceptual spaces and metaphors. In: Synthese. 106, 21–47.

Gärdenfors, Peter (2000): Conceptual Spaces: On the Geometry of Thought. Cambridge: MIT Press.

Harms, W. (1970): Homo viator in bivio. München: Fink.

Heidegger, M. (1959): Unterwegs zur Sprache. Frankfurt am Main: Klostermann.

Hesiod (700 v. Chr.): Werke und Tage. Stuttgart: Reclam 1996.

Henkel, A./Schöne, A. (Hrsg.) (1967): Emblemata. Stuttgart: Metzler.

Heraklit (5. Jh. v. Chr.): Fragmente. Düsseldorf: Artemis. 2000.

Lévinas, E. (1995): Zwischen uns. München: Hanser.

Messimeri, E. (2001): Wege-Bilder im altgriechischen Denken und ihre logisch-philosophische Relevanz. Würzburg: Königshausen & Neumann.

Mueller-Goldingen, C. (2004): Xenophons Memorabilien. In: C. Mueller-Goldingen: Das Kleine und das Große (S. 106–113). München: De Gruyter.

Orr, D. (2015): The road not taken. New York: Penguin.

Panofsky, E. (1930): Hercules am Scheidewege. Berlin: Gebr. Mann.

Persius Flaccus, A. (ca. 60 n. Chr.): Auli Persii Flacci Satirarum liber scholiis antiquis (Satiren III, S. 56–57). Leipzig: Breitkopf & Härtel 1843.

Peskoller, H. (2003): Passung & Wirksamkeit: Lynn Hills rätselhafte Kletterkunst am El Capitan (S. 153–159). In: G. Moser (Hrsg.), Fit & Fun – Kultur zwischen Leistung und Freude. Münster u. a. LIT.

Peskoller, H. (2005): Berge als Erfahrungs- und Experimentierraum: bildungstheoretische und anthropologische Aspekte. In: J. Holzner/E. Walde (Hrsg.), Brüche und Brücken (S. 344–357). Wien. Bozen: Folio.
Peskoller, H. (2007): Biwak, Zustände des Untätigseins. In: Ch. Wulf (Hrsg.), Muße (S. 113–125). Berlin: De Gruyter.
Peskoller, H. (2018): Natur, Raum, Körper. In: B. Engel/H. Peskoller/K. Westphal/K. Böhme/S. Kosica (Hrsg.), *räumen* – Raumwissen in Natur, Kunst, Architektur und Bildung (S. 18–37). Weinheim: Beltz Juventa.
Peskoller, H. (2020): Stürzen. In: J. Noack-Napoles/M. Krebs (Hrsg.), Bewegungen denken. Pädagogisch-anthropologische Skizzen (S. 93–108). Weinheim: Beltz,
Reemtsma, J. P. (2009): Der Held, das Ich und das Wir. In: Mittelweg 36. Jg. 18, 2009, Heft 4, S. 41–64.
Rollenhagen, G.: Sinn-Bilder. Nucleus Emblematum. (1611). Dortmund (1983): Harenberg.
Schlotheuber, E. (2005): Der Mensch am Scheidewege. In: G. Jancke/C. Ulbrich (Hrsg.), Vom Individuum zur Person (S. 71–96). Göttingen: Wallstein.
Schnepel, B. (2009): Zur Dialektik von agency und patiency. In: K.-P. Köpping,/B. Schnepel/Ch. Wulf (Hrsg.), Handlung und Leidenschaft. Jenseits von actio und passio (S. 15–22). Berlin: Akademie-Verlag.
Snell, B. (1975): Das Symbol des Weges. In: B. Snell, Die Entdeckung des Geistes (S. 219–230). Göttingen: Vandenhoeck & Ruprecht.
Westerkamp, D. (2007): Weg. In: R. Konersmann (Hrsg.), Wörterbuch der philosophischen Metaphern (S. 518–545). Darmstadt: Wissenschaftliche Buchgesellschaft.
Wulf, Ch. (2009): Mimetisches Handeln als Geflecht von actio und passio. In: Ch. Wulf/ B. Schnepel/K.-P. Köpping (Hrsg.), Handlung und Leidenschaft: Jenseits von actio und passio? (S. 23–34). Berlin: Akademie Verlag.
Xenophon (ca. 364 v. Chr.): Erinnerungen an Sokrates (Memorabilia). Leipzig: Reclam 1883.
Zirfas, J. (2020): Fortschreiten. In: J. Noack-Napoles/M. Krebs (Hrsg.): Bewegungen denken (S. 35–52). Weinheim: Beltz Juventa.

Abbildungsnachweis

Abb. 1: Jacob Locher: Stultifera navis. Basel 1497. Aus: Harms 1970, Abb. 16.
Abb. 2: Rollenhagen 1611, Emblem 26, S. 265

Atopien

Ortsbezogene Performance als raumbildender Prozess

Kristin Westphal

Eine Topologie umfasst die Beziehungen, das Prozessuale und nicht zuletzt Zwischenräumliche, das zwischen Kognitionen und Wahrnehmungen, Kommunikations- und Artikulationsweisen, Körpern, Materialitäten, Architektur oder Landschaft spielt. Unter raumbildenden Prozessen sind Bewegungen zu verstehen, die sich als Phänomene der Erfahrungswelten beschreiben lassen, die aisthetische Konstellationen eröffnen und die Bedingungen ihrer medialen Verfasstheit sichtbar machen (vgl. Zimmermann et al. 2020). Ein Beispiel hierfür sind ortsbezogene Performances als zu beobachtende, erkundende Felder. Durch künstlerische Interventionen in Form von Verrückungen, Unterbrechungen wird ermöglicht, andere Räume wahrzunehmen, anders zu denken und anderes zu machen (Westphal 2013). Beispielhaft wird an einem Dokument einer künstlerischen Residenz im ländlichen Raum den Fragen nachgegangen, wie sich eine künstlerische Praxis und deren Strategien beschreiben, analysieren lassen und auf welche Weise sie vorhandene Orte zu *Orten des Dritten* umzudeuten vermögen. Im Sinne von Helga Peskollers Ansatz „Erfahrungen nachzuschreiben", also wie „subjektiv Erlebtes objektiviert werden kann", geht es „um eine Sprache, die nahe am Bild bleibt und dadurch den Kontakt zum Körper hält" (Peskoller 2020, S. 166).

1. Zum Verhältnis von Raum und Ort/Fremdorte

Voranstellen möchte ich zunächst Aspekte einer Topophänomenologie, die mit Bernhard Waldenfels eine Differenz von Ort und Raum begründet, die auf die Differenz von Leib und Körper zurückzuführen ist und bei Plessner als „exzentrische Position des Menschen" beschrieben wird (Plessner 1981, S. 241). Demzufolge ist der Körper einem Zwiespalt ausgesetzt, insofern er als Leib hier und jetzt, im Zentrum der Welt und als Körper irgendwo in der Welt ist. Als Leib-Körper werden beide Aspekte vereinigt, wobei das Wissen und die Wahrnehmung um den Körper im Raum aber nicht unbedingt zur Deckung kommen (vgl. Waldenfels 2000, S. 154). So verhält es sich auch mit dem Raum, *in* dem ich mich befinde im Unterschied zu dem Ort, *an* dem ich mich aufhalte. Von

Ort spricht Waldenfels, insofern jemand oder etwas an s/einem Ort sei oder dass etwas an einem bestimmten Ort stattfinde. Der Ort breite sich mehr oder weniger aus, ohne dass er aber Teile hätte. Wichtig ist, dass der Ort mit einem Selbst verbunden sei, das sich hier befinde und dieses Hiersein auch bezeichnen könne. Im Gegensatz zum abstrakten Raum ist ein Ort ein besetzter/belehnter/ausgestatteter Ort, den Derrida bis auf die platonische Chora zurückverfolgt (vgl. Waldenfels 2009, S. 32). Jeder Ort hat ein wenigstens minimales Innen. Er ist in sich gefaltet und bildet keine plane Fläche. Er stützt sich nach Marc Augé (1994, S. 98) auf zumindest ein Ereignis, das stattgefunden hat. Der Raum hingegen ist abstrakt, mess- und teilbar. Raum und Ort sind aber auch keine Dichotomie. Und umgekehrt werden die Räume auch nicht durch die Orte absorbiert. Waldenfels hebt die Doppelfigur eines Ortsraums hervor: d h. eine situative Örtlichkeit und eine messbare Räumlichkeit schieben sich ineinander wie die Leiblichkeit des Leibes, der wir sind, und die Körperlichkeit des Körpers, den wir haben. Im Anschluss an Plessner entspräche dem ‚Leibkörper' dann eine bestimmte Form von Ortsraum im Sinne, dass wir an einem bestimmten Ort sind und ihn haben (Waldenfels 1997, S. 205). Demzufolge kann es erst unter dieser Voraussetzung gelingen, von ihm zu reden.

Das Verhältnis von Ortsgefühl und Raumwissen kann sich dabei in vielen Nuancierungen bewegen. So kann es weit auseinanderfallen und als Gefühl der Deplatzierung erlebt werden, wenn ich hier bin, aber doch nicht an meinem Ort bin. Und umgekehrt kann es als ein Verbundensein, Heimisch-sein empfunden werden, wenn beides eher zusammenfällt. „Angesichts der Tatsache, daß nicht nur jeder für sich immer auch anderswo ist, sondern daß die Ortsfindung ihrerseits verschiedene Formen annimmt, kann man mit Foucault von Heterotopien sprechen, die den Heteroästhesien der Sinne und den Heterologien der Rede entsprechen." (Waldenfels 2009, S. 124) Heterotopien als andere Orte [hetero = anders; topos = Ort], sind „wirkliche Orte, wirksame Orte, die in die Einrichtung der Gesellschaft hineingezeichnet sind, sozusagen Gegenplatzierungen oder Widerlager, tatsächlich realisierte Utopien, in denen die wirklichen Plätze innerhalb der Kultur gleichsam repräsentiert, bestritten und gewendet werden können" (Foucault 1993, S. 39). Sie werden von Michel Foucault anhand von sechs Grundzügen näher charakterisiert:

Sie bilden erstens eine anthropologische Konstante jeder Gesellschaft, die mannigfaltig Gestalt gewinnen können und sich in steter Entwicklung befindet. So liegt es nahe, dass bestehende Heterotopien zweitens verschwinden und neue Heterotopien entstehen können. Drittens verweist Foucault darauf, dass in Heterotopien die Unvereinbarkeit von Räumen scheinbar überwunden werden kann, indem – wie beispielsweise am Kino, Theater oder Garten aufgezeigt – ganz unterschiedliche Räume zusammentreffen. Ebenso wie Raum nicht ohne Zeit denkbar ist, gehen Heterotopien viertens stets einher mit Heterochronien, d.h. mit zeitlichen Brüchen. Diese zeitlichen Brüche können ewiger Natur (z.B.

Museum) oder temporärer Natur (Jahrmarkt, Theater) sein. Fünftens benennt Foucault Öffnungs- und Schließungsmechanismen, die Heterotopien von den übrigen gesellschaftlichen Räumen trennen und somit als wichtiger Grundzug gelten. Mit Öffnungs- und Schließungsmechanismen ist sowohl der direkte oder strukturelle Zwang zum Besuch eines heterotopen Ortes angesprochen als auch Eingangs- oder Reinigungsrituale. Sechstens und letztens sehen sich Heterotopien nach Foucault dadurch gekennzeichnet, dass ihnen eine illusionäre und kompensatorische Funktion innewohnt.

Waldenfels macht darüber hinaus darauf aufmerksam, dass uns der Andere jederzeit mit einem Nicht-Ort, einem radikalen Ort der Fremdheit konfrontieren kann. Blick, Wort und Geste des Anderen kommen von einem anderen Ort, an dem ich nicht sein kann (Waldenfels 2009, S. 124). Dieses Moment der Fernnähe bezeichnet Waldenfels als Atopie, die den Topos unterhöhlt und in sich birgt. Hannes Böhringer (2014, S. 86) versteht Atopie (atopon altgr.) in der Weise, – in Abgrenzung zu Utopie, Dystopie oder Heterotopie, die er als moderne Kunstwörter bezeichnet –, dass etwas nicht an seiner Stelle, an seinem Platz ist, also deplatziert, an eine andere Stelle gerückt, ver-rückt ist.

Nun sind es gerade die Künste, die in ihrer Begegnung mit dem Fremden eine responsive Aisthesis als „Heteroästhesie“ (Waldenfels 1999, S. 11) explizit machen. Sie schaffen einen „Ort des Übergangs, einen Niemandsort, an dem man zögert, verweilt, sich vorwagt, den man hinter sich lässt, aber nie ganz“ (ebd., S. 9). Fremdheit erscheint dort in Gestalt von „Abweichungen, Störungen, Beunruhigungen, von Gegenrhythmen, blinden Flecken, Echowirkungen, Heterophonien, Heterotopien, Gleichgewichtsstörungen, in all dem, was aus dem Rahmen fällt“ (ebd., S. 14). Die Künste gewähren die Möglichkeit, das Andere, das nur „in der erfinderischen Antwort der Sinne in seiner Unzugänglichkeit zugängig wird“ (ebd., S. 15), in heterotopischen Spielanordnungen zu erfahren.

Festhalten können wir, dass Schwellen, Grenzen, Ausschlüsse, Zugänge und Unzugänglichkeiten eine zentrale Rolle für eine Topografie des Fremden spielen.

2. Grundzüge einer ortsbezogenen Performancekunst

Aufgreifen möchte ich eine Form der Performancekunst, die sich sowohl in den Künsten als auch im Theater als eine ortbezogene Performance bzw. ortsbezogenes Theater entfaltet hat und deren Arbeitsweisen wie eine Feldforschung in urbanen wie hier auch zunehmend in ländlichen Räumen an Bedeutung gewonnen haben. Im urbanen und ländlichen Raum überschneiden sich ein architektonischer Raum, ein Landschaftsraum mit einem gesellschaftlichen, ein ästhetisch zu erblickender und ein körperlich-taktiler Raum, Wahrnehmung und soziale Praxis (vgl. Lehmann 2000, S. 27). Berührt werden die Schnittstellen zum Alltagsweltlichen und zum Politischen, die der Wahrnehmung des Randständigen, Unsichtbaren, Abwesenden Raum geben (vgl. Primavesi 2020). Das heißt, es sind häufig Orte, die umstritten oder umkämpft sind, insofern sie mit bestimmten historischen oder politischen Ereignissen oder ökonomischen Interessen verknüpft sind. Ortsspezifisches Theater zeichnet sich demzufolge dadurch aus, dass der ästhetisch organisierte Raum verknüpft bleibt mit dem realen Raum. Die Grenze zwischen Werk und Rahmen, Perzeption und Partizipation wird unsicher. So kann die eigene Anwesenheit erfahrbar werden als Moment einer künstlerischen Praxis. Selbstreferentiell aber deswegen nicht tautologisch, wird die Erfahrung selbst Gegenstand der Erfahrung: Die Wahrnehmung ist „eingelassen" in den Performancevorgang. Zwei Qualitäten sind nach Lehmann in einem solchen Raum der Performance eng miteinander verbunden: Verunsicherung, Ungewissheit, womöglich Angst um die Stabilität der eigenen Position und die Eröffnung eines Spielraums von Möglichkeiten (Lehmann 2000, S. 27).

Ortsspezifisches Theater löst sich von der Vorstellung, Orte wie die Bühne als bloßes Resultat von Platzierungen oder den Raum als ein leeres Schema einer black box zu betrachten, das es nur zu füllen gelte. Nicht mehr die Vorführung, sondern das gesamte Theatergeschehen bzw. die Kontextualisierung eines Theaterereignisses gerät bei all diesen Versuchen in den Blick. Für das ortsbezogene Theater gilt, dass es keine Grenzen hat, um seine Identität abzuschotten, keinen Bühnenhintergrund, der die äußeren Zonen auf ein Zentrum hin organisiert. Auch gibt es keinen günstigen Ort, von dem aus sie anzuschauen sind. Das Werk ist eher als Feld, denn als theatrales Objekt zu charakterisieren, dergestalt dass es sich von den Als-ob Bedingungen prästabilisierter Rahmen löst.

Eine der Herausforderungen für eine wissenschaftliche Begleitung ist es nun, eine künstlerische Praxis zu beschreiben, bzw. „nachzuschreiben", was sich in den Zwischenräumen: zwischen Mensch und Raum vollzieht.

3. Ein Dokument aus dem „Vogelsbergstudio"

Im Rahmen unseres Koblenzer Forschungsprojekts *Der Dritte Ort? Künstlerische Residenzen in ländlichen Räumen. Grundlagenforschung zur kulturellen Bildung in ländlichen Regionen* (DO_KIL gefördert vom BMBF 12/2019–12/2022) bin ich im Vorfeld im November 2018 auf eine dreijährig angelegte Residenz gestoßen, die meine besondere Aufmerksamkeit geweckt hat.

Das Anliegen des Forschungsprojekts ist, in einer vergleichenden Untersuchung im Sinne einer Grundlagenforschung ausgewählte Künstlerische Residenzen daraufhin zu befragen, in welcher Weise sie vorhandene ländliche Strukturen und die damit verbundenen sozialen, ökonomischen, demografischen, intergenerationalen, historischen oder politischen Themen unter besonderer Berücksichtigung der aktuellen migrationsgesellschaftlichen Realität aufgreifen und bespielen.

Zwei Forschungsfragen sind u. a.:

1. Wie greifen Künstlerische Residenzen vorhandene und sich durch den gesellschaftlichen Wandel verändernde ländliche Strukturen und Themen auf und bespielen diese?
2. Welche Strategien werden aufgrund welcher Recherchearbeit von den Residenzkünstler*innen verfolgt und wie werden diese mit den Akteur*innen vor Ort in einen künstlerischen Prozess transformiert und bearbeitet?

Das Projekt, auf das ich im Folgenden eingehen möchte, steht im Zusammenhang der künstlerischen Residenzen von „FLUX Theater unterwegs“, die von der damaligen Projektleitung wie folgt konzeptionell skizziert werden:

> „Anknüpfungspunkte der temporären FLUX Künstlerresidenzen sind die besonderen historischen und sozialen Gegegebenheiten und Narrationen des jeweiligen Residenzortes und seiner Menschen, aber auch die künstlerischen Handschriften der beteiligten Künstlerinnen. Die Theaterschaffenden residieren jeweils zwei bis drei Monate in den Gemeinden und das drei Jahre in Folge. Die beteiligten Künstler*innen bewegen sich in in ihrer künstlerischen Arbeit im Spannungsfeld von heimatkulturellen Ansätzen und den damit verbundenen Wünschen der Bewohner*innen und zeitgenössischen Theaterformaten. Dadurch werden ‚Verrückungen‘ ermöglicht, die andere Erzählungen und Bilder von Ländlichkeit zulassen und evozieren.“ (Sauer 2021)

Ausgehend von diesem Konzept richtete sich die Aufmerksamkeit der Künstlerinnen Ruby Behrmann (Szene), Julia Novacek (Film) und Eva Müller (Ton) auf Orte, die sich als „Krisenorte“ bezeichnen liessen, Orte, die einen gesellschaftlichen Wandel in der Vogelsbergregion anzeigen und Konfliktpunkte eines Modernisierungsprozesses markieren.

> „Die Vogelsberger sind sehr verbunden mit ihrer Heimat, aber es gibt auch genügend Zündstoff: Die Windräder auf allen Hügeln, das schlechte Internet, die nicht vorhandene Bahnlinie, die Angst um die Gesundheitsversorgung, die hohe Anzahl von AFD-Wählern und die Leerstände, die es hier trotz Zuzug aus der Rhein-Main-Region gibt.“ (Sauer 2021)

Die Künstlerinnen lebten für ihren ersten Aufenthalt drei Monate in einem leerstehenden Haus der Gemeinde in Volkardtshain, einem Ortsteil von Grebenhain. Zur Verfügung gestellt hatte es der engagierte Bürgermeister der Gemeinde, mit dessen Hilfe sich schnell ein Kontakt zur Nachbarschaft und den Bewohner*innen herstellen ließ. Auf dem Schulgelände der Grundschule eröffneten sie das Studio Vogelsberg, Anlaufstelle für die Kinder der Grundschule und der Nachmittagsbetreuung, aber auch Bewohner*innen, die dem Aufruf der Künstlerinnen folgten, an einem Film über die Gemeinde mitzuwirken.

In einer Episode dieses Films wurde in einer ehemaligen Modellflugzeug-Fabrik, die jetzt seit einiger Zeit leer steht, gedreht. Hier spricht die Pastorin von Grebenhain über Leerstände, Arbeitslosigkeit und Landflucht anhand der leeren Hallen der Fabrik. Im Anschluss daran tanzen zehn Garde-Mädchen mit einer selbst ausgedachten Choreografie in Superheldinnen-Kostümen in diesem Leerstand.

Festzuhalten ist vorab, dass wir es zuletzt mit einem „Kinofilm“ zu tun haben, der mit Foucault schon eine Heterotopie vorstellt im Sinne, wenn an einem und demselben Ort verschiedene Räume zusammen kommen, die eigentlich unvereinbar sind. So ist das Kino ein Ort, auf dessen zweidimensionale Leinwand ein dreidimensionaler Raum vor einem Publikum projiziert wird (vgl. Zahn 2013, S. 108f.).

Wie sich diese Arbeit ästhetisch zeigt, soll an einem Ausschnitt vor dem Hintergrund der theoretischen Überlegungen beschrieben werden. Es stellen sich für die Beschreibung und Analyse Fragen wie: Was lässt uns aufmerken, was irritiert, was affiziert? Wie zeigt sich die Ästhetik des Films mit welchen Mitteln? Wie ist der Einsatz von Ton, Musik, Stimme, Perspektive, Nah- und Fernaufnahmen, Schnitten, O-Tönen der Akteure, Rhythmus der Kameraführung? Was wird wie sichtbar, was bleibt unsichtbar?

Zunächst fällt auf, die Kamera arbeitet mit langen, dennoch rhythmisierten Einstellungen auf die verschiedenen Perspektiven einer leerstehenden Fabrikhalle, die Raum und Zeit geben, den Ort, von dem im Weiteren erzählt wird, auf sich wirken zu lassen, sich einzulassen auf die Stimmung – hervorgerufen durch die Lichtverhältnisse und die Materialität und Architektur des Raumes. Nah- und Fernaufnahmen wechseln einhergehend mit einer Zerstreuung einer Zentralperspektive. Zunächst tastet die Kamera – ohne Ton – förmlich die Innenarchitektur der Hallen ab. Riesige Eisengestelle mit Nummern, Schrägen, vertikale und horizontale Elemente, dunkle Nischen oder Fensterfronten mit ihren Lichteinfällen und Schattenwürfen geben die Atmosphäre der Halle wider. Durch staubige Fenster fällt milchiges Licht, die Bäume draußen wehen im Wind. Stillstand im Innenraum, Bewegung im Außenraum. Nahaufnahmen nehmen Details auf wie eine Ecke eines Fensters, durchsetzt mit Dreck, abgefallenem Mörtel und Spinnweben, einen Käfer, der darin herumkrabbelt, oder die hinterlassenen Spuren wie die großen hölzernen, alten Pinnwände der ehemaligen Nutzer.

Die Pastorin des Ortes, die zu diesem Schauplatz geführt hat, beginnt ihre Erzählung mit ruhiger, heller Stimme aus dem OFF: *Auf dem Land da gibt es keinen Kult, da wollen die Leute Arbeit haben, da gibt es nur leere Räume.* Nur einmal wird sie in einem dieser Räume – den Blick nach draußen gewendet sichtbar. Offensichtlich wird, dass Ton- und Bildaufnahme voneinander getrennt hergestellt und für den Film übereinander gelegt worden sind. Gleichsam als ein Ensemble von Dingen überlagern sich Licht, Architektur, Bewegung, Stimme und Ton. Zwei Räume treffen aufeinander. Der erzählte Raum trifft auf die filmische Verräumlichung durch die Künstlerin an dem Ort der Erzählung. So können wir sagen, dass das Sichtbarwerden nicht bloß an einem Ort stattfindet, den es schon gibt, sondern es sich seinen Ort durch die Intervention schafft (vgl. Waldenfels 2009, S. 125).

Am Ende dieser Sequenz wendet sich die Kamera wieder den verwaisten riesigen Eisengestellen zu, die Perspektive auf einen langen Gang zwischen zwei Gestellen gerichtet. Wie aus dem Nichts treten daraus 10 Gardemädchen im Alter von 10 bis 12 Jahren mit rot-goldenen Stiefeln und in blau-roten uniformen Superheldinnenkostümen hervor und laufen tanzend auf die Kamera zu. Über das Kostüm stellen sich mehrere Bezüge her. Zum einen bleiben sie in ihrer Uniformität dem Gardetanzkostüm, wie es die Mädchen gewohnt sind, angelehnt, gleichzeitig verweisen sie in der Gestaltung an die Figur des Supermanns, eine Figur, die den Mädchen vertraut ist, hier umgemünzt auf eine weibliche Figur. Das Kostüm, wie eine zweite Haut um die Körper gelegt, schafft sich dabei einen eigenen Raum nicht nur stofflich, sondern auch imaginär, in der Herstellung von Assoziationen zum Super(wo)mantraum: die Welt vom Bösen zu befreien?

Die Gesten sind filmisch verlangsamt und werden von einer an- und abschwellenden (leise und laut kontrastierend) dynamischen Musik im Wechsel zwischen elektronischen Klängen und rhythmischen Einlagen, die sich ineinanderschieben, überlagert. Akustische Räume verweben sich mit den Räumen der Bewegung. Mit einer zweiten Einstellung erscheinen die Mädchen in einer Gruppenformation, der Kamera zugewendet, in einer leeren Halle. Irritierend erscheinen die Nahaufnahmen, die die ernsten, strengen Gesichter, ihre Blicke teils in die Kamera, teils in die Ferne gerichtet, zeigen. Wie Fremdkörper bewegen sich die Mädchen mit ihrer selbst erdachten Choreografie, die mit dem verlassenen Ort, dem Leerstand nicht so recht zusammenpassen will. Der Eindruck verstärkt sich durch das chorische Sprechen an Kinderreime erinnernd (angelehnt an den Song *„I need a Hero" von Bonnie Tyler*) und ein nachhallendes Kindergelächter wie aus der Ferne nachträglich auf den Film gelegt. „Die Mädchen bleiben sich fern und fremd zugleich, kein Lachen huscht über ihre Gesichter, völlig losgelöst von den fröhlichen Realitäten der Tanzgarden, die es in der Vogelsbergregion überall gibt, hineingestellt in die riesige leere Halle, zusammen und doch allein." (Sauer 2021) Die Sequenz endet mit einem diagonal ausgeführtem Standbild der Superheldinnen im Theaternebel eingehüllt – wie zum Abflug bereit. Fiktion und Wirklichkeit durchdringen sich, ein drittes

Moment schält sich heraus: Die Zeit des Ortes erscheint losgelöst von der der tanzenden Mädchen. Auch treten Raum und Ort auseinander. Wird durch die Erzählung der Pastorin noch ein Bezug zu dem Ort hergestellt und in der Anwesenheit die Abwesenheit sichtbar, erscheinen die Mädchen dem Schauplatz der Ausführung in der filmischen Perspektive entrückt und deplatziert, ortlos, unbestimmt wie auch ihre Zukunft an diesem Ort. Ein anderer Raum scheint durch – hervorgerufen durch die mittels filmischer, akustischer Techniken verfremdeten Bewegungen, Gesten, Blicke, Stimmen der Mädchen. Atopische Momente treten hervor, die „die heiklen Stellen markieren, wo jeweils Ordentliches in Außerordentliches übergeht" (Waldenfels 2009, S. 126): ungewöhnlich, auffallend, wunderlich, verkehrt, widersinnig. Diese sonderbare Unterbrechung distanziert uns vom Alltag und erlaubt es uns, derart entrückt, Anderes wahrzunehmen, anders zu denken, Anderes zu machen, ein Anderer zu sein (vgl. Riggers 2019, S. 37f.). Eröffnet wird mit der künstlerischen Bearbeitung ein Raum für Reflexion um das Gewesene, Verlorengegangene, um die gegenwärtigen Probleme, gleichzeitig für Lust und Fantasie, Klüfte und Abweichungen lokalisiert (vgl. Defert 2014, S. 76), die in einem nie ganz auflösbaren Spannungsverhältnis zu ihrer Umgebung stehen, da sie eben nicht als Alternative des Entweder-Oder, sondern als Verschiebungen fungieren.

So wird mit dem Film verwiesen auf wirkliche, in der Vergangenheit einmal wirksame Orte, die in die Gemeinde eingezeichnet sind und mit denen sich Persönliches verbindet. Gleichzeitig werden die Orte „ohne eine geografische Fixierung" (Foucault 1990, S. 40) gezeigt, wie sie sich mit den Mitteln der Performance und einer filmischen Bearbeitung spielerisch in ihrem Potenzial als anderer Raum entfalten, der dazu einlädt, Raum anders zu denken.

In einer Art Gegenbewegung wird von den Künstlerinnen zunächst ein Kontext hergestellt zu den Örtlichkeiten der Gemeinde, aber zugleich mit den Mitteln der Künste de-konstruiert, um Neues aufscheinen zu lassen. Sind es zunächst die Bewohner*innen, die die Künstlerinnen an Orte geführt haben, an dem sich Gesellschaftliches, Historisches und Persönliches/Biografisches überlagern, sind es umgekehrt die Künstlerinnen, die mit ihren Mitteln einer szenischen und filmischen Gestaltung dazu beitragen, den Bewohner*innen anlässlich einer Kinoaufführung ihren Ort als einen anderen wahrzunehmen einladen. Wir haben es von daher mit einer Erfahrung zu tun, die nicht nur Vergangenes aufarbeitet, gegenwärtige gesellschaftliche Wandlungsprozesse aufgreift und transformiert, sondern mit einer Erfahrung als eine Art Laboratorium, worin neue Erfahrungen gemacht und erprobt werden können (vgl. Waldenfels 2017, S. 263).

Eine Kinoaufführung in einer Gaststätte – selbst schon ein Ort informellen Austausches und als ein heterotoper Ort zu verstehen – einzurichten, trägt darüber hinaus ganz nebenbei zu einer Vervielfältigung bei, die die Residenz temporär und situativ als einen Ort der Versammlung auszeichnet, der gemeinschaftsstiftend ist.

Die Künstlerinnen gehen wieder, hinterlassen aber in unserem Falle einen Film, der die Erfahrungen der an dem Filmprojekt beteiligten Bewohner*innen an ihrem Ort mit anderen teilt. Eine erste Spur wurde gelegt. Im örtlichen Museum Muna in Grebenhain hat der Film einen festen Platz bekommen. Die Künstlerinnen kommen in einem Jahr wieder, um weiterzugehen.

Ein Fazit daraus ist: Wie ein Feldforscher ist der Künstler temporär zwar Teil der Kultur, unterscheidet sich jedoch stets von ihr, in dem er darin als akzeptierter Beobachter und Gestalter dieser Kultur und somit in gewisser Weise doch als Fremder fungiert (vgl. Scholz 2012, S. 130). Auszugehen ist davon, dass auch der Beobachtende (Kunstschaffende wie Forschende), beobachtet wird; dass jeder weiß, dass er ein Fremder ist und dass er, wenn seine Beobachtungen bzw. künstlerischen Arbeiten zu Ende gekommen sind, die Kultur verlassen wird. Wir dürfen gespannt sein, welche Spuren die Künstlerinnen mit den Ortsansässigen in den weiteren zwei Jahren aufgreifen und hinterlassen haben werden.[1]

Literatur

Augé, M. (1994): Orte. Nicht-Orte. Übers. von M. Bischoff. Frankfurt am Main: Suhrkamp.

Böhringer, H. (2014): Die Schule: Eine Grille. In: Merkur 68 (776). Stuttgart: Klett-Cotta, S. 8–91.

Burghardt, D./Zirfas, J. (2019) (Hrsg.): Pädagogische Heterotopien. Von A bis Z. Weinheim. Basel: Beltz. Juventa.

Defert, D. (2014): Raum zum Hören. In: M. Foucault: Die Heterotopien. Der utopische Körper. Zwei Radiovorträge. Frankfurt am Main: Suhrkamp, S. 67–92.

Foucault, M. (1990): Andere Räume. In: K. Barck et al. (Hrsg.), Aisthesis: Wahrnehmung heute oder Perspektiven einer anderen Ästhetik (S. 34–46). Leipzig: Reclam.

Foucault, M. (2014): Die Heterotopien. Der utopische Körper. Zwei Radiovorträge. Frankfurt am Main: Suhrkamp.

Lehmann, H.-Th. (2000): Das neue Theater: Urbaner Raum, potentieller Raum. In: Zeitschrift Theater der Zeit 10/2000 Theaterwissenschaftliche Beiträge. Beilage, S. 27–29.

Kranixfeld, M. (2021): Bewegungen auf unsicherem Grund. *Studio Vogelsberg* als ökofeministische Situation und Versammlung. In: K. Westphal/B. Althans/M. Dreyer/M. Hinz (Hrsg.), Kids on Stage. Eröffnung anderer Spielweisen in der Performancekunst. Transgenerativ. transkulturell. transdisziplinär. Reihe Theater. Tanz. Performance. Bielefeld: Athena/wbv i. V.

Peskoller, H. (2020): Homo periculosus sui. Dargestellt am Beispiel Natur. In: Ch. Wulf/J. Zirfas (Hrsg.), Den Menschen neu denken. Paragrana Bd. 29, Heft 1. Berlin: De Gruyter, S. 166–176.

Plessner, H. (1981): Gesammelte Schriften. Bd. VII. Frankfurt am Main: Suhrkamp.

1 Vgl. auch die Reflexion der Perspektive auf das Projekt seitens der Künstlerinnen. Studio Vogelsberg und der wissenschaftlichen Begleitung Kranixfeld 2021.

Primavesi, P. (2020). Situationen: Öffentliche Räume dramaturgisch denken. In: S. Umathum/ J. Deck (Hrsg.), Postdramaturgien (S. 246–269). Berlin: Neofelis.

Riggers, E. (2019): Nicht am Platze und doch am richtigen Ort. In: M. Digel/S. Goldtschmidt-böing/S. Peters (Hrsg.), Searching for Heterotopia. Andere Räume gestalten (S. 32–43). Bielefeld: transcript.

Sauer, I. (2018): FLUX. Generationale Begegnungen zwischen Stadt und Land: Die Residenzen. In: K. Westphal/T. Bogerts/M. Uhl/I. Sauer (Hrsg.), Zwischen Kunst und Bildung. Theorie, Vermittlung, Forschung in der zeitgenössischen Theater-, Tanz- und Performancekunst (S. 39–61). Oberhausen: Athena.

Sauer, I. (2021): Durchqueren. Gehen. Weitergehen. Künstlerische Positionierungen in der Arbeit mit Kindern und Jugendlichen in den FLUX Residenzprojekten. In: K. Westphal/ B. Althans/M. Dreyer/M. Hinz (Hrsg.), Kids on Stage. Eröffnung anderer Spielweisen in der Performancekunst. transgenerativ. transkulturell. transdisziplinär. Reihe Theater. Tanz. Performance. Bielefeld: Athena/wbv i. V.

Scholz, G. (2012): Teilnehmende Beobachtung. In: F. Heinzel (Hrsg.), Methoden der Kindheitsforschung. Ein Einblick über Forschungszugänge zur kindlichen Perspektive (2. Aufl., S. 116–133). Weinheim/Basel: Juventa.

Studio *Studio* (Ruby Behrmann/Evamaria Müller/Julia Novacek) (2021): Vogelsbergstudio: Filmisches Arbeiten mittels performativer Strategien im ‚Dazwischen'. In: K. Westphal/ B. Althans/M. Dreyer/M. Hinz (Hrsg.), Kids on Stage. Andere Spielweisen in der Performancekunst. transgenerativ. transkulturell. transdisziplinär. Reihe Theater. Tanz. Performance. Bielefeld: Athena/wbv i. V.

Waldenfels, B. (1997): Topographie des Fremden. Studien zur Phänomenologie des Fremden 1. Frankfurt am Main: Suhrkamp.

Waldenfels, B. (1999): Sinnesschwellen. Studien zur Phänomenologie des Fremden 3. Frankfurt am Main: Suhrkamp.

Waldenfels, B. (2000): Das leibliche Selbst. Vorlesungen zur Phänomenologie des Leibes. Frankfurt am Main: Suhrkamp.

Waldenfels, B. (2009): Ortsverschiebungen. Zeitverschiebungen. Modi leibhaftiger Erfahrung. Frankfurt am Main: Suhrkamp.

Waldenfels, B. (2017): Sozialität und Alterität. Modi sozialer Erfahrung. Frankfurt am Main: Suhrkamp.

Westphal, K. (2013) (Hrsg.): Räume der Unterbrechung. Theater. Performance. Pädagogik. Oberhausen: Athena.

Zahn, M. (2013): Les ciné-fils. Film- und bildungstheoretische Überlegungen zum Kino als Bildungsraum und dem Kino-Menschlichem. In: K. Westphal/B. Jörissen (Hrsg.), Vom Straßenkind zum Medienkind. Raum- und Medienforschung im 21. Jahrhundert. Reihe Räume der Pädagogik (S. 107–129). Weinheim und Basel. Juventa.

Zimmermann, M./Westphal, K./Arend, H./Lohfeld, W. (2020): Einleitung. In: diess. (Hrsg.), Theater als Raum bildender Prozesse. Reihe Theater. Tanz. Performance. Bd. 4 (S. 7–15). Bielefeld: Athena/wbv.

Online Quelle

„Hotspots – Geschichten eines Vulkans" von Ruby Behrmann (Szene), Julia Novacek (Film) und Eva Müller (Ton) http://studiostudio.org/

Vom Aufbruch in den „Weine-Wald“

Abschied und Übergang als elementar menschliche Erfahrung im Kindergarten. Ein Beitrag zu Transitionsforschung und Naturpädagogik

Ursula Stenger

1. Übergänge/Grenzen

Leben ist in ständigen Veränderungen begriffen, vielleicht sogar besonders darin spürbar. Wir können sie als Übergänge erfahren. Transitionen von einer in die andere Zeit, von einem an den anderen Ort. Partnerschaften, Freundschaften können biografische Epochen markieren, der Eintritt in oder das Verlassen von pädagogischen Institutionen, Umzüge, politische Umbrüche, Krankheiten usw. Mit dem Übergang wechseln Situationen, in denen wir leben und die uns zutiefst bestimmen durch ihre Strukturierung und Dynamik. Manche können wir wählen, – der Wandel als solcher und damit die Vergänglichkeit von Lebenssituationen und die Notwendigkeit von Neuanfängen ist nicht wählbar. Wir können nicht Kind bleiben, auch wenn wir immer noch Kinder sind.

Die Transitionsforschung hat Merkmale dieser Übergänge und die damit verbundenen Entwicklungsaufgaben (von Kindern und Eltern) beschrieben, die etwa beim Übergang vom Kindergarten in die Grundschule zu bewältigen sind (Griebel/Niesel 2011). Auf der Ebene des Individuums ändert sich die Art der Identität (Kindergartenkind – Schulkind), zu erwerbenden Kompetenzen, Sozialbeziehungen und Lebensumwelten (bestimmt durch Curricula etc.). Gefühle werden bearbeitet, um die Diskontinuität der Erfahrung zu überbrücken und die Anpassung an die neuen Herausforderungen zu meistern (vgl. ebd.). Dieser Ansatz geht davon aus, dass das funktionale Erfüllen ein Beleg für die gelungene Anpassung ist. Hier werden zwar unterschiedliche Dimensionen fokussiert, man geht jedoch von vorgegebenen Zielen aus und vernachlässigt dabei die tatsächlichen Situationen und Erfahrungen, die für Kinder aus unterschiedlichen Herkünften und Kontexten zudem sehr different (ungleich) und zugleich existenziell sein können (vgl. Panagiotopoulou/Winter 2019).

Der liminale Charakter von Ritualen des Übergangs wurde von Turner (2005) und im Anschluss an ihn durch die Forschungsgruppe um Wulf, besonders durch Wagner-Willi (2001) thematisiert. Hier geht es um Schwellenerfahrungen, die auch räumliche Trennungen von Gruppen vorsehen und die damit verbundenen Grenzerfahrungen in der Zwischenphase des nicht-mehr-hier und noch-nicht-dort-Seins als Liminalität beschreibt. Es sind sinnlich-körperliche Erfahrungen von großer performativer Kraft, die aus der Verunsicherung entstehen können, die mit Schwellenzuständen verbunden sind. Die Bewältigung der Krise geschieht in Ritualen, die Gemeinschaften formen. Mit dem äußeren Mitvollzug symbolischen Handelns gehen auch innere Veränderungen einher (vgl. ebd.).

Im Anschluss daran soll hier gefragt werden, inwiefern mit Grenzerfahrungen auch Erfahrungen von Unsicherheit, von In-der-Schwebe-sein, von Faszination einhergehen können?

2. Zugänge zum Geschehen der Erfahrung der Grenze (Methodik und Material)

Mit diesem Beitrag sollen Erfahrungen an einer Grenze (vom Kindergarten in den Wald) betrachtet werden. Genau genommen besteht die Frage, ob alle Erfahrungen an Grenzen einander gleichen? Bestünde mit dieser Annahme nicht die Gefahr mit einem bereits wissenden Blick auf Erfahrungen zu sehen, die doch eine Wissenschaft, die dem Körper traut, allererst erforschen und zugänglich machen möchte. Diese Erfahrungen zu befragen, sie ernst zu nehmen, ihnen nachzugehen und sie zum Thema von Forschung zu machen, ist Anliegen von Helga Peskoller (2013):

> „Zur Bandbreite der Erfahrung gehört auch ihre passive Seite, die sich darin ausdrückt, dass einem etwas widerfahren oder zugestoßen ist oder etwas durchzustehen oder durchzumachen war, was empfunden, bearbeitet, verstanden, erinnert, vergessen usw. wird. Dabei nimmt die Erfahrung die Qualität einer Verwandlung an, welche einen allmählich oder auch plötzlich erfassen, durchdringen, durchwirken und ummodeln kann.“ (Ebd., S. 53)

Die Komplexität der Erfahrung ist kaum einholbar, Empfindungen, Erinnerungen, Verstehen, Durchstehen kommen hier zusammen. Leib, Geist, Gefühl, Empfindung sind daran beteiligt (vgl. ebd.). Selten ist die ganz genaue Betrachtung vermeintlich negativer, irritierender, herausfordernder Erfahrungen jenseits einer Einordnung, Beurteilung oder Bewertung durch „gusseiserne Begriffe“ (Bodrožić 2019). Auch wichtige, positiv besetzte Ziele und Begriffe können sich durch Wiederholungen entleeren. Um dem entgegenzuwirken sei es wichtig, „nach echter Sprache suchend“ in sich hineinzusehen und wirkliche, detaillierte Wahrnehmungen als Beleg für jeweilige Phänomene anzuführen (vgl. ebd., S. 20). Phänomenologisch gesprochen hieße das, mögliche Deutungen zunächst zurückzustellen und ganz genau hinzusehen und zu fragen, was auf welche

Weise geschieht in einer Situation. Wie kann man sprechen, ohne die Ebene der Erfahrung preiszugeben, damit der Eigensinn von Erfahrungen zum Thema wird?

Peskoller hat hierfür die Methode der Nachschreibung entwickelt, die mit extrem verlangsamten Videos, z. B. von ausgesetzten Sequenzen beim Bergklettern arbeitet (Peskoller 2018, S. 31). Diese werden nicht aus der distanzierten Beobachterperspektive beschrieben, sondern mimetisch sich dem Körper angleichend, genau nachspürend sprachlich dicht und plastisch gefasst, was für eine Erfahrung sich zwischen Wand und riskant sich bewegendem Körper zu „sehen" ist (vgl. ebd.). Diese Erfahrungsebene darf der Forschung nicht verloren gehen, in welchem Bereich auch immer die Erfahrungen statthaben.

Damit ist eine so vorgehende Forschung bestimmten Kunstrichtungen und Rezeptionsformen verwandt. Bill Viola, der Videokünstler sagt in einem Gespräch über das, was beim Sehen von Bildern geschehen kann: „Die Interaktion zwischen dem Betrachter und diesen Bildern erfolgte über das Sein – sie ist ontologischer, nicht epistemologischer Natur." (Viola 2002, S. 95) „Ich wollte, dass der Betrachter die Erfahrung selbst macht." (Ebd. S. 98) Auch wenn es nicht *die* Erfahrung ist.

Im Rahmen eines BMBF Forschungsprojektes zu „RaumQualitäten" in Kindertageseinrichtungen erzählte eine Leiterin, wie das Team in der Anfangszeit der Einrichtung mit den Kindern täglich in den angrenzenden Wald gegangen sei. Der Wald sei wegen der nicht übergehbaren Abneigung einiger Kinder als „Weine-Wald" bezeichnet worden. Das weckte mein Interesse und ich führte einige Wochen später ein Gespräch mit der Fachkraft, die diesen Begriff geprägt hat. Die Fachkraft hat sich auf meine Frage eingelassen, wollte dem noch einmal über mehrere Tage genau nachspüren, wie es sich entwickelt hat, bevor wir dem in einem Gespräch nachgingen. Dabei schien ihr wichtig zu sein, nicht zu früh einzuordnen oder verstehen zu wollen, was sich an Empfindungen, Gefühlen, Praktiken entwickelt hat. Es war eine Suche nach den richtigen Worten, nach einer Sprache, die dem Erlebten gerecht werden kann. Sie fand dafür eine sehr tastende Sprache im Gespräch, die den Spuren folgt, immer wieder neu ansetzt und sich wie eine Erkundung im Offenen bewegt.

Aus der unveröffentlichten Transkription wird in den folgenden Kapiteln zunächst zitiert, bevor den darin angesprochenen Aspekten des Übergangs der Kinder und Fachkräfte in den Wald jeweils nachgegangen wird. Darin verstecken sich gewissermaßen Grundfragen nach dem Geschehensvollzug und dem Sinn von Übergängen (Transitionen), nach der Naturerfahrung junger Kinder und einer möglichen Rolle von pädagogischen Fachkräften dabei, – was passiert da eigentlich genau?[1]

---

1 Das einstündige Gespräch wurde am 15.4.2020 als Telefongespräch geführt, aufgezeichnet und anschließend transkribiert.

3. Transition in den Wald. Den Wald als Erfahrungsraum gewinnen

3.1 Ankommen in der Kita. Aufbruch in den „Weine-Wald“: An der Hand weitergehen, etwas hinter sich lassen

Die Fachkraft antwortet auf die Frage, wie der Begriff „Weine-Wald“ entstand:

> „Das kam so (…). Wir wollten den Wald erobern oder eben da sein. Und für die Kinder war es am Anfang (…), als wäre es so ein Bruch, den wir aufbrechen wollten. Also wir (…) kamen erst auf dem Hof an [morgens U. S.] und dann gibt es so den Übergang und die Übergabe und das Empfangen, und dann gibt es aber nochmal im nächsten Schritt praktisch den Aufbruch (…). Und als würde man da aus diesem sicheren Ort oder dieses (…) größere Nest irgendwie nochmal aufbrechen, und zwar im wahrsten Sinne des Wortes.
>
> Und da kam dieses KLAGEN. Und ich habe wirklich überlegt. Ist es eine Verweigerung gewesen oder Widerstand (…), aber das war wirklich wie so ein (…) Wehklagen. Also sie fingen da einfach an, ja, dass sie da nicht sein wollten, nicht aufbrechen wollten. (…) Das war wirklich ein großes Klagen und (…) auch irgendwie so ein Erschüttert sein (…) also nicht so ein Weinen, wie wenn jetzt irgendwie Streit (…).
>
> So habe ich das auf jeden Fall empfunden und deshalb kam uns der Begriff [Weine-Wald], dass ich irgendwie dachte: Der Wald hält das aus (…). Ja, das ist jetzt so. Also wir gehen nicht zurück. Das war vielleicht die eigene Engagiertheit oder der eigene Aufbruch in den Wald mit Kindern zu gehen und ‚unter freiem Himmel‘ zu sein usw. Aber da war irgendwas Mächtiges! oder so um uns herum oder für die kleinen Menschen nochmal anders, dass ich das erstmal akzeptiert habe und dachte ok. Dann klagen wir jetzt einfach und weinen das hier raus, weil der Wald hält das erstmal aus (…). Da war so ein Vertrauen, dass es dann geht, (…) wie wenn man sagt, was Bäume schon alles gesehen haben und tatsächlich haben die Jungs auch wirklich eine ganze Weile gebraucht. (…)
>
> Und dann haben wir uns versucht zu trösten, was ja dann auch nicht immer sofort geht. Die Beziehungen mussten ja auch noch wachsen. Das war, wie gesagt, ganz am Anfang. Und dann haben wir aber so eine Gemeinschaftsumarmung versucht und (…) habe ich dann auch so spielerisch den ‚Weinberg‘ dann genannt (…).
>
> Komischerweise musste ich gerade an Hänsel und Gretel denken. (…)
>
> Ja, – wie so ein Verlassenheitsgefühl, was gar nicht durch mich aufgefangen werden kann, sondern wo ich nur daneben gehen kann und in der Bestätigung, dass ich da bin oder in dem ‚die Hand weiter zu halten‘ und ‚weiter zu gehen‘ (…) Das ist aber bis heute so, dass ich das auch persönlich als Prinzip vielleicht habe. Man kann ja gut was hinter sich lassen, wenn man geht. Weiter zu gehen, langsam zu gehen, aber an der Hand zu halten. Also, die Gewissheit schon zu geben: ‚Ich bin da.‘ (…)

Eigentlich habe ich, glaube ich, immer wieder bestätigt: Der Wald hält das aus. Du kannst das hier machen (...). Also ich glaube auch, ich habe da auf eine Resonanz hingewiesen: ‚Der Wald hört dich.' Und eigentlich von mir weg, dass die Umgebung das auffängt (...).

Das gibt (...) immer noch Kinder, die da diesen Aufbruch, – halt damit Schwierigkeiten haben, da den Fuß in diese andere Welt zu setzen, sozusagen. (...) Aber ich bin auch sicherer geworden. Ich glaube am Anfang war ich auch noch viel aufgebrochener (...) und ich war mit in dieser Dünnhäutigkeit oder in dem Erfahrungsraum. Da war ich MIT DRIN! Das war dann sehr seelisch, also so ein Seelenraum."

Mehrere wichtige Aspekte werden hier in einer Suchbewegung angesprochen, die nicht von einer Gewissheit her spricht, sondern aus einem Staunen, einem Fragen und Unterwegs-sein, einem tastenden Suchen und Vorwärtsgehen.

Zuerst soll die *Kind-Perspektive* fokussiert werden, die hier von der Fachkraft (FK) eingebracht wird. Kinder sind eingewöhnt worden am Anfang (nach der Neueröffnung der Kita). Die Kita ist für sie ein *„sicherer Ort"*, ein *„größeres Nest"* geworden, in dem sie morgens empfangen werden. Sie sind inzwischen vertraut mit Innenräumen und Hofgelände, mit den Fachkräften und anderen Kindern. Sie kennen damit Gelegenheiten und Orte, an denen sich Kinder im Raum versammeln, an denen sie auf vielfältige Weise tätig sein können mit den Materialien, die sie dort vorfinden im naturnahen Außengelände und in den Gebäuden. Sie haben damit verbundene Erfahrungen gemacht, Begegnungen, die sich immer wieder ergeben oder spontan ereignen und fühlen sich wohl. Eingewöhnt sein bedeutet mit Datler[2], mit Menschen und Dingen in Kontakt und im Austausch sein, die Umgebung erkunden, interessiert sein, Möglichkeiten des Raumes und der Zugewandtheit von Menschen kennen und mit alledem umzugehen: spielen, etwas erkunden, mit anderen Quatsch-machen, lernen, sich trösten lassen, teilnehmen auf unterschiedlichste Weise.

Die Fachkraft spricht vom Übergang, von Übergabe und Empfangen. Der Übergang von der Familie in den Kindergarten wird in der Eingewöhnungszeit begleitet und in der Folgezeit jeden Tag praktiziert, mit Tür und Angelgesprächen, mit kleinen Geschichten und Anekdoten, mit Dingen und Erlebnissen, die Fachkräfte und Eltern teilen und wodurch für das Kind der Eindruck einer

2 Vgl. die Kriterien für gelungene Eingewöhnung in Datlers Part der Wiener Krippenstudie:
„– Situationen in der Krippe in angenehmer oder gar lustvoller Weise zu erleben,
– sich dem in der Krippe Gegebenen interessiert zuwenden und
– an Prozessen des dynamischen Austauschs mit anderen mitgestaltend zu partizipieren" (Datler 2010, S. 88).

Vertrautheit, Geborgenheit entsteht: Hier kann ich sein, hier bin ich sicher, hier ist ein größeres Nest als die Familie es ist, aber immer noch ein Nest[3].

Das könnte es bedeuten, eingewöhnt zu sein. Wenn etwas Bedrohliches, Unerwartetes auftritt reicht ein Blick, eine Fachkraft ist in Reichweite, hilft, unterstützt, sorgt sich und tröstet. Rädchen fahren, Sand im Eimer transportieren, Blumen gießen, Rennspiele und kreative Angebote usw. schaffen eine Vertrautheit des Körpers mit dem Raum und den Dingen. Regelmäßige Praktiken wie Singen, Vorlesen, Händewaschen, gemeinsam Essen, Mittagsschlaf usw. strukturieren Zeit und Raum in erwartbare Situationen, auf die man sich freuen kann, die man kennt und innerhalb derer Herausforderungen oder Konflikte bewältigbar erscheinen.

Das Verlassen des vertrauten Geländes markiert für die Kinder am Morgen einen temporären Abschied, der nicht mehr von den Eltern begleitet ist, da sie sich bereits verabschiedet haben. Der Raum des Vertrauten und Gewohnten wird erneut zurückgelassen, „aufgebrochen", wie es heißt. Aufbrechen ist kein sanfter Übergang, ein Nest wird aufgebrochen, – das bedeutet eine große Verunsicherung für einige Kinder, die das als leidvoll empfinden. Sie klagen, wollen nicht in den Wald gehen, sind irgendwie „erschüttert". Die Fachkraft geht der Art des Weinens genau nach: Es ist kein Weinen wie beim „Streit", vielleicht auch „Verweigerung", „Widerstand" nach draußen ins Unbekannte, in den großen Wald zu gehen. Es ist klar, dass sie nicht aufbrechen wollen, – „ob sie sich plötzlich klein gefühlt haben" im Wald, fragt sich die Fachkraft? Sie nimmt es als „Wehklagen" wahr, kein sich wichtig machen, Aufmerksamkeit auf sich ziehen wollen, sondern als ein Ausdruck von Leid.

Wenn man die Ausführungen von Ina Schmidt (2019) hinzuzieht, um zu verstehen, was bei einem, möglicherweise auch temporären Abschied, geschieht, so ist zunächst der Schmerz über den Verlust, das nicht-mehr und noch-nicht im Vordergrund. Es gibt eine tiefe Ungewissheit über das Kommende. Man wird etwas zurücklassen und man weiß nicht, wie es weitergeht, wo man ankommen kann. Ein Gefühl von Ausgesetztheit und Unverfügbarkeit macht sich breit. Man kann nicht bleiben und festhalten, was man gerade verlassen (muss) (vgl. ebd.). Das spürt man am eigenen Leib. Wehmut, Traurigkeit, Verlassenheit zeigen an, dass wir uns mit etwas verbunden gefühlt haben, von dem wir nun getrennt werden. Zurücklassen und Abschied nehmen ist nicht etwas, das einem bloß widerfährt, wie Schmidt ausführt (ebd., S. 27ff.). Im Abschied-Nehmen wird einem gewahr, was man zurücklassen muss. Die innere Einwilligung ist dabei das zentrale Merkmal des Abschied-Nehmens (vgl. ebd. S. 48f.). Oft gibt es Handlungen oder Rituale, die ein Loslassen und damit die

3 In diese Erörterung fließen auch Erkenntnisse aus früheren Erhebungen sowie eigene Beobachtungen mit ein.

Chance auf Veränderung und Neuanfang ermöglichen. Dieses sich zur Unabänderlichkeit von Grenzen, von nicht vollständig kontrollierbaren Veränderungen zu verhalten, macht auch das Menschliche aus. Für die Kinder wird die Grenze spürbar, wenn sie das vertraute Gelände verlassen. Warum dürfen sie nicht zurückbleiben? Eine sehr berechtigte Frage in einer Zeit, in der Kinder als sich selbst bildende Akteure angesehen werden, die mit anderen ihr Selbst- und Weltbild ko-konstruieren (sollen) und selbstbestimmt (partizipativ) entscheiden, was sie tun und lassen wollen.

Spannend ist deshalb die *Fachkraft-Perspektive* genauer zu betrachten, also wie sie das weitere Geschehen wahrgenommen hat und ihre *Empfindungen, Gedanken und Umgangsweisen im Zusammenhang mit diesem Wehklagen* in den Blick zu nehmen. „Wir wollten den Wald erobern oder eben da sein", sagt die Fachkraft der naturnahen Kita. Sie spricht von ihrer eigenen Engagiertheit, dem Wunsch mit Kindern „unter freiem Himmel" zu sein. Im Konzept der Kita heißt es: „Wenn Kinder in der Natur sind, verbinden sie sich mit dieser auf vielfältige Art und Weise, mit Forscher- und Tatendrang, aber auch verweilend und mit ästhetischem Sinn" (Konzeption). Pädagogische Intention, Erwartung und Wunsch ist die Ermöglichung von Naturerfahrung und Naturverbundenheit im Kindergarten. Kindern soll etwas nahegebracht, gezeigt werden, was diese jedoch zunächst wehklagend ablehnen. Dieses Wehklagen wird von der Fachkraft stark mitempfunden. Sie ist empathisch, gibt dem Klagen (und Fühlen) Raum, lenkt die Kinder nicht ab und verharmlost den Schmerz nicht. Auch richtet sie den Blick in dem Moment nicht gemeinsam mit ihnen auf all das Schöne, was sie ihnen zeigen möchte (zukünftige Perspektive). Sie sind dafür nicht bereit. Der Schmerz (Widerstand, Traurigkeit) ist so stark, dass er nicht ignoriert oder wegdiskutiert werden kann. Einen Trost versuchen sie durch eine gemeinschaftliche Umarmung, in der sie dem Wald den Rücken zuwenden. Aber der Trost wird nicht aufgedrängt, der Schmerz darf in dem geschützten Bereich einen Raum haben.

Es ist ein *„Verlassenheitsgefühl"* spürbar, wie die Fachkraft sagt, sie denke an das Märchen *„Hänsel und Gretel"*. Das Märchen hat zum Thema, dass zwei Kinder wegen einer großen Hungersnot ihre Eltern verlassen und in den Wald gehen müssen. Dort ist es nicht behaglich, sondern dunkel und bitter kalt. Ihnen stehen schwierigen Herausforderungen bevor (Hexe im Lebkuchenhaus), die sie existenziell bedrohen und die sie meistern müssen (Hexe verbrennen), um schließlich verändert, reich an Erfahrung und an Schätzen nach Hause zurückzukehren. Nun haben die Sorgen ein Ende und die Familie kann froh zusammenleben. Eine Aussage des Märchens neben vielen anderen ist wohl, dass es gewisse Grenzsituationen im Leben gibt, denen man nicht ausweichen kann. Auch Kinder können nicht für immer bei ihren Eltern bleiben, sondern müssen sich ohne sie bewähren. Das fühlt sich mitunter sehr bedrohlich an. Der Lohn für bestandene Gefahren ist im Märchen fast immer groß. Die Hoffnung, die viele Märchen nahelegen ist, dass es ein gutes Ende nehmen wird, wenn man sich der Notwendigkeit des Abenteuers stellt (vgl. auch Boothe 2002).

Die Kinder, die mit der Fachkraft in den Wald gehen, sind nicht alleine. Andere Kinder sind dabei, die als SpielpartnerInnen im Augenblick noch nicht wahrgenommen werden. Trotz des Weinens kommt für die Fachkraft nicht in Frage zurückzukehren, – zu wichtig ist das Anliegen und das Vertrauen, dass es möglich ist den Erfahrungsraum Wald positiv zu erleben: *„Da war irgendwas Mächtiges!* Oder so um uns herum oder für die kleinen Menschen nochmal anders" (Transkript). Die riesigen alten Bäume, sich im Wind bewegende Äste und Geräusche, Büsche und Holz, Unwegsamkeit, – ein solcher Wald kann auch stark, beeindruckend, beängstigend erscheinen, besonders für die „kleinen Menschen". Die Kinder sind auch Menschen, wie sie selbst. Sie teilt mit ihnen den Erfahrungsraum (die Dünnhäutigkeit, das Aufgebrochene), wie sie sagt: *„DA war ich MIT DRIN"*, in der Anfangszeit der Kita. Später sei sie dann „sicherer geworden", wenn Kinder „Schwierigkeiten haben, da den Fuß in diese andere Welt zu setzen". (Das Phänomen tritt über die Jahre immer wieder auf). Nicht alle empfinden das Draußen, unter freiem Himmel, im Wald sein in dieser Weise.

Mit ihrer Person ‚zeigt' sie den Kindern zwei wesentliche Strategien, die mimetisch wahrgenommen werden können als mögliche Umgangsformen mit dem Schmerz. Zum einen benennt sie den Wald als „Weine-Wald", der das aushält, das Weinen. Sie gibt dem einen Namen, eine Berechtigung, verschafft dem Schmerz Gehör und nimmt ihn ernst: *„Der Wald hört dich."* Nicht sie tröstet, sondern der Wald mit seinen alten Bäumen, die so viel schon gesehen, erlebt, überstanden haben, vermag diese tröstende Wirkung zu geben. Implizit ist das Vertrauen, dass etwas geschehen kann: eine *„Resonanz"* kann entstehen, wie sie sagt, die der Wald ihnen zu geben vermag (vgl. ebd.). Sie selbst als für die Kinder noch relativ neue Fachkraft könne das nicht auffangen, denn es geht um die Wahrnehmung des Verhältnisses zum Wald, um das Draußensein. Sie kann aber bei den Kindern sein. Und das ist die zweite Strategie: *Die Hand geben und weitergehen.* Sie bietet sich an, drängt sich nicht auf, begleitet sie und gibt ihnen die Gewissheit: „Ich bin da" (ebd.) und hält das mit ihnen aus. Dabei ist sie getragen von der Zuversicht, dass eine Veränderung des Gefühls eintreten wird.

An der Stelle verweist sie auch auf den biografischen Hintergrund der erworbenen und hier praktizierten Strategie: „Man kann ja gut was hinter sich lassen, wenn man geht." Der Körper in seiner Bewegung lässt hinter sich, womit er geht, wenn man nur weiter geht, und vertraut auf das, was möglich werden wird, auch wenn es jetzt noch nicht wahrgenommen, empfunden werden kann. Es ist ein Weitergehen in einem Zwischen-Raum, – nicht mehr im gesicherten Nest der Kita und noch nicht Draußen-angekommen-sein.

3.2 Sich im Wald ver-orten. Gestaltungsmöglichkeiten als Wegelagerer versuchen: Denkräume im Wald

Tatsächlich verändert sich etwas, nach einiger Zeit – der Wald als Erfahrungsraum öffnet sich.

> „(...) und da dann durchzugehen, als würde man halt auch irgendwie ja auf dem Weg dann praktisch dann wieder zu sich kommen (...), bis man wieder an dem Ort ist oder damit was anfangen kann oder sich dann auch verorten kann (...). Wenn wir dann nachher so Stellen gefunden haben wo wir ganz gerne waren (...), dann war es wieder ruhig (...). Vielleicht hat das mit Sicherheit zu tun. Ich weiß es nicht, aber es (...) war irgendwas Inneres, irgendetwas Seelisches (...). So habe ich das empfunden (...). Wir hatten da eine Fuchsstelle, eine Mondstelle und alle möglichen Eroberungen, die uns dann wieder versichert haben oder verortet haben (...).
>
> Und nachher kam die Gestaltungsmöglichkeit. Dann haben wir ja Kunst auch gemacht. Wir haben versucht, im Wald irgendwie zu arbeiten oder eigene Gestaltungmöglichkeiten da mit rein zu tragen oder verträglich mit dem Wald zu sein. (...) Ich nannte das immer so ‚aus freien Stücken arbeiten'. (...) Wir haben was gefunden. Wir waren so Wegelagerer und haben da was produziert mit den Dingen, die da waren oder die wir vom Wald zur Verfügung gestellt bekommen haben. (...) Und dann kam eben die Gestaltungsfrage (...). [viele Beispiele konkreter Gestaltungen folgen, US]
>
> Wir haben sehr viele philosophische (...) Momente auch (...). Jetzt kommt so das Denken noch dazu (...). Ja, wir haben unsere Kandidaten, die wir mögen, – manche Bäume, die wir gut kennen. Und dann gibt es manchmal große Gedanken. (...) Wir haben so eine Kastanie (...). Wie viel Menschen braucht man, um die zu umarmen? Weil, die ist echt mächtig! Die ist super, die Kastanie, – großartiger Baum (...). Und dann haben wir irgendwie da (...) einen Geburtstag gefeiert und ein Kind sagte (...): ‚Ja aber die Welt, die hat jeden Tag Geburtstag.' Das ist so ein Denken, was so darüber hinausgeht. Wenn man auch denkt: Das ist (...) ja alles viel älter (...) ‚der Wald war zuerst da' (...). Wir kommen dahin!"

Nach dem Hindurchgehen durch die Situation des Klagens und beim Hineingehen in den Wald, gelingt ein „auf dem Weg (...) wieder zu sich kommen" und sich zu *„ver-orten"*. Wie kommt man im Wald zu sich? Das Zu-sich-Kommen wird zum einen praktisch durch sinnstiftende Handlungen möglich: Indem die Gruppe im Wald anhält, sich niederlässt an Stellen, die interessant sind, an denen sich bestimmte Spiele und Praktiken entwickeln, – „Eroberungen" im Wald, z.B. die Fuchsstelle oder die Mondstelle. An diesen Orten gelingt ein Verorten, ein Ankommen, ein Anfangen. Der Wald als verunsichernder Raum wird begrenzt. Eine Entdeckung wird bedeutsam, der Ort bekommt einen Namen, wird vertraut. An diesen Orten werden auch die Weinenden wieder ruhig. Es ist auch „irgendwas Inneres, irgendwas Seelisches“, was da durch das Aufbrechen und jetzt Ankommen entstehen konnte.

Um die Verlassenheit, die anschließende Verortung und das Innere dieser Verortung zu verstehen, kann Martin Heidegger hinzugezogen werden. Das Innere wäre nicht nur ein inneres Erlebnis oder eine Vorstellung oder gar Konstruktion eines Individuums von einem vermeintlich schon gegebenen Außen, sondern es bildet sich leiblich, körperlich, bewegt und berührt, als Inneres eines Raumerlebens, – als jeweiliger Erfahrungsraum, der im wiederholten Haltmachen vertraut wird.

> „Ich bin niemals nur hier als dieser abgekapselte Leib, sondern ich bin dort, d. h. den Raum schon durchstehend, und nur so kann ich ihn durchgehen. (…) Wenn wir uns – wie man sagt – auf uns selbst besinnen, kommen wir im Rückgang auf uns von den Dingen her, *ohne* den Aufenthalt bei den Dingen je *preiszugeben*.“ (Heidegger 2000, S. 158)

Diese Art des Aufenthalts bei den Dingen im Raum ist für Heidegger das Wesentliche des Wohnens. Und damit erhält man eine Antwort auf die Frage, wie man sich mit jungen Kindern bei Wind und Wetter im Wald aufhalten, wie man dort „wohnen“ kann: indem es gelingt Orte zu erobern, zu entdecken, an denen man SEIN kann, sich sicher fühlen und wohlfühlen kann. Hinausgehen in den Wald, Verlassen des vertrauten Nests gibt auch Kindern Gelegenheit, sich unsicher, im Offenen (als Menschen) zu spüren, – eine notwendige Voraussetzung für die Verortung, für das Auf-sich-zurück-kommen aus den neu entstehenden Orten.

Von da ausgehend entstehen Gestaltungen mit dem Wald, die so geartet sind, dass etwas herangetragen wird, Ideen, Werkzeuge, Themen, die auf verträgliche Weise mit dem Wald bearbeitet werden, indem Totholz, herabgefallene Blätter und Früchte, Steine und Erde genutzt werden. „Wir waren so Wegelagerer“, weist darauf hin, dass aufgegriffen wurde, was über den Weg lief, was auffiel und sich anbot. Damit und daraus entstanden dann Gestaltungen, die später auch im Wald projektartig als Ausstellungen inszeniert wurden, wie ich bei anderen Forschungsaufenthalten in der Kita feststellen konnte. Im Gestalten kommen Menschen/Kinder und Wald zusammen, in einem achtsamen Wechselspiel entstehen Ideen und Fragen, die später auch sprachlich von der Fachkraft den Wald als „Denkraum“ konstituieren. Denken ist hier nicht konstruieren, sondern zuerst spüren. Die Kastanie ist mächtig, großartig, ein Baum, den wir mögen und gemeinsam umarmen wollen. Aus der Geburtstagsfeier für ein Kind entsteht der Gedanke, dass der Wald jeden Tag Geburtstag hat. Jeden Tag wird eine Pflanze, ein Tier geboren, – der Wald war zuerst da, wir kommen hinzu. Dieses Gefühl oder Verstehen des Hinzutretens zum Wald, der viel älter ist als wir, das ist keine Selbstverständlichkeit, sondern kann als Bildungsergebnis angesehen werden, denn der Wald könnte auch Spielplatz sein, ohne dass ein Empfinden für die Orte, Pflanzen und Tiere entsteht.

3.3 Verbundenheit mit der Natur als Kraftquelle

Beim Versuch zu fassen, was im Wald geschieht, greift die Fachkraft auf persönliche Erfahrungen zurück:

> „Ich kann dem Vertrauen schenken, also ich persönlich, ich habe das Gefühl (…) (so am Meer habe ich das manchmal auch), dass ich ein Teil des Großen und Ganzen bin (…) und ich glaube, das war das, was ich den Kindern vielleicht dann auch eher transportieren wollte (…). Was entsteht da eigentlich? Und letztendlich, ja, darauf zu bauen, dass man sich mit der Natur verbinden kann (…). Mich tröstet das persönlich oder ich verlasse mich darauf, dass da irgendeine Kraft ist (…) oder irgendeine Energie, die größer ist und die mich auffangen kann (…).
>
> Wenn ich mich selber an den Wald erinnere (mit meinen Großeltern verbunden) (…), habe ich diesen Geruch; damit habe ich auch halt einen Waldboden, das Licht und so, – da bin ich ganz empfänglich und dankbar darüber, – extrem dankbar (…). Ich glaube ‚Ressource' ist jetzt auch ein Begriff, den ich sofort auch da rein pflanzen würde, weil man kann wirklich darauf zurückgreifen und dass man dann praktisch um nochmal auf dieses ‚ein Teil des Ganzen zu sein' und ‚verbunden zu sein' oder ein ‚Erdling' oder wie auch immer (…). Ich kann mir inzwischen kaum mehr vorstellen, in einem Haus zu arbeiten (…). Auch dieses ‚unter freiem Himmel': Das ist wirklich. Das (…) macht den Raum größer."

Wenn der Anfang gewagt wird, die Unsicherheit und die Klage ausgehalten werden, dann kann, wenn man darauf vertraut, etwas entstehen: Orte, Gestaltungen, Gedanken, durch die sie im Wald ankommen, – dann kann eine Verbundenheit mit der Natur (dem Wald) entstehen. Die Fachkraft greift hier auf Erfahrungen in der Kindheit zurück, als sie mit den Großeltern häufig im Wald war, Geruch und Licht, Energie und Kraft des Waldes erfahren hat. Hierauf kann sie sich verlassen, dass eine Verbundenheit entsteht, die sie trägt und auffangen kann. Sie nennt es „Teil vom Großen und Ganzen sein", „verbunden sein", ein „Erdling sein". Das ist nicht nur ein romantischer Gedanke, sondern eine reale Erfahrung, die sie auch am Meer gemacht hat.

Der Mensch ist kein abgeschlossenes Gehäuse, das nachträglich mit anderen und der Welt/dem Wald in Bezug tritt, er/sie kann ausgesetzt und offen sein, wo die Erschütterung von Alltäglichkeiten und Voranahmen zugelassen und nicht beschwichtigt wird. „Die Seele ist die Bezeichnung für das Spüren des Körpers" (Nancy 2000, S. 137), auch des Spürens, was außerhalb von uns ist. Gemeint ist eine Erfahrung, offen zur Welt zu sein, in den Wald zu ziehen, ins

Ungewisse, draußen und dies, nicht mehr als Verlassenheit, sondern als sinnhaft zu erleben, davon berührt zu sein. Davon wird hier mikroanalytisch berichtet: In Bewegung gebracht zu werden von und mit dem, was im und mit dem Wald und uns geschieht. „Wenn die Körper nicht im Raum sind, sondern der Raum in den Körpern, dann ist er Aufspannung, Spannung des Ortes." (Ebd., S. 31 f.). Die Haut des menschlichen Körpers ist nicht die Grenze unserer selbst. Dies gewahr zu werden, es zu spüren, kann bedeuten, sich mit der Schönheit und Mächtigkeit eines Baumes in Kontakt zu treten, sich an der Schönheit zu erfreuen und in der Verbundenheit eine Kraft zu spüren, die über die eigene Existenz hinausgeht, die einem zuströmen kann, wenn man dafür offen ist.

Wie kann man frei werden für das, was da draußen ist, die eigene Grenze, auch wenn sie vielleicht erst angstbesetzt ist, überschreiten auf etwas hin, das in einer Erfahrung gegeben sein kann, wenn man sich wagt, hinausgeht, nicht verzagt. Dabei werden die Kinder nicht allein gelassen, ihnen wird Schutz gegeben, ihnen werden Praktiken angeboten, ohne die Schwelle ganz nehmen zu wollen. Mit ihrem leiblichen Sein, ‚zeigt' die Fachkraft, wie man darauf achten kann: Wo strömt mir Lebensenergie zu? Wie kann ich die Sprengung der Ich-Grenze zulassen und eine Empfindungsfähigkeit ausbilden, für das, was um uns herum lebt.

Vielleicht ist es hilfreich dafür, vertraute Orte immer wieder zu verlassen, innezuhalten und zu spüren, was geschieht, um die Zugehörigkeit empfinden und Leben in seiner Fülle spüren zu können.

4. Schlussgedanke

Die Bedeutung negativer, irritierender, auch existenziell-leiblich-pathischer Erfahrungen für Bildungsprozesse, in denen Selbst- und Weltverhältnisse transformiert werden können und neue Dimensionen der Erfahrung sich öffnen, thematisiert Sales Rödel (2020). Anders als in Ansätzen der Transitionsforschung (siehe Einleitung) erscheinen hier, (wie auch im Beispiel gezeigt) Grenzerfahrungen, die mit Übergängen verbunden sind, als Chancen. Die Selbstentzogenheit beim Verlassen des Nestes kann in eine erweiterte Raum-Selbst-Erfahrung führen. Erleben zu können, was es heißt, ein Teil des Großen und Ganzen zu sein, verbunden mit Natur, – das möchte die Fachkraft transportieren. Anschlussfähig könnte das an Braidotti sein, die eine posthumane Subjektivität in „Ablehnung des selbstzentrierten Individualismus" als „wechselseitige Verbundenheit zwischen dem Selbst und den Anderen, einschließlich der nicht-menschlichen oder ‚erdhaften' Anderen" zu denken sucht (Braidotti 2014, S. 52).

Spannend daran ist, dass es notwendig scheint in einer geteilten Erfahrung die Unsicherheit, auch wenn sie mit Weinen und Klagen verbunden ist, auszuhalten, als Zwischenraum zwischen dem Verlassen des Nests und den neuen Verortungen, die durch spielerische, auch kontemplative, philosophische und ästhetische Praktiken erst entstehen.[4] Die Frage ist, ob diese Form des Aussetzens und Vertrauen-Fassens beim Unter-freiem-Himmel-Sein als leiblich-seelisches Geschehen, Kinder noch als Lernende sieht oder sie eher als Menschen auf ihre Möglichkeiten hin anspricht, sich neuen existenziellen Erfahrungen „da draußen" zu öffnen und so ein Gefühl davon zu erspüren, was es heißen könnte, ein „Erdling" zu sein.

Literatur

Bodrožić, M. (2019): Poetische Vernunft im Zeitalter gusseiserner Begriffe. Berlin: Matthes & Seitz.

Boothe, B. (2002) (Hrsg.): Wie kommt man ans Ziel seiner Wünsche? Modelle des Glücks in Märchentexten. Gießen: Psychosozial-Verlag.

Datler, W./Datler, M./Hover-Reisner, N. (2010): Von den Eltern getrennt und doch nicht verloren – Annäherungen an das Alltagserleben von Krippenkindern unter dem Aspekt von Bildung. In: G. Schäfer/R. Staege/K. Meiners (Hrsg.), Kinderwelten – Bildungswelten (S. 83–94). Berlin: Cornelsen Scriptor.

Griebel, W./Niesel, R. (2011): Übergänge verstehen und begleiten. Transitionen in der Bildungslaufbahn von Kindern. Berlin: Cornelsen Scriptor.

Heidegger, M. (2000): Bauen, Wohnen, Denken. In: F.-W. v. Hermann (Hrsg.), Gesamtausgabe, I. Abt., Bd. 7 Frankfurt a. M.: Klostermann, S. 145–165.

Nancy, J.-L. (2000): Corpus. Zürich, Berlin: Diaphanes.

Panagiotopoulou, A./Winter, J. (2019): Ungleichheiten im Bildungssystem: Übergänge als Bildungsbarrieren? In: M. Dziak-Mahler/A. Krämer/T. Matthiesen/R. Lehberger (Hrsg.), Weichen stellen – Chancen eröffnen (S. 55–72). Münster: Waxmann.

Peskoller, H. (2013): Erfahrung/en. In: J. Bilstein,/H. Peskoller (Hrsg.), Erfahrung – Erfahrungen (S. 51–78). Wiesbaden: Springer VS.

Peskoller, H. (2018): Natur, Raum, Körper. Zur Transformation von Wissen. In: B. Engel/H. Peskoller/K. Westphal/K. Böhme/S. Kosica (Hrsg.), *räumen* – Raumwissen in Natur, Kunst, Architektur und Bildung (S. 18–37). Weinheim/Basel: Beltz Juventa.

Rödel, S. S. (2019): Negative Erfahrungen und Scheitern im schulischen Lernen. Phänomenologische und videographische Perspektiven. Wiesbaden: VS Springer.

Schmidt, I. (2019): Über die Vergänglichkeit. Eine Philosophie des Abschieds. Hamburg: Edition Körber.

Turner, V. (2005): Das Ritual. Struktur und Antistruktur. Frankfurt am Main: Campus Bibliothek.

Viola, B. (2002): Going Forth By Day. Berlin: Deutsche Guggenheim.

Wagner-Willi, M. (2001): Liminalität und soziales Drama. Die Ritualtheorie von Viktor Turner. In: Wulf, C./M. Göhlich/J. Zirfas (Hrsg.), Grundlagen des Performativen (S. 227–252). Weinheim/München: Juventa.

4 Einer der Weh-Klagenden wird 12 Jahre später für ein einwöchiges Schülerpraktikum in die Kita zurückkehren.

Aufenthalt

Gernot Böhme

1. Die Verschiedenheit von Raum und Zeit

In diesem Beitrag soll herausgearbeitet werden, dass in dem deutschen Ausdruck *Aufenthalt* zugleich Räumliches und Zeitliches bezeichnet wird, oder stärker: dass der Ausdruck *Aufenthalt* ein Ineinander von Raum und Zeit benennt. Diese Absicht trifft heute auf ein durch die Popularisierung von Naturwissenschaft vorgeprägtes Vorverständnis, nach dem Raum und Zeit eins seien bzw. die Zeit nichts anderes als eine vierte räumliche Dimension. Dieses Verständnis beruft sich auf die Einsteinsche Relativitätstheorie, ist aber besonders durch Hermann Weyls Rede von der Raum-Zeit geprägt. Dem gegenüber müssen wir zunächst den Unterschied von Raum und Zeit festhalten bzw. herausarbeiten.

Am prägnantesten ist dieser Unterschied wohl von Leibniz (1965, Bd. VII, S. 363) bezeichnet worden: Er definiert Zeit als *ordo successivorum* (Ordnung des Aufeinanderfolgenden); und *den* Raum als *ordo simultaneum* (Ordnung des Zugleichseienden). In der Zeit gibt es die Relation des Vorher und Nachher und im Raum die Relation des Nebeneinander.

Diese Differenz scheint zu verschwinden, wenn man sowohl im Raum als auch in der Zeit eine Metrik einführt. Dann werden Raum und Zeit zu Parametern, mit denen man das Weltgeschehen als eine Menge von Ereignissen darstellt. Damit wird die Relation zwischen zwei Ereignissen zu einer Abstandsbeziehung, und es scheint dann eine Sache der Auffassung oder subjektiven Interpretation zu sein, ob man diese Abstandsbeziehung als ein Nebeneinander oder als ein Nacheinander interpretiert. Dem gegenüber hat bereits Bergson (1989) in seiner Dissertation über *Zeit und Freiheit* protestiert. Die Behandlung der Zeit als eines linearen Parameters sei eine Projektion der *wahren Zeit* in den Raum. Die wahre Zeit sei eigentlich Dauer (durée) und sei eine qualitative Einheit, quasi ein Amalgam der Ereignisse, die man erst durch Analyse daraus gewinnen kann. Dagegen sei der Raum bzw. seien die Raumdimensionen quantitative Einheiten.

Bergsons Behauptungen sind insbesondere gegen Immanuel Kant gerichtet. Doch Kants Lehre von Raum und Zeit ist eher eine Art Vermittlung zwischen den beiden Positionen. So sagt er, dass wir uns die Zeit nur „unter dem Bilde einer Linie" (Kant, Kdr., B156) vorstellen können, andererseits aber eine Linie nur, indem wir sie „in Gedanken ziehen". Bei Kant sind also Raum und Zeit als reine Anschauungen vergleichbar, wobei jedoch die Zeit als Tätigkeit der produktiven Einbildungskraft – eine Linie in Gedanken *ziehen* – ursprünglicher ist.

Auch nach Einsteins spezieller Relativitätstheorie verschwindet der Unterschied von Raum und Zeit nicht. Dieser Eindruck mag dadurch entstehen, dass die Zeit überhaupt als linearer Parameter, also als vierte Dimension neben den drei Raumdimensionen zur Darstellung der Weltereignisse dient. Das wäre aber ganz oberflächlich. Die eigentliche Pointe besteht darin, dass man unter Umständen ein räumliches Nebeneinander in ein zeitliches Nacheinander bzw. umgekehrt verwandeln kann – je nachdem von welchem Bezugssystem her man die Ereignisse betrachtet. Die Einsteinsche Relativitätstheorie besteht darin, dass bei Transformationen von gegeneinander bewegten Bezugssystemen Raum und Zeit miteinander transformiert werden. Doch diese mögliche Transformation hat eine Grenze in der Konstanz der Lichtgeschwindigkeit. Dadurch werden in der Ereignismannigfaltigkeit der Welt durch den sogenannten Lichtkegel diejenigen Ereignisse, die absolut zueinander *zeitlich* liegen, von denjenigen getrennt, die in einem bestimmten Bezugssystem als gleichzeitig, also als räumlich nebeneinander liegend, betrachtet werden können. Zeitlich zueinander liegen solche Ereignisse, die nur durch eine Kausalwirkung oder die Übertragung eines Signals mit Unter-Lichtgeschwindigkeit erreicht werden können.

Es trifft also nicht zu, dass nach der Einsteinschen Relativitätstheorie die Einheit von Raum und Zeit, wie sie sich in gewissen Ausdrücken wie *Aufenthalt* angezeigt findet, trivial wird. Im Gegenteil wird die Anschauung, die sich in Ausdrücken wie *Aufenthalt* manifestiert, durch Kontrastierung mit der Relativitätstheorie gerade auffällig, weil nach letzterer die Differenz von Raum und Zeit sehr wohl erhalten bleibt.

2. Sprachliche Unterscheidungen

Ich behaupte nun, dass Ausdrücke, die Raum und Zeit in eins bezeichnen, in der Sprache eher selten sind. Für die Zeit sind charakteristische Ausdrücke: Dauer, Augenblick, Stunde (Jahr usw.), Frühjahr, Erntezeit, Geburtstag.

Darüber hinaus werden Zeiten modal bezeichnet, d.h. als Vergangenheit, Gegenwart und Zukunft. Das alles sind Ausdrücke, die auch unterschwellig keinen räumlichen Nebensinn haben. Es gibt allerdings auch Ausdrücke, die einer Verräumlichung der Zeit zumindest nahe liegen, wie sie sich dann in Ausdrücken wie Zeitpunkt, Zeitspanne, Zeitraum artikuliert sind. Bergson redet hier, wie wir schon erwähnt haben, von einer Projektion der Zeit in den Raum.

Die sprachlichen Ausdrücke, die eine Verräumlichung der Zeit nahe legen, beruhen auf einer Eigenschaft der Zeit, die Leibniz nicht berücksichtigt hat, nämlich ihrer rhythmischen oder periodischen Gliederung. Danach kann man sagen, dass ein bestimmtes Fest immer wieder im *Abstand von zwei Jahren* stattfindet, dass eine bestimmte Arbeit *noch in diesem Jahr* abgeschlossen werden kann, überhaupt, dass etwas *heute* oder *gestern* oder *zu dieser Zeit* stattfindet. Auch bedient man sich zur Bestimmung dessen, was in zeitlicher Relation besteht, räumlicher Metaphern. So redet man etwa von Vorfahren und Nachfahren, von Vorgängern und Nachfolgern.

Typische Ausdrücke für Räumliches sind: Platz, Ort, Gegend, Region, Hohlraum. Die charakteristische Relation zwischen Räumlichem ist, wie gesagt, das Nebeneinander, zwischen Zeitlichem das Nacheinander.

Allerdings gibt es Relationen, die sprachlich für Räumliches und Zeitliches in gleicher Weise ausgedrückt werden, wie z. B. *innen/außen, innerhalb/außerhalb*. So sagt man, dass ein Gegenstand in einem Hohlraum liegt oder innerhalb und außerhalb einer bestimmten Gegend. Doch die Relation *in* kommt auch, wie wir gesehen haben, in der Zeit vor: in diesem Jahr. Auch die Relation *zwischen* kann in räumlichem und zeitlichem Sinne verwendet werden: zwischen Hamburg und Berlin, zwischen Ostern und Pfingsten. Dagegen verwendet man für die zeitliche und die räumliche Bestimmung von etwas, also als Antwort auf die Fragen *wann?* und *wo?* unterschiedliche Präpositionen. Ein Ereignis hat *zu* dieser Zeit stattgefunden und *an* diesem Ort.

Wir sehen also, dass die meisten Ausdrücke für Zeitliches und Räumliches verschieden sind, dass es aber durchaus eine Reihe von Ausdrücken gibt, die man sowohl im zeitlichen wie auch im räumlichen Zusammenhang verwenden kann. Der Hauptgrund liegt darin, dass die Zeit eine rhythmische Gliederung hat, also etwa in Tage und Jahre, die man unschwer in eine Metrik für die Zeit umwandeln kann, sodass dann die Vorstellungsweisen von Raum und Zeit tatsächlich angenähert werden.

3. Der sprachliche Ausdruck *Aufenthalt*

Der Ausdruck *Aufenthalt* hat im Deutschen sowohl zeitliche als auch räumliche Bedeutung. Dabei wird je nach Verwendung das Eine oder das Andere überwiegen, – wobei bei zeitlicher Verwendung das Räumliche immer mitgedacht wird und ggf. noch explizit hinzugefügt wird oder umgekehrt bei räumlicher Verwendung die Zeit implizit mitgedacht oder aber explizit hinzugefügt wird. So sagt man etwa:

- In den 70er-Jahren war Planegg bei München mein Aufenthalt (nämlich Wohnort)
- Der Zug hatte (in Darmstadt) 10 Minuten Aufenthalt.
- Man hält mich (hier) länger auf.
- Der Aufenthaltsort von Herrn X ist unbekannt.

Es scheint, dass gegenwärtig der zeitliche Sinn ein gewisses Übergewicht hat. So gibt der aktuelle Duden folgende Bedeutung an:

1. Das sich Aufhalten: zeitlich begrenzte Anwesenheit an einem Ort;
2. a. Unterbrechung (einer Fahrt o. Ä.);
   b. (gehoben) Verzögerung, Unterbrechung;
3. (gehoben) Ort, an dem sich jemand aufhält; Wohnort.

Dieses Bedeutungsgewicht war offenbar noch vor etwa 200 Jahren umgekehrt. So gibt das Grimmsche Wörterbuch im 1. Band, also von 1854, fünf verschiedene Bedeutungen an, wobei die Bedeutung 2–4 schon damals als veraltet galten. Bis dahin konnte Aufenthalt noch Nahrung und Unterhalt (2), Erhaltung (3) und Freude, Trost und Zuflucht (4) bedeuten. Als erste Bedeutung führten damals die Grimms die räumliche an: „Der Ort, die Stätte, wo einer wohnt, sich aufhält". Als fünfte dann den *Aufhalt,* lateinisch mora, interruptio. Diese Verschiebung im Gewicht der Bedeutungen vom Räumlichen zum Zeitlichen ist bemerkenswert.

Während noch bei den Grimms die Bedeutung von Aufenthalt als Wohnung oder Wohnort primär war, wird diese Bedeutung nach dem aktuellen Duden gegenwärtig nur noch in gehobener Sprache gefunden. Man sagt deshalb, um das Örtliche zu artikulieren, häufig eigens statt *Aufenthalt Aufenthaltsort:* Da, wo ich wohne, Darmstadt, ist mein gewöhnlicher Aufenthaltsort. Das hat zur Folge, dass man das Verb *aufhalten* oder *aufgehalten werden* auch ohne räumlichen Bezug verwenden kann. So sagt man etwa: *Ich bin von diesem Auftrag in der Entwicklung meines eigentlichen Forschungsprojektes aufgehalten worden.* Das *sich aufhalten* oder *aufgehalten werden* kann also auch etwas anderes bedeuten als das Verweilen an einem bestimmten Ort. Es kann auch das Festgehalten-werden bei Sachen, Leuten oder einer Aufgabe bezeichnen.

Bei dem jetzt aktuellen – nämlich im Zusammenhang der Migrationsbewegungen – verwendeten Begriff des Aufenthalts dagegen wird in der Regel der Ort des Aufenthaltes nicht mitgenannt, weil er selbstverständlich ist. So redet man von *Aufenthalt gewähren* oder einer *Aufenthaltsgenehmigung* für Flüchtlinge, die aber genau das bedeutet: dass sie sich für eine Zeit in der Bundesrepublik Deutschland aufhalten dürfen.

4. Welche Erfahrensweisen stehen im Hintergrund der Doppeldeutigkeit des Ausdruckes *Aufenthalt?*

Kurz gesagt ist *sich aufhalten* ein leibliches Verweilen. Dabei ist in dieser Definition der Terminus *leiblich* wichtig, denn man kann ja auch bei einem Gedanken verweilen oder bei einer durch eine gesellschaftliche Konstellation gegebenen Situation. So heißt es ja bekanntlich im *Faust:* „Werd ich zum Augenblicke sagen: Verweile doch, du bist so schön." In dieser Formulierung schwingt das Räumliche nicht mit. Entscheidend ist das Erfüllende, das eine Situation gewährt. Mit *Aufenthalt* wird also das Verweilen eines Wesens bezeichnet, dessen Existenzform wesentlich leiblich und damit räumlich ist. Derart ist unsere, d.h. die menschliche Existenzform. Das *Sich-aufhalten* ist das zeitlich gedehnte *Sein* an einem Ort. Es ist ein Verweilen bei ..., es ist der Lebensvollzug an einem Ort, in einer bestimmten Gegend. Wenn also *Aufenthalt* die Seinsweise eines Wesens, hier des Menschen, bezeichnet, so wird darin seine Anwesenheit an einem Ort oder bei anderen Menschen artikuliert. Dabei wird aber zugleich ausgesprochen, dass diese Anwesenheit eine im Prinzip zeitlich begrenzte ist. Wir sind Tageswesen, Ephemeroi, wie schon die alten Griechen sagten – und wie sie in der japanischen Kunst des Ukiyo-e dargestellt werden (Böhme 2004). Bei dieser zeitlichen Begrenzung der Anwesenheit, also des Aufenthaltes, ist nicht nur an die Sterblichkeit zu denken, sondern auch daran, dass der Mensch durch seinen Lebensvollzug auch seine Anwesenheit bei etwas oder bei bestimmten Menschen ändert: Ich bin heute hier und morgen dort. *Sich aufhalten* als verweilen impliziert also, sich nicht von der Stelle rühren, nicht den Ort wechseln. Allerdings: Das Sein-bei als Sich-aufhalten kann auch in dem betreffenden Ort bewegt sein. Ja, sich aufhalten heißt geradezu, dort an diesem Ort wohnen, leben, agieren. Das *Sich aufhalten* als örtlich begrenzter Lebensvollzug ist gerade kein Stillstand. Deshalb erhält das *Sich-aufhalten* seine Bestimmtheit nicht durch die Zeit, sondern durch den Ort: Das Sich-verweilen ist der bewegte Lebensvollzug, der dann auch zu einem Ortswechsel führen kann und damit zu einem anderen *Aufenthalt.*

Wir können damit sagen, dass die räumlich-zeitliche Doppelbedeutung von *Aufenthalt* eine tiefliegende, fundamental-ontologische Charakterisierung der menschlichen Seinsweise bezeichnet. Das ephemere, das vorübergehende Dasein des Menschen gliedert sich in vorübergehende Halts und Gestalten, als Verweilen an einem bestimmten Ort und bei bestimmten Menschen. Was durch den Ausdruck *Aufenthalt* artikuliert wird, ist, dass das menschliche Dasein eine Metamorphose durchläuft: Es ist kein unterschiedsloses und kontinuierliches Dahingleiten, sondern organisiert sich immer wieder für eine bestimmte Periode zu bestimmten Formen des Daseins als Sein bei ..., bei den Dingen an einem bestimmten Wohnort unter Bezug auf bestimmte andere Menschen.

Literatur

Bergson, H. (1989): Zeit und Freiheit. Frankfurt am Main: Athenäum. Frz. (1963) Essai sur les données immédiates de la conscience. In: Oeuvres, Paris Press Universitaires de France.

Böhme, G. (2004): Die sanfte Kunst des Ephemeren. Dt. u. japanisch in: KALLISTA, No. 11, S. 1–17, bzw. 1–27. Deutsch auch: Essen: Verlag der fadbk 2008. Und in: Fliescher, M./ Goppelsröder, F./Mersch, D. (Hrsg.) (2013): Sichtbarkeiten I. Erscheinen. Zur Praxis des Präsentiven. Berlin: diaphanes, S. 87–108.

Kant, Immanuel (1963): Werke in sechs Bänden hrsg. v. W. Weischedel, Darmstadt: WGB 1963 f.; KdrV. Bd. III.

Leibniz, G. W. (1965): Die philosophischen Schriften hrsg. v. C. J. Gerhardt, Nachdruck Hildesheim.

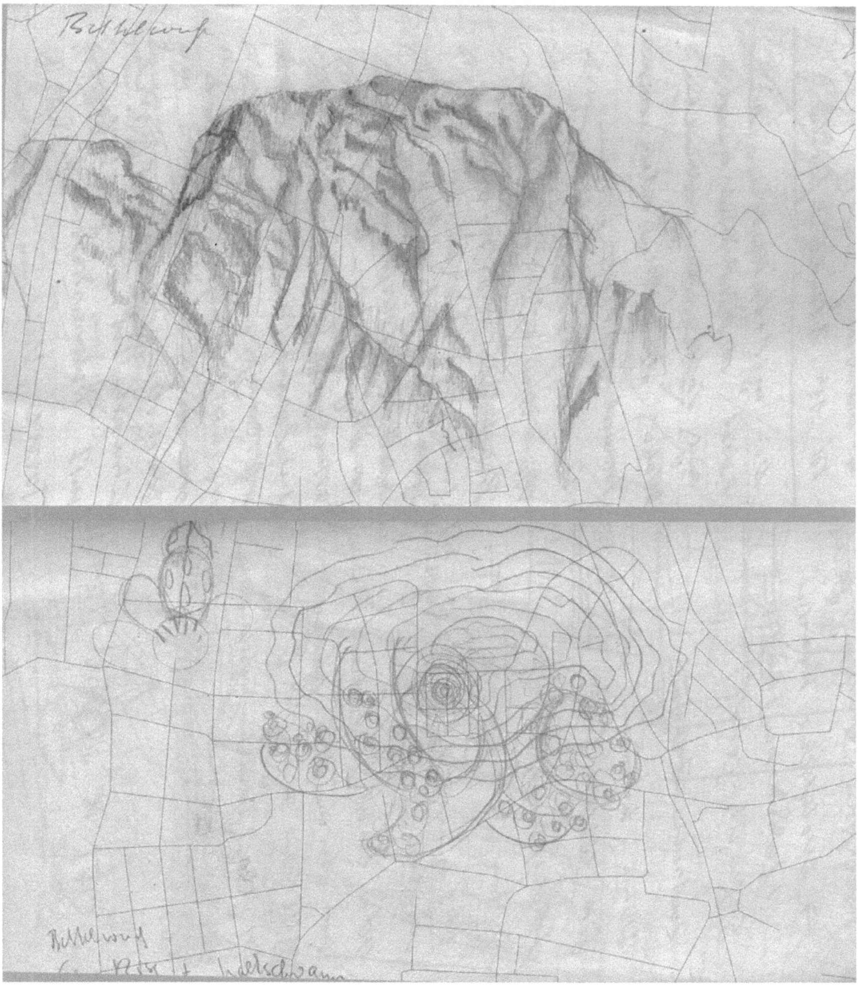

Martina Tschernie: Bettelwurf 2725. Zeichnung

„Sich zu sich verhalten“

(Nach)Erzählen im biografischen Narrativ

Wiebke Lohfeld

> „Ich bin in Westfalen geboren, 1918, am 25sten September. Hm […] und […] da war mein Vater noch im Krieg, im ersten Weltkrieg, durfte nicht nach Hause, weil ich ein Mädchen war. […] War so, ich war so zart, dass man mich in Watte einpacken musste, und unterernährt und musste ein Jahr fast im Krankenhaus zubringen. ABER, nun bin ich schon 76, habe das überlebt.“[1] (Interview Kuritz 1995[2])

Wessen Geschichte hier autobiografisch mündlich *nach*erzählt wird, soll zunächst keine Rolle spielen. Was und wie erzählt bzw. nacherzählt wird, ist entscheidend: Es werden Fakten erzählt, Begründungen geliefert, Bilder aktiviert und schließlich evaluiert: jemand hat das überlebt. Manches ist Erinnerung, manches ist faktisch gewordene Geschichte, anderes sind aktiv wirksame Bilder einer erzählenden Person, zusammengenommen eine sprachliche Verbildlichung, der Auftakt einer autobiografischen Erzählung. Im Fortgang des Beitrags wird diese konkrete Erzählung vor allem exemplarisch herangezogen und nicht in Gänze für die Leser*innen entfaltet. Mich interessiert vielmehr ihr Charakter zwischen dem impulsiven Erzählen[3] und dem Nach-Erzählen, d.h. die „exzentrische“ Bezugnahme auf ein Selbst, das sich im Verlauf des autobiografischen Narrativs erst entwirft, quasi rekursiv temporär entfaltet wird.

Die 76-jährige Erzählerin kommt am Anfang ihrer Lebensgeschichte zu ihrem Ursprung – ihrer Geburt – zurück, wobei sie Bilder aktiviert, die sie nie selbst in Augenschein genommen hat. Sie sind zu ihren eigenen geworden, Teil ihrer Geschichte über sie selbst. Die Vulnerabilität ihres Lebens zeigt sich aus der Perspektive der Anderen, die auf sie geblickt haben und deren Blick sie für sich vereinnahmt: „Man wird selbst verwundbar und erfährt sich von anderen

---

1 Das Interview entstammt dem *Shanghai Jewish Community Oral History Project* des amerikanischen Historikers Steve Hochstadt zur jüdischen Emigration nach Shanghai (1939–1949). Nahezu 15 Jahre hat Hochstadt Interviews mit sogenannten ‚Shanghailändern‘ durchgeführt, archiviert, und er hat mir diese für meine Forschung zur sozio-historischen Einordnung der Erfahrungen von mit Flucht und Exil verbundenen Erlebnissen massiver Aberkennung und Dehumanisierung zur Verfügung gestellt.

2 *Shanghai Jewish Community Oral History Project:* Edmund S. Muskie Archives and Special Collection Library, Bates College/USA, Name anonymisiert.

3 Zur Stegreiferzählung siehe Schütze 1983.

her“ (Aktas 2020, S. 13) und zwar grundlegend, was sukzessiv im Lebensverlauf mit eigenen Erfahrungen angereichert und verschränkt wird. Ohne den fremden Bezug auf Selbstbilder ergibt sich auch kein eigenes.

Mit dem Transkript von einem biografischen Narrativ liegt eine Textgrundlage vor, die den Prozess des Erzählens, des Erinnerns und des Lebens gleichsam in sich trägt. Der außenstehende Blick der Forschung in der biografischen Erziehungswissenschaft sucht einen Zugang zu einem Verstehen der Zusammenhänge einer Biografie, welche sich in diesem Dreiklang mit Blick auf sie selbst und die Welt entwickelt hat.[4] Jede Erzählung bringt einem Anderen gegenüber zum Ausdruck, was sich an inneren Bildern der erzählenden Person sprachlich zeigt. Die Sprache benennt dabei ihre aktiven Bilder, wodurch sie vermittelbar scheinen (vgl. Butler 2019) und in einem aktualisierten Bedeutungsraum (Austin 2002) zu Gehör gebracht werden: der erzählenden und einer zuhörenden Person (oder mehreren Personen). In Rekurs auf die philosophische Anthropologie Helmuth Plessners wird das biographische Narrativ hier als sprachliche Ausdrucksgestalt eines ‚Sich-zu-sich-Verhaltens‘ verstanden, das in sprachvermittelten Bildern für erzählende und adressierte Personen zugänglich wird.

Bilder, die über das Lesen des einleitenden Zitats entstanden sind, mögen auch den folgenden Beitrag begleiten: was ist in Resonanz gegangen? Welcher Eindruck ist am stärksten? Was ist nur ein Hintergrundrauschen? Helga Peskoller spricht in einem Beitrag sehr eindrücklich von einem in ihr „stehenden Bild“ (Peskoller 2019, S. 132), in dem eine Erfahrung, ein Ereignis, kondensiert und wachgehalten wird. So seien es Stimmungen, die ein Abrufen von Bildern ermöglichten. Der Erzählvorgang in autobiografischen Erzählungen wird entsprechend beim Abrufen von Bildern von Stimmungen begleitet, gar geleitet, ist also auch ein Prozess sinnlicher Wahrnehmung, der Auskunft „über die Beziehung zwischen den Qualitäten der Umgebung und der eigenen Befindlichkeiten“ gibt (ebd., S. 133). Insofern: ein aufschließender und aufschlussreicher Prozess, den ich nun im Weiteren von der erziehungswissenschaftlichen Biografieforschung her rahmen möchte.

1. Eine Rahmung: Biografische Erziehungswissenschaft

Ein erziehungswissenschaftlicher Biografiebegriff bindet die Offenheit von Autonomieanforderungen und -bestrebungen im Lebenslauf u.a. an lebensgeschichtliche Transformationen. Sie sind im Hinblick auf ihre Historizität, Sozialität, Brüchigkeit, Differenzialität und Kontingenz grundsätzlich verstehbar,

4 Vgl. exemplarisch v. Felden 2008; Garz 2000.

und zeigen auf, „Wie wir zu dem werden, was wir sind“ (Garz 2014, S. 1). Für uns Menschen ist das ‚Selbst‘-Erzählen (Thomä 2007) von Bedeutung, das Sprechen über sich und sich dabei zu sich zu verhalten, wird anthropologisch mit seiner „Weltoffenheit“, die z. B. bei Plessner als „exzentrische Positionalität“ beschrieben wird, begründet (vgl. Plessner 2009).

Die Erzählerin Iris Kuritz blickt in ihrer Lebensgeschichte als 76-jährige zurück und schlägt im ersten Absatz einen Bogen von ihrem Lebensbeginn bis hin zur Gegenwart: Sie hat dieses Leben bis hierhin *über*lebt. So avanciert ihre Lebensgeschichte gleich zu Beginn zu einer Belegerzählung des Umstandes, dass sie trotz schwieriger Bedingungen überlebt hat.

Für die erziehungswissenschaftliche Biografieforschung ist ein im Menschen angelegtes Bedürfnis „nach Selbstvergewisserung“ (Wulf 2004, S. 49) zentral. In der Narrative Psychology wird dieser Prozess schon in den 1990er-Jahren sowohl auf die Ebene der Erzählung als auch auf die der Lebenspraxis bezogen, beispielsweise bei Daniel McAdams in seinem ‚life story model‘. Er konstatiert:

> „In the later adulthood, however, the person looks back on the process of looking back, reviews and critiques the one and only life history that has now been produced. [...] a metahistorical perspective that attempts to make sense of the process of forging unity and purpose in life through story.“ (Mc Adams 1990, S. 188–189)

Die Eigenschaft von „Selbst-Geschichten“, wie Jürgen Straub biografische Narrative auch nennt, besteht darin, eine Einheit herzustellen, ohne die „innere Differentialität und Heterogenität eines prinzipiell von Kontingenz durchzogenen Lebens in Abrede zu stellen.“ (Straub 2005, S. 179) Erzählen ist demnach ein Prozess, der sowohl eine anthropologische als auch eine entwicklungsbezogene Funktion für die Herstellung des „Bei-sich-Seins“ (Rehberg 2013, S. 178) in der sozialen Welt übernimmt. Dabei gerinnen lebensgeschichtliche Darstellungen zu Zeugnissen sowohl der Hervorbringung der eigenen und spezifischen Introspektion als auch der sozio-historischen Bedingtheiten wie z. B. überwältigender Heteronomieerfahrungen, wie Iris Kuritz berichtet: Ihre lebensgeschichtliche Erzählung ringt unter den skizzierten schicksalhaften Voraussetzungen im weiteren Verlauf um die Konstruktion einer sinnvollen Einheit, die sie zu sich zurückzuführt, Kongruenz herstellt und den Verlauf ihres Lebens in einen *sinn*vollen Zusammenhang stellt.[5]

---

5 Biografien, die unter dem Eindruck der Verfolgung im Nationalsozialismus stehen, ringen vor allem auch um eine Sprache über das Unaussprechliche der (mit)erlebten Verfolgung. Greenspan tituliert beispielsweise, dass es sich größtenteils um „Non-Stories“ handele, da die Grausamkeit des Holocaust jeglicher Sprache entbehre. Vgl. Greenspan 1998.

Bei Dieter Thomä wird darüber hinaus die biografische Erzählung auch als „Hinwendung zu einem selbst" beschrieben, die die Bewährung des eigenen Lebens unter sozialen, kulturellen und ökonomischen Bedingungen darstellt. Diese Hinwendung zu einem wie auch immer gearteten Selbst soll mit der Figur der *konstitutiven Heimatlosigkeit* bei Plessner hier betrachtet werden.

2. Anthropologische Verfasstheit der Erzählung

Wenngleich das Erleben einer ‚sinnvollen Einheit' im Prozess der Erzählung in einem biografischen Narrativ temporär[6] und flüchtig bleibt, so bleibt der Mensch doch angetrieben davon, diese Momente zu finden, was Plessner mit ‚ewigem Prozess' (ebd. 2009, S. 29) kennzeichnet. Seine Beschreibung des Menschen als exzentrisches Wesen stellt eine Denkfigur bereit, mit der eine erzählende Person[7] Subjekt ihres Erlebens, ihrer Wahrnehmung und ihrer Aktion ist, d.h. ihre eigenen Aktivitäten und Handlungen selbst betrachtet, wahrnimmt und als Erlebende erlebt (vgl. Plessner 2009, S. 11ff.). Das biografische Narrativ ist von dieser Warte aus von einer doppelten Perspektivität: es ist Ausdruck des Sich-Betrachtens und es ist die Betrachtung selbst. Die darin liegende sich immer wieder aktualisierende Differenz zu vorherigen Betrachtungen lässt sich nicht einholen, nur temporär, eben flüchtig, entweder als „Stimmigkeit" (Rehberg 2013) oder „Schmerz" (Thomä 2007) wahrnehmen. Allerdings, wenn man Plessner folgt, liegt in dem „Sich-zu-sich-verhalten" die Bildung eines tragenden Bodens für die exzentrische Lebensform. Anders ausgedrückt: Indem der Mensch sich notwendigerweise aus sich heraus zu sich ins Verhältnis setzt und betrachtet, trägt er seine exzentrische Wesenheit, wenn es ihm gelingt, etwas dauerhaft außerhalb von sich zu schaffen, wie beispielsweise seine (Lebens-) ‚Geschichte'. Diese kann aber deshalb nur eine *Nach*erzählung sein.[8] Ich will dies an einem Beispiel verdeutlichen:

Iris Kuritz spricht in der Mitte ihres Interviews resümierend über ihr Leben im Exil in Shanghai nach der Flucht vor den Nationalsozialisten im Jahre 1939:

---

6 Thomä 2007; Straub 2019 Bd. I–III.

7 Bei Plessner heißt es: „Das Lebendige *ist* Körper, *im* Körper (Innenleben der Seele) und *außer* dem Körper als Blickpunkt, von dem aus es beides ist. Ein Individuum, welches positional derart dreifach charakterisiert ist, heißt *Person*." (ebd. 2009, S. 11, Hervorhebungen im Original, W. L.)

8 Das „Nach" ist hier keineswegs in einer zeitlichen Dimension zu verstehen, sondern soll darauf verweisen, dass die Gleichzeitigkeit des Exzentrischen von ‚Körper-Haben und Körper-Sein' auch auf der sprachlichen Ebene zu fassen sein sollte. Das muss aber an anderer Stelle weiter ausgearbeitet werden.

eine aussichtslos erscheinende Lebensphase, in die sie mit ihrem Mann als junge hochschwangere Frau von 21 Jahren geraten war:

> „Ja, so war das, so eine schreckliche Zeit. Und warum haben wir es ertragen? Weil wir jung waren, weil wir jung waren. Wir haben immer noch gesagt, es gibt ja auch mal ein Ende, es muss ja mal anders werden, nicht?" (Interview Kuritz 1995)

Mit einem Lösungssatz („Weil wir jung waren"), der ihre lebensgeschichtliche Distanz zum Erlebten thematisiert, stellt sich der retrospektive Blick von Iris Kuritz ein. Die darin thematisierte Offenheit des Lebensprozesses für sie als damals ‚junge Menschen' ist zum Zeitpunkt der Erzählung schon geschlossen. Sie blickt in der Erzählung auf sich zurück – ist exzentrisch positioniert, nähert sich (sich) an – zentriert sich. Sie macht im Sprechakt deutlich, dass hier nicht nur lebensgeschichtliche Distanz vorliegt, sondern auch, dass ein außerhalb von ihr liegender manifester ‚Lösungssatz' ihre Geschichte ist. Im Sprechen hat sie während der Annäherung an ihre Lebensgeschichte, dem ‚Sich-zu-sich-verhalten', ihre Geschichte von sich gelöst: Die Ereignis- und Erfahrungsaufschichtung (Schütze 1984[9]) der Erzählung, d.h. die vielen aufeinander folgenden Ereignisse, die ich hier im Einzelnen nicht darstellen kann, findet eine Finalisierung in erklärenden und feststehenden Sätzen, welche wiederholt *nach*erzählt werden können. Sie sind *Manifestationen,* die nach Plessner ihren Grund „in der Tendenz, das Flüchtige des Lebens durch Gestaltung aufzubewahren und es übersichtlich zu machen" (ebd., 2009, S. 34) haben. Damit ist auch die Konstruktion von „unity and purpose" angesprochen oder die „faktische Einheit", von der Jürgen Straub (2019) spricht. Ganz gleich, in welche erzähltheoretischen Schriften man sich vertieft: auf ein Erkenntnisbedürfnis als Movens für Erzählende kommen alle zu sprechen. Geht es doch um Selbsterkenntnis, Selbstbestimmung, kurz: das ‚In-der-Welt-Sein', das mit Sinn und damit der Bewältigung von Kontingenz im weitesten Sinne verbunden ist. Interessant ist die gleichzeitige Diagnose, dass dieses Unterfangen nicht durchweg als Gelingendes beschrieben wird, sondern auch als etwas, das sich verfehlen kann, womit im Grunde gleichfalls konstatiert wird, dass der Mensch auf der narrativen Suche heimatlos bleibt:

> „Mit den Grenzen narrativ vermittelter Selbsterkenntnisse stößt man am Ende auch auf eine unüberwindbare Unfähigkeit des *Homo Narrator,* sich vollkommen mit sich vertraut zu machen und sich rundum bei sich heimisch zu fühlen. [...] Das Selbst ist

9 Das narrationsstrukturelle Verfahren der Analyse narrativer Interviews skizziert die Ereignis- und Erfahrungsaufschichtung als einen erzählleitenden Strang als eine sogenannte kognitive Figur des Erzählens (vgl. Schütze 1984).

und bleibt ein Anderes, soviel und solange es auch von sich erzählen mag." (Straub 2019, Bd. 1, S. 298)

Damit komme ich auf den Ausgangspunkt zurück: die Inaugenscheinnahme durch den fremden Blick ist unumgänglich.

Die hier entfalteten Argumente kann man wie folgt kurz einfangen:

a) Die konstitutive Heimatlosigkeit, kann als Movens biografischen Erzählens verstanden werden, wodurch Prozesse des ‚Beheimatens' als Form der Bewältigung der Unbestimmmtheit (dem Heimatlos-Sein) temporär realisiert werden können.
b) Der Mensch kann ‚sich-zu-sich' verhalten, weil er per se in exzentrischer Positionalität bestimmt ist, in biografischen Narrativen finden diese Prozesse statt.
c) Konstitutiv verfehlen sich die Bemühungen der Kohärenzbildung von einer erlebten Einheit als *dauerhaftes* Phänomen – Einheit bleibt, wenn sie denn erreicht wird – begrenzt in der Zeit.

3. Einige Schlussfolgerungen

Iris Kuritz erzählt eine familienzentrierte Biografie, die in großem Maße auf ihren Ehemann, die Familie und damit verbundene Sorgehandlungen fokussiert ist. Sie repräsentiert damit eine typische Frauenbiografie dieser Zeit, die sich sowohl in der Lebenspraxis als auch in der biografisch dargelegten Selbstauffassung in der Erzählung durch eine starke Heteronomieerfahrung auszeichnet. In zweifacher Hinsicht wurde ihr Leben extern bestimmt: durch die Verfolgung als Jüdin im nationalsozialistischen Deutschland und als Frau eines jüdischen Kommunisten. Ihr Mann wurde 1938 inhaftiert. Im Konzentrationslager in Dachau nahm seine kommunistische Schulung ihren Anfang und wurde während der neunjährigen Zeit des Exils in Shanghai im Zusammenschluss einer kommunistischen Gruppe intensiviert. Iris Kuritz gibt in ihrer Erzählung diesem Teil ihres Lebens einen großen Raum, was mit der Mächtigkeit der lebenslaufrelevanten Folgen zusammenhängt: nach der Exilzeit ging die Familie 1949 in die russisch besetzte Zone nach Deutschland, um einen kommunistischen Staat aufzubauen, obwohl beide aus einem anderen Teil Deutschlands kamen (Westfalen/Frankfurt/Wiesbaden). Für die rekapitulierende 76-jährige Iris Kuritz plausibilisiert sich im Rückblick ihre Geschichte in den heteronom erfahrenen Pfaden ihres Lebens, was sie zusätzlich mit einer Bezugnahme auf eine Leitfigur der ‚Liebe' absichert.

Die schwierige Lebenssituation, von der sie wieder und wieder in ihrer Erzählung berichtet: die schlechten hygienischen Verhältnisse, die Bedrohung durch die Japaner im Shanghaier Ghetto, die prekären Wohnsituationen, das schlechte Essen in den Versorgungseinrichtungen der Hilfsorganisationen (sie berichtet von Maden im Essen), die Sorge um die Gesundheit uvm. – diese schwierige Lebenssituation bedurfte eines Durchhaltens in ganz besonderem Maße, wofür sie im Prinzip drei Perspektiven entwickeln konnte:

1. Über-leben, weil man jung war (diesen Punkt habe ich weiter oben schon als ‚Lebenssatz' gekennzeichnet);
2. Über-leben im Ideal der Liebe, worauf ich hier kurz eingehen werde und schließlich
3. Über-leben heißt ‚Hauptsache gesund!'-sein und bleiben. Diesen Punkt kann ich hier nicht weiter ausführen, er ist aber neben den erstgenannten Punkten als Lebensstrategie relevant, wie die Analyse gezeigt hat.[10]

Für den zweiten Punkt möchte ich noch eine Stelle aus dem Interview anführen und anschließend auf eine allgemeine Einordnung der Zusammenhänge für die erziehungswissenschaftliche Biografieforschung unter Hinzunahme einer anthropologischen Perspektive kommen. Doch zunächst nochmals Iris Kuritz:

> „‚Naja, wir kommen schon raus, wir kommen schon raus'. Das war so ein Faden, an dem man sich festgehalten hat, ja, weil dieses Leben war so schrecklich. Ja. [...] vor allen Dingen die große Liebe war das wirklich, also was Schöneres gibt es gar nicht, ja. Und, und Morle hin und Morle her und Mäuschen und also Zärtlichkeiten den ganzen Tag und Nacht, ja. Ist wirklich wahr. Also ich muss sagen, wir haben sehr zusammengehangen, ja." (Interview Kuritz 1995)

Es hat sich gezeigt, dass Beheimaten als Überwindung der konstitutiven Heimatlosigkeit für sie mit dem Bild der übergreifenden Wertorientierung der Liebe retrospektiv gelungen ist. Sie hat damit quasi in beständiger Rekursion die Temporalität einer ‚Stimmigkeit' mit ihrem Blick auf sich selbst und ihre äußerst heteronom und extern prozessierte Lebenssituation narrativ hergestellt; oder, wie man auch sagen kann, nacherzählt. Die Figur der ‚schönen Liebe' ist allerdings schon in der deutschen Heimat angelegt, in der jugendlichen Verliebtheit, der frühen Heirat und Bindung an ihren Mann mit 19 Jahren. In der narrativen Hypostasierung im Exil avanciert ‚Liebe' zum überlebensnotwendigen und tragenden Boden[11]. Iris Kuritz findet sich in ihrem Bild schon immer ‚beheimatet': In der Liebe ist das Über-Leben gesichert, es ist ihr ‚inneres Mit-

---

10 Die Biografie von Iris Kuritz wurde mit dem Verfahren der objektiven Hermeneutik analysiert. Auszugsweise veröffentlicht in Lohfeld 2007.

11 „Ortlos, zeitlos, ins Nichts gestellt schafft sich die exzentrische Lebensform ihren Boden." (Plessner 2009, S. 25)

tel', lässt sich mit Plessner sagen, „wodurch der Mensch als lebendiges Naturwesen mit sich in Einklang steht" (Plessner 2009, S. 25).

4. Nachgang

Biografische Narrative geraten meines Erachtens zum Gegenstand erziehungswissenschaftlicher Forschung, da sich in und an ihnen nachvollziehen lässt, wie Menschen ‚zu dem werden, was sie sind' und darüber hinaus, wie sie sich in ihren eigenen Nacherzählungen zu sich verhalten und die Aufgabe angehen, in der exzentrischen Positionalität ihre konstitutive Heimatlosigkeit zu bewältigen. Das überdauert wissenschaftliche Konjunkturen und kann die Historizität des Menschen (Dilthey) sowohl in Bezug auf einzelne Biografien, Generationen und universelle Aspekte aufnehmen. Gleichzeitig werden die zeithistorisch bedingten Gesellschaftsdiagnosen z. B. von einer Ent-Differenzierung (Wulf/Zirfas 2014), Beschleunigung (Rosa 2005) oder dem Unternehmertum (Bröckling 2007) verhandelt. Biografien nehmen ihre Zeit in sich auf und bringen sie in ihren Narrativen zum Ausdruck. Sie konstituieren sich im Angesicht ihres ‚Benanntseins' (Butler 2019) als a) individuelle Lösungen ihrer exzentrischen Positionalität b) in Bezug auf generationenspezifische oder auch c) ihre universelle Bezogenheit.[12]

Die aus den aktuellen Zeitdiagnosen abzuleitenden Folgerungen für die Lebenspraxis ist nicht nur Grundlage für jede*n Einzelne*n sich zu sich zu verhalten, um die eigene Relationalität z. B. in einer „narrativen Identität" (Ricœur) zu fassen oder das „unternehmerische Selbst" (Bröckling) zu stabilisieren – sie fordern auch die Pädagogik heraus, Lebensverläufe so zu begleiten, dass sich im zunehmenden Autonomiebestreben Heranwachsender Transformationsprozesse ereignen können, die der Bewältigung offener Lebenshorizonte Vorschub leisten. Das Movens biografischen Erzählens zur Herstellung von ‚unity and purpose' lässt uns verstehen, wie vulnerabel der Mensch in seiner ‚Weltoffenheit' bleibt, insbesondere, da dies auch in dem temporären Einholen einer ‚Beheimatung' bestehen bleibt und ihn weitertreibt – mit Bröckling vielleicht dahin „anders anders zu sein", um den Anforderungen an biografische ‚Optimierung' gerecht zu werden.

Und wir verstehen den Menschen in seiner konstitutiven Heimatlosigkeit, die z. B. der beständigen Suche im Nacherzählen der eigenen Entstehungs- und Seinszusammenhänge verschrieben ist und immer wieder Neues hinzuzieht und abwägt: „Um sich ins Gleichgewicht erst zu bringen und nicht, um es zu

12 Vgl. Garz 2000.

verlassen, wird der Mensch das dauernd nach Neuem strebende Wesen, sucht er die Überbietung, den ewigen Prozess." (Plessner 2009, S. 29)

Das Vermögen, das im Prozess des Erzählens liegt, besteht darin, dass der Mensch sich zu sich verhalten *kann:* in der erzählenden Distanz, die gleichzeitig Nähe und Einheit herstellt, weil ein „homo Narrator" von außen (aus der exzentrischen Positionalität) auf sich blickt, sich selbst fremd betrachtet. Die Bildung von Einheit bleibt das Ergebnis eines Differenzerlebens – eben die konstitutive Heimatlosigkeit. Mit Walter Benjamin (1986), wie ihn Judith Butler in ihrer Schrift „Wenn die Geste zum Ereignis wird" (2019) heranzieht, bleibt dieser erinnernde Blick, den der Mensch als erzählender seines Lebens auf sich wirft, von einer Trauer durchzogen: „Die Erinnerung durchläuft das Leben blitzartig und wird durch die Kürze des Lebens durchkreuzt. Den Verlust einer Perspektive durch die Einrichtung einer anderen: Trauer um das, was aufgelöst wird, während wir etwas zusammensetzen; Trauer um all das, was nicht mehr möglich ist." (Butler 2019, S. 80)

Literatur

Aktas, U. (2020): Verwundbare Körper. Ästhetik und Bildung der Differenz. In: U. Aktas (Hrsg.), Vulnerabilität. Pädagogisch-ästhetische Beiträge zu Korporalität, Sozialität und Politik (S. 7–22). Bielefeld: transcript.

Aktas, U. (Hrsg.) (2020): Vulnerabilität. Pädagogisch-ästhetische Beiträge zu Korporalität, Sozialität und Politik. Bielefeld: transcript.

Austin, J. L. (2002): Zur Theorie der Sprechakte. Stuttgart: Reclam.

Benjamin, W. (1986): Gesammelte Schriften VI. Frankfurt a. M.: Suhrkamp.

Bröckling, U. (2007): Das unternehmerische Selbst. Soziologie einer Subjektivierungsform. Frankfurt a. M.: Suhrkamp.

Butler, J. (2019): Wenn die Geste zum Ereignis wird. Wien: Turia und Kant.

Garz, D. (2000): Biografische Erziehungswissenschaft. Opladen: Leske und Budrich.

Garz, D./Zizek, B. (Hrsg.) (2014): Wie wir zu dem werden, was wir sind. Sozialisations-, biographie- und bildungstheoretische Aspekte. Wiesbaden: Springer.

Greenspan, H. (1998): On listening to Holocaust Survivors. Recounting and Life History. Westpoint & London: Praeger.

Hochstadt, S. (2012): Exodus to Shanghai. Stories of Escape from the Third Reich. New York: Palgrave Macmillan.

Lohfeld, W. (2007): Mutter und Tochter: „Wenn wir das geschafft haben, schaffen wir alles weitere auch!" Autobiographische Geschichten der Flucht nach Shanghai (1939) und dem Leben im Exil. In: I. Hansen-Schaberg/M. Kublitz-Kramer/O. Niethammer/R. Wall (Hrsg.), „Das Politische wird persönlich". Familiengeschichte(n). Erfahrungen und Verarbeitung von Exil und Verfolgung im Leben der Töchter (II) (S. 125–141). Wuppertal: Arco Wissenschaft.

Lohfeld, W. (Hrsg.) (2019): Spannung – Raum – Bildung. Reflexionen in anthropologischer und phänomenologischer Perspektive. Weinheim und Basel: Beltz Juventa.

Mc Adams, D. P. (1990): Unity and Purpose in Human Lives: The Emergence of Identity as a Life Story. In: A. I. Rabin/R. A. Zucker/R. A. Emmons/S. Frank (Hrsg.), Studying Persons and Lives (S. 48–200). New York: Springer.

Peskoller, H. (2019): Konkret, gegenwärtig. Im Einzelfall, wenn Raum Zeit wird. In: W. Lohfeld (Hrsg.), Spannung – Raum – Bildung. Reflexionen in anthropologischer und phänomenologischer Perspektive (S. 130–139). Weinheim/Basel: Beltz Juventa.

Plessner, H. (2009/1982): Mit anderen Augen. Aspekte einer philosophischen Anthropologie. Stuttgart: Reclam.

Rehberg, K.-S. (2013): „Heimat mit Haut und Haaren?" Ein Sehnsuchtsbegriff gegen die Heimatlosigkeit der Moderne. In: J. Klose (Hrsg.), Heimatschichten (S. 165–180). Wiesbaden: Springer VS.

Ricœur, P. (1987): Narrative Identität. In: E. Mittler (Hrsg.), Heidelberger Jahrbücher, vol. 31. (S. 57–67) Berlin, Heidelberg: Springer.

Rosa, H. (2005): Beschleunigung. Die Veränderung der Zeitstrukturen in der Moderne. Frankfurt a. M.: Suhrkamp.

Schütze, F. (1983): Biographieforschung und narratives Interview. In: Neue Praxis 13, S. 283–193.

Schütze, F. (1984): Kognitive Strukturen des autobiografischen Stegreiferzählens. In: M. Kohli/R. Günther (Hrsg.), Biografie und soziale Wirklichkeit (S. 78–117). Stuttgart Metzler.

Straub, J./Zielke, B. (2005): Autonomie, narrative Identität und die postmoderne Kritik des sozialen Konstruktionismus. „Relationales" und „dialogisches" Selbst als zeitgemäße Alternativen? In: F. Jaeger/J. Straub (Hrsg.), Was ist der Mensch, was Geschichte. Annäherungen an eine kulturwissenschaftliche Anthropologie. (S. 169–212). Bielefeld: transcript.

Straub, J. (2019): Das erzählte Selbst. Konturen einer interdisziplinären Theorie narrativer Identität – Ausgewählte Schriften. Bd. 1–3. Gießen: Psychosozial-Verlag.

Thomä, D. (2007): Erzähle dich selbst. Lebensgeschichte als philosophisches Problem. Frankfurt a. M.: Suhrkamp.

v. Felden, H. (Hrsg.) (2008): Perspektiven erziehungswissenschaftlicher Biographieforschung. Wiesbaden: VS-Verlag.

Wulf, Ch. (2004): Pädagogische Anthropologie. In: D. Benner/J. Oelkers (Hrsg.), Historisches Wörterbuch der Pädagogik (S. 33–57). Weinheim und Basel: Beltz.

Wulf, Ch./Zirfas, J. (2014) (Hrsg.): Handbuch Pädagogische Anthropologie. Wiesbaden: Springer.

Körper und Kosmos

Das astrologische Menschenbild aus pädagogisch-anthropologischer Sicht

Ruprecht Mattig und Stephanie Römer

1. Einleitung

Wir widmen uns in diesem Beitrag dem Menschenbild der Astrologie. Die Astrologie zählte lange Zeit zu den Wissenschaften, wurde seit der Aufklärung aber zunehmend als „irrational" und „pseudowissenschaftlich" angesehen. Heute wird sie meist der Esoterik zugeordnet, was einerseits Ausdruck einer gewissen Marginalisierung und Stigmatisierung ist, andererseits aber auch helfen kann, sie als eine spezifische Denkform zu thematisieren (vgl. von Stuckrad 2016).

Dem Religionswissenschaftler Antoine Faivre zufolge zeichnet sich esoterisches Denken durch vier grundlegende Komponenten aus, von denen hier die Komponente der „Entsprechungen" von besonderem Interesse ist (Faivre 1996, S. 23): Die Astrologie ist demnach durch das „seit dem Altertum bekannte Mikrokosmos-Makrokosmos-Weltbild" (ebd.) gekennzeichnet. In der Astrologie werden überall „symbolische und reale Wechselbezüge zwischen den sichtbaren und den unsichtbaren Teilen des Universums" (ebd.) gesehen. Der Kosmos ist hier „ein riesiges Spiegeltheater, ein großes Ensemble aus Hieroglyphen, die es zu entschlüsseln gilt" (ebd.). Die sichtbare und unsichtbare Welt erscheinen als ein riesiger Organismus, bei dem alles mit allem in bestimmter Weise, nämlich über Entsprechungen und Korrespondenzen, verbunden ist. Da gibt es z.B. „die Beziehung zwischen den sieben Metallen und den sieben Planeten, zwischen den Planeten und den verschiedenen Teilen des menschlichen Körpers oder dem Charakter (oder der Gesellschaft) […], zwischen der natürlichen Welt und den unsichtbaren Abteilungen der himmlischen und überhimmlischen Welt usw." (ebd.). Dieses Denken ist dem heutigen wissenschaftlichen Weltbild wohl auch deshalb so fremd, weil „[d]ie Prinzipien der Widerspruchsfreiheit und des ausgeschlossenen Dritten, die einer kausalen Linearität entsprechen, […] hier überlagert [werden] von denen des eingeschlossenen Dritten und der Synchronizität" (ebd.).

Es geht uns im Folgenden nicht um die Frage, ob die Astrologie ‚stimmt' oder als ‚Aberglauben' abzutun ist. Uns interessiert das astrologische Menschenbild, wobei wir insbesondere das Bild vom menschlichen Körper in den

Blick nehmen wollen. Dabei knüpfen wir an Forschungen der historischen und der pädagogischen Anthropologie an, bei denen der Körper des Menschen einen zentralen Gegenstand darstellt (vgl. Wulf 2009, S. 197 ff.; Wulf 2001). Die anthropologische Forschung richtet sich darauf, die historisch und kulturell variablen Vorstellungen, Bilder und Konzepte des menschlichen Körpers zu untersuchen. Aus pädagogischer Sicht interessiert dabei vor allem die Frage, inwiefern die verschiedenen Vorstellungen vom Körper auch die Bildsamkeit und Formbarkeit des Menschen beinhalten. Im Rahmen historisch-anthropologischer Forschung sind astrologische Denkweisen bereits von Gernot Böhme (1989) und Hartmut Böhme (1989) thematisiert worden. Sie arbeiten heraus, dass der menschliche Körper hier als ein „offener" und ein „sprechender" Körper erscheint, weil er als Mikrokosmos in einem unverbrüchlichen Zusammenhang mit dem Makrokosmos gesehen wird und diesen Zusammenhang über eine analogische Zeichenhaftigkeit zu entziffern erlaubt.

Wir werden ausgewählte Positionen des astrologischen Denkens betrachten. Im Mittelpunkt stehen dabei die Überlegungen, die Oskar Adler (1875–1955) in seinem insgesamt vierbändigen Werk „Das Testament der Astrologie" entwickelt. Adler war Arzt, Musiker (Freund und Lehrer Arnold Schönbergs) und eben Astrologe (vgl. Schiffmann 1991). Vor allem im ersten Band seines astrologischen Werkes legt Adler eine umfassende Lehre über den Zusammenhang von „Tierkreis und Mensch" (Adler 1991) vor, die auch bemerkenswerte Überlegungen zum menschlichen Körper enthält. Im Folgenden gehen wir zunächst auf einige grundlegende Auffassungen zum Zusammenhang von Körper und Kosmos in der Astrologie ein. Damit wird ein Hintergrund gezeichnet, vor dem dann Adlers Ausführungen gelesen werden.

2. Der Körper des Menschen im Netz kosmischer Entsprechungen

Zum Menschen gehört, sich im Denken und Handeln einzuordnen in den Kreislauf von Werden und Vergehen sowie in Gegensätze wie Himmel und Erde, Göttliches und Irdisches usw. Der Blick Richtung Sterne, auf zu Sonne und Mond und den Planeten, bleibt da nicht aus. Gibt es eine Ordnung im Kosmos? Welche Position habe ich, der Mensch, in ihr? Auf der Ekliptik – der Bahn, auf der von der Erde aus gesehen Sonne, Mond und Planeten kreisen – kann man Sternbilder erblicken, der ganze Himmelskreis kann wie ein riesiger Organismus, wie ein Tierkreis, erscheinen. Bis heute findet man die Vorstellung von der Entsprechung zwischen Mikrokosmos und Makrokosmos – eine Vorstellung, in der der Körper des Menschen oft eine zentrale Stellung einnimmt (s. Abb. Brüder von Limburg: Stundenbuch des Herzogs von Berry (ca. 1410–1416).

Brüder von Limburg: Stundenbuch des Herzogs von Berry (ca. 1410–1416)

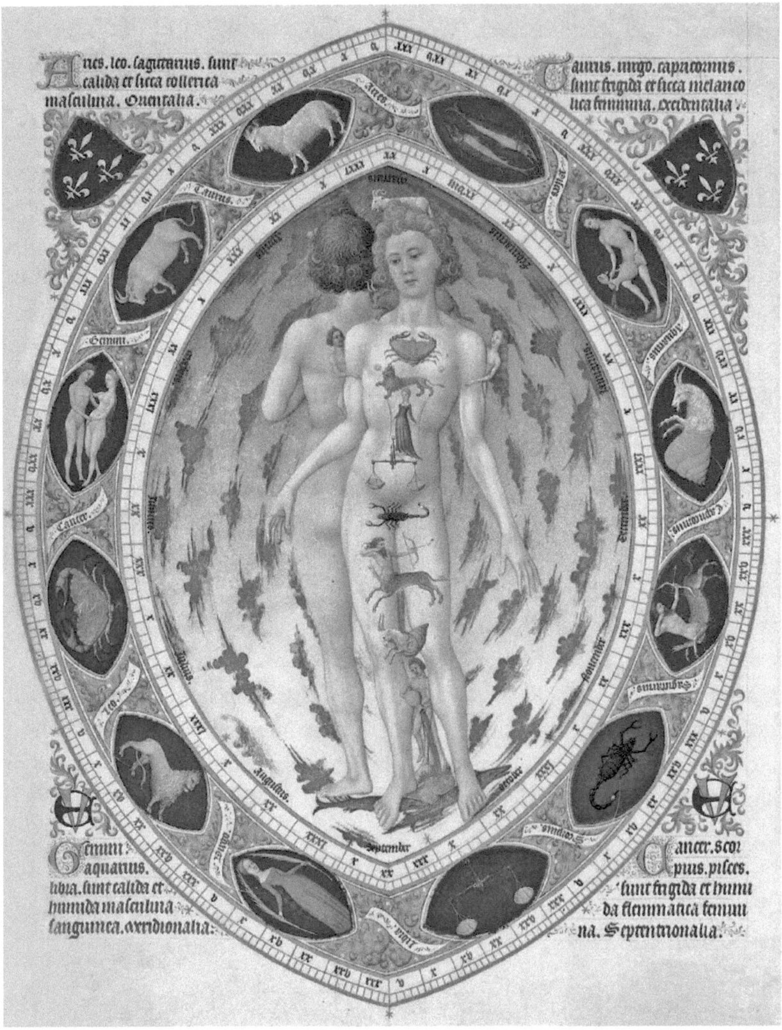

Der ‚Tierkreismensch' aus dem Stundenbuch des Herzogs von Berry zeigt dies: Im Zentrum ist der Mensch, außenherum sind die zwölf Tierkreiszeichen kreisförmig abgebildet. So ist das menschliche Leben in die Gesamtheit des Kosmos eingebettet. Doch dann spiegeln sich die Tierkreiszeichen auch im Körper des Menschen wider. Von unten nach oben: Fische ≙ Füße; Wassermann ≙ Waden; Steinbock ≙ Knie; Schütze ≙ Oberschenkel; Skorpion ≙ Geschlecht; Waage ≙ Nieren; Jungfrau ≙ Verdauungstrakt; Löwe ≙ Herz; Krebs ≙ Brust; Zwillinge ≙ Arme; Stier ≙ Nacken; Widder ≙ Kopf.

Das Bild zeigt als *differentia specifica* des Menschen nicht den Geist oder die Vernunft, sondern seinen Körper. Dieser unterscheidet sich von den Tierkörpern insofern, als er diese gleichsam in ihrer Gesamtheit in sich trägt. Der menschliche Körper als Symbol der (möglichen) Vollkommenheit.

Spätestens seit Plotin (205–270) werden diese Zusammenhänge (neu-)platonisch gedeutet (vgl. von Stuckrad 2003, S. 93; 152): Demnach spiegeln die Sternbilder zwölf geistige „Urbilder" in der Welt der Materie wider, wie Adler es sagt. Die Urbilder zeigen sich in einer Art ins Konkrete absteigender Reihe, von den Tierkreiszeichen über die Sternzeichen, die Planeten bis hin zu den Dingen und Wesen auf unserer Erde. Das Geistige manifestiert sich somit in der Materie. Der Körper des Menschen ist mit allen Urbildern verbunden und damit Teil des Ganzen. Gleichzeitig ist er aufgeteilt in die zwölf Urbilder, ist selbst also ein Ganzes, das aus Teilen besteht. Der Tierkreis symbolisiert in dieser Sicht den „himmlischen Menschen", das „Ebenbild Gottes" (Adler 1991, S. 281). Das heißt wiederum, dass der Mensch *doch* durch seine Geistigkeit gekennzeichnet ist, und zwar insofern, als sein Körper an den geistigen Urbildern teilhat.

Die Einteilung des Kosmos in die zwölf Urbilder hilft, die Welt und den Menschen zu verstehen. Denn jedem Urbild ist eine lange Reihe von Dingen und Eigenschaften zugeordnet, die sich gleichsam quer durch den Kosmos zieht. Die Regeln der Zuordnung erscheinen dem linearen, in der Aristotelischen Logik geschulten Denken allerdings als unverständlich.

So ergibt sich z. B. eine Reihe durch Begriffe wie „Diamant", „Klosterzelle", „Steinleiden", „Verkalkung", „Knie", „Bergarbeiter", „Blei", „Schwarz", „Efeu", „Steinbock", „Saturn", etc. (vgl. Klein/Dahlke 1991, S. 16f.; 354). Diese Reihe wird als Reihe des Urbildes „Steinbock" bezeichnet.

Begriffe aus der Reihe des Urbildes „Fische" wären dagegen: „Jade", „Segelboot", „Asyl", „Süchte", „Füße", „Chemiker", „Aluminium", „Flaschengrün", „Weide", „Fische", „Neptun", etc. (ebd.). Die Zuordnung der Begriffe in die verschiedenen Reihen geschieht über Analogien – über ästhetische, funktionale und erlebnismäßige Ähnlichkeiten (vgl. z. B. Mattig 2003; Gloy/Bachmann 2000).

Aus dieser Sicht erscheinen die Wechselwirkungen von Mensch und Welt in besonderem Licht. Das zeigt sich gut in entsprechenden medizinischen Ansätzen: Die Urprinzipien wirken im Körper an bestimmten Stellen. Erkrankt ein Körperteil, so liegt das eigentliche Problem in einer Störung der Verbindung des Körpers zum Urbild. Sind z. B. die Füße betroffen, ist an das Urbild „Fische" zu denken, bei den Knien an das Urbild „Steinbock" usw. In diesem Sinne gibt Paracelsus Theophrastus Bombastus von Hohenheim (1493–1541) der medizinischen Zunft in seinem Buch „Paragranum" den folgenden Rat: „Wenn nun der Mensch in seiner Zusammensetzung in jeder Hinsicht betrachtet werden soll, so wisset erstlich zu erkennen, wie ihr die corpora des Firmaments im Leibe des Mikrokosmos nach ihrer Statt verstehen sollt." (Paracelsus 1965, S. 41) Der menschliche Körper erscheint eingebettet in ein Netz von Entsprechungen, das den gesamten Kosmos durchzieht.

Auch die Therapie von Krankheiten wird entlang der Analogiereihen gedacht, gilt es doch, die gestörte Verbindung zum „Urbild" wieder neu hervorzubringen. Um die richtige ‚Arznei' zu finden, ist es also notwendig, das „riesige Spiegeltheater" (Faivre 1996, S. 23) des Universums lesen zu können. Die große Kunst, die Sprache des Kosmos zu verstehen, kann auch als „Himmelshermeneutik" (Grafton 1999, S. 18) bezeichnet werden.

Adler zufolge gibt die Materie den geistigen Urbildern eine „irdische Färbung"; sie ist damit „unvollkommen und abwandlungsbedürftig" (Adler 1991, S. 281). Heilung heißt hier: Reinigung von einer zu starken „Färbung" durch das Irdische.

3. Menschliche Körper als kosmische Globuli

Die Lehre von den Entsprechungen zwischen Körper und Kosmos erschöpft sich nicht im bloßen Gedankenspiel von Zuordnungen wie Fische ≙ Füße etc. Körper und Kosmos werden als ein dynamisches Ganzes gesehen, das einer komplexen Vielzahl von Rhythmen folgt, die in ihrer verschlungenen Wechselseitigkeit immer wieder neue Konstellationen bilden. Der zentrale Bezugspunkt sind hier die „Planeten" (zu denen auch Sonne und Mond sowie Pluto gezählt werden), die auf dem Tierkreis ihre genau berechenbaren Bahnen ziehen.

Die Sonne braucht, wie allgemein bekannt, ein Jahr für ihren Umlauf; der Mond benötigt dafür ca. einen Monat, der Saturn etwas mehr als 28 Jahre, und so weiter. Die Planeten stehen dabei von der Erde aus gesehen immer vor dem Hintergrund eines Tierkreiszeichens, und das „Horoskop", das für den Geburtsmoment eines Menschen erstellt wird, stellt die Winkel der Planeten zueinander in eben diesem Moment dar. Für diesen besonderen Moment wird also gleichsam die Zeit angehalten, denn der Mensch wird seine Signatur fortan durch das Leben tragen. Gerne werden hier Goethes „Orphischen Urworte" zitiert:

> „Wie an dem Tag, der dich der Welt verliehen,
> Die Sonne stand zum Gruße der Planeten,
> Bist alsobald und fort und fort gediehen,
> Nach dem Gesetz wonach du angetreten.
> So mußt du sein, dir kannst du nicht entfliehen,
> So sagten schon Sibyllen, so Propheten;
> Und keine Zeit und keine Macht zerstückelt
> Geprägte Form die lebend sich entwickelt."[1]

---

1 So z. B. zitiert bei Thomas Ring 1997, S. XI. Adler (1991, S. 27) hier zitiert die ersten vier Zeilen.

Gleich, ob Goethe selbst ein Anhänger der Astrologie war oder nicht, dieses Zitat wird immer wieder verwendet, um den Grundgedanken des Horoskopes darzustellen, wonach jedes Individuum mit einem inneren „Gesetz" geboren wird, das für dessen Entwicklung von entscheidender Bedeutung ist, da es das Individuum dazu zwingt („So musst du sein, dir kannst du nicht entfliehen"), sich nach der ihm schon bei der Geburt feststehenden Bahn zu entfalten. Dieses „Gesetz" und diese Bahn sind dabei durch die komplexen Konstellationen im Horoskop abgebildet. So betritt mit jeder Geburt ein Wesen die Bühne der Welt, welches für die Dauer seiner Lebensspanne die Zeitqualität eines spezifischen Momentes mitnimmt. Während dieser Lebensspanne entstehen wiederum neue Konstellationen zwischen diesem festgestellten Moment und dem jeweils aktuellen kosmischen Geschehen.

Adler sieht die eigentliche Bedeutung der Geburt eines Menschen weniger aus der Perspektive der Einzelperson als aus der der Erde und des Kosmos. Er zieht eine Analogie zum Zusammenhang von Denken und Sprechen: Das Aussprechen eines Gedankens ist eine Entäußerung von etwas, das im Inneren bereits gereift ist, und dieser Gedanke gewinnt nun, ausgesprochen, ein eigenständiges Dasein, wird weitergetragen, erzeugt Zuspruch, Widerspruch etc. und wirkt dabei auch auf uns selbst zurück. Jede Künstlerin, jeder Schriftsteller kennt es: ein Werk, das nur ‚im Kopf' existiert, ist eigentlich gar nicht vorhanden, denn es will entäußert werden, will ins Dasein treten, nur dann wird es „zur Stufe", auf der man „höher schreiten kann" (Adler 1991, S. 110).

Nun zur Analogie: Jedes neu geborene Menschenkind ist aus dieser Sicht ein frisch entäußerter ‚Gedanke' der Erde. Das Horoskop symbolisiert den aus kosmischer Klarheit empfangenen *Inhalt* des individuellen Menschen, der nun seine Wege über die Erde geht und damit den von der Erde geborenen und vom Kosmos empfangenen Gedanken, der er ist, kundtut. Des Menschen Leben Aufgabe besteht demnach darin, den Inhalt, der ihm mitgegeben ist, möglichst klar zum Ausdruck zu bringen (ebd.). Dies geschieht durch Worte, Taten, Gedanken, Vorlieben aber auch durch sein Erscheinungsbild, in der Interaktion mit anderen etc.

So, wie der ausgesprochene Gedanke in Wechselwirkung mit uns selbst tritt, „so kommt auch der Mensch, den die Erde entließ, wieder zu ihr zurück, ihr neue Kräfte einbauend, hemmend oder fördernd" (ebd.). Im Menschen vermählen sich Himmel und Erde – und es liegt am Menschen, wie weit die Materie vergeistigt wird und das Geistige Substanz erhält. Hier liegt die eigentliche Freiheit des Menschen: „So arbeitet der Mensch, indem er an der eigenen Entwicklung arbeitet, zugleich auch an der Entwicklung der Erde selbst mit, und der Grad, in dem er dies vermag, bestimmt auch den Grad seiner Wichtigkeit, bestimmt das Maß seiner – *Freiheit!*" (Ebd., kursiv im Original)

Für Adler ist der Zusammenhang zwischen Mikrokosmos und Makrokosmos damit letztlich ein moralischer, denn in jedem menschlichen Leiden, in jeder Krankheit zeigt sich das Kranksein des Kosmos selbst (vgl. ebd., S. 47). Als moralische Pflicht des Menschen folgt daraus, „verändernd einzugreifen in den kosmischen Zusammenhang selbst“ (ebd.).

Dieses „Eingreifen“ erweist sich als ein mimetischer Prozess, als eine Bewegung der „Ähnlichmachung“ (ebd., S. 69) ungleicher Stoffe, die letztlich eine große Bewegung der Höherentwicklung der Erde und des Kosmos insgesamt darstellt.[2] Es geht um eine *alchemistische Mimesis,* bei der der menschliche Körper eine Verwandlung erfährt, um dann, im Tod, verwandelt zur Erde zurückgeführt zu werden. Die „irdische Färbung“ soll in geistiges „Parfüm“ umgearbeitet werden:

> „Wie die Pflanze durch Nahrungsaufnahme Mineralisches in Pflanzliches wandelt, so das Tier Mineralisches und Pflanzliches in Tierisches und der Mensch Mineralisches, Pflanzliches und Tierisches in Menschliches, in menschlich-tangierte, mit dem Farbton der Menschenstufe versehene Materie. Mag nach dem Zerfall pflanzlicher, tierischer und menschlicher Leiber der Stoff der Erde wieder zurückgegeben werden, das Stoffmolekül oder Atom, das einmal einen Pflanzenleib besiedelt hat, trägt als Wandlungseffekt in sich etwas von zwar nicht chemisch, aber alchimistisch unverlierbarem Wert: nennen wir es ein Parfüm der Pflanzenstufe: ein Stoffatom, das einmal den Leib eines Tieres besiedelt hat – das Parfüm der Tierstufe und das chemische Atom, das einmal Bestandteil eines menschlichen Leibes war – ein Parfüm der Menschenstufe, das ihm niemals genommen werden kann.“ (Ebd.)

Der Mensch ist diesem Denken entsprechend die höchste Stufe des Lebendigen, stellt er doch das eigentliche Urbild des Kosmos dar (indem er alle zwölf Urbilder in sich vereinigt, s. o.), und alles, was durch den menschlichen Körper verarbeitet wird, erhält somit das „Parfüm“ des gesamten Kosmos. So ist der menschliche Körper Zentrum und Mittelglied eines Prozesses, der das „Ich“ mit der Erde und dem Kosmos verknüpft und letztlich auf die Versöhnung der geistigen Urbilder mit der Materie abzielt.

Adler beschreibt auf diese Weise eine Art kosmischer Homöopathie: Die lebenslange Entwicklung des Menschen erscheint bei ihm wie ein ausgedehnter Prozess der Potenzierung. Die homöopathische Potenzierung besteht nach den Worten des Astrologen und Homöopathen Thorwald Dethlefsen darin, dass das „Wesentliche“ eines Stoffes (z. B. einer Pflanze) schrittweise von seinem materiellen Träger gelöst und an einen anderen Träger (Alkohol oder Milchzucker) gebunden wird (vgl. Dethlefsen 1985, S. 152 ff.). Potenzierung wird deshalb als „‚Vergeistlichungsprozeß‘ der Materie“ (ebd., S. 161) bezeichnet.

2 Zum mimetischen Verhältnis zwischen Mikrokosmos und Makrokosmos vgl. Mattig 2003, S. 106–131.

Auch wenn in der Astrologie das ‚Geistige' nicht vom Körper gelöst und an einen anderen Träger gebunden wird, so lässt sich bei Adler doch die Idee der „Vergeistlichung" des menschlichen Körpers erkennen.

Das Schicksal, das dem Individuum widerfährt und in den kosmischen Konstellationen ablesbar ist, ist aus dieser Sicht eine Anrede durch die Urbilder, eine Anrede, die nach Antwort, und damit Verantwortung, verlangt: einerseits das Widerfahrnis als sinnvoll anzuerkennen, es aber andererseits auch als Aufforderung zur alchemistischen Mimesis und damit zur Wandlung zu verstehen. Der menschliche Körper wird zum Globulus, der die Erde und den Kosmos heilen und in Einklang bringen soll. Er erscheint als ein von der Erde geborgtes Vehikel, das den ihm eingeborenen kosmischen Gedanken durch dialogische Aktivität (Anrede und Antwort) in möglichster Klarheit zum Ausdruck bringen soll, um dann, im Tode, einen homöopathisch verwandelten, im besten Fall ‚wohlduftenden' Stoff an die Erde zurückzugeben.

4. Das „Platonische Jahr"

Adler beschreibt noch einen weiteren, viel größeren Rhythmus mit den „Platonischen Jahren": Ungefähr alle 2000 Jahre kommt es zu einer fortlaufenden Verschiebung von Sternbildern und Tierkreiszeichen. Ein „Platonisches Jahr" umfasst die Zeit von ca. 25600 Jahren, in dem wiederum der Zyklus der Tierkreiszeichen durchlaufen wird (vgl. ebd., S. 314). Auch dies hängt wiederum mit dem Menschen zusammen, wobei hier die Menschheit im Ganzen in den Blick kommt. Adler spricht mit Lessing von der „Erziehung des Menschengeschlechtes" (ebd., S. 312 ff.) und verwendet pädagogische Metaphern zur Verdeutlichung dieser Idee:

> „Es ist, was sich uns so darstellt, tatsächlich wie der Anblick eines Menschen, der zum Zwecke seiner Erziehung eine Art himmlischen Schulunterricht durchmacht, von einer zur nächsten Klasse aufsteigend, von himmlischen Genien nach einem kosmischen gesetzmäßigen Plan weitergeführt, aufsteigend von den ‚Füßen' bis zum ‚Haupte' und weiter über sich hinauswachsend nach Vollendung je eines Platonischen Schuljahres." (Ebd., S. 319)

Es geht, wieder einmal, um den menschlichen Körper („von den Füßen bis zum Haupte"). Das Wassermann-Zeitalter, an dessen Beginn wir der Lehre vom Platonischen Jahr zufolge momentan stehen, verweist damit auf die Symbolik der Waden und Sprunggelenke: Die Menschheit ist ‚auf dem Sprung'! Der Analogiereihe des Urbildes „Wassermann" entsprechend verweist dieses Zeitalter auf neue Erfindungen, neue Wege der Kommunikation, überhaupt auf Extravaganzen und Künstlichkeiten auf unterschiedlichsten Ebenen (vgl. die Ausführungen in Dahlke/Klein 1991).

Was aber zählt nun angesichts solcher Dimensionen das Leben des einzelnen Menschen? Folgt man Adler, unendlich viel: „[I]n diesem ungeheuren Uhrwerk des Kosmos hat jeder einzelne Mensch seinen ihm zugewiesenen Platz, für die kurze Zeitspanne seines Erdenwallens in das große Ringen und Kreisen eingeschlossen." (Adler 1991, S. 325)

Die Vorstellung, dass jedes Individuum „seinen ihm zugewiesenen Platz" habe, hat immer wieder für Widerspruch von Seiten der Geistes- und Sozialwissenschaften gesorgt, denn es wird geargwöhnt, dass damit soziale Ungleichheiten gleichsam kosmisch legitimiert würden (vgl. z. B. Bock 1995). Als würde der Status Quo gerade auch der sozialen Verhältnisse festgeschrieben. Nichts aber liegt ferner, bezeichnet Adler doch selbst die irdischen Verhältnisse als „unvollkommen und abwandlungsbedürftig" (ebd., S. 281). Der Status Quo ist eben gerade nicht vollkommen, er muss verändert, alchemistisch gewandelt werden. Dazu gehört, sich seiner festgefahrenen Gewohnheiten – sozialwissenschaftlich gesagt: seines Habitus –, in denen zu viel „irdische Färbung" der fluiden Beweglichkeit der Urbilder im Wege steht, zu entledigen. Adler formuliert dies in religiösen Begriffen, wenn er sagt, dass „die Anwartschaft auf die Ewigkeit nur dem gegeben wird, der in jedem Moment zu sterben versteht, um im höheren Sinne des Wortes das Leben zu gewinnen" (ebd., S. 325).

Dieser Lehre zufolge ist jeder Mensch eingespannt in die großen und kleinen Rhythmen des Lebens, und damit ist jedes menschliche Leben unendlich wichtig, denn in jedem einzelnen Fall geht es um die Verantwortung für das Ganze.

5. Abschluss: Astrologie aus bildungstheoretischer Sicht

Da Adler selbst schon mit Begriffen arbeitet, die auch in der Erziehungswissenschaft verwendet werden, wollen wir abschließend aus pädagogischer Sicht über sein „Testament der Astrologie" (Adler 1991) reflektieren. Wir meinen, dass Adler eine großangelegte Bildungstheorie entwirft. „Bildung" darf dabei freilich nicht in dem heute allzu üblichen Sinne von Kompetenzentwicklung (z. B. Baumert u. a. 2001) gedacht werden. Man wird Adler besser gerecht, wenn man an die ‚vorklassischen' Bildungsverständnisse denkt, wie sie z. B. von Meister Eckehart oder Johann Amos Comenius entwickelt wurden.

In der Mystik Eckeharts heißt Bildung, sich von jedem „kreatürlichen Bild" freizumachen, um die „ganze Gottheit" einzulassen (Meister Eckehart 1979, S. 180 f.). Eckerhart meint, dass gerade die „Körperlichkeit" des Menschen ein Hindernis für diese Bildung darstellt (z. B. ebd., S. 213). In ähnlicher – aber nicht gleicher! – Weise sieht Adler es als Ziel des Menschen an, die göttlichen

Urbilder im Innern wachsen zu lassen, wobei die „irdische Färbung“ durchaus ein Problem für ihn darstellt. Gerade hinsichtlich der Körperlichkeit unterscheiden sich beide Ansichten aber sehr auffällig, insofern Adler gerade dem Körper und seiner Wandlung eine zentrale Bedeutung zuspricht. „Bildung“ hieße hier, den Körper so zu vergeistigen, dass er der Erde als ein Umgewandelter zurückgegeben wird. Insofern geht Bildung hier auch über den Menschen hinaus, sie zielt auf die „Umarbeitung“ der Erde im Zeichen der göttlichen Urbilder. Diese Umarbeitung ist aber nicht mit einem Menschenleben getan, sondern bedarf, über die Jahrtausende hinweg, von Generation zu Generation der fortwährenden Arbeit. Comenius sieht das ganze Leben des Menschen als einen Bildungsprozess, der im Tod gipfelt: Während des Lebens gilt es demnach, je nach Lebensalter bestimmte Lektionen zu lernen, um schließlich – im christlichen Sinne – „gut und selig zu sterben“ (Comenius 1991, S. 297). Bei Adler ist dies weniger christlich formuliert, doch auch bei ihm ist der Tod des Menschen eben ein integraler Bestandteil des Bildungsprozesses. Dabei ist, auch im Unterschied zu Comenius, die Bedeutung des Körpers im Rahmen seiner Lehre zu betonen. Ähnlich wie im christlichen Denken die *imitatio christi* das zentrale Bildungsziel darstellt, sieht Adler „die vielmillionenjährige Dauer der menschlichen Stammesentwicklung“ als „eine zusammengedrängte Wiederholung“ bzw. „eine Art embryonaler Entwicklung“ an, „die auf ein weit über Irdisches hinausreichendes, in kosmischen Tiefen gelegenes Vorbild hinweist – auf die Idee des fertigen, vollendeten, göttlichen Menschen, die im Tierkreis ruht, der jetzt wie der Umfang eines Rieseneies den Embryo Menschheit in sich birgt“ (Adler 1991, S. 314). Diese Worte erinnern unweigerlich an das eingangs angesprochene Bild vom ‚Tierkreismenschen‘ und lassen es im Licht der menschlichen Entwicklung erscheinen.

Wenn die Astrologie Adlers in mancher Hinsicht also einen vormodernen Charakter hat, trägt sie doch mit ihrer Betonung des Individuums auch einen modernen Zug. Das Individuum ist seiner Auffassung einmalig und unverwechselbar und trägt sein (Entwicklungs-)Gesetz in sich. Allerdings erfährt es sich hier nicht als von der Welt abgekoppelt, denn über die Entsprechungslehre ist es mit den Urbildern und dem „himmlischen Menschen“ tief verbunden, es erlebt seine „lebendige Eingliederung in das universelle Leben“ (Adler 1991, S. 38). „Bildung“ bedeutet dementsprechend auch, dass das Individuum die eigene Verantwortung erkennt, die aus seiner Einbindung in den Kosmos erwächst.

Literatur

Adler, O. (1991): Das Testament der Astrologie. Allgemeine Grundlegung: Tierkreis und Mensch. Mit einem Nachwort von Margit und Rüdiger Dahlke. München: Heinrich Hugendubel Verlag.

Baumert, J. u. a. (2001): PISA 2000. Basiskompetenzen von Schülerinnen und Schülern im internationalen Vergleich. Opladen: Leske + Budrich.

Bock, W. (1995): Astrologie und Aufklärung. Über modernen Aberglauben. Bremen: Verlag für Wissenschaft und Forschung.

Böhme, G. (1989): Der offene Leib. Interpretation der Mikrokosmos-Makrokosmos-Beziehung bei Paracelsus. In: D. Kamper/Ch. Wulf, Transfigurationen des Körpers: Spuren der Gewalt in der Geschichte (S. 44–58). Berlin.

Böhme, Hartmut (1989): Der sprechende Leib. Die Semiotiken des Körpers am Ende des 18. Jahrhunderts und ihre hermetische Tradition. In: D. Kamper/Ch. Wulf, Transfigurationen des Körpers: Spuren der Gewalt in der Geschichte (S. 144–181). Berlin.

Comenius, J. A. (1991): Pampaedia – Allerziehung. In deutscher Übersetzung herausgegeben von Klaus Schaller. Sankt Augustin: Academia.

Dahlke, R.; Klein, N. (1991): Das senkrechte Weltbild. Symbolisches Denken in astrologischen Urprinzipien. München: Hugendubel.

Dethlefsen, Th. (1985): Schicksal als Chance. Das Urwissen zur Vollkommenheit des Menschen. 11. Aufl., München: Bertelsmann.

Faivre, A. (1996) Esoterik. Ins Deutsche übersetzt von P. Schmidt. Braunschweig: Aurum.

Gloy, K.; Bachmann, M. (2000): Das Analogiedenken: Vorstöße in ein neues Gebiet der Rationalitätstheorie. Freiburg (Breisgau): München.

Grafton, A. (1999): Cardanos Kosmos. Die Welten und Werke eines Renaissance-Astrologen. Aus dem Amerikanischen von P. Knecht. Berlin: Berlin Verlag.

Mattig, R. (2003): Symbole verstehen lernen. Die Bedeutung von Mythos- und Analogiedenken für die Symbolerziehung. Berlin: Logos.

Meister Eckehart (1979): Deutsche Predigten und Traktate. Herausgegeben und übersetzt von J. Quint. Zürich: Diogenes.

Paracelsus, Th. (1965): Das Buch Paragranum. Aus: Theophrast Paracelsus: Werke. Herausgegeben von Will-Erich Peukert. Bd. 1–5, Darmstadt: Wissenschaftliche Buchgesellschaft.

Ring, Th. (1997): Astrologische Menschenkunde I. Kräfte und Kräftebeziehungen. Freiburg im Breisgau: Bauer.

Schiffmann, P. (1991): Editorische Notiz. In: O. Adler (1991), Das Testament der Astrologie. Allgemeine Grundlegung: Tierkreis und Mensch (S. 332–336). Mit einem Nachwort von Margit und Rüdiger Dahlke. München: Heinrich Hugendubel Verlag.

Von Stuckrad, K. (2003): Geschichte der Astrologie. Von den Anfängen bis in die Gegenwart. München: Beck.

Von Stuckrad, K. (2016): Astrology. In: G. A. Magee (Hrsg.), The Cambridge Handbook of Western Mysticism and Esotericism. New York: Cambridge University Press, S. 372–380.

Wulf, Chr. (2009): Anthropologie. Geschichte – Kultur – Philosophie. Aktualisierte Neuausgabe. Köln: Anaconda.

Wulf, Chr. (2001): Einführung in die Anthropologie der Erziehung. Weinheim und Basel: Beltz.

3 Körper in Bewegung/unter-wegs

Matterhorn. Wallis

unterwegs

Mitgehen als Weg, Erfahrungen nachzugehen

Simone Kosica

Hinführung

Ein Gedankengang zu einem komplexen Unterfangen wie dem, *Erfahrungen nachzuschreiben* oder *Körper zu denken,* stößt gleich zu Beginn auf Herausforderungen, die sowohl die begriffliche als auch die methodische Ebene umspannen: Angefangen bei dem zentralen Anliegen zu klären, was überhaupt Erfahrung ist bzw. was Erfahrungen sind, über die Möglichkeit, die überaus situativen und dynamischen Momente des Erfahrens einzuholen und für andere kommunizierbar zu machen, bis hin zu der Frage, wie dabei der Leibkörper[1] von Bedeutung sein kann, ohne den keine Erfahrung/en möglich wäre/n.

Die Verfolgung jener angeführten Punkte lässt uns – wenn auch aus unterschiedlichen Richtungen – unweigerlich zu einem Knotenpunkt gelangen, in dem die gesponnenen Bahnen zusammenzulaufen scheinen: die Bewegung. So stellt schon Otto Friedrich Bollnow (2013, S. 21) – in Verweis auf Giel – heraus, dass der Terminus *Erfahren* etymologisch betrachtet seinen Ursprung in dem Wort *fahren* hat, ihm also eine Bewegung zugrunde liegt. Durch das Fahren und im Fahren lernen wir etwas kennen und nehmen dabei gleichsam die Mühen, Gefahren und Unfälle auf uns, die uns auf diesem Weg zustoßen. Das „Zustoßen" deutet eine Passivität an, die Erfahrung/en innewohnt. Mit Erwin Straus (1960) lässt sich dieser er-leidende Aspekt des Erfahrens bzw. der Erfahrung als das *Pathische*[2] bestimmen. Auf der Fahrt stößt etwas zu, man kommt mit der Fremde und dem Fremden in Berührung. Dabei können wir in gewissem Umfang wählen, „wie wir auf den fremden Anspruch antworten. Doch es

---

1 Ausgehend von Helmuth Plessners (1982, S. 241) „exzentrischer Position" des Menschen, die Leibsein und Körperhaben gleichsam umfasst, wird im Folgenden das Doppelwort Leibkörper verwendet. Dadurch wird zum einen der Zusammenhang zwischen Leiblichkeit und Körperlichkeit gefasst. Zum anderen steht die Voranstellung des Leibes in dem Kompositum dafür, dass der Leib in der Selbstdifferenzierung fungiert (vgl. Waldenfels 2016, S. 252; 255).

2 Hier liegt ein grundlegender Unterschied zu dem Erfahrungsbegriff nahestehenden Verständnis von Erleben: „Während Erleben einen intentionalen Akt meint, zerspringt in der Erfahrung die Intention des Bewusstseins, indem sie von der Welt überrascht und beschlagnahmt wird." (Meyer-Drawe 2010, S. 8)

liegt nicht in unserer Wahl, überhaupt zu antworten. Was uns in Bewegung setzt und in Bewegung hält ‚findet statt'" (Waldenfels 2013, S. 223). Wir bewegen uns und werden bewegt.

Im Zuge dieses Antwortgeschehen fungiert die leibkörperliche Bewegung zugleich als Ausdrucksgeschehen[3], indem – ähnlich wie im Schreiben oder im Sprechen – die Erfahrung übersetzt wird bzw. sich Erfahrungen als Produkt leibkörperlich einschreiben, indem sich gemäß des Gestaltkreises nach Weizsäcker (1968, S. 147f.) eine zirkuläre Verschränkung des Empfindens, Wahrnehmens und Erfahrens als subjektiver Vorgang und der Bewegung als responsives Geschehen vollzieht. Die beiden Pole des Leibkörper-Konstrukts durchdringen sich, indem Wahrnehmung, Selbstdistanz und -reflexion sich mit körperlichen, organischen Abläufen vermischen (vgl. Westphal 2014, S. 148ff.). Wobei Merleau-Pontys „Paradox des Ausdrucks" gewissermaßen als *Paradox der Bewegung* wiederkehrt, indem sich die leibkörperliche Bewegung auf eine Erfahrung bezieht, die erst im Sichbewegen[4], in der Bewegung selbst, Gestalt gewinnt (in Anlehnung an Waldenfels 2002, S. 20).

Dreht sich die zurückliegende Auseinandersetzung um die jeweils eigene Erfahrung, kommt eine neue Ebene hinzu, wenn wir uns dem nie zur Gänze zu erfüllenden Unterfangen stellen, sich den Erfahrungen Anderer zu öffnen oder uns diesen zumindest anzunähern. Ausgehend von dem dargelegten Verständnis von Bewegung als Medium und Ausdruck leiblicher Erfahrungen, wird im Folgenden mit dem *Mitgehen* ein Weg aufgezeigt, „unterwegs" Raumerfahrungen Anderer nachzugehen. Dabei wird der Zugang in der Tradition des phänomenologischen Denkens und Forschens vorab in seinen Grundzügen beschrieben. Der anschließende exemplarische Exkurs legt Einblicke in fremde Erfahrungswelten offen, bevor sich der Nachgang noch einmal auf hier Grundgelegtes bezieht.

---

3 Wie vielfältig diese Gestalt im Sinne leibkörperlicher Ausdrucksweisen sein kann, vermag Waldenfels (2007, S. 18ff.) anhand ausgewählter Bewegungskategorien und -parameter aufzuzeigen (z. B. Such- und Fluchtbewegungen, Vor- und Rückbewegungen, Aufstiegs- und Abstiegsbewegungen).

4 Mit dem Verständnis einer leiblichen Eigenbewegung im Sinne eines Sichbewegens verzichtet Waldenfels (2007, S. 16ff.) auf eine Zerteilung in reines Bewegen und Bewegtwerden. Vielmehr ist das reflexive „sich" bei Sichbewegen auf die Bewegung selbst zu beziehen, wonach die Bewegung folglich keinem expliziten Bewegungsträger zugeschrieben werden kann. Waldenfels spricht von Bewegungsereignissen, „die jemanden widerfahren und in die jemand eingreift, ohne dass diese Ereignisse den impersonalen Charakter eines ‚es bewegt sich' je völlig abstreifen".

Zugang

Das Mitgehen als Weg, Erfahrungen nachzugehen, ist geknüpft an die Forschungsmethode der *narrativen (Schul-)Führung*, die von mir aus phänomenologischer Perspektive entwickelt und methodologisch begründet wurde, um die (Schulraum-)Erfahrungen von GrundschülerInnen zu untersuchen.[5] Der Zusammenhang zwischen Gehen und Architektur findet sich bereits bei Michel de Certeau (1988), der konstatiert: „Im Gehen artikulieren wir die Stadt." (Meyer 2011, S. 319) Ausgehend von den beiden Wortteilen liegt der Fokus der *narrativen Führung* grundsätzlich darauf, sich in fremde Erfahrungswelten (ent-)führen und davon erzählen zu lassen. Dabei versteht sich die Methode als Verschmelzung körperlicher, sinnlich-leiblicher Raum- bzw. Architekturbegehung und einem raum(um)fassenden, erfahrungsorientierten Gespräch[6]. Mit Jürgen Hasse (2016, S. 75 ff.) könnte man sagen, dass sich durch leibkörperliches Begehen des Raums dem „subjektiven Ergehen" angenähert wird. Wir begeben uns auf den Weg von (Erinnerungs-)Spuren, die Ereignisse im Raum hinterlassen (haben). Dabei wird davon ausgegangen, dass von dem direkten räumlichen respektive architektonischen Bezug wahrnehmungsexplizierende und erinnerungserzeugende Ansprüche ausgehen, indem Erfahrungen hervorgerufen und erweckt werden, die sowohl nach sprachlichem als auch nach leibkörperlichem Ausdruck drängen. Verbleibt man zunächst auf der sprachlichen Ebene, ist ein derartiges Gespräch als ein Ereignis zwischen Eigenem und Fremden zu begreifen, das gerade in dem entstehenden *Dazwischen* den Blick öffnet für Situationen, Erfahrungsformen und -möglichkeiten des Raums, die vorab nicht in einem vorbereiteten Leitfaden hätten antizipiert werden können.

Bei dem so verstandenen In-Bewegung-sein und Bewegt-Werden geht es darum, *was* für die Führenden *wie* von Bedeutung ist, *was* sie *wie* anspricht, *was* sie *wie* aufmerksam werden lässt. Dabei entsteht im Mitgehen ein gemeinsames *Hier* (vgl. Waldenfels 2009, S. 67), eine geteilte Situation, ein geteilter Raum

5 Vgl. hierzu weiterführend Kosica 2016; 2018, 2020. Im Bereich der Forschung zur frühen Kindheit setzten auch Iris Nentwig-Gesemann, Bastian Walther und Minste Thedinga (2017) zur Erforschung der „Kita-Qualität aus Kindersicht" so genannte „Fotografierte Kitaführungen" ein. Auch Regina Bendix und Margret Kraul (2011) nähern sich in ihren ethnographisch ausgerichteten Studien durch „geführte Rundgänge" spezifischen Schulkulturen. Diesen angeführten Untersuchungen liegt allerdings ein relationaler Raumbegriff in Anlehnung an Martina Löw (2001) zugrunde, während die narrativen (Schul-)Führungen einem phänomenologischen Raum- und Architekturverständnis folgen. Darüber hinaus werden aufgrund unterschiedlicher methodologischer Ausrichtungen ethnographischer und phänomenologischer Forschungsansätze jeweils spezifische Forschungsinteressen verfolgt.

6 Die Anlage und Ausrichtung entspricht dem „phänomenologischen Interview", wie es von Max van Manen (2016, S. 314 ff.) beschrieben wird.

und nicht zuletzt eine geteilte Erfahrung. Obwohl dabei das *Hier* des Anderen und das *Dort* für mich nie übereinstimmt bzw. das *Hier* für den Anderen als ein *Hier* für mich nicht übernommen werden kann, kann ich mich durch meine eigene leibliche Erfahrung diesem anderen Dort annähern[7] und die entstehende räumliche Situation auf Grund der Zwischenleiblichkeit sinnlich-leibkörperlich miterfahren[8]. Mit Zwischenleiblichkeit (intercorporéité) beschreibt Maurice Merleau-Ponty die Beziehung zwischen dem eigenen Leib und dem fremden Leib mit Hilfe des Bildes eines Chiasmus. Demnach entsteht eine Zwischenwelt, eine Zwischensphäre, wobei Eigenleib und Fremdleib jeweils in beide Richtungen sowohl selbstbezüglich als auch fremdbezüglich sind und es durch eine gegenseitige Verschiebung partiell zur Deckung kommt (vgl. Waldenfels 2016, S. 286 f.). Die Bedeutung des Leibkörpers erschöpft sich in dem beschriebenen Zugang davon ausgehend nicht allein im Ausdruck leibkörperlicher Erfahrungen, sondern wird darüber hinaus methodologisch virulent, indem ich mich im Mitgehen als körperlichen Vollzug „als Forscher mit meinem Leib als Erkenntnisorgan in das Geschehen begebe, zuhöre, mich bewegen lasse und es nicht nur von außen registriere" (Stenger 2010, S. 110). Nur so ist die anschließende sprachliche Verdichtung der Miterfahrung in der Tradition des phänomenologischen (Be-)Schreibens möglich, um miterfahrene Situationen abzubilden, man könnte hier auch sagen *nachzuschreiben,* ohne fest- und zuzuschreiben.

Exemplarischer Exkurs

Eine sprachliche Verdichtung, die im Rahmen der Untersuchung mittels des zuvor beschriebenen phänomenologischen Zugangs entstanden ist, wird im Folgenden kurz vorgestellt. An die exemplarische Beschreibung schließt sich eine *deskriptive Entfaltung* der miterfahrenen Situation an, in der unter Einbezug der sprachlichen Ausführungen sowie den sich zeigenden Bewegungen dem *Was* und *Wie* Raum gegeben wird. Im Sinne einer verstehenden Annäherung

7 Wenn hier von einer Annäherung die Rede ist, geschah dies im Zug der zugrundeliegenden Untersuchung mit dem Bewusstsein, dass es Erwachsenen verwehrt bleibt, an die kindliche Erfahrungswelt gänzlich heranzureichen. Als Fremde besonderer Art, die wir alle einmal waren, sind und bleiben uns Kinder nah und fern zugleich (vgl. Meyer-Drawe/Waldenfels 1988, S. 279 ff.).

8 Die Miterfahrung wird auch in der Innsbrucker Vignettenforschung explizit als Forschungshaltung benannt und als ein „miterfahrendes Dabeisein" (vgl. Meyer-Drawe/Schwarz 2015, S. 138 f.) aus einer beteiligten Perspektive beschrieben.

werden die sich zeigenden Artikulationsformen der (Raum-)Erfahrung ausschnitthaft analysiert[9]:

> *Eilen und Weilen oder: Die Entdeckung der Langsamkeit*
> Gemächlich steigen Amanda und ich die Treppe zur ersten Etage hinauf. Da in den Klassen bereits der Unterricht begonnen hat, sind alle SchülerInnen wieder in ihren Klassenräumen. Es begegnen uns nur vereinzelte SchülerInnen, die auf ihren Toilettengängen alleine oder gemeinsam durch das Schulhaus streifen. Ich erzähle ihr, dass mir öfters SchülerInnen zwischen den Stunden begegnen, die gerade auf dem Weg zur Toilette sind oder von dort zurückkommen. Auf meine Nachfrage, ob sie das auch kennt, nickt sie zustimmend. „Ich laufe immer gaaanz langsam, ... wie ein Faultier", beginnt sie zu erzählen. Während sie spricht, breitet sich ein Lächeln über ihrem Gesicht aus, sie schließt die Augen und nickt behutsam im Rhythmus ihrer Worte. „Das finde ich immer am allerbesten." Die Treppe weiter nach oben steigend erzählt sie mit gedämpfter Stimme weiter: „Da verbrennt fast die Zeiiiit von der Stunde und du hast dann weniger von der Stunde." Hierbei überführt Amanda gleichzeitig die Dehnung ihrer gesprochenen Worte in betont langgezogene Bewegungen in Form von langsamen, langgestreckten, beinahe schleifenden Schritten von Treppenstufe zu Treppenstufe. Die Treppe nimmt eine kleine Rechtswendung. Auch in Amandas Erzählung und ihre Bewegungen kehrt eine Wendung ein. Mit wesentlich kräftigerer Stimme, deutlich erhöhtem Sprechtempo und gefestigten Schrittes führt sie weiter aus, dass das auch manchmal „doof" sei. „Manchmal hat man auch ein Lieblingsfach eben und dann renne ich ja persönlich auch, weil ich möchte mein Lieblingsfach ja natürlich nicht verpassen."

In dem ausgewählten Beispiel kommt ein gewöhnliches, vielleicht auch vielen aus Schultagen bekanntes aber dennoch weitgehend unbemerktes Geschehen zur Sprache, dem Amanda in ihren Erzählungen und in ihrer Bewegung auf besondere Weise Aus- und Nachdruck verleiht. Durch die Miterfahrung gewährt sie dadurch einen Einblick in ihre Erfahrung des sich bildenden (Transit-)Raumes zwischen Klassenraum und Toilette. In der Wiedergabe ihrer (erinnerten) Erfahrung wird ihr (Vor-)Gehen nicht nur in metaphorische Vergleiche überführt, sondern auch in Bewegungsfolgen, -tempo und -intensität sowie in sprachliche Mittel wie Rhythmus, Tempo und Lautstärke übersetzt. Damit wird Ungesagtes und Unsagbares auf eindrückliche Weise wahrnehmbar, genauer gesagt hörbar und sichtbar – miterfahrbar. So wählt sie beispielsweise innerhalb ihrer kurzen Erzählung den Vergleich zu einem *„Faultier"*, wenn sie ihre lang-

9 An dieser Stelle kann nur ein kleiner Einblick in die Analyse gegeben werden. Die vollständige Analyse kann nachgelesen werden in dem Kapitel: „Räumen | *Schulraumerfahrung als Differenzerfahrung*" (Kosica 2020, S. 240–257).

samen Bewegungen in Form ihrer Schritte auf dem Weg zwischen Klassenraum und Toilette be- und umschreibt. Die Analogie zu dem sich sehr langsam bewegenden Tier unterstreicht sie nicht nur durch ihre parallel ausgeführten betont langgezogenen, langsamen Bewegungen, sondern auch durch das Dämpfen ihrer Stimme und die Dehnung der Worte *„gaaanz"* und *„Zeiiit"*. Neben der Demonstration ihres Gehtempos ist die Verwendung des Begriffs Faultier aus zwei weiteren Gründen interessant. Zum einen lässt das Bild des Faultieres und die Beschreibung Amandas an dieser Stelle an Ausführungen von Walter Benjamin (1929/1991) zum „Schauspiel Flanerie" denken. Diesen zufolge „führte der Flaneur um 1840 noch Schildkröten bei seinem Spaziergang mit sich, um so anschaulich zu demonstrieren, daß er es ganz und gar nicht eilig hatte" (Stöbe 1998; vgl. hierzu auch Benjamin 1974, S. 52). Zum anderen entwirft der Wortteil *faul* insbesondere im schulischen Kontext ein gewisses Gegenlager zur dort verhandelten, objektiven und effektiven Zeit, mit der *„faul"* oder Faulheit in einem Gegensatz zu stehen bzw. unvereinbar scheint. Durch die herangezogenen Bilder gepaart mit ihrer ruhigen Stimme, lässt Amanda aus der Erinnerung einen Raum entstehen, der Weite, Ausgedehntheit und Offenheit verspüren lässt.

Betrachtet man die aus der Miterfahrung beschriebenen Situation um und mit Amanda, zeigt sich, dass hier nur bedingt bis kaum im Sinne der Institution auf schulräumliche und schulzeitliche Gebote geantwortet wird. Im Vergleich zu den in festen Bahnen verlaufenden Bewegungen des Kommens und Gehens im Bewegungsfeld des alltäglichen Schulmorgens weisen die sich hier zeigenden Bewegungen einen stärker improvisierten Charakter auf. Die von Amanda sprachlich beschriebenen und leibkörperlich demonstrierten Umgangsweisen mit dem Schulraum und seiner Architektur sowie die daraus hervorgehenden temporären Räume zeigen auf je spezifische Weise eine Abweichung. Man könnte sagen, es wird über die reine Zweckbewegung hinausgehend *geräumt.*[10] Mit Bezug auf schulräumliche Ordnungen kann hier vielleicht sogar von einem *Um*räumen[11] gesprochen werden. Amanda ist auf ganz eigenen Abwegen und Umwegen unterwegs. Dabei scheinen in den sich zeigenden Bewegungen Antworten auf singulär erfahrene schulische sowie räumliche und architektonische Anregungen, Angeboten und Aufforderungen zum Ausdruck zu kommen. Amanda *räumt um,* indem sie sich Raum und Zeit er- und bemächtigt, indem

10 Hier wird ein Verständnis von *räumen* vorausgesetzt, das sich im Sinne einer phänomenologischen Ausrichtung nicht nur auf die aktive respektive aktivische Seite des Raumschaffens konzentriert, sondern ebenso die passive respektive passivische Seite der Raumbildung einbezieht.

11 Mit dem *Um*räumen wird durch einen stärkeren Raum- und Architekturbezug das von Martha Muchow (1935) beschriebene „Umleben" weitergeführt und hinsichtlich des Schulraums und seiner Architektur aus der Perspektive der SchülerInnen konkretisiert.

sie den Verlauf des Raumes sowie den Ablauf der Zeit zu ihrem eigenen Laufen ins Verhältnis setzt. Neben einem Zwischenraum entsteht hier auch eine Art Zwischenzeit. Durch das Gehen wie ein Faultier – ähnlich wie bei dem Spazieren mit Schildkröten – entsteht eine äußerlich herbeigeführte Entschleunigung, die auch in der spezifischen Antwort Amandas auf schulische Ordnungen die Bedeutung der eigenen Zeit als hohes Gut im schulischen Kontext deutlich macht. Zeit kann hier als Luxus verstanden werden, den es sich buchstäblich zu *erschleichen* gilt. Amanda wird zum Faultier, verweilt statt zu eilen, Effizienzgrundsätze der Schule kommen zum Erliegen, weichen temporär der eigenen zeitlichen Rhythmisierung des Weges. Im leibkörperlichen Vollzug zeigen sich dabei produktiv-kreative Antworten auf die räumlich wie zeitlich vor ihr liegenden Ansprüche des jeweiligen Unterrichtsgeschehens und kommen durch Such- bzw. Fluchtbewegungen zum Ausdruck. Während sie das Lieblingsfach zum Rennen antreibt, zeigt sich ihre temporäre Flucht, ihr Zurückweichen von der Langeweile anderer Unterrichtsgeschehen in verzögerten, nahezu erlahmenden Bewegungen.

Ähnlich wie dies bereits Martha Muchow (1935/2012, S. 159) in ihren Untersuchungen im Stadtraum herausstellt, finden auch diese Räume nicht neben oder außerhalb des Schullebens statt, sondern überlagern, besser gesagt durchwachsen dieses. Die sich bildenden Räume nehmen die Form von Zwischenräumen, Zwischenzeiten, Möglichkeitsräumen, Spielräumen oder Freiräumen an.

Nachgang

Um dem zu Beginn umrissenen komplexen Unterfangen, *Erfahrungen nachzuschreiben,* zu begegnen, wurde im Modus des Mitgehens, ein Weg aufgezeigt, Erfahrungen *nachzugehen.* Ausgehend von der Bewegung als Dreh- und Angelpunkt wurde dabei der Leibkörper in zweierlei Hinsicht *(mit)gedacht.*

Zum einen gründet das Mitgehen auf einer responsiven Haltung, die es aufgrund der Zwischenleiblichkeit erlaubt, sich unterwegs in andere uns fremde Erfahrungswelten verweben und verwickeln lassen zu können. Dabei ist es die Expressivität des Leiblichen und Sinnlichen in der Bewegung des *gemeinsamen* Gehens, die im Zuge von Zwischenereignissen laterale Verflechtungen billigt (vgl. Meyer-Drawe/Waldenfels 1988, S. 285), um zu erfassen, was Andere sinnlich-leiblich und nicht nur kognitiv, rational bewegt. Das Mitgehen macht auf Situationen aufmerksam, die ausgehend von den Be-Deutungen Anderer relevant werden. Auf diese Weise ist es möglich, Sichtbarem und Unsichtbarem sowie Sagbarem und Unsagbarem nachzuspüren und sich den (erinnerten) Erfahrungsvollzügen in ihrer räumlichen und prozessualen Qualität anzunähern. Fernerhin ermöglicht ein solches Mitgehen vor Ort, eigene Erfahrungen zu irritieren und sich den Abweichungen zu öffnen. Im leibkörperlichen Mitvollzug zeigen sich sinnlich-leibliche Artikulationen von Erfahrungsformen und -möglichkeiten des Raums, die je eigenen Sinn entstehen lassen. Zum anderen werden durch die responsive Haltung vor allem situative und flüchtige miterfahrene (Raum- und Architektur-)Erfahrungen im Nachgang beschreibbar und über die konkrete Erhebungssituation hinaus nachvollziehbar, indem die Beschreibungen und Analysen auch zum gedanklichen Mitgehen der LeserInnen anregen und auffordern, sich bewegen zu lassen.

Literatur

Bendix, R./Kraul, M. (2011): Fremde Blicke, eigene Wahrnehmungen. Methodische Erweiterungen in der qualitativen Schulforschung. In: Zeitschrift für Erziehungswissenschaft (2011), 14, S. 141–161.

Benjamin, W. (1974): Charles Baudelaire. Ein Lyriker im Zeitalter des Hochkapitalismus. Herausgegeben und mit einem Nachwort versehen von Rolf Tiedemann. Frankfurt a. M.: Suhrkamp.

Bollnow, O. F. (2013): Der Erfahrungsbegriff in der Pädagogik. In: J. Bilstein/H. Peskoller (Hrsg.), Erfahrung – Erfahrungen (S. 17–49). Wiesbaden: Springer VS. [Erstmals erschienen in: Zeitschrift für Pädagogik, 14. Jg. 1968, Nr. 3, S. 221–252.]

de Certeau, M. (1988): Gehen in der Stadt. In: De Certeau, M.: Die Kunst des Handelns (S. 179–208). Berlin: Merve.

Hasse, J. (2016): Zur Explikation subjektiven „Ergehens" in Räumen – eine phänomenologisch-bildungstheoretische Reflexionsaufgabe. In: C. Berndt/C. Kalisch/A. Krüger (Hrsg.), Räume bilden pädagogische Perspektiven auf den Raum (S. 75–87). Bad Heilbrunn: Klinkhardt.

Kosica, S. (2016): Kind und Schulraum unter besonderer Berücksichtigung des Bewegungsaspekts. In: R. Braches-Chyrek/Ch. Röhner (Hrsg.), Kindheit und Raum (S. 215–233). Opladen/Berlin/Toronto: Barbara Budrich, S. 215–233.

Kosica, S. (2018): Bewegungen im Schulraum. Sich von SchülerInnen (ent-)führen lassen. In: B. Engel/H. Peskoller/K. Westphal/K. Böhme/S. Kosica (Hrsg.), *räumen* – Raumwissen in Natur, Kunst, Architektur und Bildung (S. 214–231). Weinheim/Basel: Beltz Juventa.

Kosica, S (2020): Im Dazwischen bewegen. Ein phänomenologischer Zugang zur Schulraumforschung. Weinheim/Basel: Beltz Juventa.

Löw, M. (2001): Raumsoziologie. Frankfurt a. M.: Suhrkamp.

Manen, M. van (2016): Phenomenology of Practice. Meaning-Giving Methods in Phenomenological Research and Writing. London/New York: Routledge.

Meyer-Drawe, K. (2010): Zur Erfahrung des Lernens. Eine phänomenologische Skizze. In: Santalka. Filosofija 18, 3, S. 6–17.

Meyer-Drawe, K./Schwarz, J. (2015): (Über-)Sehen, (Über-)Hören, Zuschreiben. Lernende im Licht und im Schatten der Aufmerksamkeit. In: M. Brinkmann/R. Kubac/S. S. Rödel (Hrsg.), Pädagogische Erfahrung – Theoretische und empirische Perspektiven (S. 125–142). Wiesbaden: Springer VS.

Meyer-Drawe, K./Waldenfels, B. (1988): Das Kind als Fremder. In: Vierteljahresschrift für wissenschaftliche Pädagogik, 64, S. 271–287.

Meyer, R. (2011): Praktiken und Situationen – Zur Einführung. In: S. Hauser/Chr. Kamleithner/R. Meyer (Hrsg.), Architekturwissen. Grundlagentexte aus den Kulturwissenschaften. Zur Ästhetik des sozialen Raumes (S. 316–325). Bielefeld: transcript.

Muchow, M./Muchow, H.H. (1935/2012): Der Lebensraum des Großstadtkindes (Neuausgabe herausgegeben von Imbke Behnken & Michael-Sebastian Honig). Weinheim/Basel: Beltz Juventa.

Nentwig-Gesemann, I./Walther, B./Thedinga, M. (2017): Qualität aus Kindersicht – Die Quaki-Studie. Abschlussbericht. Deutsche Kinder- und Jugendstiftung & Institut für Demokratische Entwicklung und Soziale Integration (Hrsg.). Berlin.

Plessner, H. (1982): Mit anderen Augen. Aspekte einer philosophischen Anthropologie. Stuttgart: Reclam.

Stenger, U. (2010): Kulturwissenschaftlich-phänomenologische Zugänge zu Beobachtungen in der Krippe. In: G.E. Schäfer/R. Staege (Hrsg.), Frühkindliche Lernprozesse verstehen – Ethnographische und phänomenologische Beiträge zur Bildungsforschung (S. 103–128). Weinheim/München: Juventa.

Stöbe, S. (1998): Der Flaneur und die Architektur der Großstadt. Der Flaneur als Mythos und als Phantasmagorie der Moderne. Vortrag zur Erlangung der „Venia Legendi“ an der Universität Kassel.

Straus, E. (Hrsg.) (1960): Die Formen des Räumlichen. Ihre Bedeutung für die Motorik und die Wahrnehmung. In: E. Straus: Psychologie der menschlichen Welt. Gesammelte Schriften (S. 141–178). Berlin/Göttingen/Heidelberg: Springer.

Waldenfels, B. (2007): Sichbewegen. In: G. Brandstetter/Chr. Wulf (Hrsg.), Tanz als Anthropologie (S. 14–30). Paderborn: Wilhelm Fink.

Waldenfels, B. (2009): Ortsverschiebungen, Zeitverschiebungen. Modi leibhaftiger Erfahrung. Frankfurt a.M.: Suhrkamp.

Waldenfels, B. (2013): Sinnesschwellen – Studien zur Phänomenologie des Fremden. 3. Auflage. Frankfurt a.M.: Suhrkamp.

Waldenfels, B. (2016): Das leibliche Selbst – Vorlesungen zur Phänomenologie des Leibes. 6. Auflage. Frankfurt a.M.: Suhrkamp.

Weizsäcker, V. von (1968): Der Gestaltkreis. Theorie der Einheit von Wahrnehmen und Bewegen. Stuttgart: Georg Thieme.

Westphal, K. (2014): Bewegung. In: Chr. Wulf/J. Zirfas (Hrsg.), Handbuch Pädagogische Anthropologie (S. 147–154). Wiesbaden: Springer VS.

Im Gehen oder ein Gespräch mit Ameisen über die Zukunft

Ulrike Mietzner

Auf einer langen Wanderung durch Westfalen, an einem heißen Tag im sehr trockenen Sommer 2019, habe ich mich dabei beobachtet, wie ich mit Ameisen auf meinem Weg – oder ich auf ihrem Weg? – sprach. Dies war eine Irritation, der wollte ich nachgehen.

Trotz aller anthropologischer Erkenntnisse zur Bedeutung leiblicher Erfahrung bleibt das Gehen als Erkenntnismöglichkeit und -form weiter unterbelichtet. Dabei gibt es eine Unzahl kaum überschaubarer Publikationen, die das Gehen oder das Wandern beschreiben, auch aus philosophischer und seltener aus erziehungswissenschaftlicher Sicht.[1] Fündig werde ich vor allem in der Phänomenologie – bei beiden großen Denkern der Wahrnehmung bei Edmund Husserl und bei Maurice Merleau-Ponty. In meiner Recherche zur Erfahrungsdichte der Erkenntnis beim Gehen und zur Bewegungsform des Gehens haben mir zwei weitere Publikationen geholfen, die des tschechischen Phänomenologen Jan Patočka und Otto Friedrich Bollnows „Mensch und Raum". Ich greife auf die publizierten Erfahrungen anderer zurück – auf das Gehen, Wandern und Flanieren und die Spuren dieses Selbst- und Weltverhältnisses in der Literatur – daneben auch auf eigene Erfahrung.

Aus verschiedenen Perspektiven lässt sich das Gehen als Prozess des Erlebens und Erfahrens zugleich betrachten: Gehen findet statt auf einem Grund, in einem Raum und in einer Zeit und mit meinem Körper. Grund und Raum tragen Spuren der Vergangenheit und der unmittelbaren Gegenwart, dies als leibliches Erleben von Gleichzeitigkeit und absoluter Präsenz – selbst wenn ich abwesend scheine. Ich nehme vergangene Spuren direkt auf meinem Weg und bis zum Horizont wahr, und da ich mich in meinem Erfahrungsraum und dem neuen Erlebnisraum bewege, stelle ich mir vor, wie viele Menschen hier vor mir gegangen sind, obwohl ich kaum jemandem begegne, schon gar nicht zu Fuß. Am Horizont tauchen die Lücken im Wald auf: abgestorbene und zum Teil

1 Helga Peskoller selbst ist auf einen ganzen Teil eingegangen und hat mit ihrer Literatur dazu reflektierend beigetragen. Aus erziehungswissenschaftlicher Sicht u. a. Gebauer 1997; Westphal 2014 und jüngst Krebs/Noack Napoles 2020; Meyer-Drawe 2020. Philosophisch, interdisziplinär oder auch populärwissenschaftlich begründet: Bollnow 1963; Burckhardt 1997; Jung 2020; Merleau-Ponty 1996; Moser 2016; Nigg 2017; Patočka 1991; Solnit 2019; Weisshaar 2018 u. v. a. m.

schon gefällte Fichten. Im Gehen mit jedem Schritt – und Blick und Atemzug – weisen meine Bewegungen hinaus in Zukünftiges. Diese Dichte des Erlebens in Schrittgeschwindigkeit ließe sich sicherlich weit noch genauer beschreiben, vor allem auch Atem, Geschmack, Geruch und Geräusche begleiten und sind Teil der Bewegung und in Bewegung. Die Intensität wechselt und auch, wie das Erleben zwischen Innen- und Außenraum changiert.

Bollnow beschreibt solches Erleben und Erfahren zunächst raumbezogen: Wir lernten etwas „auf der Fahrt" kennen (Bollnow 1968/2013, S. 229). Wir erfahren etwas dadurch, dass wir uns „durch die Welt bewegen" (Grimmsches Wörterbuch nach Margreiter 2013, S. 79). Aber das Erfahren sei genauso auf Zeit bezogen: Vorerfahrungen prägten Erfahrungen. Erfahrungen verstehe ich hier entfernt von Informationen, aber nicht ohne sie. Die Erfahrungen – so Bollnow – beeinflussten die Gesamtpersönlichkeit. Es reiche eben nicht aus, ‚etwas aus der Zeitung erfahren zu haben', sondern zur Erfahrung gehöre „vielmehr, daß man sie selber, ‚am eigenen Leibe', gemacht" habe (Bollnow 2013, S. 22), man müsse sich selber ‚den Mühen der Fahrt unterziehen'. Bei Käte Meyer-Drawe heißt das „Widerfahrnis" (2005, S. 31). Allerdings stellt sich die Frage, welche Erfahrungen sich erschließen, wenn wir uns gehend durch die Welt bewegen. Im Spaziergang und beim Wandern stellen sich Themen in einer großen Offenheit ein, dafür dann mit umso stärkerer Wirkung und Eindrücklichkeit.

Diese fast unendliche Offenheit für Themen, die sich beim Gehen einstellen, mag in der Geschwindigkeit begründet sein, dann auch im Widerstand oder der Leichtigkeit, die beide beim Gehen auftreten – durch das eigene Gewicht und die Schwerkraft, die Wetterlage, Hunger oder Durst, Müdigkeit oder Wachheit und die Beschaffenheit des Geländes. Diese werden am Leib genauso erfahren wie das, was gesehen, gehört, gespürt wird.

Die Frage danach, was wird überhaupt wahrgenommen wird, erläutert Lucius Burckhardt in seiner „Promenadologie" mit der „Integrationsmöglichkeit der Wahrnehmung", die – so Burckhardt (2015, S. 320) – durch unsere kulturell erworbenen Muster vorgeprägt sei, diese ermöglichten und uns die Sicht versperrten. In seinen experimentellen Spaziergängen waren es kleine Interventionen, die den Horizont der Wahrnehmung weiteten. Solche Irritationen stellen sich aber auch von allein ein.

Bei meiner Wanderung 2019 war ich natürlich vorinformiert durch mein Wissen, das mir den Blick schärfte: auf die Lücken im Wald, die fehlenden Markierungen, weil sie auf Baumstämmen angebracht waren, die gerade gefällt worden waren. Ich sah die Landschaft mit ihren einst so bedeutenden Städten – in einer konnte ich immerhin Wasser kaufen, das ich für die lange und heiße Wanderung nicht ausreichend mitgenommen hatte. Ich besuchte das Kloster Corvey, das an einer Furt der Weser lag, erst nach einer Wanderung entlang der Weser (ohne Brücke) verstehe ich aber „Furt".

Wie tritt dieses zunächst verdeckte Wissen dann so unvermittelt beim Gehen ins Bewusstsein? Dies ist eine Idee, die ich dann in einem weiteren Schritt bei Edmund Husserl erläutert fand. Husserl spricht davon, dass sich Welt als „lebendige Gegenwart" in dieser Spanne zwischen „Nähe und Ferne" ereignet. Gehen spielt sich ja immer zwischen Horizont und dem Grund, auf dem ich gehe, ab (vgl. Husserl 1946, S. 326). Die Wahrnehmung selbst sei beweglich (vgl. Husserl 1946, S. 329): „alle Vergangenheit gewinnt in der strömenden Gegenwart ihren Sinn" (vgl. Husserl 1946, S. 334). Ich setze mich – so interpretiere ich das – immerzu in ein Verhältnis, aber die Objekte setzen auch mich ins Verhältnis, hieraus erklärt sich auch die Intensität, weil ich es erlebe und zugleich erfahre.

Zurück zum Gehen selbst als Ausgangs- und Beweggrund der Wahrnehmung: Zunächst im Gehen, zusammenspielend mit den anderen Bewegungen und den durch sie schon konstituierten Dingen einer „Kernwelt" würden die Fernerscheinungen perspektivierend abgewandelt in Naherscheinungen, und dies stellte die „Vermöglichkeit" dar, sie als Dinge auszuweisen – so weiter Husserl (1946, S. 341). Dazu gehöre auch die Möglichkeit, mit ihnen tätig, unmittelbar tätig umzugehen. Das Gehen und Wandern ist also in hohem Maße eine Anpassung an die Gegebenheiten: an den eigenen Fähigkeiten orientiert, die Bodenunebenheiten permanent ausgleichend, manchmal überwindend, balancierend, auch ins Stolpern und aus dem Tritt geratend. Bollnow beschreibt dies (1963, S. 113), Johannes Linschoten zitierend, als „den Fuß dem Boden anzuschmiegen". Aber das geschieht natürlich nicht nur mit dem körperlichen Gewicht und der Geschicklichkeit, sondern auch mit der Wahrnehmung. die neben dem Wegebereiten auch die Umgebung wahrnimmt und in den inneren Blick als Umwelt und Eigenwelt hineinnimmt. Man werde, so Bollnow weiter, Teil der Landschaft, „ganz in sie aufgenommen". Ich berücksichtige hier allerdings zu wenig, dass Bollnow – anders als Burckhardt beispielsweise – noch einen weniger konstruktivistischen Wahrnehmungsbegriff hat.

Dem Gehen zu Grunde liegt die Bewegung. Gebauer (1997, S. 501) betrachtet den „menschliche[n] Körper insgesamt als bewegte[n]" und „Bewegung" als „Grundprinzip des Lebendigen". Und auch er definiert Bewegungen als „Medium, in dem die gegenständliche Existenz der Welt erfaßt" werde und „in den Dingen ein ‚Antwortverhalten'" hervorrufe, das als deren „Umgangsqualitäten" in der Erfahrung gesammelt" werde (Gehlen 1978, S. 170 zitiert nach Gebauer 2014, S. 402): „In der Gehlenschen Konzeption der Bewegung sind drei Annahmen enthalten, die für eine Weiterentwicklung seiner Gedanken wichtig werden: Bewegungen unseres Körpers sind auf andere Bewegungen – von Menschen oder Dingen – gerichtet. Zusammen bilden sie einen ‚Bewegungsraum'." (Gebauer 2014, S. 502)

Dies liest und versteht sich nicht ohne Maurice Merleau-Ponty, der beschreibt, dass ich auch außerhalb meines Gesichtsfeldes wahrnehme und auch

Vergangenheit in den präsentischen Bewegungsraum aufnehme und darin schon Zukunft bin: Er spricht von einer zu entwerfenden „Philosophie der Bewegung" (1966, S. 311), Bewegung als relativ zu dem, was ihr jeweils Bedeutung gibt (S. 323): „Was uns den einen Teil des Feldes als Bewegliches, den anderen als Hintergrund gelten läßt, ist die Art und Weise, in der wir durch den Akt des Blickens unser Verhältnis zu ihnen begründen.... Das Verhältnis des Beweglichen zu seinem Hintergrund nimmt seinen Weg durch unseren Leib hindurch." (S. 323)[2]

Meine Bewegung geriet ins Stocken, als ich die Ameisen auf dem Weg sah. Auf sie traf ich in einem Waldstück, in dem der Fichtenwald weitgehend abgestorben war, die Baumstämme zum Teil schon geschält und zu hohen Bergen rechts und links des Weges in den Brachen aufgeschichtet. In den Sommern 2018, 2019 und 2020 fand in den europäischen Wäldern ein unendliches Fichtensterben statt, ganze Hänge wurden entwaldet, dort, wo kein Mischwald war oder kein Buchenwald, blieben nur die langen geschlagenen und geschälten Stämme übrig, aufeinander gelagert von riesigen Maschinen, deren Räder sich in meinen Weg hineingefräst hatten. Manche meiner Wegmarkierungen waren so auch verschwunden, die Rindenstücke auf dem Weg waren von Borkenkäferstraßen durchzogen, die Käfer hatten sich dort vermehrt und den ausgetrockneten Baum noch weiter geschädigt (vgl. die Schilderungen bei Wolfgang Büscher in Heimkehr 2020). Diese Veränderungen des Klimas, der fehlende Regen vor allem, betrifft unmittelbar. Und wandernd bin ich Teil dieser sich verändernden Welt, die mir Boden ist. Das fehlende Wasser ist ein weiterer Hinweis, der beim Wandern bewusst wird. Aus den Bächen traue ich mich nicht zu trinken. Also könnte ich in den kleinen Orten darum bitten, mir meine Trinkflasche zu füllen, aber dort ist doch niemand auf der Straße, sie sitzen in den Wohnungen oder in den Autos.

Bei meiner Wanderung, bei der es zur Begegnung mit den Ameisen kam, war ich von der Bahnstation an der Weser entlang losgegangen, meine Augen haben die Furt gesucht, an der Menschen früher die Weser überqueren konnten und an der das Kloster Corvey errichtet wurde. Dessen Westwerk steht bis heute hoch da in dieser Landschaft, aber seine Dimension hat sich mir nicht sofort erschlossen, wohl war ich beeindruckt, weil ich mir vorstellte, wie man dort ankommt, bei diesem Bauwerk, jedoch erst in der Entfernung von ihm, zu Fuß auf alten und neuen Wegstrecken des Jakobweges wurde mir die Dimension eindrücklich.

Wie nun weiter? Patočka beschreibt drei Formen der Lebensbewegung: mit anderen, als Sicheinschalten und „Selbstgewinnung durch Selbstauslieferung"

2 Auch die Soziologie hat sich in der Körpersoziologie und nun auch einer Soziologie der Bewegung – hier vor allem Gabriele Klein – neu verortet.

(1991, S. 140). Er verdeutlicht, dass Bewegungen (selbstverständlich nicht nur Gehen) in einer Beziehung stattfinden. „Angesichts der Erde als Träger und Referenz aller Bewegungen und Beziehungen erweist sich nun auch, daß die Erde Macht ist.“ (Patočka 1991, S. 136) Deshalb, sei es notwendig, „die gesamte Präfiguration, in die sie [die Bewegungen] eingesetzt sind, aufzunehmen“ (S. 138). Er beschreibt dies als „Verankerung“ als „Mit-Bewegung in der Gegenseitigkeit mit Anderen“ (S. 139).

Ich vermute, diese Verankerung erlebte ich in der Begegnung und im Gespräch mit den Ameisen. Im Jahr nach meiner Wanderung von Corvey nach Brakel las ich dann auch ein Buch über Ameisen und habe da erst verstanden, wie eng die Waldameisen, denen ich wohl begegnet war, mit dem Wald um uns herum verbunden sind, das hätte ich doch eigentlich alles wissen müssen, bestimmt auch in der Schule gelernt und doch nicht realisiert. Sie stehen deshalb unter Schutz, weil sie als die wichtigsten Schädlingsbekämpferinnen gelten und für die Verbreitung von Samen und damit Artenvielfalt sorgen. Sie hatten also mit dem Borkenkäfer gerade Nahrung im Überfluss, aber auch Ameisen leben nicht nur ein paar Tage oder Jahre: Als Gemeinschaft sind sie über Generationen miteinander verbunden und deshalb so abhängig und noch auf viel fragilere Art und Weise als wir verbunden mit unserer Umwelt.

Literatur

Bilstein, J./Peskoller, H. (2013) (Hg.): Erfahrung – Erfahrungen. Wiesbaden: Springer.

Bollnow, Otto Friedrich (1963): Mensch und Raum. Stuttgart: Kohlhammer.

Burckhardt, Lucius (1996): Promenadologische Betrachtungen über die Wahrnehmung der Umwelt und die Aufgaben unserer Generation. In: Ders. (2015), Warum ist Landschaft schön? Die Spaziergangswissenschaft hrsg. von M. Ritter und M. Schmitz (4. Auflage. S. 251–256), Berlin: Martin Schmitz. Zuerst 2006.

Gebauer, G. (1997): Bewegung. In: Ch. Wulf (Hrsg.), Vom Menschen. Handbuch Historische Anthropologie. Weinheim und Basel: Beltz 1997 – URN: urn:nbn:de:0111-pedocs-16656, S. 501–516.

Husserl, E. (1946): Die Welt der Lebendigen Gegenwart und Die Konstitution der ausserleiblichen Umwelt. Philosophy and Phenomenological Research, Mar., 1946, Vol. 6, No. 3 (Mar., 1946), pp. 323–343. Published by: International Phenomenological Society Stable URL: https://www.jstor.org/stable/2102690 (abgerufen 06. 12. 2020).

Jung, Th. (2020): Homo viator: vom Gehen und den Gehenden. Berlin sine causa.

Kegel, B. (1999): Die Ameise als Tramp: Von biologischen Invasionen. Zürich: Amman.

Kirchner, W. (2001): Die Ameisen. Biologie und Verhalten. München: Beck.

Klein, G. (Hrsg.) (2004): Bewegung. Sozial- und kulturwissenschaftliche Konzepte. Bielefeld: transcript, S. 9–14.

Klein, G. (2017). Bewegung. In: T. Gugutzer/G. Klein/M. Meuser (Hrsg.), Handbuch Körpersoziologie. Band 1: Grundbegriffe und theoretische Perspektiven. Wiesbaden: Springer VS, S. 9–14.

Krebs, M./Noack Napoles, J. (2020) (Hrsg.): Bewegungen denken – Pädagogisch-anthropologische Skizzen. Weinheim und Basel: Beltz Juventa.
Margreiter, R. (2013): Was heißt, sich an und in der Erfahrung zu orientieren? In: J. Bilstein/H. Peskoller (2013) (Hg.), Erfahrung – Erfahrungen (S. 79–95). Wiesbaden: Springer.
Meyer-Drawe, K. (2005) Anfänge des Lernens. In: Zeitschrift für Pädagogik 49. Beiheft hrsg. von D. Benner: Erziehung – Bildung – Negativität. Weinheim und Basel: Beltz, S. 24–37.
Meyer-Drawe, K. (2020): Bewegungen: Viele Gemeinsamkeiten und noch mehr Unterschiede. In: I. van Ackeren u. a. (Hrsg.), Bewegungen. Beiträge zum 26. Kongress der Deutschen Gesellschaft für Erziehungswissenschaft. Barbara Budrich, S. 17–30. URL: https://www.jstor.org/stable/j.ctv10h9fjc.5
Moser, A. (2016): Zu Fuß hält die Seele Schritt. Gehen als Lebenskunst und Abenteuer. Hamburg: Atlantik.
Nigg, M.-L. (2017): Gehen. Raumpraktiken in Literatur und Kunst. Berlin: Kadmos.
Patočka, J. (1991): Zur Vorgeschichte der Wissenschaft von der Bewegung: Welt, Erde, Himmel und die Bewegung des menschlichen Lebens (zuerst 1965). In: K. Nellen/J. Nemec/I. Srubar (Hrsg.), Die Bewegung der menschlichen Existenz. Phänomenologische Schriften II (S. 132–143). Stuttgart: Klett-Cotta.
Solnit, R. (2019): Wanderlust. Eine Geschichte des Gehens. Berlin: Matthes & Seitz. Englische Ausgabe zuerst 2000 übersetzt von D. Fastner.
Weisshaar, B. (2018): Einfach losgehen. Vom Spazieren, Streunen, Wandern und von Denkengehen. Köln: Eichborn bei Bastei Lübbe.
Westphal, K. (2014): Bewegung. In: Ch. Wulf/J. Zirfas (Hrsg.), Handbuch Pädagogische Anthropologie. Wiesbaden: Springer, S. 147–153.

Links

https://www.natur-und-landschaft.de/de/news/hitzestress-und-trockenheit-ameisen-passen-ihre-wachsschicht-verandertem-klima-sehr-schnell-an-801 (Abgerufen am 28.12.2020)
https://www.waldwissen.net/de/lebensraum-wald/naturschutz/monitoring/waldameisen-in-der-schweiz (Abgerufen am 24.01.2021)

In Landschaften bewegen – What about Swimming?

Birgit Althans

Helga Peskoller und ich sind uns passenderweise im Jahr 2000 in Innsbruck bei der Tagung der Pädagogischen Anthropologie zum Thema ‚Natur' begegnet. Im Vorwort des Tagungsbands schreiben die Herausgeber*innen: „Teil dieser Tagung war die unmittelbare Erfahrung in und mit der Natur. Der wunderbare Blick von der Seegrube über das Inntal wird durch die Gebirge des Alpen-Hauptkamms im Süden begrenzt. Es ist diese Begrenzung, die den Blick freigibt." (Bilstein/Liebau/Peskoller/Wulf 2003, S. 10). Dieses Zitat, so würde der französische Philosoph und Sinologe Francois Jullien wahrscheinlich kommentieren, bestätigt erneut die enge Verknüpfung des europäischen Landschaftsbegriffs – „der Teil der Natur, den die Natur einem Beobachter darbietet" (Jullien 2016, S. 14) – mit dem Blick. Ich glaube, was Helga und mich verbindet, ist die Überzeugung – oder Erfahrung? –, dass sich Natur auch anders als nur über den Blick, das ‚Primat der visuellen Wahrnehmung' erfahren lässt, dass sich der Körper und die in ihm entstehenden Erkenntnisprozesse auch einen anderen Zugang zur Natur – oder zur Landschaft – verschaffen können.

Deshalb möchte ich hier, mit Bezug auf Francois Julliens Überlegungen zur Landschaft ‚als Ungedachtem der (europäischen) Vernunft' (Jullien 2016) über unsere beiden unterschiedlichen Zugänge zur Bewegung, zum Körper und darüber Denken und Schreiben unter der Überschrift ‚Bewegen in der Landschaft' nachdenken. Wir sind beide, das glaube ich sagen zu dürfen, sehr von den Landschaften, in denen wir aufwuchsen, geprägt, vielmehr: von den Bewegungen, die sie evozieren. Interessanterweise handelt es sich bei unseren jeweiligen ‚Herkünften' um die polaren Gegensätze von Bergen (Helga) und Wasser/Nordsee (ich), die als „Berg(e) und Gewässer" den chinesischen Begriff von „Landschaft *(shan shui)*" (ebd., S. 36) ausmachen. Landschaft wird in China, so Jullien,

> „nicht als Teil eines Landes, das sich einem Beobachter darbietet, gedacht, sondern als Korrelat von Gegensätzen, von ‚Bergen' und ‚Gewässern': […] das, was Gestalt hat und ein Relief darstellt (den Berg) und das, was seiner Natur nach ohne Gestalt ist und die Form der Dinge annimmt (das Wasser), das Undurchsichtige und das Transparente, das Massive und das Verstreute, das Stabile und das Flüssige vermischen sich miteinander und bringen einander zur Geltung. Oder schließlich auch dies: da ist das, was man direkt vor Augen hat und betrachtet (der Berg), und das, was man aus verschiedenen Richtungen kommend hört und dessen Rauschen ans

Ohr dringt (das Wasser) – Sehen und Hören werden in gleicher Weise beansprucht" (Ebd., S. 36 f.).

Das Entscheidende dieser korrelativen Auffassung von Landschaft der chinesischen Philosophie ist, dass sie nur in der Bewegung ‚zugänglich' ist:

> „Das Gehen, Durchqueren, und Erkunden von einem Ende zum anderen, sie bis zur Erschöpfung abschreitend vermessen. Der Berg gibt sich zu erkennen, indem man ihn bergauf und bergab *(deng/dun)* begeht und das Wasser läßt sich in seinem Lauf sowohl flussauf wie flussab *verfolgen*. Durch Hinauf- und Hinabsteigen betritt man Landschaftliches, indem man es durchquert, bringt man es zur Entfaltung." (Ebd., S. 50)

Wir haben uns schon zusammen in ‚Helgas Landschaft' bewegt und sind miteinander in die Berge ‚gegangen' und haben dabei wechselseitig unsere unterschiedlichen Gangweisen registriert: Helga meinen langen, schnell ausgreifenden Schritt in der Ebene, der bei den Anstiegsphasen schnell kürzer wurde und Helgas geübter, wiegender, stets gleichbleibender, von ihr selbst so genannter ‚Bergführer-Gang'. Wir haben aber auch auf ihrer Terrasse am schnell vorbeiziehenden Wasser ihres ‚Hausbachs' gesessen und darüber gesprochen, dass ich, wenn ich auf großer Höhe in den Bergen stehe und unter mir ein Wolken- und Nebelmeer sehe, immer sofort denken muss: Wie am Meer...

Im Folgenden sollen beides, ‚Berge' und ‚Gewässer' und die unterschiedlichen Bewegungs- und Erfahrungsräume, die sie ermöglichen, aufgesucht werden, sowie die spezifischen Bewegungszugänge, die sie zu evozieren scheinen.

1. In/mit Berg(e)n bewegen

Helga Peskoller hat uns die Berge in der pädagogischen Anthropologie immer wieder als existenzielle Erfahrungsräume beschrieben, die von Menschen auch aufgesucht werden, um physische und psychische Grenzen zu überschreiten, um Erfahrungen zu machen, die vertiefte Erkenntnisse über das Menschliche generieren können. Im Reflektieren über das Spannungsverhältnis zwischen den Begriffen der Erfahrung und Erkenntnis schreibt sie:

> „Deshalb auch die Beispiele aus dem Extremsport, wo die Vorstellung allein nicht genügt, sondern die Erfahrung zählt, eine Erfahrung, die nicht gleich Erkenntnis ist, sondern einen langen, beschwerlichen und riskanten Weg beschreitet, weil er die Annäherung an den Tod miteinschließt. [...] Das Wort Erfahrung hatte mit Körper, Raum und Bewegung zu tun und kommt von durchfahren, durchwandern, bereisen, übertragen, von kennen lernen; aber auch die Verwendung des Wortes im Sinne von

> Kunstfertigkeit und Wissen, wie es im Geübt sein oder Vertraut sein mit etwas zum Ausdruck kommt und als Können bezeichnet wird. Im Können stecken Wege des Übens als greifbare Bewegungen, die eine gewisse Dauer haben und durch die Wiederholung ein Gedächtnis für Abstände, Vorgänge, Rhythmen und Abläufe ausbilden und sich zu einem praktischen Sinn verdichten, der in Ausübung eines Handwerks ebenso zum Tragen kommt wie beim Spielen eines Musikstücks oder im Extremsport. Dieser Sinn muss hier eine besondere Sicherheit ins Tun tragen, sonst würde keiner vom Eiger springen oder einen Achttausender wagen. Das Besondere an dieser Sicherheit besteht darin, sich im Ungewissen, Hypothetischen und Irrealen souverän bewegen zu können und dieses Können verdankt sich auch Praktiken des Entsicherns.“ (Peskoller 2013, S. 59)

Um diese spannungsreiche Dynamik aufzufächern, die zwischen dem Wunsch, Sicherheit zu erlangen, gerade in dem Moment entsteht, in dem man sich dem Risiko ‚Bergsteigen‘ aussetzt, dieses Risiko dabei genau plant und dazu Bewegungsabläufe und -routinen einübt, die aus dem Wechsel der Aufgabe sicherer Positionen und dem nächsten Griff ins materiell Erreichbare, aber immer Ungewisse besteht, hat Helga Peskoller immer wieder anhand anschaulicher und sehr beeindruckender Beispiele von Extremsportler*innen an der Bergwand gezeigt. Unter anderem im Tagungsband zur Innsbrucker Natur-Tagung, überschrieben mit: ‚Wider die Vernunft‘ (Peskoller 2003). Der Text beschreibt eine ORF-Dokumentation von 1999, in der der Kletterer Beat Kammerländer eine vertikal aufragende Felswand extrem – ohne Sicherung – besteigt. Er beginnt – nach zwei vorangestellten Fotografien, deren eine einen offenbar ohne Sicherung an einer vertikal aufragenden Bergwand hängenden Mann in einer Art Hochstellung mit in den Fels gestemmten Füssen abbildet, während die zweite eine Vergrößerung des in den bröckelnden Fels gekrallten Fingers darstellt –, mit der detaillierten Schilderung einer ‚Abdruckbewegung‘ an der Wand. Der Kletterer muss dabei sowohl Fuß und Bein kurz lösen, um weiterzukommen, ebenso Arme und Hände. Alle Bewegungen hängen als Druck ausübend voneinander ab und bedingen einander:

> „Während auf die gestreckte Hand rechts der Druck als starker Zug nach unten wirkt, widersetzt sich diesem Zug der linke Arm. Er schiebt sich langsam nach oben. Die Gegenbewegung hat zur Folge, dass sich der Winkel zwischen Handinnenfläche und Finger der linken Hand aufhebt, die Spannung in ihrem Inneren zusammenbricht und sich dadurch der Druck auf die Fingerkuppen bis zur Unerträglichkeit erhöht. Die Umleitung und Konzentration des Drucks auf die äußersten Berührungspunkte hat im Gegenzug etwas in Kopf, Rumpf oder wer weiß auch anderswo entspannt und dadurch neue Kraft gesammelt. Diese Kraft ist schöpferisch, sie nützt den Verlust an Reibung, bindet an sich und ineins, was auseinanderstrebt, springt blitzschnell in die Fingerkuppen und überträgt dort, punktförmig gebündelt, einen

> Impuls. Der Abdruck findet statt. Es kommt zu einem eng begrenzten und kontrollierten Schwung und für einen Moment hängt die Sicherheit einzig am Schwung des schwebenden Körpers." (Ebd., S. 52)

Der Berg, die Materialität der vertikalen Wand, an der diese Erkenntnis generiert wird, stellt in dieser Erzählung zunächst nur den Hintergrund, an seiner steil aufragenden Unzugänglichkeit misst der Kletterer sich, arbeitet sich an ihm – und gleichzeitig an seiner Angst, in die er sich hier freiwillig begibt – ab. Im weiteren Textverlauf wird unter der Unterüberschrift ‚Seele' das Verhältnis zwischen Bergwand und Mensch spekulativ-projektiv, als ‚Atmosphärisches' beschrieben:

> „Welche Gefühle entsprechen wohl dieser Wand? Wie stark müssen sie sein, um einen Menschen in ihr karges Leben zu verwickeln? Die Zuneigung zwischen beiden, die Art und Weise, wie Wand mit Mensch verbunden, ist sanft, hat etwas Erotisches und gleicht dem Wasserhaften. Es ist empfänglich, breitet sich im Körper aus, fließt über auf das Gegenüber und wird von ihm berührt. Dieses doppelte Berührtsein ist nicht ekstatisch, viel eher ein heimlicher, ein zarter Genuss. Alles ist gestimmt und im Vermögen, wahrzunehmen. Kammerländer ist gestimmt, und im Vermögen, wahrzunehmen. Kammerländer steigt ein, hebt ruhig und gelassen ab, er weiß, es geht." (Ebd., S. 53)

Aber was ‚ist' in diesem Beispiel der Berg? Erkenntnis-Gegenstand? Projektionsfläche? Ein ‚Stück Natur', an dem sich menschliches Können entfalten kann, das sich in den Weg stellt; ein sich als unbezwinglich darbietender ‚Teil der Landschaft', den es zu bezwingen gilt? Welche performative Materialität (Barad 2003) hat er? Wie lässt sich seine ‚Vitalität' erfahren, die Jullien zufolge, die chinesische Malerei stets bemüht sei, darzustellen? Er zitiert, um dies zu veranschaulichen, den großen chinesischen Maler Guo Xi:

> „Zum einen, so sagt er, ist der Berg eine ‚große' oder ‚weiträumig ausgedehnte' Sache, das Wasser andererseits eine ‚lebendige' Realität. Aber weshalb ist der Berg eine groß und weiträumig ausgedehnte Sache? Natürlich nicht, weil er seiner Größe nach weiträumig ist, sondern, weil er, in keine bestimmte Form gezwängt, alle möglichen Silhouetten und Formen in sich birgt und in keiner stecken bleibt. Den Berg denken (malen) heißt, die Zusammensetzungsmöglichkeiten dieser Dispositionen denken (malen), die ihn in Schwung halten; heißt, diese zu modellieren und von verschiedenen Seiten zu modulieren." (Jullien 2016, S. 60)

Da der Berg von jeher von jeder aufgezwungenen Form frei ist, bietet er Raum für Formaktualisierungen, in ihm können alle Formen nebeneinander Platz finden, ohne einander auszuschließen.

„Der Berg ist sowohl hochragend – sich aufdrängend – entfaltend – duckend – ausbreitend […] usw. Oder, wie der Maler weiter ausführt: der Berg ‚tendiert dazu, ebenso nach links und rechts zu schauen, auf diese oder jene Weise zu grüßen'. Er ‚neigt ebenso dazu, etwas über sich zu haben, was ihn bedeckt, wie dazu, etwas vor sich zu haben, was zu besteigen ist'." (Ebd., S. 62)

Wie verhält sich gegenüber diesem ‚unermesslichen Formenspeicher' seine Antipode im chinesischen Landschaftsbegriff, das Gewässer/Wasser? Wie bewegt es? Wie bewegt man sich in ihm?

2. In Gewässer(n)/im Wasser/im Meer bewegen

Die ‚Lebendigkeit des Wassers' entsteht auch in den Bergen: Die Schneeschmelze bringt es in reißenden Bächen und anschwellenden Flüssen hinunter in die Täler, es sammelt sich in Bergseen und wird in Talsperren gespeichert. Dabei ist das Bewegen in der Wasser-Landschaft, wie ich denke, jedoch noch etwas radikaler: Man springt, taucht in sie hinein. Gerne auch in Berggewässer: Ich bin in mehreren Sommern meines Lebens bei Aikido-Workshops in Urnäsch (St. Gallen) jeden Mittag mit Hochgenuss in das eiskalte, türkis schimmernde Wasser des Bachs gesprungen, der vom Zäntiss herabkam, weil uns so furchtbar heiß war und unsere Aikido-Anzüge so durchgeschwitzt, dass sie nach dem Trocknen in der Sonne von alleine standen. Es ist im Sommer ein Hochgenuss, einem Gebirgs-Bach vom Pass herab ins Tal zu folgen und sich dabei immer wieder zwischen dicken Felsen ein Loch oder eine Wanne zu suchen, um hineinzuspringen und sich von Strömung und Gischt umfließen bzw. weitertragen zu lassen. Ebenso können Seen, gerade die vielen Berliner Seen im Sommer eine kühle Erlösung sein. Insbesondere lädt der Schlachtensee dazu ein, groß und Baum-bestanden, ‚grün und moorig' riechend; er stellt aber aufgrund von unverhofften Kontakten mit seiner Fischpopulation, insbesondere mit den großen Fischen, für beherzte Badende auch einen Ort des Erschreckens, ganz im Sinne von Edmund Burkes ‚delightful horror' (Burke 1989, org. 1757) dar.

Jullien beschreibt die schon erwähnte Lebendigkeit des Wassers, immer noch auf den Maler Guo Xi bezogen, als Erfahrung seiner ‚Konsistenz':

„Denn wenn gesagt wird, dass das Wasser eine ‚lebendige' Realität sei, so heißt das, dass seine Form-Aktualisierung ‚dazu neigt, tief – ruhig zu sein', aber auch ‚dazu neigt, weich geschmeidig zu sein', ‚dazu neigt, breit – ausufernd zu sein', ‚dazu neigt, im Kreis, sich drehend – wirbelnd zu sein', ‚dazu neigt, fettig zu sein', ‚dazu neigt, spritzend – sprühend zu sein', dazu neigt, ‚sprudelnd – entgegenschwellend' zu sein usw." (Jullien 2016, S. 63 f.)

Auch John von Düffel, Autor, Dramatiker und leidenschaftlicher Schwimmer, beschreibt in unterschiedlichen Publikationen die verschiedenen Konsistenzen von Wasser und Gewässern, wenn er sein tägliches Schwimmen im selben See als ein immer wieder neues ganzkörperliches ‚Eintauchen in eine andere Welt', bei der ebenso der Schock der Kälteempfindung wie – zumindest in freien Gewässern – die Angst vor der Tiefe überwunden werden muss: „Wer ins Wasser geht, muss einen nicht zu unterschätzenden Übergang bewältigen, eine Transformation vom Festen ins Flüssige, vom Verlässlichen ins Unwägbare, von einer Existenzform in die andere." (von Düffel 2016, S. 16)

Dieses körperliche Bewegen im Wasser mit seinem taktil-sensorischen Kälte-Wärmeaustausch ermöglicht zugleich andere Wahrnehmungen der durch Jahreszeiten geprägten Landschaft. Bis vor den durch Klimawandel bedingten ansteigenden Temperaturen der Sommer der letzten Jahre waren die Sommer in unseren Breiten kurz, das Wasser meist kälter als die Luft.

> „Das heißt: wer schwimmt, der friert – hierzulande, hierzuwasser, früher oder später, sofern er draußen schwimmt. Wehmütig mag man an die Zeit im Herbst denken, in der die Nächte schon empfindlich kühl sind, die Wassertemperaturen aber noch sommerlich warm, sodass frühmorgens der See dampft und Wärmenebel sich über der Wasseroberfläche kräuseln wie Rauch. Man mag davon träumen, in dieses Dampfbad zu steigen, Nebelbänke zu durchschwimmen und von der Mitte des Sees die verhangene Uferlandschaft zu betrachten. Und bei all dem ist das Wasser so warm. Die klamme, kühle Feuchtigkeit, die einen beim Umkleiden angefasst hat, ist schnell angestreift. Man beeilt sich, ein- und unterzutauchen, wirft sich in seine Züge und hüllt sich in den See wie in einen Mantel, während man eine verwandelte Welt durchschwimmt, in der sogar das vertraute Ufer geheimnisvoll wirkt, Bäume und Büsche sich zu Phantasiegebilden formen, bis sie allmählich ihre gewohnte Gestalt wieder annehmen. Und immer noch mag man das Wasser kaum verlassen, weil es die wärmste Stelle in dieser Herbstlandschaft ist." (Ebd., S. 17 f.)

Vor kurzem, im urplötzlich eisigen Corona-Winter 2021, habe ich in meiner Heimatstadt Wilhelmshaven gleichermaßen staunend wie frierend dabei zugesehen, wie Eisschwimmer*innen gemütlich wie Eisbären neben dicken Eisschollen paddelten. Der Eindruck von Gemütlichkeit und Entspanntheit beruht auf Erfahrung und genauer Kenntnis des eigenen Körpers, so von Düffel:

> „Das Gespür für Wasser ist zuallererst ein Gespür für Temperatur, für Strömungen, Wellenbewegungen, Wirbel spielen für das Wassersensorium eine große Rolle. Auch die Wasserhärte oder Weichheit, der Salzgehalt und die Tragfähigkeit sind nicht zu vernachlässigen. Aber die wichtigste, überlebenswichtigste Frage ist die Temperatur. Wer das Wasser liebt, braucht einen ausgesprochenen Kältesinn – eine genaue Einschätzung und Erfahrung, wieviel Zeit er im Wasser verbringen kann." (Ebd., S. 20)

Es gibt jedoch neben diesen Empfehlungen und Erfahrungen des ehemaligen Leistungsschwimmers noch andere, spontanere. Der britische Literaturwissenschaftler John Bayley, Ehemann der Philosophin und Schriftstellerin Iris Murdoch, beginnt seine Erinnerungen „Elegie für Iris" mit der Beschreibung der lebenslangen Praxis des Paares, überall, wo sie sich aufhielten, durch Büsche und an belebten Straßenzügen zu Wasserläufen vorzudringen, wenn notwendig, sogar durchzubrechen, um das Wasser und die Gewässerumgebung zu genießen: „Iris mochte eigentlich nicht das Schwimmen an sich. Sie schwamm weder schnell noch geräuschvoll und beherrschte auch keinen anspruchsvollen Stil. Sie war einfach gern im Wasser. Das war ihr das Wichtigste." (Bayley 2002, S. 42) Dieses Durchdringen zum freien Gewässer und das anschließende schwimmende Eintauchen wurde vom Paar in trotziger Missachtung variierender Wasserqualitäten und -konsistenzen stets durchgezogen, auch dann noch, als die am Ende ihres Lebens an Alzheimer Erkrankte sich für das Schwimmen schon nicht mehr die Socken ausziehen lassen mag:

> „Als Iris erst einmal im Wasser war, wurde sie ein wenig vergnügter. Es war fast zu warm und kaum erfrischend. Aber seine alte, braune, langsam fließende Köstlichkeit war geblieben und wir lächelten uns glücklich an, als wir geruhsam hin und her schwammen. Seerosenblätter mit gelegentlichen dicken, gelben Blüten schaukelten sanft, wenn ein Boot vorüberfuhr. Kleine, leuchtend blaue Libellen standen bewegungslos in der Luft. Das Wasser war tief und wurde immer kühler, je weiter wir uns vom Ufer entfernten. Aber wir schwammen nicht weit hinaus. Wenn ich nach unten sah, konnte ich sehen, wie sich Iris' noch immer in den Socken steckenden Füße in der braunen Tiefe bewegten: Winzige Fische umschwammen ihren Körper und untersuchten ihn neugierig, und auch um mich herum konnte ich sie sehen und fühlen, wie sie sanft die bloße Haut abtasteten." (Ebd., S. 41)

Den kleinen Fischen, die im Seichten neugierig an den Füssen knabbern, kann man in warmen Sommern auch heute noch am Schlachtensee in Berlin begegnen. Ihre Vorfahren knabberten wahrscheinlich schon zu Beginn des 20. Jh. Bertolt Brecht an den Füssen, von dem bekannt war, dass er sich nicht gerne wusch, aber offensichtlich gerne schwamm: Seine Auflösung als Mensch in die Wahrnehmung seines Körpers im Wasser, als ‚gelöstes' Durchdrungen-werden in sommerlichen Gewässern und deren angestammten Bewohner*innen, hat er in der ‚Hauspostille' (1927) als „Vom Schwimmen in Seen und Flüssen" mit seinen Leser*innen geteilt und poetisch verdichtet.

> „Im bleichen Sommer, wenn der Winde oben
> Nur in dem Laub der großen Bäume sausen
> Muss man in Flüssen liegen oder Teichen
> Wie die Gewächse, worin Hechte hausen.

Der Leib wird leicht im Wasser. Wenn der Arm
Leicht aus dem Wasser in den Himmel fällt
Wiegt ihn der kleine Wind vergessen
Weil er ihn wohl für braunes Astwerk hält.

Der Himmel bietet mittags große Stille.
Man macht die Augen zu, wenn Schwalben kommen.
Der Schlamm ist warm. Wenn kühle Blasen quellen
Weiß man: ein Fisch ist jetzt durch uns geschwommen.
Mein Leib, der Schenkel und der stille Arm
Wir liegen still im Wasser, ganz geeint
Nur wenn die kühlen Fische durch uns schwimmen,
Fühl ich, dass Sonne überm Tempel scheint."
(Brecht 1996, S. 65)

Aber: So schön und poetisch das Schwimmen in Seen sein kann: Das Gewässer der Landschaft, die mich von Kind an prägte, war das Meer, das schlammige, salzige Wasser der Nordsee, des Wattenmeers. Gefragt: „Erinnerst Du Dich, wie Du Schwimmen gelernt hast", schrieb ich 2012 unter der Überschrift „Gubbelwasser":

> Meine stärkste Erinnerung an das Schwimmen ist das Noch-Nicht-Schwimmen-Können. Meine Mutter brachte mir im Maadesiel – als es noch als Siel existierte – bei, im flachen Wasser zu krabbeln, weil die Priele im Watt so schön warm waren. Wir legten uns auf den Bauch, das wenige Wasser gluckerte und blubberte und pupste, ein paar kleine Muscheln drängten sich an die Haut, der Schlick zwängte sich leise in unsere Bikini-Teile und unsere Hände krallten sich tief in den Schlick und zogen den ganzen Bauch-Körper vorwärts. Die Sonne brannte auf die Schultern und brannte das Salz und den Schlick fest und so robbten wir uns dem Deich entgegen. Das Schwimmen oder vielmehr Nicht-Schwimmen im Flachen hat sie jetzt auch Oskar, meinem Sohn, beigebracht, das war mir wichtig, dass sie ihm das weitergibt, bevor sie stirbt. Sie ist ja schon 90. (Persönliche Notiz)

Das war auch gut, denn drei Jahre später starb sie dann tatsächlich, mit fast 93. Oskar ist ein leidenschaftlicher Schwimmer und Taucher geworden. Nicht leistungsbezogen, nur so zum Spaß, weil er das Schwimmen mag. Auch ich liebe es nach wie vor, im Flachen, im auf- oder ablaufenden Wasser ‚flach' zu schwimmen – das Wasser ist an der Nordseeküste ja nicht immer da und Flach-Schwimmen können nicht viele Menschen, die ich kenne. Tatsächlich verfahre auch ich in Ländern, die ich besuche, ähnlich wie Iris Murdoch und John Bayley. Ich stürze mich zwar nicht durchs Gebüsch, um in Flüssen mit „merkwürdiger" Wasserqualität (Bayley über den Swan-River in Australien, Bayley 2002, S. 42) zu schwimmen, aber ich suche bei beruflich bedingten Übernachtungen in Hotels gern die Pools, wenn vorhanden – mit einer oft ebenfalls zweifelhaften Wasserqualität – auf und versuche, angesichts von Meeren und Ozeanen eigentlich immer, mich hineinzuwerfen, ‚einzutauchen'. So stürzten wir weiblichen Teilnehmerinnen des FU-Forschungs-Betriebsausflugs uns in Irvine, Kalifornien, mit nur einem Bikini (dem von Alice Lagaay) ausgerüstet, nacheinander in den eiskalten Pazifik. Kalt war auch der Atlantik zu Beginn des südafrikanischen Sommers in Cape Town, da dann der ablandige Wind die Wärme des Wassers vom Land wegbläst. Die Brandung schäumte die Wassertemperatur jedoch auf, die Wellen waren großartig und der Blick auf den wolkenumlagerten ‚Table-Mountain' und die ‚zwölf Apostel'-Gebirgskette rund um den Strand atemberaubend schön. Aus dem auf und ab im Wasser heraus wurden sie beweglich. Unvergesslich auch der Strandtag in Brasilien, zu dem Almut Renger und ich zusammen mit einer weiteren Kollegin mit einem Taxi von São Paulo ein Stück Küsten-Regenwald und industrialisierte Hafenregionen durchquerten, bis uns bei leicht bewölktem Himmel eine Schwimmerfahrung in den lang ausrollenden warmen Atlantikwellen beschert wurde, an einem Strand, den wir in der Wochenmitte mit ein paar Rettungsschwimmern in roten Shorts ganz allein bevölkerten. Das jeweilige Eintauchen in das immer gleich ‚andere' Element machte ‚fremde' Länder gleich vertrauter. Es war ja meine gewohnte Aktivität, Kontakt zu unbekannten Landschaften aufzunehmen. Man nimmt sie, in den Wellen hin- und rollend, auch nicht in Besitz, man taucht nur kurz hinein, aber mit dem ganzen Körper. Der Aufenthalt ist immer vorübergehend, oder eben: vorüberschwimmend…

Fazit

Gehe ich jetzt noch einmal zu den hier beschriebenen unterschiedlichen Bewegungen in unseren verschiedenen Landschaften zurück, liebe Helga, dann scheinen sie tatsächlich andere Erfahrungen und Erkenntnisse hervorzubringen: Das existenzielle Ersteigen, Erklettern, Greifen, Hängen, Zufassen und Loslassen in der Vertikalen, in der Bergwand erzeugt andere Wissensformen, als das Gleiten und Bewegen im Flüssigen, das Eintauchen in das andere Element, dessen Durchdringen und von ihm Durchdrungen-werden in der Horizontalen. Entscheidend bleibt jedoch das geteilte Forschungsinteresse: Der Zugang zur Landschaft als ‚Ungedachtes der Vernunft' durch das Sich-in-Landschaft-Bewegen ermöglicht neue Erkenntnisse für die pädagogische Anthropologie. Auch, um sie vielleicht zu verknüpfen mit Donna Haraways Bestrebungen, „einen Zeitort des Lernens" zu finden, „um die Idee eines responsablen *(response-able)* gemeinsamen Lebens und Sterbens auf einer beschädigten Erde nicht aufzugeben" (Haraway 2018, S. 10). Stimmt's oder habe ich Recht? Noch weiß ich nichts über Dein auf Booten und am Meer verbrachtes Sabbatjahr …

Literatur

Barad, K. (2003): Posthumanist Performativity. Toward an Understanding of How Matter Comes to Matter. In: Signs. Journal of Women in Culture and Society 28, 3, 801–831.

Bayley, J. (2002): Elegie für Iris. München: dtv.

Bilstein, J./Liebau, E./Peskoller, H./Wulf, Ch. (2003): Einleitung. In: E. Liebau/H. Peskoller/Ch. Wulf (Hrsg.), Natur. Pädagogisch-anthropologische Perspektiven (S. 7–10). Weinheim: Beltz.

Brecht, B. (1996): Hauspostille. Org. 1927. Frankfurt: Suhrkamp.

Burke, E. (1989): Philosophische Untersuchungen über den Ursprung unserer Ideen vom Erhabenen und Schönen (org. 1757). Hamburg: Meiner.

Haraway, D. (2018): Unruhig bleiben. Die Verwandtschaft der Arten im Chtuluzän. Frankfurt und New York: Campus.

Jullien, F. (2016): Von Landschaft leben oder das Ungedachte der Vernunft. Berlin: Matthes & Seitz.

Peskoller, H. (2003): Wider die Vernunft. In: E. Liebau/H. Peskoller/Ch. Wulf (Hrsg.), Natur. Pädagogisch-anthropologische Perspektiven (S. 51–56). Weinheim: Beltz.

Peskoller, H. (2013): Erfahrungen. In: H. Peskoller/J. Bilstein (Hrsg.): Erfahrung – Erfahrungen (S. 51–78). Wiesbaden: Springer VS.

Von Düffel, J. (2016): Gebrauchsanweisung fürs Schwimmen. München und Berlin: Piper.

Weit Wandern – Raumerfahrung in der Bewegung

Susanne Nemmertz

In Form einer persönlich erzählenden Darstellung versuche ich bei meinen Weitwandererfahrung in den Bergen das komplexe, oft ineinander gelagerte und ineinander verwobene räumliche Wahrnehmen und Handeln in der Bewegung zu erfassen und nachvollziehbar zu machen. Die Raumerfahrung, die ich hier beschreibe, ist eine grundlegende Erfahrung des Wahrnehmens und Empfindens. Sie ist in der Bewegung und durchgängig transitorisch. Weit Wandern ist Ankommen - Verweilen - Weitergehen, ein Unterwegssein zwischen den Orten und das Biwakieren[1] an einem Ort. Bevor ich verweile, weiß ich, dass ich weitergehen will. Es ist ein langsames Unterwegssein in einer einfachen, archaischen Art und Weise und ermöglicht intensive Erfahrungen von Raum und Zeit. Nur die nötigen Dinge befinden sich im Rucksack (s. Abb. 1).

Abb. 1

1 *Biwakieren* meint hier das Errichten eines Lagers in den Bergen für die Dauer einer Nacht.

Seit acht Stunden gehe ich südlich der Picos de Posets. Am Morgen bin ich im Sonnenschein gestartet, nun ziehen ein paar Wolken auf. Es wird kühler. Den erst langen Aufstieg durch das steile Geröllfeld und das Klettern über Steinfelsen hoch auf den Pass Collado de Eriste, 2 860 m, grandiose Aussicht, mit einem Rückblick und einem Vorblick, spüre ich den langen Abstieg durch Geröll in den Oberschenkeln, spüre ein Brennen unter den Füssen. Langsam löst sich die Spannung in den Knien. Meine Muskeln fühlen sich müde an. Nur eine kurze Pause am See Iban de Llardaneta. Ich schaue auf die gegenüberliegende Seeseite; das dunkle Massiv der Posets steigt direkt vor mir auf. Oberhalb des Sees höre ich Steine rutschen. Ich erkenne drei Personen, die zum Gipfel aufsteigen. Der See liegt ganz ruhig vor mir. Ich fühle mich eingeklemmt zwischen den Bergen. Für einen Ausblick lege ich meinen Kopf in den Nacken. Mir ist es zu eng. Ich werde unruhig, möchte weitergehen. Genug Geröll. Ich studiere die Karte und plane den weiteren Weg. 300 Höhenmeter unterhalb des nächsten Passes weiter östlich liegt ein Seeplateau. Eventuell ein guter Ort für ein Biwak; vielleicht finde ich eine Stelle direkt am See, mit Abendsonne und Aussicht auf die Posets, das motiviert.

Die verlassene Biwak-Stelle liegt nun seit acht Stunden hinter mir und die zukünftige vor mir. Ich bewege mich vorwärts und fühlte mich zu Beginn der Wanderung beim Auftstieg zu dem Pass Collado de Eriste der zurückliegenden Übernachtungsstelle heimisch verbunden. Ich nehme mich bezogen auf die vorherige Biwak-Stelle in Relation zu dem voranschreitenden Entfernen wahr. Mein Empfinden ist in den ersten Stunden entgegen dem vorwärts gehen rückwärts gerichtet.

Wanderung konstituiert einen Raum, der von der einen Biwak-Stelle zu der nächsten Biwak-Stelle verschieden ist. Es gibt ein Herkunftsbiwak und ein Ankunftsbiwak. Dazwischen Wanderung. Das Ankunftsbiwak wird beim Weitergehen zu einem Herkunftsbiwak. Dieser Raum dazwischen, der sich herausbildet, setzt sich gewissermaßen aus Elementen des Herkunftsbiwaks und denen des Ankunftsbiwaks zusammen und stellt damit auch etwas Neues dar (Schroer 2006, S. 211).

Ein langer Aufstieg und ein steiler Abstieg durch Geröllfelder liegt hinter mir. Nach einer Pause ziehe ich meinen Rucksack wieder auf und gehe zügig in Richtung eines Bachs, dessen Verlauf mich hoch auf das Seeplateau führen soll. Dort möchte ich übernachten. In der Ferne höre ich das Rauschen. Angetrieben von dem Klang des Wassers gehe ich schneller, erreiche den Bach und folge seinem Verlauf bis zum Einstieg in den steilen Hang. Mehrere Wasserläufe plätschern über die Felsen hinunter. Ein kurzer heftiger Aufstieg teilweise mit Kletterpassagen liegt vor mir. Das Gelände ist nicht eindeutig, ein steiler Felshang mit Gras durchsetzt. Es ist feucht. Ein leichter Wind kommt auf, mir wird kalt. Mein Blick wandert rauf und runter. Plane eine Route mit dem bequemsten Weg und den geringsten Gefahrenfaktoren, versuche mir markante Orientierungspunkte zu merken. Ich versuche, das, was ich sehe und spüre, mir in körper-

liche Abläufe zu übersetzen, um mir Sicherheit zu geben. Versuche, mir eine genaue Vorstellung von der Situation zu machen, wie sie sich vor mir darstellt. Wie viel Kraft und Zeit brauche ich für diesen Aufstieg ohne zu erschöpfen? Wie ist meine körperliche Verfassung? Wo ist festes Blockwerk? Oberhalb des vorstehenden Felsblocks möchte ich auskommen, greife über meinen Kopf nach hinten an die Gurte des Rucksacks und ziehe ihn fest an meinem Körper heran. Dann den Hüftgurt mit einem kurzen, kräftigen Zug nach rechts. Mein Pulli piekt unter dem Hüftgurt; ich ziehe Ihn noch einmal glatt Richtung Hüfte, binde meine Schuhe fester. Ich gehe los. Auf diese Weise mit den Händen und Füssen in die Höhe zu steigen, bereitet mir Freude. Versuche, möglichst aufrecht zu bleiben und eine stabile Position zu halten. Steine und Grass sind 20 cm vor mir. Mein Atmen schlägt immer wieder gegen den Hang. Die Felsen, das Gras und die Wand spüre ich ganz nah bei mir. Die Sonne sitzt mir im Nacken, langsam taste ich mich mit den Händen und Füssen aufwärts. Das Gelände wird steiler und anstrengender und ich höre mein Atmen nun deutlicher. Ich bleibe in der Bewegung, halte meinen Körper im Gleichgewicht. Kann ich den Stein belasten? Rutscht er weg? Über dicke, rutschige Steinblöcke fließt das Wasser den Hang hinunter. Ich höre das Plätschern mal mehr, mal weniger. Der Wind wird kräftiger. Ich stütze mich mit beiden Händen auf der Kante ab, drücke mich hoch. Das Gewicht des Rucksacks zieht an mir, ich kann in den Ablauf des Sees sehen, Iban de Grist, 2 425 m.

Ein letzter kräftiger Abstoß mit dem rechten Fuß und ich bin oben. Ich bleibe stehen, freue mich über den festen Boden unter den Füssen. Ruhe mich aus. Mit beiden Händen halte ich mich an den Schultergurten meines Rucksacks fest, beuge mich leicht nach vorne, warte bis mein Atmen wieder ruhiger wird. Der Wind zieht über die Kante nun kräftiger. Der See liegt in der Abendsonne, eingefasst von der Bergen, mit Durchblicken in die Weite. Über dem Ablauf des Sees öffnet sich die Kulisse und gibt den Blick frei in ein südliches Tal. Wolken ziehen auf. Die Eindrücke stürzen auf mich ein. Die Hitze der Anstrengung geht. Ich spüre eine Erleichterung, langsam wird mir wohlig warm, an diesem Ort möchte ich die Nacht verbringen. Die Situation vermittelt mir ein bergendes Gefühl. Ein anstrengender Wandertag liegt hinter mir. Zu lange bin hier schon stehen geblieben, die Schatten werden länger und es ziehen Wolken auf. Ich schaue mich um und versuche mich zu orientieren. orientiere mich. Ich sehe den morgigen Aufstieg. In die eine Richtung umgibt ein flacher, steiniger, mit Gras durchsetzter Uferbereich den See. Auf der anderen Seite des Sees in Richtung des morgigen Aufstiegs scheint noch die Sonne. Gehe in diese Richtung. Am liebsten möchte ich direkt am See übernachten. Das Gelände ist sehr steinig, und fällt zum See hin ab. Zu steinig und steil für ein angenehmes Biwak. Meine Augen wandern hin und her, müde vom Tag achte ich auf die Bodenbeschaffenheit. Rechts von mir steigt ein Hügel auf, gehe windgeschützt weiter. Passiere eine kleine Quelle, die plätschert. Das beruhigt.

Nach einem steilen Aufstieg über 300 Höhenmetern mit teilweisen Kletterpassagen habe ich das Seeplateau erreicht. Entspricht der erste Eindruck meinen Erwartungen? Zunächst sehe ich keine Möglichkeit für ein angenehmes Biwak.

Das Gelände ist sehr steinig, und fällt zum See hin ab. Ich bin den Tag viel durch Steingeröll auf- und abgestiegen, immer wieder wegrutschende Steine empfand ich als Lärm gegenüber der sonstigen ruhigen Umgebung. So ist in der Suche meine Erwartung und Aufmerksamkeit darauf ausgerichtet, während des Gehens eine möglichst ruhige Übernachtungsstelle zu finden. Der Wunsch, auch die nächste Nacht sicher und angenehm zu verbringen, begleitet mich. Ich entscheide mich, weiter entlang des Sees zu gehen, in Richtung der gegenüberliegenden Seeseite, wo es noch länger Abendsonne geben wird. Ich passiere eine Quelle, an der ich später Trinkwasser holen könnte (s. Abb. 2).

Abb. 2

Weiter vor mir sehe ich eine kleine Landzunge, die mit einem großen Felsblock in den See hineinragt. Die Stelle scheint aus der Ferne optimal. Dort angekommen habe ich eine tolle Aussicht über den See in Richtung Sonnenuntergang. Lange Abendsonne, und es ist angenehm ruhig. Die Berge steigen direkt aus dem See auf. Es ist eine aufregende Kulisse. Gehe kurz auf und ab und entscheide, hier die Nacht zu verbringen. Ziehe meinen Rucksack aus, lehne ihn gegen einen Stein und öffne die Klappe. Beeile mich, denn es ziehen immer mehr Wolken auf. Hole schnell die Zeltplane hervor. Entscheide mich für das breitere Grasstück, so dass ich mir mit dem Zelt auch nicht die Aussicht versperre. Breite die Plane auf dem Grasstück aus, mit den Füßen abfallend zum See lege ich mich darauf, rolle mich hin und her. Das könnte gehen. Ein paar lose Steine entferne ich noch, die anderen Unebenheiten kann ich mit Kleidung ausgleichen.

Aus der Ferne scheint die kleine Landzunge, die mit einem großen Felsblock in den See hineinragt, optimal. Durch einen angrenzenden Hügel ist es windstill und der See ruhig. Im weiteren Gehen und Erfahren des Geländes präzisieren sich meine Vorstellungen zu der zukünftigen Biwakstelle. Ich versuche, mir die Stelle bereits näher in meine Vorstellungen zu holen, damit sie mir in dieser Weise vielleicht schon sicher ist. Um Biwakieren zu können, muss es einen Ort geben, an dem das Biwak errichtet wird. In den Bergen ist kein Ort, der auf meine Anschauung hin entworfen wäre (vgl. Seel 1991, S. 68). In den Bergen existieren keinerlei vorgegeben räumlichen Arrangements. Ich bin gewissermaßen aufgefordert, den Ort an dem ich mich für eine Nacht niederlassen will, neu zu erfinden, ich entwerfe diesen Ort selber. Es bedarf mehr als der schlichten räumlichen Anwesenheit, damit an diesem Ort ein Biwak entsteht, es bedarf bestimmter kultureller Praktiken und eines entsprechenden Habitus, um die gegebene Situation zweckbestimmt nutzen und aneignen zu können (Schroer 2006, S. 97).

> „Mein schlauchartiges, zum See hin geöffnetes Zimmer in der Universität sieht vor, dass ich am Fenster sitze. Wenn ich dagegen am See, im Wald, im Gebirge, in der Wüste stehe, ist da kein einziger Ort, an dem ich vorgesehen, der auf meine Anschauung hin entworfen wäre. Diesen Räumen, um es paradox zu sagen, ist nichts eingeschrieben als das Bewusstsein ihrer erhabenen Kontemplation." (Seel 1991, S. 68)

An der kleinen Landzunge angekommen entscheide ich, zu bleiben. Wohin ist mein Handeln beim Einrichten ausgerichtet? Zunächst Richtung Boden. Rollt der Stein, wenn ich meinen Rucksack dagegen lehne, weg? Ist die Liegestelle flach oder fällt sie zu einer Seite ab? Ist der Weg vom Zelteingang zur Kochstelle holprig? Habe ich auf meine Schritte zu achten, gerade, falls ich in der Nacht austreten muss? (S. Abb. 3)

Abb. 3

Das Zelt baue ich mit dem Eingang ins Gelände auf. Meine Wanderkleidung wird mir klamm am Körper. Tausche sie gegen trockene Sachen. Meine Socken ziehe ich über die Wanderstöcke. Meine Wanderschuhe stelle ich vorne in die Apsis. Die feuchten Sachen lege ich oben auf dem Felsblock, beschwere sie mit kleinen Steinen, der Wind und die Sonne werden sie vielleicht noch etwas trocknen. Ich ziehe den Schlafsack unten aus meinem Rucksack raus, werfe ihn mit der Hülle ins Zelt. Dinge für die Nacht, wie die Taschenlampe, hole ich hervor, stecke sie in die Zelttaschen. Langsam werde ich ruhiger mit meinen Bewegungen, das Wichtigste habe ich geschafft. Aus dem Rucksack hole ich den Kocher und die Lebensmittel und stelle sie auf die ebene große Felsplatte, die bietet sich fürs Kochen prima an. Lege meine Isomatte davor. Die Zeit drängt, immer mehr Wolken kommen auf. Es wird rasch kühler. Feuchtigkeit steigt auf. Ziehe mich noch wärmer an. Ich gehe zur Quelle und hole Trinkwasser. Fröstelnd sitze ich am See und koche. Leicht plätschert das Wasser gegen das Ufer. Bevor die Feuchtigkeit mir in die Kleidung kriecht, gehe ich ins Zelt.

Das Zelt, die Wanderstöcke, das Kochgeschirr, die Kleidung und den Rucksack platziere ich. Dieses Platzieren ist ein Aushandeln und Einpassen in das Vorgefundene. Meine Wahrnehmungen und Handlungen richten sich auf das Herstellen eines Lagers. Das Zelt baue ich mit seinem Eingang in Richtung Gelände auf. Eine kleine ebene Stelle für den Kocher mit einem Stein zum Ablegen von Geschirr. Zum Kochen möchte ich sitzen. Hat der Fels scharfe Kanten? Ist das Sitzen darauf angenehm? Wie führe ich meine Bewegungen aus? Sind meine Bewegungen langsam oder schnell? Das Einrichten soll zügig gehen. Ich beeile mich das Zelt aufzustellen, es einzurichten, meine Sachen zu platzieren, den Kocher bereitzustellen. Ist dies schon einmal geschafft, werden meine Bewegungen erst langsamer. Ich komme an. Verschwindet die Sonne gleich hinter dem Berg oder wird meine feuchte Wanderkleidung auf einem Stein noch ein wenig trocknen können? Die Temperatur wird sich auf jeden Fall deutlich unterscheiden. Der Wind kann das Hören beeinträchtigen, durch Windveränderungen kann sich die Geruchslandschaft ändern. Feuchtigkeit kann sich klamm anfühlen (Frers 2007, S. 25). Um die unterschiedlichen Handlungen zu vollziehen, brauche ich Zeit. So beeinflusst die Dauer der Zeit, die ich zum Beispiel benötige um Trinkwasser zu holen, meine Erfahrungen an diesem Ort. Alle diese Wahrnehmungen begleiten das Einrichten der Lagerstelle. Sie zeigen mir Handlungsoptionen und Einschränkungen auf und prägen meine Eindrücke von diesem Ort und Empfindungen an diesem Ort. Die Eindrücke stehen in Zusammenhang mit meiner eigenen leiblichen Verfassung. Je nachdem in welcher Stimmung ich gerade bin, nehme ich Eindrücke stärker oder weniger stark wahr und mein Wahrnehmen und Handeln ändern sich (Frers 2007, S. 66). (S. Abb. 4[2])

---

2 Anmerkung zu der Skizze: Ich habe den Verlauf einer spürbaren Grenze, die zwischen

Abb. 4

Für die Entstehung dieses Lagers interessiert nicht nur das Herbeigeschaffte – die Dinge, die ich bei der Wanderung im Rucksack mitführe –, sondern all das, was die Natur vorgibt (vgl. Löw 2001, S. 191). Die Entstehung dieses Lagers ist abhängig von den Naturgegebenheiten – wo kein See ist, kann dieser nicht in die Konstitution von Raum einbezogen werden –, ebenso ist die Entstehung abhängig von dem zuvor Erfahrenen. Ein steiler Felshang, den ich durchstiegen habe, prägt meint räumliches Handeln mit.

Meine körperlichen Möglich- und Notwendigkeiten, mein Habitus und die Körperlichkeit von den Dingen beeinflussen auf diese Weise die Entstehung des

mir und meiner Umgebung entsteht, in Grundriss-Skizzen festgehalten. Diese Grenze kann ich in den Skizzen verzeichnen, im Territorium aber wird man sie vergeblich suchen. Sie, die Grenze, entspricht dem Bedürfnis nach Eingrenzung und Ausgrenzung. In diesen Skizzen habe ich die positionierten Dinge festgehalten: *die Lage des Zeltes, der Kochstelle, der Sitzplätze, Position der Wanderstöcke.* Ich habe versucht, vor Ort die Situation, wie sie sich mir körperlich mitteilt, zu erfassen. Das Positionierte – *wie z. B. das Zelt* – habe ich in Relation zu den anderen Platzierungen – *zu den Wanderstöcken, der Kochstelle* – in die Skizze eingezeichnet, und in deren relativer Lage zu den Naturgegebenheiten und der Topographie – so, wie die Beziehungen sich für mich darstellen. In den Skizzen ist das Datum eingetragen und ein Pfeil informiert über die Himmelsrichtung. *Der Verlauf der Linie* der zuvor angesprochenen spürbaren Grenze, ist eingezeichnet. Mit den Skizzen habe ich versucht, mein individuelles Raumempfinden zu erfassen, sie sind aus meinem eigenen Gefühl für diese Situation an diesem Ort entstanden. Für jemand anderen wird sich die Situation an diesem Ort anders darstellen.

Biwaks. Die Übernachtungsstelle ist klein im Vergleich zu der Weite der Landschaft. Sie wird mit offenem Blick durchforscht, erkundet, in allen ihren Differenzen betrachtet und auf eine wohl empfundene Übernachtungsstelle hin ausgelotet. Über die Aufmerksamkeit entfalten sich Nischen, Winkel, Anlehnungsmöglichkeiten, Liegeflächen, Wärme, die Welt wird weiter an dieser Stelle und von meiner Wahrnehmung und dem Handeln erschlossen. Jede Ausrichtung der Aufmerksamkeit eröffnet einen spezifischen Raum, der sich mir als Wahrnehmende und Handelnde darbietet (Frers 2007, S. 53).

Das Biwak bietet mir eine Rückzugsmöglichkeit und erleichtert die Erholung (Peskoller 2007, S. 119). Es erzeugt ein Gefühl der Sicherheit. Das Biwak wird für die Dauer einer Nacht ein Ort der Orientierung, auf den hin alles Mögliche der Umgebung bezogen wird. Für diesen Zeitraum organisiere ich einen Übergang zwischen dem Vertrauten und dem Unvertrauten, dem Bekannten und Unbekannten. Vertraut ist der zurückliegende Weg, vertraut sind die Dinge, die ich mitführe. Vertraut sind die Handlungsabläufe wie der Zeltauf- und -abbau und das Ein- und Auspacken des Rucksacks. Solange ich die mir vertrauten Handlungen durchführen kann, vermitteln sie mir eine Form von Sicherheit und tragen zu einer Stabilisierung bei. Durch diese geschaffene Rückzugsmöglichkeit kann ich das Fremde, was noch vor mir liegt, als Bereicherung sehen.

Literatur

Frers, L. (2007): Einhüllende Materialitäten. Eine Phänomenologie des Wahrnehmens und Handelns an Bahnhöfen und Fährterminals. Bielefeld: transcript Verlag.

Löw, M. (2001): Raumsoziologie. Frankfurt am Main: Suhrkamp Verlag.

Peskoller, H. (2007): Biwak. In: Ch. Wulf/J. Zirfas, (Hrsg.), Muße. Paragrana Band 16. Heft 1. Berlin: Akademie Verlag, S. 113–125.

Schroer, M. (2006): Räume, Orte, Grenzen. Auf dem Weg zu einer Soziologie des Raums. Frankfurt am Main: Suhrkamp Verlag.

Seel, M. (1991): Eine Ästhetik der Natur. Frankfurt am Main.

Fotos und Skizze: Susanne Nemmertz

Überlegungen zur Entwicklung des Bergsports im Wandel der Zeit

Christian Smekal

In ihren umfangreichen Publikationen und Vorträgen bezeichnet sich Helga Peskoller als Philosophische Pädagogin. In ihren Schriften finden sich selten die hergebrachten Begriffe, wie „Erziehungswissenschaften bzw. Erziehung". Die Worte erziehen, aufziehen und das daraus abgeleitete Substantiv Zucht entsprechen nicht ihrem Bild vom Menschen. Im Menschen sieht sie ein ganzheitliches Wesen, dessen Bestimmungsgründe sich im Dreigestirn „Körper-Seele-Geist" manifestieren. Es geht ihr darum, das menschliche Verhalten aus dieser Wechselbeziehung zu erklären. Die Pädagogik versteht sie daher als eine interdisziplinäre Wissenschaft, die auch philosophische und psychologische Betrachtungsweisen einbeziehen muss. Mit dieser erweiterten Sicht will sie die Pädagogik zu einer „ästhetischen Bildungswissenschaft" führen.

Dieser erweiterte Ansatz der Pädagogik ist anfangs von manchen Vertretern der herkömmlichen „Erziehungswissenschaft" als zu weitgehend kritisiert worden. Helga Peskoller hat ihn jedoch in ihrem wissenschaftlichen Werk überzeugt vertreten und konsequent durchgehalten. Heute ist diese Sichtweise weitgehend anerkannt.

Helga Peskoller ist ein Kind der Berge. Als Kind und Jugendliche verbrachte sie viele Sommer in der luftigen Höhe einer 2 000 m hoch gelegenen Alpenvereinshütte, die ihre Eltern Jahrzehnte hindurch gepachtet und bewirtschaftet hatten. Dort wuchs sie gewissermaßen in die Bergwelt des romantischen Karwendelgebirges hinein. Viele Bergsteiger und Kletterer, die in der bekannten Bettelwurfhütte ein und aus gingen und von ihren erfolgreichen Klettertouren erzählten, weckten in ihr früh die Neugierde, sich selbst als Kletterin zu versuchen. Bald konnte man sie in felsigem Gelände und in steilen Felswänden bewundern.

Diese alpine Prägung findet in den wissenschaftlichen Arbeiten von HP einen deutlichen Niederschlag. Ein Schwerpunkt ihres Interesses gilt dem Spannungsverhältnis von Körper und Bewegung. Im Körper sieht sie zugleich den „Bewegten" und den „Beweger". Er kann Ruhe ausströmen, aber auch Unruhestifter sein. Nirgendwo kommt diese Wechselbeziehung zwischen bewegen und bewegt werden so unmittelbar zum Ausdruck wie beim Bergsteigen und Klettern. Bergsteiger machen die Erfahrung, dass der Körper sein „eigenes Wissen" hat. Er sendet einerseits Signale der Überlastung, Erschöpfung oder Ausweglosigkeit aus, andererseits vermittelt er positive Impulse und Anreize, wenn es gelungen ist, extreme Anstrengungen und Schwierigkeiten zu überwinden. So lernt der Bergsteiger, in seinen Körper hinein zu horchen und dessen nicht gedachte und nicht gesagte Reaktionen wahr- und ernst zu nehmen.

Im Folgenden möchte ich Helga Peskoller in drei kurzen Abschnitten einige Gedanken zur Entwicklung des Bergsteigens und des Bergsports widmen. Zunächst werde ich versuchen, dazu einige philosophische Überlegungen anzustellen. Im zweiten Teil will ich die wichtigsten gesellschaftlichen Triebkräfte der Entwicklung des Bergsteigens und des Bergsports aufzeigen. Abschließend muss ich auf die zunehmende Bedrängnis der Bergwelt durch rivalisierende Nutzungsansprüche seitens der modernen Gesellschaft eingehen.

1. Einige philosophische Überlegungen zum Bergsteigen und zum Bergsport

Nach dem gemeinsamen Symposion der drei Alpenvereine DAV, OeAV und AVS 1984 in Brixen setzte sich Elmar Landes (Landes 1986) in einer zusammenfassenden Nachbetrachtung mit dem „Plädoyer für eine positive Leistungskultur" von Hans Lenk auseinander. Der Sportphilosoph Lenk war ehemaliger Olympiasieger auf dem deutschen Ruderachter in Rom (1960). Er stellt in seinen Überlegungen den Begriff der „Eigen-Leistung" in den Vordergrund. Ein Wesenszug des Menschen sei es, sich selbst zu fordern und über sich selbst hinaus zu wachsen. Dies sei eine wesentliche Voraussetzung für seine Persönlichkeitsentwicklung. In diesem Sinne stellt die „Eigen-Leistung" für Lenk eine „schöpferisch-kreative Entäußerung" des Menschen dar.

Lenk geht von der Beobachtung aus, dass die moderne „informationsgeleitete und datenmanipulierte Sekundärwelt" den Menschen tendenziell zu einem Konsumsubjekt degradiert und seine Spielräume für „eigenleistendes" Handeln immer mehr einschränkt.

Die Überlegungen von Lenk könnten missverstanden werden. Denn die moderne Gesellschaft wird ja immer wieder als Leistungsgesellschaft definiert und kritisiert. Diese Kritik bezieht sich allerdings in erster Linie auf den Leistungsdruck, der im täglichen Konkurrenzkampf „von außen" erzeugt wird und die Menschen unter psychischen Stress setzt. Lenk verwendet für sein Konzept der „Eigen-Leistung" offensichtlich einen engeren Leistungsbegriff. Er sieht Leistung in engem Zusammenhang mit dem Begriff „EIGEN", das den Gegensatz zum Begriff Leistungsdruck ausdrückt. Die moderne Gesellschaft sei nämlich weniger eine Leistungs- als eine Erfolgsgesellschaft. Selbstdarstellung, Selbstbehauptung, Aufmerksamkeit und Prestige seien wichtiger als persönliche Eigenleistung. Mit dieser Ansicht erhält der Eigen-Leistungs-Begriff von Lenk gewissermaßen normativen Charakter. Eigen-Leistung im Sport bzw. im Bergsport wird als eine Möglichkeit gesehen, aus der fremdbestimmten Leistungsgesellschaft auszubrechen.

Eine Übersteigerung des Leistungsbegriffs in Verbindung mit dem Gedanken der Selbstverwirklichung findet sich bei Helmut Zebhauser (Zebhauser 1987). Seine Überlegungen über das „Bergsteigen im Spiegel der Psychologie oder im Licht der Philosophie" richten sich auf das Felsklettern als Extremform des Bergsteigens. Ihn beschäftigt die Frage, ob das extreme Bergsteigen in seiner „Reinstform" Ausfluss eines rationalen Denkaktes darstellt oder einem „trunkenen Seelenzustand" entspringt. Für Zebhauser ist das Extremklettern „der reine Rausch an der Tat". Es sei die unsinnigste Form des Bergsteigens, da es das mechanische Tun an die Stelle des reflexiven Handelns stellt. Der Extremkletterer agiert wie eine Maschine und wird selbst zu einer Maschine. Nicht der Umgang mit dem Berg, sondern der Umgang mit sich selbst leitet sein Tun. Die Erfahrung der Schönheit der Bergwelt oder der Ehrgeiz des Gipfelsieges spielen bei ihm keine Rolle mehr.

Während Zebhauser den extremen Kletterer als seelenlosen Roboter sieht, entwickelt der amerikanische Sportphilosoph Howard Slusher eine metaphysische Dialektik des Extremkletterns. Die existenzielle Herausforderung des Menschen sei das „Seins-Risiko" schlechthin. Der Mensch ist in seinem Leben grundsätzlich und immer der Gefahr von Niederlage und Tod ausgesetzt. Das Risiko des Todes begleitet ihn von seiner Geburt bis zum Tod. Der Extremkletterer besiegt jedoch „symbolisch den Tod, indem er die Todesfurcht überwindet".

Völlig entgegengesetzt nähert sich der Neurologe und Psychologe Viktor Frankl (1905–1989) (Frankl 1987) dem Sinn des Bergsteigens. Frankl war in seiner Jugend ein begeisterter Bergsteiger und Kletterer. Im Jahre 1934 trat er in den „Alpenverein Donauland" ein, jener ehemaligen Sektion des Deutschen und Österreichischen Alpenvereins, die 1924 aus dem Verein ausgeschlossen wurde und bis 1938 als selbstständige Vereinigung jüdischer Bergsteiger überlebte (Achrainer/Mailänder 2011). Glücklich zurückgekehrt aus den Konzentrationslagern Theresienstadt, Auschwitz und Dachau veröffentlichte er 1946 das Buch „Trotzdem ja zum Leben sagen", das zu einem der meist gelesenen Bücher der Nachkriegszeit geworden ist. Aus Anlass der 125 Jahrfeier des Österreichischen Alpenvereins im Jahr 1987 in der Wiener Hofburg hielt Frankl die Festrede zum Thema: „Der Alpinismus und die Pathologie des Zeitgeistes".

Frankl geht davon aus, dass der Mensch in der Wohlstands- und Überflussgesellschaft „biologisch unterfordert" ist. So sucht er für sich „Notwendigkeiten höherer Art, indem er aus freiwilligen Stücken von sich etwas fordert". Bis dahin trifft sich Frankls These mit dem Konzept der „Eigen-Leistung" von Lenk. Frankl geht aber weiter und verbindet das Eigen-Leistungskonzept mit der Idee des Verzichts und der Askese. Im Wohlstand und Überfluss versuchen Menschen, sich „Oasen der Askese" zu schaffen, um freiwillig und ohne Zwang zu sich selbst zu finden.

Eine solche Oase kann der Bergsport bieten. Bergsteiger und Kletterer fordern sich, indem sie nicht den Weg des geringsten Widerstandes gehen. Sie nehmen Mühen, Schwierigkeiten und Gefahren auf sich, weil sie ein „höheres Ziel" anstreben. Sie wollen ihre persönlichen Grenzen ausloten und soweit wie möglich hinausschieben. Das Sinnbild des Bergsteigers, der unter größten Anstrengungen sein selbst gestecktes Ziel verfolgt und nicht aufgibt, kann ganz allgemein für die Herausforderungen des Lebens gelten. Es weist nach vorne auf die Zukunft, auf eine positive Einstellung zur Bewältigung des Lebens und damit auf den Sinn des Lebens. Es gilt: „Trotzdem ja zum Leben sagen."

Der bekannte Innsbrucker Bischof Reinhold Stecher (Stecher, 1986) kann als Tiroler Bergbischof bezeichnet werden. Bergerlebnisse sind für ihn Wege zu einem „tieferen Sinn des Lebens". In seiner Zeit als Religionslehrer hat er zahllose Schulklassen und Jugendgruppen in die Berge geführt und ihnen die Grundkenntnisse des Bergsteigens beigebracht. Er selbst war oft in den Bergen unterwegs und konnte stolz auf durchaus anspruchsvolle Gipfelbesteigungen verweisen. Seine Bergerfahrungen hat er in wunderbaren, meist mit selbst gemalten Bildern illustrierten Büchern beschrieben.

Berge sind für Stecher unverrückbare Urgewalten, die nicht nur physisch, sondern auch symbolisch hoch über den Menschen stehen. Sie zeigen den Menschen ihre Kleinheit und Vergänglichkeit sowie ihre Beschränktheit und Unwichtigkeit. Die gewaltigen Bergkulissen lassen die Wanderer manchmal einen „Hauch von Ewigkeit" spüren und in ihnen ein Gefühl der Ehrfurcht vor der Schöpfung entstehen. Der Bischof stellt die rhetorische Frage, wem die Menschen das Geschenk der Bergwelt verdanken: „An welche Adresse sollen wir unseren Dank richten? So mancher kann darauf im Natur- und Bergerlebnis seine persönliche Antwort finden".

2. Zur gesellschaftlichen Entwicklung des Bergsteigens und des Bergsports

Am Beginn standen die Entdeckerfreude und Neugierde von Forschern, die im Geiste der Aufklärung den Bergen ihre bisher gehüteten Geheimnisse entlocken wollten. Im Jahre 1786 beauftragte der Geologe Horace Benedict Saussure die Bergsteiger Paccard und Balmat erstmals den Mont Blanc zu besteigen (Grimm 1987). Sie sollten für ihn Beobachtungs- und Messgeräte hinaufschaffen. 80 Jahre später erfolgte 1862 die Gründung des Österreichischen Alpenvereins in der Akademie der Wissenschaften in Wien. Die Mitglieder bestanden überwiegend aus Naturforschern, die sich aus Geographen, Geologen, Glaziologen und Meteorologen zusammensetzten. Für ihre wissenschaftlichen Geräte und zu ihrem Schutz vor Wetterunbilden bauten sie erste einfache Unterstände. Ihre Forschungsergebnisse stellten sie jeweils in Jahrbüchern der wissenschaftlichen Öffentlichkeit vor.

Die wissenschaftliche Erforschung der Bergwelt ist in den letzten 100 Jahren weitgehend auf die Universitäten und auf spezielle Forschungsinstitute übergegangen. In vielen Bereichen hat sich jedoch bis heute eine gute Zusammenarbeit mit den großen Alpenvereinen erhalten.

Bereits sieben Jahre nach der Gründung des Österreichischen Alpenvereins kam es im Jahre 1869 zur Gründung des Deutschen Alpenvereins in München. Dessen Mitglieder verfolgten von Anfang an praktische Ziele. Sie wollten die Täler und Berge der Alpen erwandern und besteigen. Mit unvorstellbarer Begeisterung begannen sie, Wege und Steige anzulegen und erste feste Unterkünfte zu bauen. Sie scheuten keine Distanzen und strömten in großer Zahl aus Deutschland und den Ländern der österreichisch-ungarischen Monarchie herbei.

Der breite und anhaltende Zug in die Bergwelt findet seinen Ursprung in den umwälzenden Veränderungen des 18. und 19. Jahrhunderts. Die explosionsartige Bevölkerungsvermehrung und die damit einhergehende technische Revolution ließen rasch wachsende Großstädte entstehen. Die neuen Industrien benötigten Arbeitskräfte, die aus den ländlichen Gebieten in die Städte strömten. In der städtischen Bevölkerung machte sich bald das Gefühl der Unübersichtlichkeit, der Unsicherheit und der Zukunftsangst breit. Viele Menschen fühlten, dass ihnen die Hektik und Enge des städtischen Lebens die „Luft zum Atmen" nahm. So begannen sie, nach Möglichkeiten zu suchen, wie sie ihr seelisches und körperliches Wohlbefinden wieder in ein gesundes Gleichgewicht bringen könnten. Diese Sehnsucht löste um die Jahrhundertwende vom 19. ins 20. Jahrhundert jene breite „Körper-Kultur-Bewegung" aus, die sich die Ertüchtigung des Körpers als eine Voraussetzung für ein gesundes und freies Leben zum Ziele setzte.

Die „Körper-Kultur-Bewegung" erlebte in kürzester Zeit einen ungeahnten Aufschwung. Sie erfasste viele verschiedene Sportarten, wobei vor allem die Turnbewegung hervor zu heben ist. Eine besondere Entwicklung erfuhr das Erwandern der Bergwelt. Mit den anderen Sportarten hat diese neue Art des Bergsports zwar die Voraussetzung der körperlichen Fitness gemeinsam, sie ist jedoch keine Wettkampf-Sportart. Bergwanderer, Bergsteiger und Kletterer sind in der Regel Einzelkämpfer, die ihre Leistungsfähigkeit an sich selbst messen. Körperliche Anstrengungen sind für sie die Voraussetzung für Bergerlebnisse, die sie aus einer engen Verbindung von körperlichen und geistig-seelischen Erfahrungen schöpfen. Selbst wenn Bergwanderer und Bergsteiger zu zweit oder in Gruppen unterwegs sind, stehen Gleichschritt, Rücksichtnahme, Kameradschaft und das gemeinsame Bergerlebnis im Vordergrund. Nicht zuletzt auf Grund dieser qualitativen Werte hat das Bergwandern und Bergsteigen bis heute nichts von seiner Faszination verloren.

Allerdings haben sich seit dem Beginn des Aufbruchs in die Bergwelt mit der Veränderung der gesellschaftlichen Verhältnisse auch dessen Beweggründe geändert. Ging es den Menschen zunächst darum, aus der städtischen Beengtheit auszubrechen, so ist es heute in erster Linie der Stress der lebensbestimmenden Überfluss- und Konsumgesellschaft, der viele Menschen veranlasst, ein selbstbestimmtes „Alternativ-Programm" in der Natur- und Berglandschaft zu suchen.

Freilich ist nicht zu übersehen, dass sich in den letzten Jahrzehnten auch ein „lauter Bergsport" als Massenbewegung entwickelt hat. Verkehrserschließungen bis in die hintersten Täler und zu den Gletschergebieten, Panorama Straßen sowie hoch technisierte Seilbahnsysteme befördern Tausende von „Turnschuh- und Halbschuhtouristen im Sommer und perfekt ausgerüstete Sportler im Winter" rasch und mühelos in die Höhe. Vor der modernen Technik sind die Berge nicht mehr sicher. Sie ist jederzeit in der Lage, Berge zu durchbohren, zu begradigen oder zu kappen. Das anhaltende Vordringen in die Bergwelt scheint nur mehr eine Frage des Geldes und des Profits zu sein. Die Touristen lassen sich von der kühnen Technik und der alpinen „Luftschloss-Architektur" faszinieren und genießen die (lauten) alpinen Vergnügungsangebote. Sie kaufen ihr Bergerlebnis wie ein Konsumgut. Ihrem sportlichen Vergnügen gehen sie bestens ausgestattet, risikolos und bequem nach. So ist eine andere Form des Bergsports entstanden, die Ausfluss einer technisierten Event-Kultur ist und eher als Vergnügungssport bezeichnet werden kann. Mit einer sportlichen Herausforderung im Sinne einer selbstbestimmten Eigen-Leistung hat sie nichts mehr zu tun.

3. Die Bergwelt im Würgegriff zwischen Erschließung und Bewahrung

In ihrem Beitrag „Facetten der Moderne – Alpinistische Praktiken" weist Waltraud Krainz (Krainz 2019) darauf hin, dass sich im Alpinismus heute die zwei großen geistigen Ströme unserer Zeit entgegenstehen: der Fortschrittsglaube und die Fortschrittskritik.

Der Fortschrittsglaube ist ein Kind der Aufklärung. Er beruht auf der Annahme, dass die menschliche Vernunft in der Lage sei, gesellschaftliche Zustände in der zeitlichen Abfolge jeweils und ständig auf ein höheres und besseres Niveau zu heben. Diese Auffassung impliziert die Schlussfolgerung, dass es mit Hilfe der Wissenschaft und Technik grundsätzlich möglich ist, eine unbegrenzte Höherentwicklung der gesellschaftlichen, wirtschaftlichen und zivilisatorischen Verhältnisse herbei zu führen. Wie uns die Geschichte lehrt, kann dies in der Vergangenheit, vor allem in der jüngeren, keineswegs beobachtet werden. Abgesehen davon muss auch auf den logischen Widerspruch hingewiesen werden, dass ein Wachstum nur dann dauerhaft und unbegrenzt sein kann, wenn auch die dafür notwendigen Ressourcen unbegrenzt zur Verfügung stehen. Fortschrittskritiker wenden daher zu Recht ein, dass der Fortschrittsglaube unter dem fundamentalen Fehler der „Naturvergessenheit" leidet. Er vernachlässigt nämlich, dass es in unserer Welt zwei unersetzliche, nicht vermehrbare „Produktionsfaktoren" gibt, die ein unbegrenztes Wachstum notwendigerweise begrenzen: der vorhandene Boden und die Natur bzw. die Naturlandschaft. Aus dieser Begrenztheit folgt, dass es um die Nutzung und den Verbrauch dieser beiden Faktoren in der Gesellschaft zwingend zu rivalisierenden Ansprüchen kommen muss, die nur in einem konstruktiven Interessenausgleich gelöst werden können.

Der Bevölkerungszuzug vom Land in die Städte hat in der Mitte des 20. Jahrhunderts zu einer Urbanisierungsbewegung in die entgegengesetzte Richtung geführt. Heute sind es die Städter, die ihre urbanen Annehmlichkeiten auf das Land exportieren. In den städtischen Kernen konzentrieren sich die geschäftlichen und beruflichen Funktionen, während das Wohnen immer mehr an die Ränder und auf das Land gedrängt wird. Auf dem Land wollen die neuen Bewohner zwar die bessere Luft genießen, aber nicht auf die städtischen Annehmlichkeiten verzichten. Beste Verkehrsanbindungen, leicht zugängliche soziale und kulturelle Einrichtungen und großzügige indoor- und outdoor-Sportstätten gehören heute zu selbstverständlichen Attributen des urbanen Wohnstandards. So entsteht eine weitflächige Zersiedelung, die immer mehr in bisherige Kultur- und Naturlandschaften vordringt. Die Urbanisierung des städtischen Umlandes ist per se nicht schlecht und erfüllt eine wichtige gesellschaftliche Funktion. Aber angesichts des umfangreichen und steigenden Landverbrauchs drängt sich immer deutlicher die Notwendigkeit auf, nach Wegen zu suchen, wie die ebenso berechtigten Interessen des Landschafts- und Naturschutzes stärker berücksichtigt und unterstützt werden können.

Im übertragenen Sinn kann auch der „laute Bergtourismus" als eine Form der Urbanisierung bezeichnet werden. Der Bergtourist kann in seinem Urlaubsort alle Annehmlichkeiten genießen, die ihm auch in seinem Wohnort zur Verfügung stehen. Die großen Tourismuszentren bieten alles an, was auch in großen Städten zu finden ist. Exquisite Hotellerie, Wellness- und Gesundheitseinrichtungen, Luxusgeschäfte aller Art und attraktive Vergnügungsstätten sorgen für das Wohlbefinden im Ort. Auf den Bergeshöhen kann der Tourist in gläsernen Gipfelrestaurants, auf Panorama Plattformen und Event-Hängebrücken die Bergwelt bewundern. Hoch über der Waldgrenze werden sogar große Bühnenaufbauten errichtet, um Konzerte für ein breites Publikum anzubieten. Will sich der Tourist aber „ganz zu Hause" fühlen, so stehen für ihn schmucke Ferienhäuschen bereit, in denen er mit allem Komfort ein Leben wie in seinem eigenen Heim führen kann.

Im Wettbewerb zwischen den großen Tourismuszentren wird jede Möglichkeit der Attraktivitätssteigerung genutzt. Es scheint der Grundsatz des „immer mehr, immer weiter und immer höher" zu gelten. Der enorme Landverbrauch und das unaufhaltsame Vordringen in die noch unerschlossene Berglandschaft lässt sich zwar mit der Schaffung von Erwerbs- und Beschäftigungsmöglichkeiten begründen. Andererseits muss dieser Argumentation mit gleicher Berechtigung entgegengehalten werden, dass wirtschaftlich bedingte Erschließungen in der Bergwelt einen endgültigen Verlust einer unerschlossenen Naturlandschaft zur Folge haben, die ihrerseits nicht unbegrenzt vorhanden ist. Ihre „grenzenlose" Zerstörung kann daher keine rational begründbare Strategie sein.

Das Konzept des unbegrenzten Wachstums hat an der Wende zum 21. Jahrhundert durch das Fortschreiten des Klimawandels eine drastische Erschütterung erfahren (Erlacher 2014). Der unaufhaltsame Anstieg der Treibhausgase ließ viele Länder die Reißleine ziehen und den Ausstieg aus den fossilen Brennstoffen Öl, Gas und Kohle verkünden. Der Umstieg auf die sauberen Solar-, Wind- und Wasserkraftenergien wird seither mit hoher politischer Priorität und finanzieller Förderung betrieben. Die besondere Herausforderung besteht dabei darin, dass der Umstieg nicht nur den bisherigen Energiebedarf ersetzen, sondern vor allem auch den künftig ansteigenden Bedarf bewältigen muss. Sonnenenergie ist zwar theoretisch unbegrenzt vorhanden, ihre technische Verwertbarkeit steckt jedoch noch in den Anfängen. Wind- und Wasserkraft als Alternativenergien werden nach dem bisherigen Stand der Technik nicht in der Lage sein, die bisherige Energie aus fossilen Brennstoffen zu ersetzen. Selbst wenn ihnen eine Hauptlast zugedacht wäre, würde das nur mit einem extrem hohen Landschaftsverbrauch möglich sein. Die Windkraft würde riesige Flächen zu Wasser und zu Lande erfordern, der Stromtransport würde ein Vielfaches an Verbindungs- und Überlandleitungen quer durchs Land benötigen und die topografischen Möglichkeiten der Errichtung weiterer Speicherkraftwerke in den Alpen würden bald an ihre Grenzen stoßen.

Damit zurück zur Bergwelt: In den Berggebieten der Alpen spiegelt sich das Spannungsverhältnis zwischen den Interessen der wirtschaftlichen und touristischen Erschließung und den Interessen der Bewahrung einer unerschlossenen Bergwelt besonders deutlich wider. Verkehrs-, Wirtschafts-, Tourismus- und Energieinteressen sind in der Lage, starken Druck auf die Öffentlichkeit auszuüben und ihre Nutzungsansprüche an die Bergwelt mit großem Nachdruck zu vertreten. Die Vertreter des Natur- und Bergschutzes haben es dagegen nicht leicht, ihren Argumenten für die Erhaltung einer unerschlossenen Bergwelt ein ebenbürtiges Gewicht zu verleihen. Trotz intensiver Bemühungen von nationalen und internationalen Natur- und Bergschutz-Organisationen sowie von vielen alpinen Vereinen ist es noch nicht gelungen, geeignete und wirksame Instrumente der Interessensabwägung zu finden. In der Auseinandersetzung zwischen den konkreten wirtschaftlichen Interessen und den qualitativen Interessen des Schutzes einer unerschlossenen Bergwelt erweisen sich die Letzteren strukturell und tendenziell stets als die Schwächeren. Dieses Dilemma ist ein

Grund dafür, dass sich viele alpine Vereine, die einst ausgezogen sind, die Bergwelt zu erobern, heute in einer Doppelfunktion als Bergsteiger- und als Berg-Naturschutzvereine verstehen.

Literatur

Achrainer, M./Mailänder, M. (2011): Der Verein. In: Alpenvereine DAV, OeAV, AVS (Hrsg.), Berg Heil – Alpenverein und Bergsteigen 1918–1945, S. 193–318.

Erlacher, R. (2014): In der Wende alles im Blick? Klimawandel, Energiewende und Naturschutz im Alpenraum. Alpenvereinsjahrbuch Berg, 138, S. 10–21.

Frankl, V. (1987): Der Alpinismus und die Pathologie des Zeitgeistes. In: OeAV-Mitteilungen 6/87, S. 12–14.

Grimm, P. (1987): Mont Blanc: 1. Kapitel des Alpinismus – Die überfällige Revision eines Geschichtsbildes. Alpenvereinsjahrbuch Berg 87, 111, S. 103–112.

Krainz, W. (2019): Facetten der Moderne – Alpinistische Praktiken im Spiegel der Gesellschaft. Alpenvereinsjahrbuch Berg 2019, 143, S. 54–65.

Landes, E. (1986): Brixner Perspektiven – Nachbetrachtungen zum Alpenvereinssymposion 1984. Alpenvereinsjahrbuch Berg 86, 110, S. 41–58.

Stecher, R. (1986): Botschaft der Berge. Innsbruck: Tyrolia.

Zebhauser, H. (1987): Meditation, Sport, Musik – Bergsteigen im Spiegel der Psychologie oder im Licht der Philosophie. Alpenvereinsjahrbuch Berg 87, 111, S. 97–102.

Über Synchronisation als Erfahrung

Cornelie Dietrich

Synchron oder asynchron, digital oder analog – wie lässt sich Lehren und Lernen zu Zeiten der Pandemie realisieren und was davon erweist sich für eine ungewisse Zukunft als hilfreich? Während aktuelle Debatten sich wesentlich mit den Hoffnungen auf eine fortschreitende Digitalisierung des Pädagogischen sowie mit deren kritischer Reflexion befassen, soll hier das Phänomen der Synchronisation thematisiert werden. Im aktuellen Diskurs um die Lernorganisation in Schule und Universität ist es vor allem die (virtuelle) Kopräsenz der Gruppenmitglieder, die Erwartungen an ein gemeinsames, synchrones Lernen zu erfüllen scheint, während man bei asynchronen Lernarrangements eher auf individualisiertes Lernen vertraut, in dem jede*r ihr und sein eigenes Tempo verfolgen kann. Als Gleichschrittigkeit steht synchrones Schüler*innenverhalten im Verdacht einer vielleicht nicht mehr angemessenen Disziplinierung der Schüler*innen. Es gelangt so in Zeiten der Pandemie unter das pädagogische Brennglas, was länger schon thematisiert und in vielfältigen Praktiken realisiert wird: die stärkere Berücksichtigung individualisierter Lernbewegungen – im Wochenplan, Lernbüro, selbstbestimmten Aufgabenabfolgen oder selbst terminierten Einzeltests. Vielleicht ist Synchronisation als Dimension der Lernorganisation dabei, von der pädagogischen Bühne zu verschwinden? Am ehesten erfährt sie Aufmerksamkeit noch als Gemeinschaft stiftendes Ritual, das den individualisierten Unterricht eröffnet oder beschließt, die Phasenübergänge choreografiert, in der chorisch gesprochenen Begrüßungsliturgie, dem gemeinsamen Gang auf den Hof etc. – und natürlich in der Musik und im Tanz. Synchronisation ist ein zeit-relationales Geschehen in Bewegung; mindestens zwei Systeme, Personen, bewegte Gegenstände oder Verläufe werden synchronisiert oder synchronisieren sich, kommen in eine geteilte Zeit und verlassen sie wieder. Welche Erfahrungen sind damit verbunden? Und welche Bedeutungen haben diese Erfahrungen für pädagogische Prozesse?

Zu differenzieren ist Synchronisation als ein kulturell vielfältiges und in der Erfahrung des Menschen komplexes Phänomen allerdings zuallererst von Simultaneität oder Gleichzeitigkeit, obwohl es in Gegenüberstellung zum Diachronen oft in diesem Sinne verwendet wird.

> „Synchronisation zielt ja einerseits auf die Herstellung von Gleichzeitigkeit (wie bei der Schnittklappe am Filmset oder beim Startschuss zu einem Wettrennen) […]; andererseits bezweckt sie eine Art von Rhythmisierung, also die geregelte Vermeidung

von Gleichzeitigkeit, beispielsweise im Verkehr, auf Börsen oder Autobahnen.“ (Kassung/Macho 2012, S. 15)

Das Simultanübersetzen bei internationalen Konferenzen soll ein gleichzeitiges Verstehen in zwei Sprachen ermöglichen, die Sprecher*innen von Text A und Text B sind nur semantisch, vielleicht prosodisch aufeinander bezogen, bleiben aber als zwei Personen mit zwei Texten präsent. Das Synchronsprechen von Filmen hingegen ist ein Ereignis, in dem zwei Personen in der Erfahrung der Zuschauer*in zu einer werden: Der ursprüngliche Text A wird als Lautgestalt zum Schweigen gebracht, ist nur noch sichtbar in der Leibgestalt des Schauspielers und wird synchronisierend hörbar gemacht in Text B, dessen Sprecher wiederum ohne Leibgestalt anwesend ist. Zwei unterschiedliche Systeme schieben sich ineinander und bringen ein Neues, Drittes hervor, das als Einheit erlebt wird. Dieses Dritte ist nicht nur artifiziell, sondern auch fragil, nämlich von Asynchronizität stets begleitet und bedroht: Synchronisation von System A mit System B fasziniert auch durch die immer anwesende Möglichkeit des erneuten Auseinanderfallens; wir erleben es im Verkehrsstau ebenso wie beim Seilspringen oder im gemeinsamen Einstudieren eines Songs mit verschiedenen Parts.

Klaus Prange hat der Synchronisation einen zentralen Stellenwert in seiner operativen Pädagogik eingeräumt. Er bestimmte mit ihr die didaktisch zu realisierende Notwendigkeit, verschiedene Zeiten des Unterrichts – eine gegeben objektive und eine als Phänomen der Zeitlichkeit erlebte – in Übereinstimmung zu bringen (vgl. Prange 1995; 2005). Mich interessiert im Folgenden *die Erfahrung* der Synchronisation, die an drei Orten, dem Dialog, dem schulischen Lernen und der musikalischen Praxis aufgesucht wird.

1. Synchronisation im Dialog: gelingende Abstimmung

In der psychologischen Forschung mehren sich die Versuche, Synchronisierung in der zwischenmenschlichen Interaktion zu thematisieren und empirisch zu erforschen (Beyer et al. 2017; Altmann 2012). Thematisch wird dabei eine leiblich sich äußerndes und präreflexiv zu verortendes Ereignis der gegenseitigen Abstimmung, das in dichten Dyaden wie etwa der von Mutter und Kind (Papousek 1994; Gutknecht 2012), von befreundeten Kindern (Hermkes 2006) oder erwachsenen Paaren (Schumann 2017) im Privaten oder auch im professionalisierten therapeutischen Dialog (Tschacher/Ramseyer 2017) untersucht wird. In Mimik, Körperhaltung, Gestik und Sprache lässt sich die gegenseitige Abstimmung zwischen Personen multimodal als Moment der Interaktionsdynamik untersuchen. Dabei ist auch in diesen Untersuchungen das Asynchrone im Sinne einer irritierten Abstimmung, eines gestörten Miteinander-Schwingens immer Teil der Prozessverläufe. So untersuchte Schumannn (2017) zwei verschiedene Formen von Synchronisation, nämlich die erlebte und die nach einer Störung wiederhergestellte Gemeinsamkeit eines Paares im Gespräch. Im ersten Fall lässt sich die erlebte Synchronisation als performativer Ausdruck des Abgestimmt*seins* verstehen; es ging dabei um das Erzählen einer gemeinsam als angenehm erlebten Situation. Im zweiten Fall hingegen wird Synchronisation als Methode der *Wiedererlangung* von Mutualität zwischen den beiden Partnern interpretiert: Während auf Ebene der wortsprachlichen Semantik eine Irritation entstanden ist, agieren beide gestisch und prosodisch – über echoing, Sprechpausen, offene Hand- und Armgesten – so, dass ein gemeinsamer Fokus wiederhergestellt wird (ebd., S. 172). Dies weist darauf hin, dass Prozesse der Synchronisation nicht in einer einfachen Ursache-Wirkungs-Relation zu verstehen sind. Weder ist das synchronisierte Verhalten zwischen Partner*innen im Dialog Ausdruck von im Inneren bereits erfolgten Abstimmungsprozessen, noch lässt sich diese Abstimmung allein durch ein synchronisiertes äußeres Verhalten herstellen. Ähnlich wie bei der Geste handelt es sich um ein zirkuläres, interdependentes Geschehen zwischen Innen und Außen, das als ein Merkmal der Interaktion, nicht der Personen, zu verstehen ist. Altmann (2012) fasst zusammen: „Insgesamt gesehen indiziert die häufige Synchronisation des nonverbalen Verhaltens eine gelingende Interaktion im Sinne des Vorherrschens von Einigkeit und Verbundenheit. Zudem synchronisieren Personen häufig ihr Verhalten, wenn sie sich wohl fühlen bzw. die Interaktion als angenehm empfinden." (ebd., S. 9) Die erlebte Verbundenheit kann beruhen auf „einer gleichen Meinung, den gleichen Gefühlen oder auf [...] Zugehörigkeit zu einer gemeinsamen sozialen Einheit" (ebd. S. 11).

2. Synchronizität in der Schule: Einüben kultureller Zustimmung

Im Unterschied zu den eben besprochenen Abstimmungsprozessen unter Freund*innen oder Partner*innen gibt es jedoch in der Schule oft einen externen Taktgeber, die Lehrerin, die Glocke, die Klangschale oder Trillerpfeife. Schon seit dem Mittelalter dienen akustische Signale im öffentlichen Raum als „metakommunikative Adressierungen" (Macho 2013, S. 67), mit denen kommuniziert wird, dass kommuniziert werden soll oder kann. „Während die Kirchenglocken den Beginn, den Höhepunkt oder das Ende der Kommunikation mit Gott anzeigten, riefen Gemeindeglocken zur Beratung, Werkglocken annoncierten Arbeitsbeginn oder Feierabend, [...] Marktglocken erklangen bei der Öffnung und Schließung des Marktes." (ebd.) Eine spezifisch sprachliche Form der Synchronisation von subjektiver Eigenzeit und objektiv gegebener Zeit bildet dabei der Befehl, welcher „die Intention des Befehlenden (des ‚Senders') und die Aktion des Befehlsempfängers [synchronisiert]. Der Zeitpunkt der Befehlserteilung und der Zeitpunkt der Befehlsausführung müssen zwar nicht übereinstimmen; aber ihr Verhältnis muss exakt geregelt werden. [...] Der Befehl antizipiert zwingend seine Verwirklichung; und darin vernichtet er – im Gegensatz zum Beratungsprozess, aber auch zur bloßen Empfehlung oder zum Vorschlag – die Zeitspanne eines möglichen Aufschubs“ (Macho 2013, 66). Die Adressierung des Befehls setzt allerdings Empfangsbereitschaft voraus, das heißt die synchronisierten, aufeinander abgestimmten Folgen von Befehl und seiner Ausführung, von Diktat und Schreibvorgang, von Begrüßen und Aufstehen, Setzen und Sprechen müssen leiblich eingeübt und vollzogen werden als ein Geschehen des zeitlichen Übereinstimmens. Der Befehl in der Schule hat laut Prange eine doppelte Funktion, diejenige der Disziplinierung und Synchronisation mit den anderen sowie diejenige der Relevanzsetzung. Wertsteigerung durch Verknappung wird gekoppelt an das Erfordernis der Gleichzeitigkeit.

> „[...] ‚Mach zu und trödel nicht herum!‘ [...] Zeitverknappung und Zeitdruck sind probate Mittel, disziplinierend auf das Verhalten einzuwirken. Indem Dringlichkeit geltend gemacht oder simuliert wird, lässt sich die Bedeutung der Themen akzentuieren. Bei alledem lernen die Kinder auch, mit Zeit umzugehen, sie zu organisieren, fertig zu werden oder eben auch ihre Erzieher damit zu ärgern, dass sie sich Zeit lassen.“ (Prange 2005, S. 111)

All diese Beispiele zeigen, dass Synchronisation in der Schule eingebettet ist in machtvolle Strukturen der Disziplinierung, die Kinder zu erlernen haben, damit in der „Zeit der Schule“ (Prange 1995) die kulturellen Zusammenhänge, Wissensbestände und Fertigkeiten wie im Zeitraffer an und in das Kind gebracht werden können. Es geht also schulisch nicht nur um ein interpersonale Abstimmung, in der gemeinhin die Kinder sich den Erwachsenen in ihren Zeitstrukturen anzupassen haben („Du musst das Arbeitsblatt noch schnell fertig machen“; „... ihr habt noch fünf Minuten, sonst gibt's keine Pause heute“; „... meine Güte, habt ihr das immer noch nicht verstanden?“), sondern es geht darüber hinaus um eine Meta-Synchronisation eines – didaktisch und systematisch aufbereiteten – Schnelldurchlaufs durch die Kulturgeschichte und der davon zunächst ahnungslosen kindlichen Eigenzeit. Für Prange birgt dies, und das ist dann seit Hauptthema, das Erfordernis einer Synchronisation von Zeigen und Lernen, von Datenzeit und Modalzeit, von zwei unterschiedlichen zeitlichen Systemen mithin, durch welche schulisches Lernen allererst ermöglicht wird. Während das Zeigen darin bestehe, „etwas vorgreifend zu vergegenwärtigen und dann rückläufig sammelnd zu klären“ (Prange 2005, S. 118), verlaufe die zeitliche Struktur des Lernens gerade andersherum. Es ist zunächst „dem Vorstoß ausgesetzt, wird auf sich zurückgeworfen, dann sammelt und ordnet es sich und geht dann seinerseits vor. Zeigen ist vorlaufender Rückgriff, Lernen rücklaufender Vorgriff. Im Augenblick des Verstehens, wenn wir z.B. das, was uns jemand vorgemacht hat, nachzumachen versuchen und weiter einüben, wenn wir das Erklärte selber erklären und/oder uns eine Aufforderung zu eigen machen, koinzidieren beide Bewegungen, und zwar auch nur hier und vorübergehend." (ebd.) Während Kinder in ihrer „Modalzeit" leben, d.h. im Modus einer Zeitlichkeit, in welcher Gegenwart, Vergangenheit und Zukunft permanent in unsichtbarer und nicht handhabbarer Weise überlappend präsent sind, durch Erinnerungen, Träume, Erwartungen, Phantasien etc., ist die Zeit der Schule notwendigerweise in eine klare Abfolge von früher und später, von stufenweisem Aufbau des Stoffes und seiner Darbietung als eine „Datenzeit" vorgegeben.

Momente, in denen eine solche Synchronisation zwischen Datenzeit und Modalzeit sich ereignet, in denen vorlaufender Rückgriff des Zeigens und rücklaufenden Vorgriff des Lernens ineinandergreifen, aufeinander zulaufen, kennen wir als „fruchtbare Momente" (Copei), als „flow" oder Phasen höchster Konzentration, die in einen „Aha-Moment" fließen. Und wir kennen ebenso deren Gegenteil, wo genau dies sich *nicht* ereignet. Während für Prange an dieser Stelle die didaktischen Überlegungen zu den Bedingungen der Möglichkeit von derartiger Synchronisation einsetzen, interessiert mich zunächst die Qualität der Erfahrung, die der Synchronisation, auch und vielleicht zuerst als einer körperlichen Erfahrung eignet. Wir finden Anhaltspunkte darin im Tanz, in der musikalischen Aktivität.

3. Synchronisation in der ästhetischen Erfahrung: Über-Einstimmung

In den ästhetischen Medien Musik und Tanz zeigt sich Synchronisation als ein so selbstverständlich bedeutsamer Bestandteil, dass man gewöhnlich darüber hinweggeht. Wendet man sich jedoch den vielfältigen, immer wieder vom Misslingen bedrohten und begleiteten Praktiken der Einübung von Synchronisation zu, so wie wir es in einem Projekt zur kulturellen Teilhabe von Kindern mit und ohne Behinderung getan haben, dann erscheint Synchronisation alles andere als selbstverständlich (vgl. Dederich/Dietrich 2021; Dietrich/Wullschleger 2019).

Unter Synchronisation verstehe ich im Musikalischen ein Phänomen, indem die beteiligten Akteure ihr musikalisches Tun so aufeinander abstimmen, dass sie (gemeinsam) eine für die Dauer des musikalischen Ereignisses gültige gemeinsame zeitliche Ordnung finden. Dies kann entweder in Bewegungen (des Tanzes z.B.) oder in einer Verbindung aus Bewegung und Instrumentalspiel bzw. körpereigener Klangerzeugung wie Gesang oder Body Percussion entstehen. Erst in der Synchronisation entsteht ein Drittes, nämlich das gemeinsam hervorgebrachte Stück oder Lied oder die Darbietung seiner Rezeption. Synchronisation in der Musik hat eine sichtbare, eine hörbare und eine spürbare Dimension. Sichtbar sind Bewegungen zur Musik, im Tanz, im Dirigat, im Mitwippen beim Zuhören oder in den Bewegungen der Finger, Hände, Arme beim Instrumentalspiel. Hörbar ist der Grad der Gemeinsamkeit in einer musizierenden Gruppe: Wie lange spielt sie exakt oder weniger exakt zusammen, wann gerät jemand aus dem Takt und wieder hinein, wann fällt das ganze auseinander? Spürbar – aber schwer beschreibbar – ist eine zwischenleibliche Resonanz unter den Mitspielern, ein miteinander Affiziertsein, ein miteinander Schwingen (vgl. Breyer & Pfänder 2017).

Synchronisation zeigt sich zunächst in Bezug auf einen gemeinsamen Grundschlag. Musikalisch interessant wie auch herausfordernd wird diese Herstellung von Gleichzeitigkeit – die es ja auch im Militärmarsch oder beim Skandieren von Hassparolen gibt (vgl. Gehring 2019) – dort, wo ein Spiel zwischen Gleichzeitigkeit und Ungleichzeitigkeit entsteht, so dass zwar ein Metrum gehalten, darauf aber verschiedene rhythmische Figuren realisiert werden, man nacheinander einsetzt oder lauscht, wann etwas passend sein kann. In zahlreichen von uns beobachteten Übungssequenzen wurde genau dies thematisch: aus einer äußeren gemeinsamen Zeit (dem Taktschlag) zu einer gemeinsamen inneren Zeit (vgl. Schütz 1972) zu gelangen und von einem einstimmig zu einem mehrstimmig synchronen Geschehen. Synchronisation zeigt sich zuerst wieder auf einer basalen leiblichen Ebene des gemeinsam Bewegtseins und Sich-Bewegens in einer Zeit, und wird dann von körperlich-instrumentellen Parts überformt und überlagert.

In unserem Projekt zur Untersuchung kultureller Teilhabe im inklusiven Unterricht trafen wir auf den „Schokoladentanz". Es handelt sich dabei um den Stundenabschluss des Musikunterrichts einer Eingangsklasse in einer inklusiven Grundschule. Zur Klasse gehören 20 Kinder, von denen sechs einen sonderpädagogischen Förderbedarf haben. Immer zum Abschluss des Musikunterrichts durften die Kinder zum Lied „Schokolade" (Die Freunde) frei tanzen. Dieses Ritual war bei den Kindern sehr beliebt, in ihm wurde der Übergang von Unterricht zur Pause, in Gestalt eines Oszillierens zwischen Tanzen und Toben, regelhaft gebundener und freier Bewegung, zur Aufführung gebracht, so dass wir darin auch das Entstehen und Vergehen ästhetischer Formen beobachten konnten. Die Musik schafft einen Klangraum, der alle Kinder umfasst, innerhalb dessen sie alle aufeinander bezogen sind, auch wenn sie sich (tobend, spielend, tanzend, sitzend) sehr unterschiedlich und keineswegs synchron darin bewegen. Auch die Lehrkräfte und die Beobachter*innen werden zum Bestandteil dieser Klangszene. Innerhalb dessen haben wir zwei Weisen der Synchronisation gefunden, nämlich die Gestaltung des Verhältnisses eines Kindes allein zur Musik, das sich über die Musik mit sich selbst synchronisiert (a) und die Gestaltung des Verhältnisses eines Kindes zu einem oder mehreren anderen Kindern (b).

a) Die Musik bietet die Möglichkeit, tanzend in sie und in sich hinein zu tauchen und sich dadurch aus den alltäglichen Kontakten herauszubewegen. So haben wir ein Mädchen mit starker geistiger Entwicklungsverzögerung beobachtet, das öfter einen regelrechten Drehtanz aufführte, indem es mit nach vorn ausgestreckten Armen sich so lange um die eigene Achse drehte, bis es (beinahe) umfiel. Während dieses Mädchen außerhalb des Tanzes sehr kontaktfreudig bis hin zur als unangenehm erlebten Distanzlosigkeit auffiel, drehte es sich hier quasi in sich selbst hinein und aus den sozialen Kontakten des Vormittags hinaus. Es synchronisiert die verschiedenen Zeitlichkeiten von Modalzeit und Datenzeit, dessen Diskrepanz dieses Kind im Unterricht in vielleicht besonderer Weise erlebt, erst einmal für sich, in sich. Die auf visueller Ebene scheinbare Kontakt*losigkeit* zu den Anderen wird gehalten von dem hör- und spürbaren Aufeinanderbezogensein durch die Synchronisierung mit der Musik. Kinder schließen sich ein in sich selbst (Inklusion), bleiben aber zugleich über die erklingende Musik Teil der Szene.
b) Aus solchen Selbst-Musik-Synchronisationen entstehen dann häufig durch zufällige Begegnungen Tanzbewegungen, die zusammen mit anderen gestaltet werden. Freundinnen „schreiten" im Gleichschritt und hoch erhobenen Hauptes – dabei kichernd – durch den Saal und probieren dabei diesen und jenen gemeinsamen Tanzschritt. So wird aus dem Gehen ein Schreiten, aus dem Schreiten ein Tanzen. Gemeinsam bewegen sich diese zwei Mädchen aus der Alltagsbewegung in eine ästhetische Bewegungs*form* hinein.

   Interessanter noch ist der gemeinsam entstehende Tanz zwischen Kindern, die sonst – nach unserer Beobachtung – niemals miteinander in Kontakt treten, jedenfalls weit entfernt von einer Freundschaft sind. Es gab immer wieder Begegnungen zwischen zwei oder seltener auch drei Kindern, die fast zufällig sich im Bewegungsfluss zu ergeben scheinen: zwei Wege kreuzen sich, man nimmt sich wahr, bezieht die Bewegungen kurz aufeinander (durch anblicken, anfassen, Komplementär- und Imitationsbewegungen) und löst sich wieder voneinander – musikalische Interaktionen im Vorbeigehen sozusagen, die eine winzige, intensive, ästhetisch legitimierte Begegnung im Modus des „als-ob" (wir Freunde wären) generieren. Besonders eindrucksvoll war ein in diesem Modus häufig gesehener „Spiegeltanz": Zwei Kinder begegnen sich im freien Tanz, bleiben stehen und spiegeln Gesten oder Bewegungen des Gegenübers. Entweder sind die Bewegungen synchron aufeinander abgestimmt, manchmal erfolgt die Bezugnahme auch nacheinander, aber synchron zur Musik. Jedenfalls ist sichtbar, wie die Kinder sich aneinander spiegeln, sich selbst im Anderen erfahren.

Durch die musikalisch realisierte Synchronisation entsteht so ein – sehend-sichtbar, hörend-hörbar, spürend-spürbar – verdichtetes Zusammenspiel von Aktion und Pathos. Alle Kinder sind Bestandteile des Gemeinsamen, welches in der Gruppe dadurch erst hervorgebracht wird. Es handelt sich nicht allein um ein gleichzeitiges Spiel, sondern dabei auch um ein Sich-Angleichen an die Anderen, das nur erfahren werden kann, wenn man das Gleiche der Gleich-Zeitigkeit geschehen lässt. Synchrone musikalische Prozesse lassen sich nicht vollständig herstellen – z. B. durch das Zeichen des Dirigenten, das Metronom oder den Puls des Karaoke-Tonbandes –, sie bedürfen des Geschehenlassens, eines sich Hergebens in die geteilte Zeit (Schütz 1972). Erst im Zusammenspiel der produzierten Bewegungen zur rezipierten Musik entsteht das Gemeinsame und füllt den Raum spürbar.

Synchronisation im ästhetischen Medium von Tanz und Musik muss als ein leiblich-körperliches (Bewegungs-)Geschehen aufgefasst werden, das – anders als Vereinheitlichung – von der Spannung zwischen Metrum und Rhythmus, zwischen Gleichmaß und immer nur „ungefährer" Bezugnahme darauf lebt, denn sonst bedürfte es keiner synchronisierenden Anstrengung und gäbe es auch keine Faszination, die von der Synchronisation ausgeht.

In Rückbezug auf Pranges Unterscheidung von Modalzeit und Datenzeit entsteht hier in der ästhetisch hervorgebrachten Synchronisation eine dritte Form der Zeitlichkeit, die weder antritt, Modal- und Datenzeit zu versöhnen, noch, sie zu ignorieren; eher handelt es sich um eine Transformation zu einer „Eigenzeit der Präsenz", die hier wiederum selbst thematisch wird. Das Erleben von Synchronisation zwischen Musik und Selbst oder zwischen Musik, Selbst und Anderem kann sich ereignen nur im paradoxen Ereignis der Zeitlosigkeit, die einen Bewegungsraum schafft, in dem auch gilt:

> „Raum lässt sich nicht ohne die Zeit denken und die Gegenwart, welche Vergangenheit und Zukunft trennt, kann mit Hilfe der Aufmerksamkeit ihre trennende Funktion überwinden, in dem eine qualitative Dauer erzeugt wird, die das Vorrücken des Zeitpfeils aufzuhalten imstande ist, wodurch ein Tröpfchen Ewigkeit einströmen und ein qualitativer Raum sich bilden kann." (Peskoller 2014, S. 399)

Gegenüber einer Notwendigkeit von Synchronizität zwischen Lernen und Zeigen, die beide ein „vorher:nachher" bzw. ein „noch nicht:schon bald" ins Verhältnis zu setzen haben, eignet der ästhetischen Synchronisation eine Erfahrung der fragilen Präsenz, die gerade die Synchronisationsanforderungen des schulischen Lernens suspendiert. Beide Formen sind stets begleitet von Asynchronie (vgl. hierzu ausführlich Berdelmann 2010), die im ersten Fall ein wirklich verstehendes Lernen verhindern, im zweiten Fall jedoch begünstigen und anreichern kann, denn vollständig synchrone musikalische und tänzerische Realisierungsformen wie der Marsch verlieren rasch ihren ästhetischen Reiz. Während im schulischen Lernen der externe Taktgeber eher die Funktion einer Disziplinierung und der kulturell dominanten Themenkonstitution erfüllt, fungiert die Musik zu allererst als Einladung zur Selbst-Synchronisation und -inklusion, sodann als Möglichkeitsrahmen für Choreografien der Begegnung, die sonst nicht stattfinden.

Literatur

Altmann, U. (2012): Synchronisation nonverbalen Verhaltens: Weiterentwicklung und Anwendung zeitreihenanalytischer Identifikationsverfahren. Wiesbaden: Springer.

Berdelmann, K. (2010): Operieren mit Zeit. Empirie und Theorie von Zeitstrukturen in Lehr-Lernprozessen. Paderborn: Schöningh.

Breyer, Th./Buchholz, M./Hamburger, A./Pfänder, St./Schumann, E. (Hg.) (2017): Resonanz – Rhythmus – Synchronisierung. Interaktion in Alltag, Therapie und Kunst. Bielefeld: transcript.

Dietrich, C./Krinninger, D./Schubert, V. (2012): Einführung in die Ästhetische Bildung. Weinheim, Basel: Beltz Juventa.

Dietrich, Cornelie/Dederich, Markus (2021): Kulturelle Bildung und Inklusion. Sonderheft der ZfE: Kulturelle Bildung.

Dietrich, C., & Wullschleger, I. (2019): Als Teil genommen sein. Ästhetische Bildung und Inklusion. In: M. Brinkmann (Hrsg.), Verkörperungen (S. 109–129). Wiesbaden: Springer Fachmedien.

Dietrich, C./Riepe, V. (2019): Praktiken der Homogenisierung. Soziale Choreographien im Schulalltag. In: Zeitschrift für Pädagogik, (5) 2019, S. 669–691.

Gehring, P. (2019): Über die Körperkraft von Sprache. Studien zum Sprechakt. Frankfurt am Main: Campus.

Gutknecht, Dorothee (2012): Die Kunst des Antwortens – Responsivität in der frühen sprachlichen Bildung.In: Sprachstandserfassung. 2. Aufl. Köln u. a.: Link, S. 19–21.

Hermkes, R. (2006): Zur Synchronisation in Kinderfreundschaftsbeziehungen. In: L. M. Alisch/J. Wagner (Hrsg.), Freundschaften unter Kindern und Jugendlichen. Interdisziplinäre Perspektiven und Befunde (S. 107–118). Weinheim und München: Juventa.

Kassung, Ch. & Macho, Th. (Hrsg.) (2013): Kulturtechniken der Synchronisation. Paderborn: Wilhelm Fink Verlag.

Macho, Th. (2013): Befehlen. Kulturtechniken der sozialen Synchronisation. In: Ch. Kassung/Th. Macho (Hrsg.), Kulturtechniken der Synchronisation (S. 57–74). Paderborn: Wilhelm Fink Verlag.

Papoušek, M. (1994): Vom ersten Schrei zum ersten Wort. Anfänge der Sprachentwicklung in der vorsprachlichen Kommunikation. Bern: Huber.

Peskoller, H. (2014): Körperlicher Raum. In: Ch. Wulf/J. Zirfas (Hrsg.), Handbuch Pädagogische Anthropologie. Wiesbaden: Springer VS, S. 395–402.

Prange, K. (2005): Die Zeigestruktur der Erziehung. Grundriss der operativen Pädagogik. Paderborn: Schöningh.

Prange, K. (1995): Die Zeit der Schule. Bad Heilbrunn: Klinkhardt.

Schütz, A. (1972): Gemeinsam musizieren. In: ders.: Gesammelte Aufsätze II. Studien zur soziologischen Theorie. Hrsg. v. Arvid Brodersen. Den Haag: Martuinus Nijhoff, S. 129–150.

Tschacher, W. & Ramseyer, F. (2017): Synchronie in dyadischer Interaktion: Verkörperte Kommunikation in Psychotherapie, Beratung, Paargesprächen. In: Th. Breyer/M. Buchholz/A. Hamburger/St. Pfänder/E. Schumann (Hrsg.), Resonanz – Rhythmus – Synchronisierung. Interaktion in Alltag, Therapie und Kunst (S. 319–333). Bielefeld: transcript.

4 Körper an der Grenze

Breithorngletscher. Zermatt

Der Sprung

Eine Studie des Wartens und der Sinne

Holger Schulze

Ich bin nicht oft aus dem Flugzeug gesprungen. Doch etwa ein Dutzend Mal. Ich war nicht lebensmüde, nein; wiewohl viele Momente in einem immer längeren Leben solch eine Empfindung plausibel erscheinen lassen können. Ich sprang, da ich mich dazu verpflichtet hatte. Ich wollte springen. Ich wollte es ausprobieren, wie es wohl wäre aus zumindest unmenschlicher Höhe hinabzuschauen, zu sinnieren, sicher zu zögern, sich dann doch zu überwinden; und schließlich zu springen. Würde es mir gelingen? Wie oft würde es mir gelingen? Wie groß wäre meine Angst? Welche Ängste suchten mich dabei wohl heim? Wie könnte ich sie überwinden? Und warum? Warum überhaupt? Was würde ich beim Sprung denn erleben, empfinden, wahrnehmen, hören? Würde sich mein Körpererleben drastisch wandeln? Hätte ich danach etwa einen ganz anderen Körper, einen anderen Sinnes- oder Tanzkörper: einen neuen kinästhetischen Körper?

Im Folgenden möchte ich die Stadien eines solchen Sprunges im Rückblick betrachten. Ich schreibe diese kleine Erfahrungsstudie nicht unter dem direkten Eindruck eines solchen Sprunges. Meine Sprünge sind vielmehr schon viele Jahre her, über zwanzig Jahre, wenn ich mich richtig erinnere. Das richtige Erinnern ist hier allerdings entscheidend. Denn im gleichen Maße wie der unmittelbare Eindruck einer solchen Erinnerung zurückliegt, indem meine aufgeregte Erhitzung ob des Sprunges abklingt, ausklingt, verklingt, so treten andere Momente in meine Erzählungen von diesen Sprüngen hinzu. Unweigerlich drängt es uns hernach, solche zunächst vielleicht arbiträren Momente, Ereignisse, Begegnungen dann möglichst sinnvoll in eine persönliche Erzählung und ein anekdotisches Credo überzuführen: *Sieh her! So wie ich hier handelte, so bin ich – wirklich!* Doch was tut die Identität hier wirklich zur Sache? Welche Affekte im Moment des Sprungs entgehen ihr vielleicht? Welches Spektrum an Erfahrungspartikeln fällt dann doch eher auseinander in bloße Aneinanderreihungen von Schüben und Hitzen, Todesängsten und Staunen, Lachen und Vorsicht, Schlendern und Restfreude? Was habe ich getan, empfunden, gehört, bemerkt und was begegnete mir? Konnte ich überhaupt etwas empfinden? Gab es überhaupt Sinneseindrücke oder doch nur erhitzte Überraschung, Selbstverlust?

1. Üben und Überleben

Vor dem Sprung kam das Üben des Sprungs. Viel zu üben war allerdings nicht. Gut, die Trainer, mit denen ich das Springen lernte, am Fehrbelliner See, im Norden von Berlin, sie brachten uns Neulingen bei, welche Körperhaltung ideal wäre beim Sprung. Allerdings machten sie uns auch sehr deutlich klar, dass die Geschwindigkeit des Flugzeugs, das Warten hintereinander, eingehakt im Karabiner und schließlich der Rausch der Angstlusthormone uns vermutlich recht wenig Zeit lassen würde, über Körperhaltung, Eleganz und Aerodynamik nachzudenken. Wir würden wohl springen und eine Haltung täte sich dann beim Springen ergeben. Was wir allerdings übten, waren Katastrophenfälle. Wir übten im Grunde genau *nicht* den Regelfall des Sprungs, den gelingenden und geschmeidigen Sprung; sondern wir übten nahezu ausschließlich und in vielen Varianten einen katastrophischen Sturz, den Unfall, das Unglück. Was sollten wir tun, wenn wir auf einen See zutreiben? Auf ein Dach? Ein Auto? Eine Autobahn? Eine Hauswand? In einen Wald? Auf ein Firmengelände? Eine Müllhalde? Eine elektrische Überlandleitung? Ich erinnere mich heute, gut zwanzig Jahre später, wirklich nicht mehr an alle Details dieser Warnungen, Übungen und Erläuterungen in einem ziemlich unspezifischen Seminarraum nebenan. Bleiche Wände, Tische, Tafeln. Doch ich erinnere mich sehr deutlich, wie beeindruckt ich war von dieser Aufmerksamkeit auf die Unfälle und ungünstigen Landesituationen. Der Regelfall und Erfolgsfall waren tatsächlich ziemlich uninteressant. Interessant war aber, was wir tatsächlich dann tun konnten und sollten, wenn unser Flug abwehte und eine Katastrophe drohte. In jedem einzelnen Fall stand nur eines im Vordergrund: unser Überleben. Unser Wohlergehen. Rechtliche Maßgaben, Eigentumsgrenzen, die Unversehrtheit von Gebäuden oder Maschinerien waren demgegenüber vollständig unwichtig. Hauptsache: Du kommst hinreichend sicher auf. Um alles Andere kümmern wir uns dann, wenn wir überlebt haben (und im Zweifelsfall regeln das die Versicherungen).

2. Genaues Packen

Das Packen der Fallschirme war schwer. Es fiel mir nicht leicht. Nie. Kein einziges Mal. Zugleich mussten die Einweiser dafür Sorge tragen, dass alle unsere Schirme sicher und korrekt gepackt waren. Hierzu erinnere ich mich an ein Doppeltes: zum einen wurde uns eingeschärft, wie wichtig das sichere Packen war; zum anderen aber wurden wir umfassend kontrolliert. Ich meine mich auch zu erinnern, dass wir für einander die Rucksäcke packten – und alle Sprungsäcke persönlich von den Einweiserinnen und Einweisern immer wieder und wieder kontrolliert wurden. Dies fand in einer hohen Halle statt. Ich erinnere den Schweiß- und Synthetikgeruch, Sand am Boden und eine hohe Holzarchitektur. Täusche ich mich darin, habe ich fremde Bilderinnerungen hier einkopiert? Oder erinnere ich mich richtig?

Es war wirklich mühsam, angstbesetzt, doch zugleich auch ziemlich klar regelgeleitet. Es war eine klare Strick-, Bastel- und Kochanleitung, die wir im Grunde nur exakt wie vorgeschrieben auszuführen hatten. Doch die simple Ausführung einer Vorschrift erschien offenbar nicht wenigen unter uns außerordentlich schwer. Ich litt mehr unter der Angst vor Fehlern; doch die beschwerte vermutlich auch das Herz und die Finger derjenigen, die kaum einen Rucksack zu Ende gepackt bekamen. Ich war erleichtert, immer wieder, dass die letzte Verantwortung nie wirklich bei mir lag, sondern die Einweiser immer wieder prüften, mahnten, wieder aufdröselten und uns noch einmal neu und besser packen ließen. Eine Übung um Genauigkeit. Meine Kunstfertigkeiten in Handarbeiten wurden auf die Probe gestellt. Meine Finger lernten viel. Die Spitzen wurden wund.

3. Warten

Dann warteten wir. Die ersten Sprünge waren noch eingeplant. Doch auch dann mussten wir warten, bis die Windverhältnisse günstig genug und wir an der Reihe waren. Wir saßen auf den weißen Monoblocstühlen, die unser Planet bevölkern, tranken Softdrinks, Mineralwasser, Filterkaffee. Wir warteten. Erzählten uns Geschichten oder lasen. Plauderten über Kleinigkeiten und memorierten unsere Erwartungen und Ängste, Freuden und Sinneseindrücke. Heute war es diesig, eher kalt. Bislang doch erstaunlich wenig windig. Doch plötzlich kam der Wind wieder auf, wurde reißend und zerrend. Zu gefährlich, um zu springen, zumindest für uns Anfänger. Ich fuhr wieder nach Hause, unverrichteter Dinge. Viele Male.

Mein Sinneskörper wartete, lernte mehr zu warten. Besser zu warten. Niemand wartet gerne, ich sowieso nicht. Doch im Warten öffneten sich plötzlich auch Reflexionsräume. Sie mussten sich öffnen. Für das Dutzend der Sprünge, an die ich mich erinnere – stimmt die Zahl? ich bin mir nicht sicher – für dieses Dutzend war ich bestimmt weitere zehn oder fünfzehn Male ohne Sprung wieder vom Platz gegangen. Die Witterung herrschte. Der Wind war unsere letzte Instanz. Der Urgrund des Sprungs, klarerweise.

Der Wind lehrt mich zu warten. Im Warten öffnete sich mir eine Infrazone der Denkpartikel, der Empfindungsfermente. Ich wartete eine halbe Stunde, zweieinhalb Stunden, fünfeinviertel Stunden. Die Zeit wurde mir nicht wirklich lang. So viele Verästelungen der Gespräche und Gedanken ergaben sich; so viele Ahnungen und Vermutungen, Denkempfindungen und gefühlte Sinnhaftigkeiten, ein *felt sense* kam und ging wieder, von dem der Phänomenologe Eugene T.

Gendlin spricht: „Any situation, any bit of practice, implies much more than has ever been said." (Gendlin 1992, S. 201) Das Warten war genussreich, eine Welt. Oder idealisiere ich hier schamlos, im Nachhinein? Ja und nein.

4. Warten

Das Warten war endlos öde und grauenvoll. In vielen Momenten wusste ich dann gar nichts mehr mit mir anzufangen. Ich zweifelte an mir. An meinem Seelenreichtum, meiner Empfindungsfähigkeit, auch meinen kommunikativen Fähigkeiten; meiner Angst, etwas Falsches zu tun, etwas Falsches zu sagen, als falsch und lächerlich und befremdlich zu erscheinen. Ausgegrenzt zu sein. Ängste, die einen Menschen machen. Ängste, die auch eine Anstrengung und ein Bemühen in mir weckten, immer wieder. Momentweise spürte ich mich auch gar nicht mehr. Ich saß und wartete und war öfter ebenso blass und unsichtbar und unmarkiert wie die Monoblocstühle, auf denen ich saß. Ich verschwand im Warten. Ich verschwand im Plastik. Wurde zum Monobloc. Ich empfand mich nicht mehr.

Mit den anderen wollte ich dann auch eigentlich gar nichts mehr zu tun haben. Das Warten zermürbte. Warum machte ich das nochmal? Okay, es gab einen Vertrag; ich hatte die Gebühr bezahlt. Was heißt das denn aber? „Too often we forget that *we have the right to leave if we want to.*" (Russell 2020, S. 64). Ich vergaß den Wochentag, die Uhrzeit; spätere Verabredungen entrückten in eine andere Dimension; Telefonanrufe, Verpflichtungen. Was war das nochmal? Eigenartig ortloses Warten, am Rande des Fehrbelliner Sees.

5. Warten und der Tod

Zwei Springer waren gestorben. Der Aufprallort war markiert und durfte nicht betreten werden. Offenbar waren sie erst am Vortag dort aufgekommen, unabgebremst. Eine Einweiserin erwähnte, dass beide wohl eine etwas riskantere und kompliziertere Figur hatten springen wollen. Alle waren heute betroffen und ernst. Den Schirm hätten sie dann zu spät geöffnet. Einen tiefen Ernst hatte ich schon öfter an den anderen Springerinnen und Springern beobachten können. Bislang aber hatte ich keinen Begriff dafür. Jetzt wurde er mir verständlich, schien mir. Aus dem Flugzeug zu springen – das bedeutet Tod, immer. Auch wenn Kunstfertigkeiten und Sportgeräte den Aufprall meist abwenden konnten. Er war dann eben da. Machte sich geltend. Immer wieder. Vor allem in Selbstüberschätzung und Gier. Niemand starb, weil er bedacht packte, umsichtig sprang und landete sowie warten und den rechten Moment finden konnte. Der Tod markierte einen letzten Sprung aus der Wirklichkeit der Naturgesetze hinaus. Eine Ignoranz gegenüber Timing. Die Fallzeiten und Geschwindigkeiten, Mechaniken der Schirmöffnung, all das ließ sich tatsächlich nicht überlisten. All das war immun gegen die Wünsche der *soft machines* (Burroughs 1961). Weiche, humanoide Aliens (Schulze 2018, S. 7f.) wie wir, uns zermatschte es dann. Wir waren keine Apparaturen. Wir sind nicht unzerstörbar. Wir sind Affektbündel. Und Affektgier trieb uns in einen Aufprall. Ungeduld der Gier ließ diese beiden, die dort starben, die Zeitlichkeit des Sprungs vergessen. So verloren sie sich selbst.

6. Angst

Vor dem Rausspringen hatte ich Angst. Jedes Mal. Jedes einzelne Mal. Ich kann mich an keinen meiner Sprünge erinnern, vor dem ich *nicht* Angst hatte. Die Angst *war* der tödliche Aufprall, die Höhe, das kaum zu Bewältigende. Der Sturz ins Haltlose. Ja: der Sprung war ein Sturz. Nichts daran, wenig zumindest, war so aktiv und von mir gesteuert wie es doch ein Sprung sein sollte. Ich fiel der Schwerkraft hinterher. Wie Laurie Anderson, wenn sie sang:

> *You're walking*
> *And you don't always realize it*
> *But you're always falling* (Anderson 1982)

Meine Sprungsituation war aber keine solipsistische. Ich hörte nicht nur mich, sondern auch all die Springenden vor mir und nach mir, unter mir, neben mir. Next in line. Wir hingen per Karabiner am gleichen Stahlrohr und saßen in der Propellermaschine. Ich musste springen. Jetzt. Wurde aufgerufen, angerufen, gab kaum Zögern. Jetzt. Leicht angeschoben wurde man schließlich.

> *With each step, you fall forward slightly*
> *And then catch yourself from falling* (ebd.)

Die Angst blieb trotzdem. Widerlegt vom Karabiner, der den Fallschirm automatisch auslöste. Niemand konnte fallen ohne aufgeblähten Schirm. „Over and over, you're falling." (ebd.) Das war die Sicherheit, die letzte Sicherheit. „And then catching yourself from falling." (ebd.) Jedes Mal lachte ich dann, hatte Angst und lachte über mich. Die Angst, mein Horror, meine Furcht blieb dabei gleich. Das Lachen trat aber hinzu. Zwei Affekte ineins, vollkommen gleich stark und gleich präsent, erlebte ich im Sprung, ungemindert. Angstlachen. Lachangst. „And this is how you can be walking and falling." (ebd.) Ich hörte nichts, nur meine Angst. Dann Lachen. „At the same time." (ebd.)

7. Stille und Schauen

Selten war es so still. Wie jetzt. Ich hing. Und schaute. Dadurch hörte ich: viel Wind. Nur Wind, genaugenommen. Menschengeräusche gab es keine. Vogelrufe vielleicht, unsicher meine ich mich daran erinnern zu können. Vielleicht bilde ich mir das aber auch nur ein. Vor allem aber war da Ruhe. Die Aktivität der Menschen auf ihrer Erdoberfläche konnte ich zwar sehen; doch dabei blieb es dann auch. Niemand konnte heraufkommen, rufen, mich hinunterzerren. Sekunden der Freiheit.

Es waren nur Sekunden, vielleicht 60, vielleicht 135. Viele Minuten waren es nicht, so scheint es mir. Doch im Wind hing ich und genoss es. Es war aber kein Hochgefühl, kein Glück, keine Ekstase. Eine Gelassenheit eher, Zufriedenheit. Ein guter Moment. Ruhe. Endlich Ruhe. Etwas Posthumes umschlich mich. Wollte ich nicht am liebsten hier oben bleiben? Vielleicht doch zu einsam. Aber die Ruhe war gut. Ich spüre sie noch auf der Haut, in meinen Sehnen, Gelenken. Sitzknochen und Schläfen. Ein Schweben in der Stille. Ein Moment. Die Sensorik eines sanften Flugs. Für kurze Zeit.

8. Nach dem Sprung

Welche Person bin ich geworden, nach dem Sprung? Das ist die Erwartung, die Frage, der ich mich dann oft ausgesetzt sah. Musste ich eine andere Person werden nach diesem Sprung? War es denn nicht einfach nur ein Sprung, ein vergleichsweise müheloses Herauskullern aus der rasenden Maschine, viele hundert Meter über dem Erdboden? Ein Sturz eben. „Walking and falling at the same time." (Anderson 1982). Ich war nicht zur Sturzperson geworden, zur kinästhetischen Person oder einer anderen Klangperson, nein. Nicht alle Handlungen oder Ereignisse oder Begegnungen führen zur existenziellen Wandlung. Sie müssen das nicht. Die Wandlung kann schon vorher stattgehabt haben.

Wenn ich die Erlösungserwartung höre, die oft an einen solchen Sprung geknüpft wird, dann höre ich einen Chorus der Umherstehenden, der den Zögernden ermutigen will. Einen Chor, der den Zweifelnden zum Sprung bringen will, zum Spektakel, zur Show. Sie rufen und singen, Gerüchte und Gerede:

They say
He has no brain
They say
He has no mood
They say
He was born again
They say

Look at him climb
They say ‚jump‘ (Bowie 1994)

Für die Umstehenden ist der Sprung ein Spektakel. Für den Springenden ist der Sprung vor allem eine Gewohnheit. Allerhöchstens noch: eine neue Gewohnheit. Eine künftig gern geübte Gewohnheit. Die Eschatologie der existenziellen Wandlung hat da nichts zu suchen. Sie ist die Show der Seelenentwicklung, die wir gelernt haben, gerne zu genießen. Doch was, wenn die Wandlung ohnehin schon zuvor geschehen war? Wenn der Sprung, ganz Material, diesen Wandlungsprozess eher beendete, bestätigte, ratifizierte und dokumentierte? Als ich vor gut zwanzig Jahren sprang, war ich fraglos ein anderer Mensch. Vielleicht habe ich hernach einige Sprünge gemacht, ganz anderer Art; vielleicht waren diese Sprünge schon vorbereitet durch allerhand Aktivitäten vor diesem Sprung? Meine Sprünge waren in jedem Fall nun Teil meines Selbstverständnisses. Wie angstvoll, ambivalent oder zufällig sie auch en détail waren.

In diesem Beitrag habe ich kaum über die 89 Sekunden oder vielleicht 147 Sekunden des Fallschirmfluges selbst gesprochen. Ich sprach nicht über die Landung, nicht über das neuerliche Einpacken des Schirmes; nicht über das fixe Verschwinden des soeben erlebten Sprunges; nicht über den Heimweg, einen außerordentlich ruhigen Abend; vielleicht in einer heißen Wanne, vielleicht in den Armen einer romantisch begehrten Partnerin, vielleicht beim Trinken mit Freunden. „My friend don't listen to the crowd." (ebd.) Ich sprang.

Quellen

Anderson, L.: „Walking and Falling". In: dies., Big Science, New York: Warner Bros., track 4.

Bowie, D.: „Jump They Say". In: ders., Black Tie White Noise, London: UK Savage Records, track 5.

Burroughs, W. S. (1961): The Soft Machine. – The Nova Trilogy, pt. 1, Paris: Olympia Press.

Gendlin, E. T. (1992): „The Wider Role of Bodily Sense in Thought and Language". In: M. Sheets-Johnstone (ed.), Giving the Body its Due (S. 192–207). Albany: State University of New York Press.

Russell, R. (2020): Glitch Feminism: A Manifesto. New York: Verso.

Schulze, H. (2018): The Sonic Persona: An Anthropology of Sound. New York: Bloomsbury Academic.

Wie ist Extrembergsteigen möglich

Poesie der Gravitation

Hajo Eickhoff

1. Schwerkraft und Gleichgewicht

Hohe Berge, tiefe Meere. Extreme. Keine Mittelmaße. Sie beunruhigen, weil die Sinne sie nicht einordnen können. Berge wirken mächtig. Sie ragen in den Himmel und verbinden sich mit ihm und seinen verborgenen Kräften. Verborgen und verbergen leiten sich ebenso ab von Berg wie erheben, erhoben und erhaben. Majestätisch, heilig und bedrohlich. Berg gehört auch zu gebären. Wie die Bauchkontur einer Schwangeren im Profil als Erhebung, Hügel und Berg erscheint, die noch ein zu Gebärendes verbirgt und dann gebiert. Gebirge und Berge sind Bilder der Macht, des Heiligen und Schöpferischen.

Unsichtbar und stumm. Untastbar und ohne Geschmack. Und doch immer da. Die Gravitation. Alles macht sie schwer. Allgegenwärtig im Universum und durch nichts abzuschirmen. Wasser, Berge und Blätter, Organe, Knochen und die Gestalt der Lebewesen unterliegen ihrem Einfluss. Die Schwerkraft wirkt bis hinein in jede Zelle und scheint der Möglichkeit des Extrembergkletterns entgegenzustehen. Doch die Zelle zeigt, dass gerade sie das Extremklettern möglich macht.

Das Schwerefeld zieht alles zum Erdmittelpunkt. Durch das labile Stehen auf zwei Beinen hat jeder Mensch die schwierige Aufgabe, Balance zu halten und Stürze zu vermeiden. Was immer er tut, es kann nur im Gravitationsfeld geschehen. Gegen die Schwere haben Menschen Oppositionen entwickelt – Levitationen wie Geist und Gefühl, Gedanken und Träume: Motivationen, der Schwere ein Schnippchen zu schlagen.

Dem Menschen erscheint seine aufrechte Haltung banal, doch das zweibeinige Stehen mit aufgerichtetem Rumpf, gestreckten Knien und gestreckter Hüfte ist einzigartig im Tierreich. Eine Spezialität, die eine enorme Koordination und ein ständiges Auseinandersetzen mit der Gravitation bedeutet.

Der Mensch ist ein Lauftier und die elementare Form seiner Fortbewegung das aufrechte Laufen in der Ebene. Basis des Stehens, Laufens und Kletterns sind die Füße. Auf ihren feinfühligen Sohlen werden Haltungen und Bewegungen im Schwerefeld entwickelt. Die Fähigkeit, Balance zu halten und Stürze zu vermeiden, hat die Evolution den Menschen als Potenzial mitgegeben, er muss seine Realisierung aber erst erarbeiten. Der Hauptsinn für die aufrechte Haltung ist die Tiefensensibilität. In Muskeln, Sehnen und Gelenken befinden sich Rezeptoren, die ununterbrochen Signale aus der Umwelt und vom Körper empfangen und an das Gehirn weiterleiten, das Stellung, Geschwindigkeit und Kraft des Körpers erfasst. Unablässig entstehen Bilder von der Lage und der Gestalt des Körpers im Raum. Unterstützt durch die visuelle WAHRNEHMUNG verfügt der Mensch über ein Schema seiner räumlichen Position und er kann auf Dysbalancen schnell und angemessen reagieren.

Gemeinsam arbeiten Tiefensinn, Fußsohlen und Gleichgewichtsorgan die Beschaffenheit des Bodens in den Organismus ein, eignen sich die Ordnung des Raumes an und geben Orientierung von oben und unten, vorne und hinten sowie links und rechts. Fuß-, Knie- und Rumpfgelenke sind labil gelagert, so dass sich der Körper labil schwingend über den Gelenken aufbaut, kontrolliert von Bändern, Muskeln und Sehnen. Voraussetzungen für das Extremklettern sind körperliche und mentale Balancen.

2. Evolution und Gespür

Das Leben beginnt mit der Entstehung der Zelle. Der kleinsten Einheit des Lebens. Ein individuelles Element, das autonom seine vitalen Prozesse wie Nahrungsbeschaffung, Energieerzeugung, Atmung, Bewegung, Vervielfältigung und Reizempfang steuert. So kann eine Amöbe eine andere Amöbe erkennen, verfolgen, angreifen und sich einverleiben. Ohne Gehirn hat sie eine Art Erkenntnisorgan.

Seit Milliarden von Jahren machen Zellen Erfahrungen und lernen. Sie werten Erfahrungen aus und verfeinern und verbessern sich beständig, bis sie hochkomplexe Einheiten bilden. Trotz ihrer Winzigkeit sind sie gigantische Fabrikkomplexe mit einer Vielzahl von Arbeitsbereichen, den Organellen. Die Zelle trägt ihre Vermögen durch Zellteilungen weiter. Der Mensch besteht aus etwa 50 Billionen Zellen und in jeder Zelle befindet sich dieselbe Anzahl von Atomen – in molekularer Form.

Zellen arbeiten für sich, schließen sich aber auch mit anderen Zellen zu Zellverbänden wie Organen, Organismen und Lebewesen zusammen, so dass die Evolution immer komplexere Zellsysteme entwickelt hat. Sie senden über Signal- und Empfangsmoleküle unablässig Informationen an andere Zellen und Organe, wodurch sie ihr Verhalten in einem Organismus mit anderen Zellen koordinieren. So sind signalübermittelnde Netzwerke entstanden, die es Zellen gestatten, Informationen zu verarbeiten und zu speichern zum Nutzen des Organismus: Leben und Überleben spielen sich auf Zellebene ab (vgl. Rigutti 2008, S. 46).

Die ersten Zellen entstehen im Wasser. Sie entwickeln sich zu Pflanzen wie Plankton und Algen, später zu Fischen. Fische schwimmen, so dass der Auftrieb die Gravitation scheinbar aufhebt. Mit dem Heraustreten aus dem Wasser auf das Land bilden Pflanzen ein tragendes Element aus wie Stiele und Stängel. Im Übergang von den Fischen zu den Amphibien verstärkt sich die Knorpelstruktur und bilden sich Knochen und stärkere Muskeln und Bänder aus.

Im Verlauf der stammesgeschichtlichen Entwicklung der Lebewesen nehmen die Funktionen und die Zentralisierung von Zellen, Geweben und Organen zu, was zu einer Differenzierung der Funktionen führt. Eine Spezialität in der Evolution der Wirbeltiere ist die Entwicklung des Rumpfes: von der Horizontalen der Fische über Amphibien, Reptilien und Säugetiere hin zur Vertikalen des aufrechtstehenden Menschen, mit einer Drehung des Rumpfes um 90 Grad.

Da die vermögenden Zellen die Grundlage aller Organismen sind und maßgeblich ihre Fähigkeit mitbestimmen, stecken unermessliche Erfahrungen in den Aktionen der Tiere, die ihr Können instinktiv und unmittelbar umsetzen, dennoch zeigt ihr Verhalten einen hohen Grad an rationaler Organisation.

Zellen spüren. Sind auf der Suche nach Nahrung, Energie und Kommunikation. Dieses Spüren hat sich durch Lernen, Speichern und Weitertragen beim Menschen zu einem eigenen Sinnesorgan ausgebildet – zum Gespür. Ein Gewahrsein aller gegenwärtigen Gefühle und Verhaltensweisen, aller aktuellen Impulse aus dem Innen und aller Sinnesreize aus der Umwelt: Diese gesammelte Erfahrung der Evolution lässt sich als Gedächtnis der Menschheit auffassen. Das Vernehmen des Ganzen, das eine Person in einer besonderen Situation ausmacht. Es ist das Meta-Sinnesorgan Gespür, das Menschen in Grenzsituationen – jenseits bewusster und rationaler Steuerung – durch die Aktivierung aller Erfahrungen und Erinnerungen der Zellen und Zellverbände unter Mitarbeit aller Sinne traumwandlerisch sicher durch Gefahren führen kann.

Das ist die Mitgift an alle Neugeborenen. Sie selbst müssen aber noch eine Menge lernen, damit sich dieses Potenzial in ihren Körper gräbt und ihren Geist beflügelt. Der Säugling benötigt Halt gegen die Schwerkraft. Zuerst stärkt er durch das Drehen des Körpers um die Längsachse die Bauch- und Rückenmuskulatur und entwickelt in der Bauchlage das Heben und Halten des schweren Kopfes, um aus der Bauchlage heraus mit dem Krabbeln zu beginnen. Dann stützt er sich seitlich ab, setzt sich auf den Boden und gelangt von da aus nach und nach in den Vierfußstand. Dann erfolgt der Weg allmählich im Dialog mit der Schwerkraft vom Boden in den zweifüßigen, aufrechten Stand, bis sich das Kind kräftig und sicher fühlt und Beine und Füße dem Wagnis des Gehens und Stehens überlässt. Dieses Hineinwachsen ins Schwerefeld erfolgt nach dem Prinzip der Bio-Tensegrity, indem die Druck- und Zugverhältnisse durch Knochen und Bindegewebe eine stabile Einheit bilden. Die Sicherheit im Schwerefeld ist eine Bedingung für jede Bewegung in der Senkrechten.

3. Gedächtnis und Erinnerung

Eine Bedingung für das Leben liegt in den Möglichkeiten des Speicherns: DNA, Gedächtnisformen, zusätzliche Zellkerne in Muskelzellen sowie Kultur. Sie machen Leben möglich und geben Orientierung und Sinn. Ohne sie gäbe es nur zusammenhanglos Erlebtes. Speicher sichern Entwicklung, Verbindlichkeit und Identität. Erinnern heißt erlebt haben. Es ist Das Wiedererleben vergangener Erlebnisse, das Wissen und Können möglich macht.

Zellen bewahren in der DNA drei Milliarden Jahre alte Informationen, die unablässig durch die Evolution überarbeitet und verändert werden und außerordentlich vielseitig und anpassungsfähig sind. Dennoch behalten alle Zellen ein Kernstück bei, das den Zellen aller „lebenden Organismen auf der Erde, jedem Tier, jedem Blatt, jedem Bakterium in einem Stück Käse ..." gemeinsam ist und „endlos immer weiterarbeitet" (Alberts 2012, S. VIII).

Das Gehirn enthält unterschiedliche Formen des Gedächtnisses. Unpersönliches wie Fakten bewahrt das semantische Gedächtnis, etwa die Tatsache, dass dieser Text Buchstaben verwendet. Persönliche Erlebnisse werden im episodischen Gedächtnis bewahrt. Ihre Spuren sind im gesamten Gehirn verbreitet. Ein Erlebnis reizt bestimmte Neuronen (Nervenzellen), die ein Neuronen-Netz bilden. Ein Netz ist umso leichter abrufbar, je tiefer das Gefühl war, das das Erlebnis begleitete, weil das Netz häufiger und stärker aktiviert wurde. Eine Erinnerung entspricht einer besonderen Neuronen-Kombination. Persönliche Fähigkeiten, Gewohnheiten und Verhaltensweisen speichert das prozedurale Gedächtnis, die im Alltag vorkommen und aus automatisch ausgeführten Handlungen bestehen. Sie müssen nicht ins Bewusstsein treten, wie die Fähigkeit, Balance zu halten. Auch Muskeln haben ein Gedächtnis. Durch Training bilden sie zusätzliche Zellkerne, die den Muskeln zusätzliche Proteine und damit Kraft geben. „Wir gehen davon aus, dass die zusätzlichen Kerne wie eine Art Gedächtnis funktionieren. Sie bleiben in den Muskelfasern" (zitiert nach Gundersen) für Monate erhalten. Nach längerer Pause bauen sich die Muskeln rasch wieder auf. Deshalb ist das Training der Muskulatur der Hände und Finger eine lebensnotwendige Voraussetzung für das Klettern in der Senkrechten.

4. Das Kosmische im Extremklettern

Menschen treibt Sehnsucht an. Sie werden sesshaft, haben Technik und Industrie, Wissenschaft, Philosophie, Raumfahrt und Extremsportarten entwickelt. Dazu mussten sie Risiken eingehen, denn jede Erneuerung bedeutete auch das Infragestellen des Gewohnten und das Ausloten eigener Grenzen. Eine besondere Sehnsucht ist das Streben in die Höhe: die Hinwendung zur Sonne, die

Freude am partiellen Überwinden der Gravitation, das Erklimmen schwieriger Berge und die Meisterung der Angst.

Für das Ausschöpfen des gesamten Erfahrungsschatzes der Evolution ist Extremklettern eine ausgezeichnete Tätigkeit: von DNA, Erinnerungsvermögen und Kultur, von Fertigkeiten der Zelle, emotionalen und geistigen Phänomenen. Diejenigen, die extremklettern, müssen Körper und Geist in einem langjährigen Formungsprozess auf das Extreme einstellen, um sich die erforderlichen Fertigkeiten anzueignen. Sie trainieren Muskeln, aber auch ihre Zellen und ihre Organe, ihren Geist und ihre Emotion. Sie trainieren so lange, bis eine Aufgabe ausgeführt werden kann. Beim Klettern werden extreme Routen erst mit sicherndem Equipment geklettert: sie werden kletternd analysiert, wiederholt, gefestigt, nochmal memoriert, bis alle Haltungen, Kräfte, Bewegungen die Kondition dem Vorhaben entsprechen. Erst dann werden sichernde Systeme weggelassen und die Route ohne Seil durchklettert.

Menschen vermögen unendlich viele Haltungen einzunehmen und Bewegungen auszuführen. Sie können ohne zusätzlichen Sauerstoff die höchsten Berge erklimmen, das 1,3-Fache ihrer Körpergröße überspringen, mit einem Stab das 3,4-Fache, 130 Meter in die Tiefe tauchen und dabei 4 Minuten die Luft anhalten, beim Eiskunstlauf Vierfachsprünge machen, in Spezialanzügen über vier Minuten horizontal fliegen und senkrechte glatte Wände erklettern.

Wer sich in einer vertikalen Felswand befindet, kann immer wieder in Grenzsituationen geraten, deshalb muss er alles, was Leib, Geist und Gefühl vermögen, mobilisieren können. Erfahrungen müssen präzise erinnert und erforderliche Bewegungen ausgeführt werden, die nötige Kraft und Kondition müssen vorhanden sein, die Logistik ebenso wie die nötige mentale Stärke. Oft müssen Ratio und Emotionen gebremst, und dem Gespür die Führung überlassen werden, dem Vermächtnis der Evolution, weil es Erfahrungen und Erinnerungen am komplettesten, sichersten und präzisesten versammelt. Das bedeutet das gelungene Zusammenwirken von Erfahrung, mentaler Lockerheit, Erinnerung und Achtsamkeit, das Helga Peskoller den basalen Sinn des Menschen nennt (Peskoller 2001, S. 218). Das gilt besonders, wenn es um das Risiko schwerer Verletzungen oder um Leben und Tod geht. Das Gespür ist so wertvoll, weil Präzision und Sicherheit des Handelns nicht nur in den Gedächtnisstrukturen des Gehirns liegen, sondern in den Erfahrungen der Zellen – dem Leib –, die diese Erfahrungen in das Ganze, den Menschen integrieren. Insofern ist das Ausüben einer Extremsportart ein kosmisches Tun, indem alles, was das Universum bis dahin zu bieten hat – Phänomene wie Atome und Zellen, wie Organismen, Lebewesen und Geist, wie Emotionen und Kultur – tatsächlich zum Einsatz kommen.

5. Berge und Felswände als Partitur

Bergsteigen ist eine Fortbewegungsart, fort und hoch in die Vertikale. Das bedeutet, dass die sichernde Basis, der Erdboden, verlassen wird. Beim Bergsteigen sind Gravitation und Körpergewicht wesentliche Faktoren. Das Gewicht kann nicht überwunden, sondern nur in eine neue Relation von Kräften, in ein neues Kräfteparallelogramm überführt werden, indem ein Teil der vertikal wirkenden Kräfte etwa durch Stemm- oder Spreiztritte, die Reibung der Schuhe und die Arbeit der Hände in die Horizontale umgelenkt wird.

Diejenigen, die in der Vertikalen klettern, bleiben doch der Horizontalen verbunden. Felswände bestehen vielfach aus winzigen waagerechten Stufen, auf denen sie, einer Ballerina gleich, sich auf kleinsten Partien der Felswand mit ebenso kleinen Partien des Fußes bewegen müssen. Deshalb erfordert Bergsteigen eine Differenzierung des Stehens und Gehens. Auf dem Boden steht der Mensch mit Fersen, Ballen, Zehen und Fußaußenlinien. Wenn er sich in die Vertikale begibt, muss er die Trittpartien des Fußes enorm differenzieren können.

Wer klettert, macht Berge und Felswände zum Fußboden, indem er die Ebene virtuell um 90° dreht und sie dann, auf allen Vieren beschreitet. Dabei versucht er so gut als möglich alle Kräfte in der Vertikalen zu minimieren. Die horizontale Ebene ist nun die vertikale Wand. Natürlich wirkt das Gewicht in seinem ganzen Ausmaß nach unten, doch durch die Differenzierung der verschiedenen Auflagepunkte der Füße und Hände sowie eine dynamische Technik, wird es möglich, eine vertikale Felswand zu erklettern. Da die winzigen horizontalen Stufen der Felswand den Füßen keinen ausreichenden Halt bieten und der Körperschwerpunkt außerhalb der Kante der Trittfläche liegt und Hebelkräfte entstehen, ist der Einsatz der Finger wesentlich.

Wer in einer Felswand klettert, muss eine neue Balance des Stehens entwickeln. Dazu muss er sich so gut als möglich an den Berg anschmiegen und sich wie ein Reptil auf allen Vieren die Wand emporbewegen. Es bedarf der Leichtigkeit, der Levitation – ein geringes Körpergewicht, Training mit Zusatzgewichten, eine mentale Lockerheit und das Arbeiten mit Horizontalkräften.

Für das Extremklettern ist die unbewusste Mitarbeit von Körper und Erinnerung ein entscheidender Faktor. Wer extremklettert, muss in der Vertikalen mental geerdet sein wie in der Ebene, denn in der Vertikalen liegen Leben und Tod nah beieinander. Im Free-Solo-Klettern darf es nicht einen einzigen Fehler geben. In seinem Buch *Die Angst. Dein bester Freund* macht Alexander Huber die Angst zum entscheidenden Sicherheitsfaktor. Sie ist es, die ihn sichert.

Hauptwerkzeug des Kletterns sind für Wolfgang Güllich die Finger. Sie halten das Körpergewicht in die Horizontale. Mit den Fingern mehr als das Körpergewicht halten können, sind notwendige Voraussetzungen für jedes Extremklettern. Für ihn kommen hinzu: spezifische Übungen für spezifische Beanspruchungen und präzise Kenntnisse der Klettersituation. Nach der Erstbegehung der Route Seperate Reality sagt er: „Schließlich habe ich jetzt alle erdenklichen Routineinformationen, bin mit jedem Bewegungsdetail vertraut, kenne exakt die konditionelle Belastung“ (Güllich 1987, S. 38). Das sind Bedingungen, die das Extremklettern zum Sport machen. Ebenso zu einer Lebenshaltung, weil es eine nichtentfremdete Tätigkeit sei, die frei mache. Er klettere, weil es Spaß macht. Es gehe um das Wie: „Du suchst ein Stück Fels mit dem höchsten Schwierigkeitsgrad und darin den Weg des geringsten Widerstandes“ (Hepp 1993, S. 67).

Felswände haben ihre Routen in Form von Tritt- und Griff-Abfolgen, Überhängen, Rissen und Distanzen zwischen Haltepunkten. Sie bilden eine Partitur, die zu durchklettern eine Choreografie ist – eine Inszenierung von Bewegungsfolgen. Choreografien sind Raum-Zeitordnungen in künstlerischen, beruflichen oder sportlichen Bewegungsinszenierungen.

Extrembergsteigen ist Choreografie in der Vertikalen. Das macht es zum Abenteuer, zu Grenzerfahrungen und zum Risiko. Kräfte der Gebirgsentstehung, Wetter und Klima haben Partituren in Berge und Felswände gezeichnet, die kletternd gefunden und in eine Kletterchoreografie überführt werden. „Über Wochen“, schreibt Alexander Huber, „war ich damit beschäftigt, wie ein Kunstturner an der Choreografie meiner Kür zu arbeiten, sie zu perfektionieren, um schließlich alles fehlerfrei durchturnen zu können“ (Huber 2020, S. 46f.). Dabei folgt er kletternd nicht schematisch der in der Felswand liegenden Partitur, sondern Erfahrung und Kreativität schreiben die Notation beim Klettern in die eigene Choreografie um. Individualität wie Körpergröße und Gewicht, Kletterfähigkeit, die Qualität der Vorbereitung, Logistik und die mentale Verfassung spielen eine bedeutende Rolle. Wie sich die Musik im Takt von Note zu Note bewegt, wird eine Felswand in einem stetigen Fortgang von Haltepunkt zu Haltepunkt mit Händen und Füßen, Fingern und Zehen, mit Ausdauer, Konzentration, Vorsicht sowie großem Willen, mentaler Gegenwärtigkeit und Freude geklettert, ein Vorgang, an dem die Evolution bis zur einzelnen Zelle mitarbeitet.

In extremen Klettersituationen wird dem Menschen alles abverlangt. Neben den persönlichen und bewussten Fähigkeiten wie Muskelkraft, Kondition und Beweglichkeit, wie die emotionale Verfassung, mentale Stärke und die exakte Kenntnis eines Vorhabens wirken mit derselben Wichtigkeit die unbewussten Bedingungen wie die Zustände der Zellen, der Organe, des Bindegewebes, des Gehirns und seiner Neuronen. Nicht einzelne Elemente für sich, sondern alle gemeinsam im Dienst des Klettervorhabens. Insofern geht es um das Dazwischen, um das, was zwischen diesen Einzelelementen liegt und sie miteinander verbindet. Eine Betrachtung ohne den Dualismus von Geist und Materie, sondern die Art weiser Frauen und alter Schamanen. Wer klettert, kommt in Kontakt mit dem Berg und mit sich selbst, schafft eine Distanz zum Alltag, zu einer

Welt der Oberflächlichkeit, der Ablenkung und des Konsums. Am Berg sind Konzentration, Sammlung und Tiefe gefordert. Helga Peskoller umschreibt das Dazwischen mit „über den Körper hinaus“. Das gilt auch umgekehrt: über Bewusstsein und Geist hinaus. Extremklettern gibt es nur aufgrund all dieser Vermögen: die Fähigkeiten der Milliarden Jahre dauernden Erfahrungen von Zellen und Zellverbänden sowie durch die gezielte und bewusste individuelle Arbeit an Körper und Geist der Kletternden: ob bei Expeditionen auf extrem hohe Berge oder beim Klettern in vertikalen Felswänden.

Literatur/Quellen

Alberts, B./Bray, D./Hopkin, K./Johnson, A./Lewis, J./Raff, M./Roberts, K./Walter, P. (2012): Lehrbuch der Molekularen Zellbiologie. Weinheim.

Gundersen K., zitiert nach http://www.deutschlandfunk.de/das-gedaechtnis-der-muskeln.676.de.html?dram:article_id=27682

Güllich, W. (1987): Separate Reality. In: Der Bergsteiger & Der Bergwanderer, Jg. 54, Hft. 5.

Hepp, T. (1993): Wolfgang Güllich. Leben in der Senkrechten. Eine Biographie. Rosenheim.

Huber, A. (2020): Die Angst. Dein bester Freund. Salzburg, München.

Peskoller, H. (2001): Extrem. Wien, Köln, Weimar.

Rigutti, A. (2008): Physiologie des Menschen. Klagenfurt.

Beobachten, abhelfen, scheitern

Kindliche Erfahrungen mit Mobbing. Eine Fallgeschichte

Lutz Ellrich

Sein Martyrium begann, als er das Klassenzimmer der katholischen Dorfschule in Nideggen/Eifel betrat. Er war gerade neun Jahren alt geworden. Seine Eltern hatten 1953 – kurz nach dem sogenannten ‚Volksaufstand' am 17. Juni – die DDR verlassen. Die Familie war zunächst für sechs Monate bei Verwandten der Mutter in Köln einquartiert worden und dann ‚auf dem Land' im Ferienhaus eines Onkels untergekommen.

Nun stand er in einem engen, schlecht gelüfteten Raum und die Lehrerin, die sich als Fräulein Fürbringer vorgestellt hatte, bat ihn, seinen Namen zu sagen und all den neuen Mitschülern und Mitschülerinnen zu erzählen, wo er denn herkam und warum seine Eltern gerade nach Nideggen gezogen waren.

Er zögerte, spannte die Gesichtsmuskeln an, atmete tief ein, presste den Mund zusammen, wartete einige Sekunden lang, ehe er die Luft wieder ausstieß, und nannte endlich seinen Namen: Hans-Jürgen. Er sprach diesen Bindestrich-Namen aus wie ein Fremdwort, das ihm Unbehagen bereitete. Noch blieb die Klasse ruhig. Einige Schüler blickten ihn erwartungsvoll an, andere sahen aus dem Fenster. Nach kurzem Innehalten fügte er hinzu, dass ihn sein kleiner Bruder „Hanna" rufen würde, immer schon „Hanna" gerufen hätte. – Hier gab es erste Lacher in der Klasse und die Lehrerin bat um Ruhe. – Der Kleine tue das, fuhr er unbeirrt fort, weil es einfacher für ihn sei. Und auch seine Eltern hätten irgendwann damit angefangen, ihn „Hanna" zu nennen. Das finde er ziemlich doof. „Hanna" sei ja ein Mädchenname und passe deshalb nicht (s. Abb.).[1] – Hier gab es erneut Gelächter bei den Kindern, besonders den Buben,

---

1 Es existiert ein Foto von den beiden Brüdern, das die Mutter am Fastnachtsdienstag 1953 aufgenommen hat. Der Kleine ist als Koch verkleidet, der Große als Mädchen. Viele Jahre danach fragte der jüngere Bruder die Mutter, wie sie denn dazu gekommen sei. Dass man Hans-Jürgen „Hanna" gerufen habe, sei doch schon schlimm genug gewesen. Aber ihn auch noch als Mädchen anzuziehen, müsse doch seelische Schäden hervorgerufen haben. Die Mutter bemerkte dazu, dass „Hanna" ihr einmal Folgendes erklärte: „Mädchen haben es gut. Sie müssen nicht Fußball spielen, nicht an Raufereien teilnehmen und auch nicht diese blöden Turnübungen im Sportunterricht machen." Sie habe daher angenommen, dass er sich über das von ihr selbst geschneiderte Faschingskostüm freue. Er strahle doch auch auf dem Foto. Sie könne sich deshalb nicht vorstellen, ihm geschadet zu haben.

und eine recht milde Ermahnung der Lehrerin, die sich langsam zu amüsieren begann über den seltsamen Neuling in ihrer Klasse. – Er wiederholte es: „Hanna“, nein, das sei doof, das möge er gar nicht. „Hans-Jürgen“ aber sei hässlich. Er ziehe es vor, „Jürgen“ genannt zu werden, ohne dieses „Hans“ davor. Das sei nicht nötig. So würde schon sein Großvater heißen. Und der sei alt und grauhaarig und hätte immer, wenn er zu Besuch gekommen wäre, komisch gerochen. „Hans“ passe daher überhaupt nicht. „Hanna“ nicht und „Hans“ auch nicht! – Gelächter und sanfte Ermahnungen der Klasse durch die Lehrerin wie zuvor. – Er wolle der „Jürgen“ sein. Und wenn sie mitkriegen würden, dass sein Bruder, ihn auf der Straße laut „Hanna“ riefe, sehr laut, weil es dem Kleinen Freude bereite, Lärm zu machen und herumzuschreien, so bedeute das gar nichts. Sie sollten seinen Bruder bitte nicht nachahmen. Der komme bald, nämlich zu Ostern, in die Schule und werde dann damit aufhören. Auch die Eltern würden sich das „Hanna“ mit der Zeit abgewöhnen. Vorbei mit „Hanna“. – In diesem Moment war das schlagartig einsetzende Gelächter nicht mehr zu bremsen. Und selbst die Lehrerin konnte sich kaum noch beherrschen. Während sie damit beschäftigt war, ihr Lachen zu unterdrücken, skandierten schon die frechsten und mutigsten Schüler: „Hanna, Hanna“. Einer rief sogar „Hanna setzen!“, ein anderer „Hanna weitermachen!“

Und so setzte „Hanna“ sich zwar nicht hin, aber – ermuntert auch von der Lehrerin, die ihre Fassung zurückgewonnen und die Klasse streng, aber durchaus verständnisvoll, zurechtgewiesen hatte – seine Ansprache fort.

Die Neugier der Klasse auf weitere Enthüllungen, die Spaß bereiten könnten oder sich anderweitig ausschlachten und gegen „Hanna“ ins Feld führen ließen, war geweckt. Als Hans-Jürgen – sobald Ruhe eingekehrt war – fragte, ob er noch erzählen solle, wie und warum seine Familie jetzt hier wohne und er von nun an ihr Mitschüler sei, schallte ihm ein einhelliges „Ja!“ entgegen. Und so holte Hans-Jürgen weit aus. Und je mehr er berichtete, desto stärker fiel er in seinen heimatlichen Dialekt, der zwar in den häuslichen vier Wänden der kleinen Wohnung verpönt war, weil die Mutter aus Köln stammte und den thüringischen Tonfall nicht ausstehen konnte, aber im Kindergarten und in der Schule der ostdeutschen Stadt Eisenach gesprochen wurde.

Hans-Jürgen merkte nicht, dass er immer mehr in das Idiom der Eisenacher verfiel und sich vor den Augen der Einheimischen in ein exotisches Wesen verwandelte. Das große „Ja!" der Klasse hatte das vorangegangene Gelächter ausgelöscht und gleichsam eine Schleuse in ihm geöffnet. Ganz entrückt und enthemmt schilderte er, was alles er schon erlebte und bewusst wahrgenommen hatte, bevor er hier in diesem Eifel-Flecken gelandet war. Er hatte vom Krieg gehört, die Trümmer zerstörter Häuser gesehen, in der Schule den Geschichten über Väterchen Stalin gelauscht, der die Deutschen aus den Klauen eines bösen Tyrannen befreit hatte. Und so erzählte er den vor ihm in ihren engen Schulbänken festsitzenden Kindern, dass dort, wo er herkäme, neben den Straßen meterhohe Plakatwände stünden, auf denen Väterchen Stalin abgebildet sei. Und er ließ sich auch nicht durch ein leichtes Räuspern der Lehrerin davon abbringen, zu erwähnen, dass dieser schnauzbärtige Opa, der so freundlich lächelte und einem kleinen Mädchen, das ihm gerade einen Strauß Blumen entgegenstreckte, über den Kopf strich, gar nicht so lieb gewesen sei, wie er getan habe. Keines der Kinder hatte eine Ahnung, wovon Hans-Jürgen überhaupt sprach. Aber er bemerkte auch das nicht. Er war in seine Welt eingetaucht und erzählte, dass sein Vater, der in einer Fabrik gearbeitet hätte und immer erst sehr spät nach Hause gekommen wäre, sich gefreut hätte, als der alte böse Mann, der die Leute mit seiner freundlichen Miene nur hinters Lichte führen wollte, endlich tot war. Fast ein Jahr sei das nun schon her. Er erzählte von der Trauermusik, die man den ganzen Tag über im Radio gespielt hätte. Trauermusik und Nachrichten, sonst nichts. Dann sprach er von den vielen „Dämmerstündchen" bei Kerzenlicht an solchen Abenden, an denen es keinen Strom und daher auch keine Radiosendungen gegeben habe. Und als die Klasse schon ein wenig unruhig wurde und bei manchen Schülern Langeweile aufkam, berichtete er, dass sein Vater im Sommer des letzten Jahres mit vielen anderen auf die Straße gegangen wäre und seine Stimme erhoben hätte: „Nach dem Tod des bösen alten Mannes ist nämlich nichts besser geworden. Die Arbeiter sollten für den gleichen Lohn noch mehr schuften. Dazu war mein Vater jedoch nicht bereit. Er hat sich deshalb einigen Kollegen angeschlossen und gegen die neuen ‚Normen', denn so werden diese Gebote drüben genannt, Einspruch erhoben. So etwas zu tun, war aber nicht erlaubt. Russische Panzer sind aufgefahren. Und Schüsse sind gefallen."

Jetzt war die Klasse ganz Ohr. Hans-Jürgen spürte das, obschon ihn seine Geschichte trug und gegen die Zuhörer abschirmte. Er machte eine Pause. Sehr bewusst. Eine ‚Kunstpause' sozusagen. Er hatte plötzlich das Gefühl, die Mitschüler auf seine Seite ziehen, von ihnen nun in ihre Reihe aufgenommen zu werden. Die Lehrerin sagte etwas, das er nicht richtig verstand. Sie wollte ihn offenbar unterbrechen, ihn bremsen. Aber er ließ sich jetzt das Heft nicht mehr aus der Hand nehmen. Es war seine Geschichte.

Nach dem Aufstand, der „mit Gewalt niedergeschlagen“ worden sei, wie der Vater immer wieder sage, hätten seine Eltern nicht mehr in der „Ostzone“ bleiben können. Die „Ostzone“ würde sich selber „Deutsche Demokratische Republik“ oder auch „DDR“ nennen. Das wüssten sie sicher nicht. Aber so sei es. Hier in Westdeutschland, in der BRD, würden alle „Ostzone“ sagen und das wäre nicht richtig. Das sei ja wie bei ihm selber, wenn er einfach „Hanna“ gerufen werde und doch „Jürgen“ genannt werden wolle. Das ginge doch nicht. In der Schule in Eisenach hätte ihn niemand „Hanna“ gerufen. Nur zu Hause hätten der kleine Bruder und der Vater sich nicht davon abbringen lassen, ihn so zu nennen. Den Mitschülern und Lehrern hätte er damals gesagt, dass er der „Jürgen“ sei und daran hätte man sich auch gehalten.

Es wäre schön gewesen in Eisenach, viel schöner als in Köln, wo es noch viel mehr Trümmer gäbe als in Eisenach. Nur die Kaufhäuser in Köln seien toll. Viel reichhaltiger als die HO-Läden in der DDR. Doch am allerschönsten sei der Thüringer Wald gewesen, die Wartburg mit dem Lutherzimmer und dem Tintenfleck an der Wand. Der Tintenfleck stamme noch von dem Fass, das Martin Luther auf den Teufel, der ihn von seiner Arbeit abhalten wollte, geworfen habe. Aber natürlich würde der Fleck immer wieder mit Tinte bestrichen, damit er wie neu aussehe. Das wisse er genau. Ganz frisch sei der Fleck, habe sein Vater gesagt, als sie das letzte Mal auf der Burg waren. Er erinnere sich noch gut an den Ritt mit den kleinen Eseln den Berg hoch und an die Thüringer Bratwürste, die sie oben im Burghof gegessen hätten. „Ganz frisch!“, habe der Vater gesagt und dann hinzugefügt: „Der Teufel ist noch unter uns.“ Hier lachten die Kinder herzhaft und ließen Hans-Jürgen spüren, dass sie eine katholische Erziehung genossen hatten und bald ihre Kommunion feiern würden. Einige riefen „Ja, ja!“ und waren sichtlich begeistert.

Ganz ruhig sagte er: „Wir sind evangelisch. Wir glauben heute nicht mehr an den Teufel. Der Martin Luther schon. Das war aber im Mittelalter. Mein Vater hat ja das Väterchen Stalin gemeint.“ In der Klasse rumorte es. Aber die Lehrerin beschwichtigte die Kinder. „Dieser Stalin ist ein Teufel, da hat Dein Vater ganz recht“, stellte sie fest. Und dann sagte sie noch: „Deine Mutter, Hans-Jürgen, ist auch katholisch. Sie hat es mir gesagt, als sie Dich ordnungsgemäß hier an der Schule angemeldet hat und ich als Deine zukünftige Klassenlehrerin mit ihr gesprochen habe. Sie hat auch den Wunsch geäußert, dass Du am katholischen Religionsunterricht, den unser Kaplan Kürten erteilt, teilnimmst, obschon Du evangelisch getauft worden bist, weil in der DDR die katholische Kirche nicht erlaubt ist und Dein Vater zu den Protestanten gehört. Sie hat mir auch gesagt, dass sie nie aus der Katholischen Kirche ausgetreten ist und dass Du, wenn Dir der katholische Religionsunterricht gefällt, darüber nachdenken kannst, ob Du nicht katholisch werden möchtest. Kaplan Kürten hat dem schon zugestimmt. Wir lassen Dir Zeit. Du bist ja noch nicht konfirmiert und kannst, sobald Du Dich mit Deiner Mutter zusammen entschieden hast, zum Katholischen Glauben überzutreten, nachträglich, also zum Beispiel im nächsten Frühjahr, mit zur Kommunion gehen. – Aber nun erzähle uns rasch noch, wie Deine Familie zu uns in den Westen gekommen ist und sich hier in Nideggen niedergelassen hat, das ja auch eine Burg und viel Wald aufweisen kann und sicherlich so schön ist wie Dein Eisenach, das Du uns so eindrücklich geschildert hast. Und nicht nur in Eisenach und Köln, die Du kennst, sind im Krieg sehr viele Gebäude zerstört worden, sondern auch in Nideggen. Hier wurde bis zum Schluss gekämpft und in manchen Waldstücken, die nicht immer abgesperrt oder mit Warntafeln versehen sind, liegt noch viel Munition und Kriegsgerät. Deshalb müsst ihr vorsichtig sein, wenn ihr im Wald spielt, und dürft auf gar keinen Fall irgendwelche Granaten anfassen oder aufheben, die ihr findet. Deine Klassenkameraden wissen das. Du aber weißt das noch nicht. Und musst als frisch Zugezogener besonders aufpassen, wo du hinläufst!"

Er sollte seine Geschichte jetzt zügig zu Ende bringen, das war ihm klar. Eine Geschichte, die viel wechselhafter und aufregender war, als das Leben dieser Kinder hier, die von Großstädten wie Köln und dem Kölner Dom, der den Krieg über so gut wie heil geblieben war, sicher schon gehört hatten, aber wohl kaum dort gewesen waren. Und so hob er erneut an und erzählte in einer Tonlage, die nun weit weniger als vorher thüringisch klang, dass sein Vater aus der DDR geflohen wäre. Zusammen mit ein paar Kollegen, die ebenfalls fort mussten, hätte er einen geheimen Weg über Berlin in die Bundesrepublik genommen. Die Mutter und ihre beiden Söhne von acht und fünf Jahren wären dagegen in einen Zug gestiegen, hätten bei der Grenzkontrolle in Bebra einen von Westverwandten vorsorglich verfassten und nachträglich datierten Brief gezeigt – einen Brief mit der traurigen Kunde, dass die Großmutter gestorben sei und die Beisetzung am Soundsovielten stattfinden würde. Er und sein Bruder hätten, als die Grenzer sie scharf ansahen, genau das getan, was die Mutter ihnen eingetrichtert hatte. Besonders sein Bruder, der ein richtiger „Schauspielerschkerle" sei, wie die Leute im Haus immer sagten. – Aber den würden sie ja ab Ostern kennen lernen. Dann würden sie es schon merken. – Also, der Kleine hätte eine richtige Unschuldsmiene aufgesetzt, ihnen offenherzig ins Gesicht geschaut und lauter albernes Zeug geplappert, so dass bei den mürrischen Grenzern nicht der geringste Verdacht aufgekommen wäre. Im Westen angekommen, hätte die Mutter sich irgendwo melden müssen. Und sie wären dann, nach einer Busfahrt, für zwei Tage mit anderen DDR-Flüchtlingen auf Baracken verteilt worden, hätten gutes Essen bekommen, tief und fest geschlafen, sogar der Kleine, der dort das richtige Publikum für seine Kaspereien gefunden hätte. Und dann wären sie weiter gereist zu einer Tante in Köln, bei der ein großer schwarzer Schäferhund völlig frei in der Wohnung herumlief. Und der hätte auf den Namen „Agga" gehört – nur auf diesen Namen, sonst keinen, und wäre nur mit dem Ausruf „Agga!" zu bändigen gewesen. Richtige Namen seien eben wichtig. Das sähe man auch hier wieder. Und für ihn sei nicht „Hanna", sondern eben „Jürgen“ der richtige. Die Klasse johlte. „Weiter, Hanna!“, rief einer. „Aus der Ostzone!“, ein anderer.

Die Wiederholung der unpassenden Namen „Hanna“ und „Ostzone“ machte ihn für einige Augenblicke sprachlos. Er starrte das grinsende Mädchen an. Die Lehrerin wurde ungeduldig: „Hans-Jürgen, Du musst nun mal langsam zum Schluss kommen. Köln gut, das haben wir jetzt verstanden. Und wieso dann nach Nideggen? Das möchten Deine Klassenkameraden noch gerne hören.“ „Ja“, sagte er, „ganz einfach. Mein Vater bekam in Köln keine Arbeit, die er machen konnte. Nur in Düren. In Düren gab es aber keine Wohnung für uns und so …“ Damit waren alle zufrieden. Von der Lehrerin war ein abschließendes „Fein!“ zu hören. Und dann noch: „Hans-Jürgen, Du darfst Dich dort in die freie Bank setzen.“ Folgsam nahm er den ihm zugewiesenen Platz ein. Der Unterricht begann. Obschon er wie betäubt war von den letzten Rufen aus der Klasse, entging ihm nicht, dass der Name „Jürgen“, um den er gebeten hatte, ihm auch von der Lehrerin verwehrt wurde. Erst einige Wochen danach tat sie ihm diesen Gefallen. Er war zur Tafel gerufen worden und hatte eine schwierige Rechenaufgabe gelöst, ohne sonderlich nachzudenken. Das war ein Fehler, wie er an der Reaktion seiner Klasse hätte sehen können. Aber er schaute nur die Lehrerin an, die ihm zulächelte und sagte: „Das hast Du sehr gut gemacht, Jürgen!“

An diesem Tag, auf dem Heimweg von der Schule nach Hause, wurde er zum ersten Mal zu Boden gestoßen. Bisher hatten sie ihn nur mit Worten behelligt: „Hanna, zieh doch mal ein Röckchen an!“ Oder ihn mit nassem Laub beworfen und gerufen: „Schau mal Hanna, es regnet Manna!“ Anfangs hatte er solche Sprüche noch kommentiert: „Da habt ihr aber gut aufgepasst in Kürtens Bibelstunde.“ Dann war er dazu übergegangen, absurde Fragen zu stellen oder ihnen Rätsel aufzugeben: „Was sitzt im Kuhstall und singt ‚O Hannabaum‘?“ Schließlich hatte er nur noch geschwiegen und war einfach weitergegangen.

Jetzt lag er auf dem Boden und wusste nicht weiter. Sein Knie, auf das er gefallen war, tat weh. Er biss die Zähne zusammen. Denn Schläge und Schmerzen waren ihm nicht unbekannt. Er hatte eine Strategie entwickelt, damit umzugehen. Sein Vater bekam oft Wutanfälle. Kleinigkeiten, die schiefgingen, konnten ihn zur Weißglut bringen. Er schlug dann Sachen, die in Reichweite lagen, kaputt und gab seinen Söhnen, wenn sie sich im Zimmer befanden, Ohrfeigen. Während der kleine Bruder den Schlägen auswich und davon lief, blieb er, der Ältere, der stets die Schuld trug für alles, was nicht in Ordnung war, wie angewurzelt stehen, machte sich stocksteif, kniff die Augen zusammen, presste die Kiefer aufeinander und wartete in dieser Stellung[2] auf die unvermeidlichen

2 Den Vater konnte Hans-Jürgens Verhalten überhaupt nicht beeindrucken. Für ihn war sein ‚Stammhalter‘ eine Memme. Sein Urteil lautete: „Der kann sich nicht wehren. Aus dem wird niemals ein richtiger Mann.“

Ohrfeigen und den danach sofort einsetzenden Schmerz. Er schrie nicht, aber Tränen rollten über die brennenden Wangen. Der Vater brüllte noch eine Weile herum und beruhigte sich dann allmählich. Wenn die Mutter anwesend war, ging sie dazwischen, stellte sich schützend vor das ältere Kind und brachte ihren tobenden Mann dazu, seine angestaute Wut an weiteren Gegenständen oder der nächstbesten Wand auszulassen, bis der Anfall vorüber war. Dann holte der Vater gewöhnlich den jüngeren Sohn aus seinem Versteck, strich ihm über den Kopf, drückte ihn, kramte eine Süßigkeit, meist ein Stück Schokolade, hervor, um den Kleinen zu trösten, der doch gar nichts abbekommen hatte und das Ganze zwar irgendwie ungerecht, aber dennoch ergötzlich fand: Hanna bekam Schläge und Mutterliebe, er väterliche Aufmerksamkeit und Schokolade.

Hans-Jürgen lag also auf dem Boden und rührte sich nicht. Er drückte die Arme seitlich an den Körper, ballte die Fäuste, zog die Gesichtsmuskeln zusammen und erreichte so einen Zustand der krampfartigen Erstarrung.[3] Wahrscheinlich wurde ihm Eines klar: Es geht immer weiter und es wird schlimmer. Die Angriffe hatten ja eine Geschichte. Schon während der halbjährigen Schulzeit in Köln war er – wie sich aber erst später herausstellte – nachgeäfft, gehänselt und mit Gegenständen (Papierkugeln, Obststückchen, Kastanien) beworfen worden. Zu Hause hatte er diese Vorfälle nicht erwähnt. Und von den LehrerInnen waren sie nicht bemerkt oder aber als Bestandteile normaler Interaktionen der Kinder betrachtet worden.

Der Angriff nach dem souveränen Auftritt an der Tafel (übrigens kannte Hans-Jürgen die zu lösende Rechenaufgabe bereits aus dem weit niveauvolleren Grundschulunterricht in Eisenach) blieb kein Einzelfall. Er war der erste in einer ganzen Serie und markierte den Übergang von Aktionen mit Worten, Gesten und Wurfobjekten, die keine physischen Verletzungen hervorriefen, hin zu Vorstößen, bei denen direkte körperliche Gewalt ins Spiel kam.

Anfangs hatte die Gruppe der feixenden Mitschüler stets einen gewissen räumlichen Abstand gehalten, wenn sie ihn ins Visier nahm und den Heimweg in eine Art Spießrutenlaufen verwandelte. Diesmal aber hatte sich einer aus der Gruppe gelöst, ihn an der Schulter gepackt und zu Boden gestoßen. Danach war er beschimpft und verhöhnt, aber nicht weiter physisch attackiert worden. Als er liegen blieb und nicht reagierte, auch der Aufforderung „Hanna aufstehn! Mama wartet!" nicht nachkam, zog die Gruppe gelangweilt ab.

Der Vorfall wiederholte sich auf ähnliche Weise in den folgenden Monaten. Jeweils greift einer aus der Gruppe Hans-Jürgen an, schlägt ihn, tritt ihm vors Schienbein, wirft ihn zu Boden, während die übrigen Kinder – fast nur Buben – ihn auslachen, verspotten und auffordern, doch endlich auch mal zurückzuhau-

3 Zu alternativen Strategien, mit gefährlichen Situationen und körperlichen Schmerzen umzugehen, siehe Peskoller 2013 und 2020.

en. Er reagiert aber stets nach dem gleichen Muster. Nur dieser ‚Totstellreflex' – so glaubt er – bewahrt ihn vor Schlimmerem. Seinen Eltern sagt er nichts von den Angriffen.

Das ändert sich erst, als sein jüngerer Bruder eingeschult wird und auf dem Schulhof eine Prügelszene beobachtet. Im Mai 1954 stürmt der Kleine zu Beginn der Pause mit seiner Klasse auf den Schulhof. Die älteren Jahrgänge befinden sich schon im Freien. Überall Lärm und Bewegung. Besonders die Jüngsten toben sich aus. Eine Aufsicht führende Lehrkraft ist nicht in Sicht. An einer Ecke des Hofs haben zahlreiche Kinder einen Kreis gebildet und feuern offenbar jemanden an. Der Kleine bemerkt es, wird neugierig. Dort ist etwas los! Ein neues Spiel? Ein Kampf? Eine Mutprobe? Als er sich durch den Ring der Schüler gewühlt hat, sieht er ein Bild, das nicht mehr aus seinem Kopf gehen wird: ein großer, kräftiger Junge hockt rittlings auf einem anderen und schlägt dem Liegenden ins Gesicht. Der Kleine will schon in die anfeuernden Rufe einstimmen, als er gewahr wird, dass der Untere, der hier Prügel bezieht, ja sein Bruder ist. Er zögert keine Sekunde, packt den fremden Jungen bei den Haaren, reißt dessen Kopf herum, knallt ihn auf den Boden. Dreht den ganzen Körper des Schlägers. Hanna kann sich befreien und aufrichten. Nun ist der Kleine obenauf und lässt die Fäuste auf den niederprasseln, der eben noch seinen wehrlosen Bruder traktierte.

Dann zerren ihn ältere Schüler oder ein endlich herbeigeeilter Lehrer hoch. Er kann es nicht unterscheiden und will es auch nicht begreifen. Niemand hat seinem Bruder geholfen, aber jetzt wird er, der Kleine, von dem Täter weggerissen, der doch nur bekommt, was er verdient.

Später stellt sich heraus, wie es zu der Prügelei gekommen ist: Einer aus der fünften Klasse ist bei einem wilden Spiel – wohl ohne Absicht – mit Hans-Jürgen zusammengestoßen und der hat „Pass doch auf!" von sich gegeben. Dies wiederum hat den Fünftklässler wütend gemacht und dazu veranlasst, auf Hans-Jürgen loszugehen. Die Rettungsaktion des kleinen Bruders schien für alle nachvollziehbar zu sein. Man hatte ihn ja auch rechtzeitig davon abgehalten, dem völlig perplexen Fünftklässler größere Verletzungen zuzufügen. Eine Beule am Kopf, eine Schramme im Gesicht. Nichts von Bedeutung. Der für den Schulhof zuständige Lehrer hatte ersichtlich kein Interesse daran, die Geschichte zu dramatisieren. Niemand wurde ernsthaft gerügt oder gar mit Nachsitzen oder dergleichen bestraft. Es blieb bei milden Ermahnungen. Hans-Jürgen sagte kaum etwas. Gab einsilbige Antworten auf die Fragen des Lehrers. Weder beschuldigte er jemanden, noch forderte er Genugtuung. Die ganze Angelegenheit schien ihm peinlich zu sein. Offenbar schmerzte ihn ein bestimmter Aspekt des Geschehens weit mehr als die körperlichen Blessuren, die er davongetragen hatte. Zu Hause sagte er seiner Mutter, um die Schwellungen in seinem Gesicht zu erklären, dass er in eine Rangelei zwischen Klassenkameraden geraten sei. „Nichts weiter. Nichts Besonderes." Der Kleine hielt den Mund und grinste.

Am Abend klingelte es. Der Vater öffnete die Tür. Draußen stand ein Bauer mit seinem Sohn und erklärte mit lauter Stimme: „Ihr Sohn hat meinen geschlagen! Schauen Sie sich das an!“ Empört wies er auf einen blutverkrusteten Höcker, der aus dem Haarschopf des Jungen hervortrat, und auf ein paar stark gerötete Stellen auf dessen Wangen. Jürgens Vater schüttelte den Kopf. „Das kann nicht sein. Mein Sohn tut so etwas nicht!“ Und er rief, ohne zu bedenken, welches Wort er soeben in den Mund nahm, nach seinem Ältesten: „Hanna, komm doch mal her!“ Jürgen (so wollen wir ihn von nun an nennen) trat vorsichtig in den Flur und hinter ihm der vor Neugier platzende Kleine. Dann eilte auch noch die Mutter herbei. Der Bauernjunge zeigte sofort auf Jürgens Bruder: „Der da wars!“

Jürgens Vater lachte auf. Die Mutter umfasste ihre beiden Buben rasch bei den Schultern, um sie bei der geringsten Bedrohung in Sicherheit zu bringen. Der Bauer blickte den Kleinen scharf an, dann seinen eigenen Sohn, der im Vergleich geradezu bullig wirkte, und gab diesem unversehens eine knallende Ohrfeige. Zerrte anschließend das völlig verdatterte und in Tränen ausbrechende Kind weg vom Haus zu dem Traktor, mit dem sie gekommen waren.

Während die alarmierte Mutter mit punktgenauen Fragen aus Jürgen eine Erklärung für das Vorgefallene herausholte, die annähend der Wahrheit entsprach, saß der Kleine stolz auf dem Schoß des Vaters und wurde überschwänglich für die Verteidigung des Bruders gelobt, der ja – wie sich gezeigt hatte – selber dazu gar nicht im Stande war und unbedingt jemanden brauchte, der ihn rücksichtslos vor den Gefahren der Welt bewahrte.

Die Mutter rang Jürgen bei ihrer eindringlichen Befragung sogar das Geständnis ab, dass er gelegentlich von Klassenkameraden bedrängt und geschlagen werde. Sie führte daraufhin ein Gespräch mit der Klassenlehrerin, die alles herunterspielte, mit der Auskunft aufwartete, dass Jürgen sich auch mitunter seltsam benehme, als hochnäsiges Stadtkind aufführe und endlich lernen müsse, sich normal zu verhalten und auch gegen das im Grunde recht harmlose Hänseln und Hauen angemessen zu wehren.

Der Vater wiederum, der von solchen Gesprächen mit Lehrern rein gar nichts hielt, zeigte inzwischen dem Kleinen, mit welchen Tricks und rüden Angriffstechniken er den Bruder wirksam verteidigen könne.

An Gelegenheiten, das Gelernte praktisch zu erproben, fehlte es in der Folge nicht; denn die Gruppe der Klassekameraden, die sich auf Jürgen förmlich ‚eingeschossen‘ hatte, ließ sich nicht von ihren Aktionen abbringen. Der Kleine drohte zunächst einigen Jungen, die sich an den Angriffen auf Jürgen beteiligt hatten, mit Rache. Man lachte ihn aus und warnte ihn vor einer großen Tracht Prügel, die er sich einfangen würde, wenn er sein Maul weiter so aufreißen werde. Die Geschichte mit dem besiegten Bauernjungen aus der fünften Klasse hatte sich offenbar nicht genügend herumgesprochen. Bald darauf lauerte der Kleine dem Anführer der Gruppe auf, sprang ihn von hinten an, riss ihn um, trat, so kräftig er konnte, zu, und war im Nu wieder weg. „So machen es die Partisanen", hatte der Vater gesagt. „Und so musst auch Du vorgehen."

Die Attacken auf Jürgen, der immer verschlossener wurde und kaum noch ansprechbar war, ließen sich auf diese Weise aber nur bedingt eindämmen. Der erste ‚bestrafte' Anführer zog sich zwar zurück und wurde zum bloßen Mitläufer, aber es fand sich bald ein neuer Initiator. Sobald der Kleine seinen Bruder auf dem Heimweg begleitete oder die Mutter, der die wahre Situation verheimlicht wurde, ihn von der Schule abholte, ging die Sache gut. Dies war jedoch nicht immer möglich und deshalb wiederholten sich während der nächsten Monate in Abständen, welche freilich größer wurden, die Angriffe und dementsprechend auch die Racheaktionen des Kleinen. Jeder Sieg, den dieser errang, versetzte ihn kurz in eine rauschhafte Hochstimmung, erschien ihm bald darauf aber als etwas völlig Wertloses – weniger weil der Frieden, der zeitweilig einkehrte, nicht von Dauer war, sondern weil er jedes Mal spürte, wie sehr sich Jürgen dafür schämte, nicht in der Lage zu sein, die Angreifer aus eigener Kraft zurückzuschlagen. Der Kleine hatte, gerade in den euphorischen Momenten des Triumphs das bedrückende Gefühl, dass die Scham des Bruders von Vorfall zu Vorfall anstieg und schließlich ein unerträgliches Maß erreichte. Manchmal versuchte er, sich in Jürgen hineinzuversetzen und sich vorzustellen, wie es sein müsste, am Boden zu liegen und nicht kämpfen zu können. Dann schauderte ihn, und er sagte sich selbst, dass es nichts Schlimmeres auf der Welt geben könne als diesen Zustand.

Noch kam es aber nicht zur Katastrophe. Der Vater erhielt eine Arbeitsstelle in Köln. Die Familie zog in die Großstadt. Jürgen ging auf ein neusprachliches Gymnasium. Auch hier wurde er von seinen Mitschülern aufs Korn genommen. Aber es gab keine Anzeichen, dass es erneut zu körperlichen Angriffen kam. Die Mutter schickte den Kleinen, der in der Grundschule in Köln ständig in Prügeleien verstrickt war, weil er aus der Rolle eines Beschützers der Wehrlosen nicht mehr herausfand, dann auf ein anderes Gymnasium. Sie wollte vermeiden, dass er bei der Erfüllung seiner Aufgabe, Jürgen zu beschützen, Grenzen überschreitet und am Ende weit mehr Schaden anrichtet als abwendet. Sie hatte nämlich einmal gehört, wie der Vater zu dem Kleinen sagte: „Du darfst alles tun, um Deinen Bruder, diesen Schwächling, zu verteidigen. Alles!" Das hatte ihr Angst gemacht. Sie versuchte daher in den folgenden Jahren, die beide Jungen auf unterschiedlichen Schulen verbrachten, einen Rollentausch zwischen den Brüdern in die Wege zu leiten. Sie gab Jürgen die Aufgabe, den Kleinen vor sich selbst und seiner überschießenden Aggressivität zu schützen und ihm seine Lust, Gewalt auszuüben, durch gutes Zureden auszutreiben. Die Umsetzung dieses pädagogischen Programms nahm einige Zeit in Anspruch. Aber es sorgte wohl nicht zuletzt dafür, dass die Brüder – als der Große 15 und der Kleine 12 Jahre alt waren – miteinander über den Lebensabschnitt in Nideggen sprachen. Jetzt erzählte Jürgen von der grotesk missglückten Initiation an der

Dorfschule. Und jetzt erfuhr der Kleine, wie unangenehm es für Jürgen war, „Hanna" gerufen zu werden. Und auch das Schlimmste musste der Kleine sich anhören: dass nämlich die Schmerzen, die ihm die Mitschüler zufügten, nicht so heftig gewesen wären wie die Pein, die ihm die ganze zirkusreife Helferei des Kleinen bereitet hätte. Eine Demütigung wäre nur durch eine andere, noch ärgere, ersetzt worden. Aber das hätte der Kleine ja nicht wissen und er, Jürgen, ihm nicht so sagen können, dass es begreiflich und nachvollziehbar gewesen wäre.

Dem Kleinen fiel kaum etwas ein, um seine Schuld abzutragen. Manchmal bat er Jürgen, der – zumindest dem Anschein nach – längst nicht mehr gemobbt wurde und nur noch in seiner Rolle als Klassenprimus gelegentlich spöttische Bemerkungen erdulden musste, ihm bei den Schulaufgaben zu helfen. Fragen der lateinischen Grammatik oder knifflige mathematische Probleme eigneten sich gut, um Signale der Unwissenheit auszusenden. Ob der Große ihn durchschaute, wenn er sich dummzustellen versuchte oder ostentativ an seinem Pelikanfüller kaute, ist schwer zu sagen. Jürgen spielte jedenfalls geduldig dabei mit, das Konto der wechselseitigen Hilfe wenigstens ansatzweise auszugleichen. Auch warf er bereitwillig eine stundenlange und detailreiche sexuelle Aufklärung in die Waagschale der brüderlichen Dienstleistungen, die zwischen ihnen jemals ausgetauscht und im Gedächtnis bewahrt worden waren.

Kurz vor seinem 16. Geburtstag nahm sich Jürgen das Leben. Kein Lehrer besuchte die Eltern. Mitschüler ließen sich nicht blicken. Ein Abschiedsbrief fand sich nicht.

Literatur

Peskoller, H. (2013): Ausgesetzte Körper. In: J. Bilstein/M. Brumlik (Hrsg.), Die Bildung des Körpers (S. 116–131). Beltz Juventa: Weinheim.

Peskoller, H. (2020) Homo periculosus sui. Dargestellt am Beispiel Natur. In: Paragrana. Internationale Zeitschrift für Historische Anthropologie, „Den Menschen neu denken", Band 29, Heft 1, S. 166–176.

Grenzen überschreiten

Sabine Krause

1. Einleitend

Eine Betonmauer zieht sich vom linken Bildhintergrund diagonal durch das Bild nach rechts in den Vordergrund. Im rechten Bilddrittel ist diese Mauer unterbrochen, es gibt einen Durchgang, den drei Menschen gerade durchschreiten. Die Lücke in der Mauer gibt einen vagen Blick auf die andere Seite frei. Das Licht fällt von rechts auf die Szene, durch die Lücke in der Mauer, und sorgt für lange Schatten der Menschen, die den Durchgang nutzen. Die drei befinden sich auf der Höhe der Mauer bzw. knapp auf der anderen Seite, ihre langen Schatten sind derweil noch diesseits der Mauer. Ein Fahrrad lehnt an der Mauer in der Bildmitte; auf der linken Bildseite ist ein Turm im Anschnitt zu sehen, von dem aus die Mauer und angrenzende Bereiche überblickt werden können.[1]

Grenzen werden im Allgemeinen als be-grenzend, einengend oder limitierend verstanden, seltener als hilfreiche Abgrenzung zum/vom Anderen. Sie provozieren allerdings eine Imagination der anderen Seite, die Frage, was sich jenseits der Grenzen befindet, regt die Vorstellungskraft an. Wie versetzen dann das Öffnen und Aufheben oder Verschwinden von Grenzen Imaginationen von der anderen Seite in Schwingungen? Was passiert, wenn eine Grenze überwunden oder überschritten werden kann?

Der Ausgangspunkt dieses Beitrags ist die Situation in Berlin ab November 1989, als sich mit dem Öffnen der innerdeutschen Grenze für die in der Deutschen Demokratischen Republik lebenden Menschen das Leben grundlegend veränderte. Die Grenze, die das Territorium der DDR umgab sowie West-Berlin zu einer Insel machte, war für viele undurchdringbar. In Berlin bzw. in und um West-Berlin war die Grenze in ihrer betonförmigen Materialität als Mauer alltäglich sicht- und erfahrbar. Die Bemühungen der Staatsführung der DDR zielten einerseits auf die Umlenkung des Blickes, weg von der Mauer ins eigene Land (vgl. Krause 2021). Andererseits suchte man die Umdeutung der Mauer zum „antifaschistischem Schutzwall", der mit der Unterstützung von Grenzbeamten den Staat vor der Bedrohung durch Äußeres sicherte: „States

1 Die Bildbeschreibung beruht auf einem Foto von Klaus Lehnartz aus dem Landesarchiv Berlin von 1990 mit dem Titel Berliner Mauer (Spandau/Staaken), ehemaliger Grenzübergang Heerstraße.

around the world elevate the bravery of those who protect the Motherland from unwanted incursions, which keeps the home pure and protects the sanctity of sovereign borders between states." (Johnson/Jones 2014, S. 1)

Grenzen können vielfältig im Alltag gefunden werden und die Öffnung von Grenzen, wie 1989/1990 in Deutschland geschehen, bringt mitunter neue Formen von *bordering* mit sich, das jenseits territorialer Grenzen verschiedene Grenzen in den Alltag bringt. Die Grenze, die das Territorium der DDR absteckte, war entsprechend nicht nur in ihrer Materialität und raumbegrenzenden Weise sichtbar, sie wurde auch in *bordering practices* im alltäglichen Leben und Erleben der Menschen erfahrbar. Denn mit der Grenze kontrollierte man auch, wer als Staatsbürger den begrenzten Raum bewohnen, ihn betreten oder durchschreiten konnte und unterstrich damit die eigene Souveränität (vgl. Johnson/Jones 2014). Zugleich wurde auch das Innere des Staates strukturiert, indem Identitäten und Zugehörigkeit ausgebildet und zugeschrieben wurden, greifbar u.a. in ausgestellten Dokumenten oder auch in gewährten Möglichkeiten und Privilegien, zu denen auch Reisen, also das mögliche Überschreiten der Grenzen gehörte. Die Grenze ist also nicht allein eine territoriale, sondern ein machtvolles Steuerungsinstrument des Alltäglichen, „a strategy of governing insofar as it enables regulation" (Miggelbrink 2014, S. 142).

Das Fotografieren der Staatsgrenzen und Grenzanlagen der DDR war verboten, bestehende Bilder wurden zumeist zu Dokumentationszwecken von staatlicher Seite angefertigt oder entstanden von der Westseite aus. Es existieren also weniger Bilder, die – in Bezug auf Berlin und Umgebung – die Ost-Berliner bzw. DDR-Seite der Berliner Mauer zeigen. Der visuelle Diskurs um die innerdeutsche Grenze und ihre Öffnung 1989 ist daher geprägt vom westdeutschen Blick. Dennoch bieten die Bilder einen wesentlichen Beitrag zur Bearbeitung der deutschen und europäischen Vergangenheit, denn: „Photographs carry an almost pre-discursive recognition that privileges content and the power of trace over, for instance, context and the question of ‚representation'. It brings us back to photography's primal scream – ‚it was there'." (Edwards 2019, S. 30)

2. Die andere Seite

„Ich dachte darüber nach, was man wohl erlebte, wenn man die Grenze überschritt. Was fühlte man dann? Was dachte man? Es muss ein Augenblick großer Emotionen, Erregung, Spannung sein. Wie ist es auf der anderen Seite? Mit Sicherheit – anders. Doch was bedeutet das – anders? Wie sieht es aus? Ist es mit irgend etwas vergleichbar? Vielleicht war es auch mit nichts, was ich kannte, vergleichbar und dadurch unbegreiflich, unvorstellbar!" (Kapuściński 2005, S. 15)

Die Grenze des eigenen Staates beflügelte auch in der DDR die Vorstellungen von „der anderen Seite", vom „Westen". Diese Vorstellungen wurden im Falle Berlins einerseits von eigenen Erfahrungen oder Erzählungen in der Familie geprägt, vom Umgang mit besuchenden Menschen, im „Auftauchen" von Dingen des West-Berliner Alltags, seien es Lebensmittel oder Zeitschriften. Neben der Erfahrung waren es vor allem verschiedene Medien, die „die andere Seite" sichtbar und damit in Teilen erfahrbar machten. Die Fernsehprogramme der ARD und des ZDF sowie später der privaten deutschen Fernsehsender wurden in weiten Teilen der DDR empfangen, mitunter sogar besser als das DDR-Fernsehen, und vermittelten Einblicke in andere Leben und affizierten Menschen. Die Vorstellungen vom Leben auf „der anderen Seite" orientierten sich an dem, was dort zu sehen war, und wurden doch durch Erzählungen und Träume weiter gestaltet. Als Zuschauer*innen wurden sie „in die im Medium [ihnen] vor Augen geführte Welt der Bilder hineingezogen" (Wulf 2004, S. 231). Mediale Bilder wirken aber noch weiter, folgt man Christoph Wulf:

> „Auch wenn er [der Mensch] sich des medialen Charakters der Bilder grundsätzlich bewusst ist, ‚vergisst' er ihn im Prozess des Zuschauens, in dem sich die medial erzeugten Bilder mit seinen eigenen mentalen Bildern verbinden und das Fernseh- bzw. Filmbild als ein Erlebnisbild des Menschen erzeugen." (Ebd.)

Kapuścińskis Frage, wie es auf der anderen Seite wohl sei, konnte in der DDR mit Bildern beantwortet werden, die die eigenen Vorstellungen konkret werden ließen. So war das Andere der „anderen Seite" medial vermittelt und durch Erinnerungen an frühere, gemeinsame Zeiten unterstützt. Der Abgleich zwischen diesen Bildern und dem Erleben in der DDR schien zu bestätigen, dass nicht unbedingt die „andere Seite" ein begehrenswerter Ort sei, die *Möglichkeit des Anderen* es aber ist. Und selbst wenn die Zuschreibung zum anderen nicht positiv konnotiert wurde, so diente sie doch der Bestätigung und der Besinnung auf die eigenen Vorstellungen vom Selbst und der staatlichen Gemeinschaft. Insofern können Grenzen für die Einen anregend und in denkende Bewegung versetzend sein und dienen damit als Ausgangspunkte für Bildungsprozesse (vgl. Fendler 2012). Für andere dienen Grenzen einer Selbstversicherung und bieten Anlässe für Verstetigungen, die andernorts gegebenenfalls Handlungspotenzial eröffnen. Kapuściński erinnert uns auch daran, dass das Überschreiten von Staatsgrenzen in den 1980er Jahren keine Alltäglichkeit war, die Erfahrung sogar als außergewöhnlich markiert werden konnte und musste (vgl. Johnson/Jones 2014).

Das Ziel, westdeutsche Medien aus dem eigenen Staatsgebiet fernzuhalten und die Kontakte von Menschen über die innerdeutsche Grenze hinweg zu beschränken, um damit das „kapitalistische Ausland" von ihren Bürger*innen fernzuhalten, gab die Führung der DDR spätestens in den 1970er-Jahren auf.

Statt um Ausschluss ging es nun um Kontrolle: man versuchte, einigen Medien eigene Versionen gegenüber zu stellen und man ermöglichte ab den 1980er Jahren begründete Reisen in den anderen Teil Deutschlands. Diese Maßnahmen waren Teil der *bordering practices,* mit denen territoriale Grenzen durch partielle Öffnungen durchbrochen wurden, die „Ausbrüche“ aber zugleich kontrolliert werden konnten. Zu diesem Zeitpunkt war die unmittelbare und für alle mögliche Erfahrung „der anderen Seite“ in Berlin schon für 20 Jahre unterbrochen, sie wurde in Erzählungen jedoch lebendig gehalten.

Neben den medial unterstützten Imaginationen „der anderen Seite“ stellten die territorialen Grenzen einen manifesten Gegenpol dar und waren eine trennende Linie, die eben nur in genehmigten Fällen überschritten werden durfte:

> „The human experience with borders coincided with an encounter with the borderline itself, or the ‚razor's edge,‘ across which travel was difficult but the *promise of unimpeded movement* once on the other side an ample reward.“ (Johnson/Jones 2014, S. 2; Herv. SK)

Die Grenzen, als kontrollierter Raum, an dem Grenzbeamte die „Verteidigung“ der Grenzen vollzogen und durchsetzten, sind auch der Ort, an dem die Vorstellungen „der anderen Seite“ mit der Wirklichkeit konfrontiert wurden. Die Grenze wurde also auch ein Ort der Begrenzung des Subjekts, ein Ort der Konfrontation von Selbst und Selbstentwürfen im Anschluss an Imaginationen und damit ein potentiell irritierender und befremdender Ort. Das Überschreiten von Grenzen war und ist insofern ein riskanter Akt für das Subjekt.

3. Überschreiten von Grenzen. Über Schreiten über Grenzen

> *„Doch mein größter Wunsch, der mich quälte und verfolgte, war eigentlich ganz bescheiden, denn es ging mir nur um eines – um den Moment, den Akt, die simple Tätigkeit des Überschreitens der Grenze. Sie überschreiten und gleich wieder zurückkehren, so dachte ich mir damals, das würde mir völlig genügen, das würde meinen im Grunde unerklärlichen, aber dennoch nagenden psychischen Hunger stillen.“ (Kapuściński 2005, S. 16; Unterstr. i. O.)*

Heute wird deutlich, dass die innerdeutsche Grenze viel nachhaltiger in die Leben der Menschen hineinwirkte als zunächst angenommen. Wurde in der Euphorie der Wende- und Nachwendezeit davon gesprochen und phantasiert, bald *ein* Land zu sein, das auf die 40 Jahre der Teilung – davon 28 mit massiver Grenzbefestigung – als historische Besonderheit zurückschaut, so wurde doch schnell deutlich, dass dies so einfach nicht gehen würde. So weisen Forschungen u.a. auf die inkorporierten Praktiken hin, die nicht einfach überschrieben oder angeglichen werden können (vgl. Flack 2013). Sichtbar wird 30 Jahre nach der Öffnung der Grenzen auch, dass die Narrative einseitig geprägt sind und erst nach und nach die Erfahrungen und Erinnerungen von Ostdeutschen gehört und sichtbar gemacht werden (können). Zu diesen Erfahrungen gehörten in Berlin beispielweise das Überwältigt Sein von Angeboten und Reklamen in unmittelbarer Nähe, der Vielfalt an allem oder auch der anderen Bewegungen durch die Stadt.

Die Grenze überschreiten und gleich wieder zurückkehren, wie Ryszard Kapuściński es schildert, war eine Sache: die außergewöhnliche Möglichkeit, in Berlin die Grenze vor der Haustür überschreiten zu können, im Wissen, dass die „sichernden" Grenzbeamten diesem Vollzug nichts entgegensetzen können, kann mit Kapuściński als „Hunger stillen" verstanden werden. Es war auch ein befreiender Akt der Ermächtigung, der durch Freude und neue Freiheit, aber auch Spannung und Unsicherheit definiert wurde (vgl. Krause 2021). Überschreiten der Grenze und schnelle Rückkehr, die Kapuściński auch imaginierte, dienten zum einen der Erfahrung des Überschreitens einer Grenze und der neuen Raumnahme. Die schnelle Rückkehr kann zum anderen als ein Begrenzen der möglichen Erfahrungen und damit als Selbstschutz interpretiert werden: der Schutz vor Überforderung, vor einem Zuviel an Andersheit und vor einem Zerfließen der gehegten Vorstellungen des Anderen. Es kann auch als Schutz davor gelesen werden, den Traum der Grenzüberschreitung erfüllt zu bekommen und ihn damit als Traum zu verlieren. Zeitgleiche mediale Erzählungen der Ereignisse 1989/1990 legten zudem ein Gefühl und ein Erleben nahe, die mit den eigenen Erfahrungen mitunter nicht übereinstimmten. Die Erfahrung von Fremdheit, die sich für Subjekte gerade dort einstellen konnte, wo doch Vorstellungen vom Anderen existierten, ver-rückten Subjektpositionen. Und zu der Erfahrung von Fremdheit trat auch konkrete Unsicherheit über die eigene Zukunft: Bleiben die Grenzen offen? Wird es ein Nebeneinander der Staaten geben? Was bedeutet das für die eigene, persönliche (imaginierte) Zukunft? Die plötzliche, gefeierte Freiheit zeigte sich als ambivalentes Gebilde, mit dem das spezifische Selbstverständnis der Subjekte und das kollektive Selbstverständnis der in der DDR lebenden Menschen unvermutet auf Probe gestellt wurde.

Im Anschluss an den ersten Freudentaumel und das erste Wiederfinden von Imaginiertem in der dann greifbaren Welt, sei es materiell in Form bestimmter Lebensmittel oder als Ort wie dem berühmten Bahnhof Berlin Zoologischer Garten, oder immateriell in Form von Vielheit und Wahlmöglichkeit, setzte nach und nach aber auch der Abgleich zwischen Vorstellungen und erlebter Wirklichkeit ein. Bestimmten zunächst die mentalen Bilder, „was Menschen sehen, übersehen, erinnern oder vergessen" (Wulf 2004, S. 228), so zeigte sich in der Normalisierung des Umbruchs, dass neben der physischen Grenze auch andere Grenzen gezogen werden konnten. Im Übergang von Imagination zu neuen Erfahrungen und Aufforderungen zu einer Neuorientierung zeigte sich, dass sich bis dahin gemachte Erfahrungen nicht umschreiben oder entfernen lassen. Vielmehr werden sie in alltäglichen Praktiken wieder sichtbar und für andere erkennbar. Über die Praktiken konnten und können Markierungen von Andersheit vorgenommen werden, die wiederum zu neuen *bordering practices* gezählt werden können. Mit dem „Verschwinden" der physischen Begrenzung eines Territoriums war die innerdeutsche Grenze also nicht ebenfalls verschwunden, sondern zeigte sich in distinktiven Praktiken wieder.

In den Forschungen zu Grenzen und Grenzpraktiken wird immer wieder beschrieben, dass der dem Überschreiten von Grenzen folgende Prozess des Neuentwurfs von Subjekten und Gemeinschaften nahezu durchweg einseitig ist: Diejenigen, die die Grenze überschritten und sich damit selbst ver-rückten, sind nun auch diejenigen, die aufgefordert werden, sich jenseits der Grenze neu zu entwerfen. Dies geschieht jedoch nicht frei von Gegebenheiten: neben den gemachten Erfahrungen sind es auch die (medial präsentierten) Erwartungen der anderen Seite, die den Neuentwurf prägen (vgl. Flack 2013). Das Schreiten über Grenzen wird für das Subjekt damit potenziell zur Aufforderung des Überschreitens der eigenen Grenzen in dem Versuch, sich (neu) zu positionieren.

4. Arbeiten mit/an Grenzen

> *„Wie arbeitet Herodot? Er ist ein Vollblutreporter: er reist, schaut, unterhält sich, hört zu, um später zu notieren, was er erfahren und gesehen hat, oder um sich einfach etwas einzuprägen." (Kapuściński 2005, S. 136)*

Ryszard Kapuściński entwarf einen Weg, mit den Erfahrungen, die er in seinen Grenzüberschreitungen machte, umzugehen, der seinem damaligen Beruf zugegeben nahe lag: Arbeiten wie Herodot und dem Geschehen wie ein*e Reporter*in zu folgen. Der Akt des Fotografierens, bei dem die Kamera zwischen Fotograf*in und Motiv tritt, wird dann zum Akt der Distanznahme, in dem das situative Erleben durch das aktive Zuschreiben von Bedeutung und technische Bannen des Momentes ersetzt wird. Fotograf*innen werden damit aktive Zuschauer*innen der Ereignisse (vgl. Sontag 1980/[21]2013). Fotografieren ist also ein Weg Ereignisse „festzuhalten", sie zu fixieren und in Raum und Zeit transportabel zu machen (vgl. Barthes 1985). Das Foto ermöglicht es den Betrachter*innen zu einem anderen Zeitpunkt und an einem anderen Ort, sich (wieder) mit dem Gezeigten zu beschäftigen und das Bild als Anlass für eine Neubetrachtung von Vergangenem zu nehmen:

> „What mitigates against the dominance of temporal distance – the gap between past and present, fact and narrative – is the spatial immediacy and ‚proximity effect' of-

fered by photographs, with which the temporal is entangled. If presence is marked by temporal contemporaneousness, photographs also offer a spatial dimension to presence." (Edwards 2019, S. 29)

Fotografien, so nun der Vorschlag, können als Grenzobjekte die Auseinandersetzung mit Erfahrungen und Widerfahrnissen ermöglichen. Sie bieten eine neue Möglichkeit, Grenzen zu überschreiten, denn sie eröffnen einen Blick *auf* Ereignisse, der vom Erleben unterschieden ist. Die eigene, erinnerte Erfahrung kann auf in ihr lauernde neue Aspekte befragt und durch den anderen Blick erweitert und „in Schwingung" (Fendler 2012) versetzt werden.

Die gesamtdeutsche (und mitunter europäische) Erzählung in Bezug auf die Jahre 1989/1990 stellt Grenzöffnung und Rückbau der Grenzanlagen bis hin zur Wiedervereinigung ins Zentrum, darüber hinaus wird zudem auf die europäische Perspektive verwiesen: „The fall of the Berlin Wall, the removal of border checkpoints within the EU [...] all appeared to herald the possibility of a borderless world." (Johnson/Jones 2014, S. 4) Rückbau der trennenden Grenzanlagen und die Überwindung der territorialen Teilung Deutschlands sorgten jedoch nicht für eine grenzenlose Welt, sondern verschoben die Praktiken der Grenzziehung in andere, nun nicht mehr territoriale, sondern gesellschaftliche Bereiche. Diese Verschiebung der Grenzen wurde lange durch starke Narrative einer gelungenen Deutschen Einheit verdeckt und wird erst nach und nach sichtbar (gemacht). Visuelle Quellen können diesen Prozess der Sichtbarmachung unterstützen und bieten zugleich Modi der Beschäftigung mit diversen und distinkten Lesarten.

*Drei Menschen gehen als kleine Gruppe auf einem Sandweg durch die breite Lücke zwischen zwei massiven Mauerteilen. Ein Fahrrad lehnt abgestellt, wie ausgedient, an der Mauer, die sie gerade durchschreiten und hinter sich lassen werden. Die drei werden von der Sonne angestrahlt, sie gehen ihr entgegen. Nur die langen Schatten liegen noch im Grenzgebiet wie eine letzte Erinnerung an vorhergehende Begrenzungen der Menschen, die sich im angedeuteten, für die Betrachter*innen aber unsichtbaren Raum weiter orientieren werden. Ihre Aufmerksamkeit richtet sich nicht mehr auf die Mauer und ihre Blicke gelten nur nebenher dem Weg, während sie nach rechts aus dem Bild ins Unbestimmte gehen.*

Literatur

Barthes, R. (1985): Die helle Kammer. Frankfurt/Main: Suhrkamp.

Edwards, E. (2019): Thoughts on Photography and the Practice of History. In: J. Evans/P. Betts/S. Hoffmann (Hrsg.), The Ethics of Seeing. Photography and Twentieth-Century German History (S. 23–36). New York/Oxford: Berghahn.

Fendler, L. (2012): Lurking, Distilling, Exceeding, Vibrating. In: Studies in Philosophy of Education 31, S. 315–326.
Flack, J. (2013): Cultural Distinction and the Example of the „Third East German Generation". In: A. Lechevalier/J. Wielgohs (Hrsg.): Borders and Border Regions in Europe. Changes, Challenges and Chances (S. 145–156). Bielefeld: transcript.
Johnson, C./Jones, R. (2014): Where is the Border? In: R. Jones/C. Johnson (Hrsg.), Placing the Border in Everyday Life (S. 1–11). London/New York: Routledge.
Kapuściński, R. (2005): Meine Reisen mit Herodot. 2. Auflage. Frankfurt am Main: Eichborn.
Krause, S. (2021): „Staaken feierte ‚Wiedervereinigung'" – (Auto)Biographische und fotografische Reminiszenzen. In: H. Schluß/C. Andersen/H. Holzapfel (Hrsg.), Der Fall des Eisernen Vorhangs 1989 und die Folgen. Europäische pädagogische Perspektiven (S. 75–99). Münster: Lit.
Miggelbrink, J. (2014): Crossing Lines, Crossed by Lines: Everyday Practices and Local Border Traffic in Schengen Regulated Borderlands. In: R. Jones/C. Johnson (Hrsg.), Placing the Border in Everyday Life (S. 137–164). London/New York: Routledge.
Sontag, S. (1980/[21]2013): Über Fotografie. Frankfurt/Main: Suhrkamp.
Wulf, C. (2004): Anthropologie. Geschichte, Kultur, Philosophie. Reinbek bei Hamburg: Rowohlt.

5 Körper in der Kunst/ ästhetischen Erzeugung

Niwas-La. Nepal

Der Körper in Tanz, Musik und Kunst

Anthropologische Perspektiven

Christoph Wulf

In vielen Künsten steht der Körper im Mittelpunkt. Dies ist besonders in den Darstellenden Künsten der Fall. Ohne ihre Performativität wären Tanz, Theater, Oper nicht möglich. Doch auch Musik, bildende Künste und Literatur enthalten performative Komponenten. In den Darstellenden Künsten finden Inszenierung und Aufführung im Medium des Körpers statt. Mit ihm wird etwas zur Darstellung gebracht, was ohne ihn nicht existierte. Dabei hängt das *Wie* der Darstellung von der Beschaffenheit des Körpers ab. Wenn ein Körper männlich oder weiblich, jung oder alt ist, entstehen dadurch gravierende Unterschiede. Alle Darstellenden Künste bringen etwas hervor, was nur körperlich zum Ausdruck gebracht werden kann. Sprache und Bilder vermögen die Performativität des Körpers nicht zu ersetzen, allenfalls zu ergänzen (Wulf/Göhlich/Zirfas 2001 Wulf/Zirfas 2007).

Tänze zeigen sich bewegende Körper und führen Körperlichkeit und ihre historischen und kulturellen Bestimmungen auf. Aus den Körperbewegungen und -rhythmen entstehen die Formen und Figuren der Tänze. Damit unterliegen sie den Gesetzen von Raum und Zeit, in denen die Bewegungen des Körpers verschränkt werden. Aus den Tanzbewegungen, die sich im Raum vollziehen und sich im Verlauf der Zeit konstituieren, erwachsen spezifische Tanzfigurationen.

Viele Tänze vollziehen sich nicht nur im Medium des Körpers und der Bewegung in Raum und Zeit, sondern auch im Medium von Klängen, die sehr unterschiedlich sein können. Tänze verändern das Verhältnis zur Welt; sie lassen sich nicht vollständig in Sprache übersetzen, wenngleich diese dazu beiträgt, ihre Bedeutung besser zu begreifen. Sie entstehen aus den Bewegungen des Körpers, den Rhythmen und Klängen, nicht aus der Sprache. Dennoch ist die Frage, wie sich Tänze beschreiben und interpretieren lassen, für deren Verständnis und Erforschung von zentraler Bedeutung.

Tänze haben synästhetische, von den verschiedenen Sinnen hervorgebrachte Wirkungen. Besonders wichtig sind dafür der Bewegungs-, Hör-, Tast- und Sehsinn. Sie spielen für die Bildung von Gemeinschaften eine zentrale Rolle. Durch Synästhesie und Performativität des Tanzes entsteht zwischen Menschen, die miteinander tanzen, eine emotionale und soziale Gemeinsamkeit, aus der auch ein Beitrag zur Bildung von Gemeinschaft entstehen kann. Tänze haben einen synästhetischen und einen performativen Überschuss, die zu ihrer sozialen Dynamik und Bedeutung beitragen. Sie haben einen historisch-kulturellen Charakter, der sich in einer historisch-anthropologischen Betrachtungsweise erschließt; in ihr werden Historizität und Kulturalität der Tänze auf die historisch-kulturelle Situation ihrer Betrachter bezogen. Die Berücksichtigung dieser doppelten Historizität und Kulturalität (Wulf/Kamper 2002; Wulf 2009, 2020) ist für eine anthropologisch orientierte Erforschung von Tänzen konstitutiv.

Tänze sind körperlich, performativ, expressiv, symbolisch, regelhaft, nicht-instrumentell; sie sind repetitiv, homogen, ludisch und öffentlich. Sie bilden Muster, in denen kollektiv geteiltes Wissen und kollektiv geteilte Tanzpraxen inszeniert und aufgeführt werden und in denen eine Selbstdarstellung und Selbstinterpretation einer gemeinschaftlichen Ordnung stattfindet. Sie haben einen Anfang und ein Ende und damit eine zeitliche Kommunikations- und Interaktionsstruktur. Sie finden in sozialen Räumen statt, die sie gestalten. Tänze haben einen herausgehobenen Charakter, sind ostentativ und werden durch ihre jeweilige Rahmung bestimmt.

1. Anthropologische Strukturmerkmale

Betrachtet man Tänze unter einer anthropologischen Perspektive, so lassen sich einige Strukturmerkmale unterscheiden, die wichtige Dimensionen des Tanzes charaktererisieren.

Raum und Zeit im Tanz. Tänze sind an die Räumlichkeit und Zeitlichkeit des menschlichen Körpers gebunden und entfalten ihre Figurationen im Raum und in der Zeit. Sie werden verbunden durch Bewegungen, in denen sich der menschliche Körper allein oder mit anderen Körpern in zeitlichen Sequenzierungen im Raum bewegt. In diesem Prozess spielen der Kontext und die Rahmung des Raums und der Zeit eine wichtige Rolle. In diese gehen historische und kulturelle, kollektive und individuelle Elemente ein, die die Darstellung, den Ausdruck und die Atmosphäre des Tanzes bestimmen. Die Bildszenarien, die virtuellen Räume und die mehrdimensionalen Zeitordnungen des zeitgenössischen Avantgarde-Tanzes schaffen Bedingungen von Raum und Zeit, welche die Potenziale des Tanzes erweitern.

Tanz und Bewegung. In den Bewegungen des Tanzes macht der Körper Erfahrungen mit sich, mit der Musik und den Bewegungen der Mittänzer. In seinen Bewegungen entwickelt er die Fähigkeit des Entwurfs, er formt sich und wird zu einem Instrument, das eingesetzt wird, ohne im funktionalen Gebrauch aufzugehen. Die Bewegungen des Tanzes enthalten einen „Überschuss" in Darstellung und Ausdruck. In ihnen werden Figurationen imaginiert und handelnd eingeholt. Die Bewegungen des Tanzes formen den Körper, der sie hervorbringt; sie erzeugen Imaginationen und realisieren diese in wiederholten Inszenierungen und Aufführungen. Sie sind regelmäßig und Ausdruck von Ordnung. In den Bewegungen des Tanzes zeigt sich die Gelehrigkeit des Körpers; sie stellt sich in Übungen und Wiederholungen dar. In den Bewegungen des Tanzes entsteht ein implizites Wissen, dessen Spektrum sehr umfangreich ist. Je nach Tanz sind seine Bewegungen mehr oder weniger in soziale Machtstrukturen eingebettet oder wie bei der zeitgenössischen Avantgarde von diesen weitgehend freigesetzt.

Tanz und Gemeinschaft. Gemeinschaften ohne Tänze sind undenkbar. Über den symbolischen Gehalt der Interaktionsformen und vor allem über die performativen Prozesse der Interaktion und Bedeutungsgenerierung tragen Tänze zur Herausbildung von Gemeinschaft bei. Die das Tanzen ermöglichenden Techniken dienen der Wiederholbarkeit der notwendigen Vollzüge, ihrer Steuerbarkeit und Kontrollierbarkeit. Informelle, um Tänze herum gebildete Gemeinschaften zeichnen sich nicht nur durch den Raum eines kollektiv geteilten symbolischen Wissens aus, sondern vor allem durch die entsprechenden Interaktionsformen der Tänze, in denen und mit denen sie dieses Wissen inszenieren. Diese Inszenierungen können als Versuch verstanden werden, eine Selbstdarstellung und Reproduktion der Gemeinschaft und ihrer Integrität zu gewährleisten. Tänze erzeugen Gemeinschaften emotional, symbolisch und performativ; sie sind inszenatorisch und expressiv, ohne dass sich eine vollständige Übereinkunft über die Mehrdeutigkeit der Symbolik der Tänze erzielen ließe.

Tanz und Ordnung. Im Tanz vollzieht sich eine rhythmische Dynamisierung von Bewegungen und ein ludischer Umgang mit der Hervorbringung, Veränderung und Auflösung von Ordnungen. Als interaktive Handlungsmuster bilden Tänze eine spezifische Ordnung und Regelhaftigkeit heraus. Zwischen den Tänzen und den Strukturen ihrer Entstehungskultur lassen sich Entsprechungen und Ähnlichkeiten identifizieren und analysieren. Ein Vergleich der Tänze am französischen Hof und der bürgerlichen Gesellschaft am Anfang des 20. Jahrhunderts mit den jeweiligen Gesellschaftsstrukturen macht das Gemeinte deutlich. Tänze können zu Quellen für die Analyse gesellschaftlicher Ordnungs- und Machtverhältnisse werden, und eine Analyse der gesellschaftlichen Ordnung kann Hinweise zum Verständnis der Strukturen von Tänzen geben. Im Tanz vollzieht sich eine rhythmische Dynamisierung von Bewegungen und ein ludischer Umgang mit der Hervorbringung, Veränderung und Auflösung von Ordnungen.

Tanz und Identifikation. Mimetische Prozesse führen zur Identifikation mit den Tanzenden und den Tänzen und damit auch zur Identifikation mit den in den Tänzen impliziten Körperbewegungen und Körperbildern, den von ihnen ausgelösten Gefühlen und den ihnen inhärenten Werten und Normen. Nicht selten sind damit auch Prozesse der Inklusion und Exklusion verbunden. Über die Identifikation mit bestimmten Tänzen wird auch eine Identifikation mit Lebensstilen, Milieus und Gruppen erzeugt und beim Tanzen verkörpert.

Tanz und Erinnerung. Tanzen schafft Erinnerungen. Zu diesen gehören Bewegungen, Rhythmen, Klänge. An diesen machen sich fest: Atmosphären, erotische Erlebnisse, Gefühle des „Fließens", des Rauschs und manchmal sogar der Ekstase, Erinnerungen an Intensitäten, an Rhythmen, in denen man sich und die anderen spürt. Es sind synästhetische Erinnerungen, die mehrere Sinne einschließen. Manche sind kollektiv geteilte Erinnerungen, andere sind höchst individuell. Einige Erinnerungen sind primär an mentale Bilder, andere an Klänge, wieder andere an Bewegungen gebunden.

Tanz als Differenzbearbeitung. In vielen Tänzen werden Differenzen bearbeitet, die unter anderem aus Geschlechts-, Alters- und ethnischen Unterschieden resultieren. Indem verschiedene Menschen gemeinsam tanzen, stellen sie die ansonsten zwischen ihnen bestehenden Unterschiede in den Hintergrund. Ihre Tanzbewegungen gelingen nur, wenn sie sich aufeinander beziehen und kooperieren. Sie bearbeiten die sie trennenden Differenzen, indem sie sich im Tanz mimetisch zueinander verhalten und sich einander anähneln. Unter der momentanen Zurückstellung von Differenzen erzeugen sie in rhythmischen Bewegungen ein Gefühl der Zusammengehörigkeit. Im Tanz, in dem gemeinschaftliche Gefühle erzeugt, bestätigt und verändert werden, rücken ritualisierte Inszenierungsformen, körperliche Handlungs- und Spielpraktiken sowie mimetische Zirkulationsformen in den Mittelpunkt. Unter einer performativen Gemeinschaft der Tanzenden wird deshalb ein Handlungs- und Erfahrungsraum verstanden, der sich durch inszenatorische, mimetische und ludische Elemente auszeichnet.

Tanz und Transzendenz. In vielen Kulturen haben Tänze einen Bezug zur kosmischen Ordnung, zu Göttern, Geistern, Toten und Ungeborenen. Mit Hilfe von Tänzen wird versucht, Einfluss auf die Mächte des Jenseits zu gewinnen. In vielen Fällen sind diese Tänze Teil von Opferritualen, mit denen Götter und Geister wohlgesonnen gestimmt werden sollen. Meistens geschieht dies mit magischen Tänzen, in denen sich die Menschen mit Hilfe von Masken und anderen „Requisiten" übernatürliche Kräfte zuschreiben, mit denen sie dann die bösen Götter und Geister vertreiben und bannen können. Nicht selten mobilisieren diese Tänze durch Rausch und Ekstase „übermenschliche" Kräfte, mit denen die Bedrohung und Gefährdung der Welt abgewehrt werden soll. In diesen Tänzen etablieren die Menschen mit Hilfe von Exklusion und Inklusion Ordnung und Macht, durch die sie auch die kosmische Ordnung zu sichern trachten.

Tanz und praktisches Wissen. Wer tanzt, lernt viel mehr als nur zu tanzen. Im Tanzen entwickelt sich eine weit über den Tanz hinaus reichende, auch für andere Lebenszusammenhänge wichtige körperliche Kompetenz. Mit ihr einher geht eine Sensibilität für Bewegungen und Rhythmen, für Raum und Zeit, für Klänge und Atmosphären. Im Tanz entsteht ein praktisches, körperbasiertes Wissen, das in mimetischen Prozessen erworben wird. In diesen nehmen die Handelnden Bilder, Rhythmen, Schemata, Bewegungen in ihre Vorstellungswelt auf. Ihre mimetische Aneignung führt bei den Handelnden zu einem praktischen Wissen, das auf andere Situationen übertragbar ist. Das praktische Wissen wird in der Wiederholung geübt, entwickelt und verändert. Das so inkorporierte Wissen hat einen historischen und kulturellen Charakter und ist als solches für Veränderungen offen (Resina/Wulf 2019).

Tanz und Ästhetik. Auf Grund ihres Darstellungs- und Ausdruckscharakters sowie ihrer Performativität haben alle Tänze eine ästhetische Dimension, die deutlich macht, dass Tänze menschliche Ausdrucksformen sind, die sie zu wertvollen Bestandteilen des kulturellen Erbes der Menschheit machen, die durch nichts anderes ersetzbar sind. Ästhetische Dimensionen haben sowohl die Tänze am Hof Ludwig XIV. und der Avantgarde der zeitgenössischen Tanzkunst als auch die magischen Tänze der Götter- und Geisterbeschwörung, die Volks- und Gesellschaftstänze des 20. Jahrhunderts und die zeitgenössischen Tanzformen der Jugend. Der kulturellen Vielfalt der Tänze entsprechen unterschiedliche implizite Ästhetiken, die zwar durch eine Reihe von Gemeinsamkeiten, vor allem aber durch gravierende Unterschiede gekennzeichnet sind.

Menschen haben Freude an dem Nachvollzug körperlicher Bewegungen in Tänzen. Bei Tanz-Performances und Theateraufführungen wird dies besonders deutlich. In mimetischen Prozessen werden die körperlichen Bewegungen der Tänzer bzw. Schauspieler durch die Zuschauer nachgeschaffen. Dadurch werden sie Teil des Imaginären und erweitern die Welterfahrung. Die Rolle des Körpers in den Künsten und bei der Produktion des Künste durch Künstler ist komplex (Wulf 2013b, 1918). Im Weiteren ist lediglich eine explorative Untersuchung möglich, in deren Rahmen einig Aspekten des Körpers in den Künsten bearbeitet werden. Verdeutlichen wir uns den konstitutiven Charakter mimetischer Prozesse im Tanz. Ohne *mimetische Prozesse* können tänzerische Aufführungen vom Zuschauer ästhetisch nicht erfahren werden (1). In vielen Künsten entsteht in *Ritualen und Ritualisierungen* ein kollektiver Körper, der für die ästhetische Erfahrung konstitutiv ist. Am Beispiel des Chorgesangs soll dies verdeutlicht werden (2). Schließlich kann der *Körper selbst zum Thema künstlerischer Produktion* werden. In den Bildenden Künsten ist dies seit der griechischen Antike der Fall (3).

2. Der mimetische Körper im Tanz

In allen Künsten spielen mimetische Prozesse eine konstitutive Rolle, die am Beispiel des Tanzes verdeutlicht werden sollen (Brandtstetter/Wulf 2007; Wulf 2019). Bei der künstlerischen Gestaltung und Rezeption von Tänzen lassen sich drei Phasen unterscheiden, in denen mimetische Körperprozesse von zentraler Bedeutung sind. In der ersten Phase erwerben Tänzer und Zuschauer körperliche Bewegungs- und Ausdrucksfähigkeiten. In der zweiten Phase werden Tänze mithilfe der erworbenen mimetischen Fähigkeiten inszeniert und körperlich aufgeführt. Dabei findet eine Anähnlichung an die jeweiligen räumlichen, zeitlichen und sonstigen Bedingungen statt. In der dritten Phase werden Tänze von den Zuschauern mimetisch, d.h. in ihren Wahrnehmungen und in ihrem Imaginären nachvollzogen und inkorporiert.

Praktisches Körperwissen

In mimetischen Prozessen entsteht in der ersten Phase ein *praktisches Körperwissen,* das es erst möglich macht zu tanzen. Seit der frühen Kindheit bilden sich die körperlichen Voraussetzungen des Tanzes und die damit verbundenen körperlichen Bewegungs- und Ausdrucksmöglichkeiten. Die meisten sind unspezifische allgemeine Bewegungs- und Ausdrucksfähigkeiten, die sich in unterschiedlichen Situationen des alltäglichen Lebens herausbilden und die dennoch wichtige Voraussetzungen für tänzerische Inszenierungen und Aufführungen sind. Diese Fähigkeiten entwickeln wir in Situationen des Alltags und dadurch, dass wir wahrnehmen, wie andere Menschen ihren Körper bewegen und mit ihm umgehen. In der Ausbildung der Tänzerinnen und Tänzer werden neue körperliche Bewegungs- und Ausdrucksfähigkeiten gelernt, die die bereits erworbenen Alltagsbewegungen erweitern und die auch zum Ausgangspunkt neuer Bewegungen werden können. Mithilfe von Übung wird das Spektrum des gestaltbaren Bewegungspotentials erweitert.

Inszenierung und Aufführung

Die zweite Phase mimetischen Handelns findet bei der Inszenierung und körperlichen Aufführung von Tänzen statt. Hierbei erfolgt eine mimetische Bezugnahme auf bereits im Alltag, im Tanzunterricht oder bei früheren Aufführungen erworbene Bewegungs- und Ausdrucksmöglichkeiten. Aus dem mimetischen Charakter dieser Bezugnahme geht hervor, dass jede tänzerische Aufführung eine neue Aufführung ist. Zwar legt die Inszenierung deren Rahmen fest. Doch wird jeder Tanz notwendigerweise unter Bezug auf frühere neu aufgeführt. Dabei können tänzerische Bewegungen besser oder auch schlechter gelingen. Entscheidend ist jedoch, dass alle tänzerischen Aufführungen in mimetischer Beziehung zu bereits verkörpertem praktischen Bewegungs- und Ausdruckswissen stehen.

Neben der auf schon verkörpertes tänzerisches Wissen gerichteten Bezugnahme spielt der mimetische Austausch mit den anderen Tänzern und Tänzerinnen einer Aufführung eine zentrale Rolle. In Relation zu diesen muss sich jeder Tänzer bewegen und darstellen. Ihre Bewegungen vollziehen sich in Raum und Zeit, die den Rahmen bieten, in dem Tänze stattfinden. Tänzer berichten davon, wie wichtig Raum und Zeit für ihren Tanz sind. Raum und Zeit sind wesentliche Voraussetzung für die Emergenz der körperlichen Bewegungen und des Ausdrucks. Vergegenwärtigt wir uns, wie Walter Benjamin in seiner „Berliner Kindheit um 1900" davon spricht, dass er sich als Kind in mimetischen Prozessen die Räume seines Elternhauses erschließt, so kann man in Analogie dazu auch von einer mimetischen Anähnlichung der Tänzer an den Raum ihrer Aufführung sprechen. Diese Erschließung des Raums vollzieht sich vor allem in Bewegungen, die nicht nur den Raum, sondern auch die Zeit und deren Wahrnehmung strukturieren. Oft folgen die Bewegungen auch Klängen, so dass Resonanz-Beziehungen zwischen den Klängen und den tänzerischen Bewegungen entstehen. Die Resonanz ist das Ergebnis eines mimetischen Prozesses zwischen den Klängen und den Bewegungen der Tänzer und Tänzerinnen (Rosa 2016). An ihrem Gelingen gilt es in jeder Aufführung zu arbeiten.

Ästhetische Erfahrung

In der dritten Phase vollziehen sich intensive mimetische Prozessen zwischen den Tänzern und den Zuschauern. Damit die Zuschauer ein ästhetisches Erlebnis haben, bedarf es eines körperbasierten mimetischen Nachschaffens der Tänze. Im Nachvollzug der Bewegungen und der Musik erfolgt eine Synchronisierung zwischen Tänzern und Zuschauern, die die Bewegungen, die sie sehen, hören und fühlen, körperlich nachschaffen. Die Zuschauer ähneln sich den Tänzern und ihren Bewegungen an und machen dadurch die Tänze und ihre Bewegungs- und Ausdrucksformen zu einem Teil ihres Körpers und ihres Imaginären (Wulf 2014). Diese Mimesis des Tanzes durch die Zuschauer hat auch Rückwirkungen auf die Tänzer, die spüren, wie sie auf die Zuschauer wirken. Kommt es in diesen mimetischen Prozessen zwischen Tänzern und Zuschauern zu einem Fließen der Emotionen, dann entstehen Gefühle der Gemeinsamkeit, der ästhetischen Erregung und des Glücks. In der mimetischen Anähnlichung der Zuschauer an das Tanzgeschehen erfassen sie Bewegung und Ausdruck des Tanzes und erweitern dadurch ihre Bewegungswelt durch neue tänzerische Formen und Darstellungen. Wie jeder Tänzer aufgrund seiner unterschiedlichen physischen Voraussetzungen und biographischen Erfahrungen einmalig ist, so ist es auch jeder Zuschauer. Daher erzeugt jeder Tanz bei jedem Tänzer und jedem Zuschauer eine einmalige Wirkung, die beide in ihrer Einmaligkeit nur in mimetischen Prozessen erfassen können.

Für unser Verständnis mimetischer Prozesse implizieren diese Überlegungen drei Akzentuierungen. Erstens spielen mimetische Prozesse in der Ästhetik eine wichtige Rolle, doch darf der Mimesis-Begriff nicht auf Ästhetik begrenzt werden. Vielmehr ist Mimesis ein anthropologischer Begriff, der eine ausgeprägte aisthetische Komponente hat. Dies zeigt bereits die Verwendung des Begriffes in der Antike (Gebauer/Wulf 1992). Zweitens darf Mimesis nicht als bloße Nachahmung im Sinne der Herstellung von Kopien begriffen werden. Vielmehr bezeichnet Mimesis eine kreative menschliche Fähigkeit, mit deren Hilfe auch Neues entsteht (Gebauer/Wulf 1998). Drittens verweisen bereits der sprachgeschichtliche Ursprung und der frühe Verwendungszusammenhang des Mimesis-Begriffs auf die Rolle, die mimetische Prozesse für die Inszenierung kultureller Praktiken und für die Kultur des Performativen spielen (Gebauer/Wulf 2003). Verdeutlichen wir uns diese Überlegungen wie folgt.

Mimesis als anthropologischer Begriff. Schon Aristoteles weist darauf hin, dass die Fähigkeit zu mimetischem Verhalten den Menschen angeboren ist; „sie zeigt sich von Kindheit an, und der Mensch unterscheidet sich dadurch von den übrigen Lebewesen, dass er in besonderem Maße zur Nachahmung befähigt ist und seine ersten Kenntnisse durch Nachahmung erwirbt – als auch durch die Freude, die jedermann an Nachahmung hat“ (Aristoteles 1987, S. 11).

Mimesis als kreative Nachahmung. Mimesis bedeutet, sich einer Sache oder einem Menschen „ähnlich machen“, ihr oder ihm nacheifern, aber auch etwas „zur Darstellung bringen“, etwas „ausdrücken“. Mimetisches Verhalten bzw. Handeln bezeichnet die Bezugnahme auf einen anderen Menschen oder auf eine andere „Welt“, in der Absicht, ihm oder ihr ähnlich zu werden. Mimetisches Verhalten kann sich auf das Verhältnis von vorgegebener und dargestellter „Wirklichkeit“ beziehen; dann bezeichnet es ein Repräsentationsverhältnis. Es kann aber auch die „Nachahmung“ von etwas bezeichnen, das es selbst nicht gegeben hat, etwa die Darstellung eines Mythos, der immer nur in dieser Darstellung gegeben ist und dem kein bekanntes Modell außerhalb dieser Darstellung zugrunde liegt. Mimetisches Verhalten und Handeln haben eine produktive Funktion. Sie beziehen sich nicht notwendig auf eine „Wirklichkeit“; sie können sich auch auf Wort-, Bild- oder Handlungszeichen beziehen, die zum Modell anderer Wort-, Bild- oder Handlungszeichen werden.

Mimesis als performatives Verhalten. Als performative Inszenierung und Handlung bezeichnet Mimesis einmal die menschliche Fähigkeit, innere Bilder,

Imaginationen, Ereignisse, Erzählungen, den „Plot“ einer Handlungsfolge zu inszenieren und in Szenen körperlich aufzuführen. Entsprechendes gilt für den Tanz. Zum anderen bezeichnet Mimesis die Fähigkeit, in der Beobachtung der Performativität sozialen und ästhetischen Verhaltens sich diesem anzuähneln und es sich dadurch anzueignen. Die unterschiedlichen Voraussetzungen der Prozesse mimetischer Anähnlichung an Vorbilder lassen Unterschiedliches entstehen. Die Unterschiedlichkeit dieser Anähnlichungs- und Aneignungsprozesse führt auch zur Entstehung von Neuem (Wulf 2014; Hüppauf/Wulf 2006; Wulf/Zirfas 2007; Wulf/Göhlich/Zirfas 2001).

Soziale und ästhetische Handlungen werden als mimetisch bezeichnet:

1. wenn sie als Bewegungen Bezug auf andere Bewegungen nehmen,
2. wenn sie sich als körperliche Aufführungen oder Inszenierungen begreifen lassen,
3. und wenn sie eigenständige Handlungen sind, die aus sich heraus verstanden werden können und die auf andere Handlungen oder Welten Bezug nehmen.

Nicht mimetisch sind damit Handlungen wie mentale Kalküle, Entscheidungen, reflexhaftes oder routiniertes Verhalten, aber auch einmalige Handlungen und Regelbrüche (Gebauer/Wulf 2003; Wulf 2005).

Die Fähigkeit, sich mit anderen Personen zu identifizieren, sie als intentional Handelnde zu begreifen und mit ihnen Aufmerksamkeit auf etwas zu richten, ist an das Begehren gebunden, den Anderen durch imaginäre Anähnlichung zu verstehen. In diesem Begehren, dem Anderen ähnlich zu werden, liegt auch die Voraussetzung dafür, die kommunikativen Absichten anderer Menschen in Gesten, Symbolen und Konstruktionen zu verstehen und zu begreifen, wie diese Gegenstandskategorien und Ereignisschemata herausbilden und kausale Beziehungen zwischen den Gegenständen der Welt erfassen.

Ästhetisches Wissen und Handeln sind historisch und kulturell geformt (Zirfas u.a. 2016). Dies zeigt sich in Tänzen und in dem in Tänzen erworbenen ästhetischen Wissen, für dessen Entstehung die Inszenierung und Aufführung, die Wiederholung und das damit verbundene mimetische Lernen von besonderer Bedeutung sind (Brandstetter/Wulf 2007).

3. Ritueller Gesang und die Entstehung eines kollektiven Körpers

In vielen Künsten wird der Körper nicht nur individuell erfahren, sondern es wird auch ein kollektiver erzeugt. Dies kann sich in allen darstellenden Künsten ereignen. Im Theater, in der Oper, im Musical erzeugen interaktive Prozesse zwischen Schauspielern und Zuschauern kollektive Körpererfahrungen. Das Gleiche gilt für Tänze, Performances und Musikveranstaltungen. In diesen „fließen" die Gefühle; sie versetzen die Menschen in Schwingungen. Es entsteht ein Gleichklang zwischen ihnen, der als bereichernd oder sogar als beglückend erlebt wird. In diesem Gleichklang fühlen sich die Menschen miteinander verbunden. Eine soziale und kulturelle Gemeinschaft entsteht, in der die Körper gleich gestimmt miteinander ins Schwingen geraten, so dass ein Kollektivkörper entsteht.

Im rituellen Singen entstehen Körpererfahrungen der Kollektivität, die in Deutschland immer mehr Menschen suchen, möglicherweise in der Hoffnung, dadurch ihrer Vereinzelung zu entgehen. In Litauen, Lettland und Estland gibt es umfangreiche Chortraditionen. Über Jahrzehnte der unfreiwilligen Zugehörigkeit zur Sowjetunion trug das Singen kirchlicher und nationaler Lieder dazu bei, ein kulturelles und nationales *Identitätsbewusstsein* lebendig zu erhalten. Wie in Polen wurzelten in Litauen und Lettland viele Gesangtraditionen im Katholizismus. In Estland trugen die überwiegend protestantischen Gesangtraditionen dazu bei, die kulturelle Identität lebendig zu halten. Besonders deutlich artikulierte sich die Bedeutung gemeinsamen Singens in den politisch-musikalischen Demonstrationen der „singenden Revolution", die 1990/1991 dazu beitrugen, die politische Freiheit wiederzugewinnen. In dieser Zeit waren es viele Menschen, die sich regelmäßig trafen, um zu singen und so ihre kulturelle Identität zu inszenieren und aufzuführen. In diesen Manifestationen demonstrierten sie ihre Gemeinsamkeit und Solidarität. Der kollektive Körper dieser Gesang-Rituale war ein *politischer Körper.*

Bis heute führen diese Traditionen dazu, dass sich in Lettland und Estland etwa alle fünf Jahre mehr als 20 000 Menschen treffen, um gemeinsam zu singen und sich im Gesang ihrer Traditionen und Gemeinsamkeit zu versichern. Diese auch Gastchöre aufnehmenden Sängerfeste, zu denen Chöre aus allen Landesteilen kommen, finden an einem verlängerten Wochenende im Sommer auf dem Sängerfeld in Tallin oder im Waldpark in Riga statt. In vielen kleineren Orten gibt es Chöre, an denen Jung und Alt beteiligt sind. Seit der Sowjetzeit finden parallel zu den Sängerfesten auch Tanzfeste statt, in denen tausende von Tänzern in ihren Regionaltrachten in die Hauptstädte kommen, um ihre lokale Identität zu demonstrieren.

Ihren Ursprung haben die Sängerfeste in der zweiten Hälfte des 19. Jahrhunderts, als Esten und Letten nach der Aufhebung der Leibeigenschaft ihre kulturelle Identität zu finden und auszudrücken versuchten, die sie unter deutscher Herrschaft bis dahin nicht leben konnten. Auch unter der sowjetischen Herrschaft kam es zu einer erheblichen Einschränkung ihrer kulturellen Traditionen. So durften patriotischen Lieder, die 1918 zu Nationalhymnen geworden waren, wie in Estland „Mu isamaa, mu önn ja rööm" (Mein Vaterland – mein

Glück und meine Freude), und in Lettland „Dievs, sveti Latviju“ (Gott, schütze Lettland!), auf den Sängerfesten nicht gesungen werden. So überrascht es auch nicht, dass diese Länder, ihre Chortraditionen auf die Liste des repräsentativen Welterbes gesetzt haben und dadurch auch der Begriff der „singenden Revolution“ einen festen Platz unter den kulturellen Traditionen Europas erhalten hat.

Auch in Deutschland sind Chöre ein fester Bestandteil des immateriellen kulturellen Erbes. Ihre Vielfalt ist außerordentlich. Nach dem Material der Chorverbände gibt es etwa 45 000 Chöre mit 1,4 Millionen aktiven Sängern und Sängerinnen. Hinzu kommen die vielen nicht registrierten Chöre und Sänger und Sängerinnen. Nach Spiel und Sport scheint gemeinsames Singen in Deutschland die verbreitetste Form der aktiven Freizeitgestaltung zu sein. Das vokale Laienmusizieren reicht noch weit über seine Organisation in Chören hinaus, deren beträchtliche Vielfalt bereits beeindruckend ist. So lassen sich kirchlich und weltlich orientierte Chöre, Männer- und Frauenchöre, Kinder- und Jugendchöre unterscheiden. Auch lassen sich gemischte von gleichstimmigen, große und kleine, institutionsgebundene von freien unterscheiden.

Mit der Zelter-Plakette werden vom Bundespräsidenten Chöre ausgezeichnet, die älter als einhundert Jahre sind; seit 1957 waren es mehr als 10 000 Chöre. Einige wurden bereits im 16., 17. und 18. Jahrhundert gegründet. Der Aachener Domchor beansprucht, bereits am Hof Karl des Großen gegründet worden zu sein, also etwa 100 Jahre vor der Verbreitung der europäischen Mehrstimmigkeit. Die 1791 gegründete Sing-Akademie zu Berlin gilt als der älteste gemischte Chor. Alle vier Jahre findet heute ein deutscher Chorwettbewerb statt. Überraschender Weise gibt es einen starken Zuwachs an Chören und regelmäßig aktiven Sängern und Sängerinnen, um etwa 50 Prozent von 1965 bis 2002, von ca. 1 Million auf annähernd 1,5 Millionen Sänger und Sängerinnen. Durch das rituelle Singen entstehen soziale Beziehungen, Gemeinschaften und Freundschaften (Wulf 2009, 2013a).

4. Der obzessive Körper

Schon in der griechischen Antike ist das Ringen um die menschliche Gestalt, den schönen menschlichen Körper, eines der großen Themen der Bildenden Kunst. Im Mittelalter wird der göttliche Körper in Gestalt Christi zum Thema. Hier reicht Spektrum vom Pantokrator bis zum Schmerzen erleidenden Christus. In der Renaissance spielt das *desegno,* der zeichnerische Entwurf des menschlichen Körpers eine zentrale Rolle, in dem sich Macht und Kreativität des Künstlers ausdrücken. Immer wieder artikuliert sich in den Darstellungen des Körpers das Selbstverständnis der Menschen einer Epoche (Wulf 2014). Auch in der Bildenden Kunst der Gegenwart spielt der Körper eine wichtige Rolle. In der Malerei Jackson Pollocks wir dies deutlich, in der die Bilder aus

Bewegungen und Gesten des Körpers des Malers, aus dem dripping entstehen. Hier ist es nicht mehr der bewusst geführte Strich, sondern die rhythmische Körperbewegung, aus der heraus das Bild konstituiert wird. Im Werk Niki de Saint Phalle ist der Körper, der weibliche Körper, das zentrale Thema ihrer künstlerischen Arbeit. In ihren *Tir* genannten Performances der 60er-Jahre schoss die Künstlerin auf Bilder, die sie selbst darstellten, und thematisierte so ihre destruktive Energie; zugleich wurde dabei der weibliche Körper zum zentralen Thema ihres Werkes. In den *Nanas* und ihren Metamorphosen ging es ihr um die Macht des weiblichen, des mütterlichen Körpers. In manchen ihrer Werke erreichen die Darstellungen des weiblichen Körpers eine gigantische Größe. Frauenkörper mit den Namen *Bräute, Geburten, Prostituierte, Hexen, Göttinnen* entstanden. Architektonische Projekte folgten und immer wieder Variationen über das Thema des weiblichen Körpers, von entstellenden Kräften bedroht, gegen die sich die Lebenskraft und der Lebenswille der Künstlerin behaupten. Die Reihe ließe sich fortsetzen und differenzieren. Seit jeher sind der menschliche Körper und seine Symbolisierungen ein zentrales Thema der Bildenden Künste. Aus seiner anthropologischen Perspektive lässt sich das weite Spektrum seiner Figurationen als eine kontinuierliche Suche des Menschen nach sich selbst begreifen.

Ausblick

In allen Künsten spielt der Körper eine konstitutive Rolle. In den Darstellenden Künsten, die ohne ihn nicht existierten, ist er ihr Medium. Seine Erscheinungsformen sind vielfältig. Der Körper ist Träger eines impliziten Wissens, das sich der sprachlichen Fixierung weitgehend entzieht, sich jedoch in ästhetischen Ausdrucksformen artikuliert. Diese stehen in einer häufig vorbewussten mimetischen Relation miteinander. Welche Rolle der Körper und seine Figurationen in den jeweiligen Künsten spielen, ist einerseits von der historischen und kulturellen Situation der Künste, andererseits von der historischen und kulturellen Situation der Rezipienten abhängig. Das sich in den Darstellungen des Körpers artikulierende schweigende Wissen ist wirkmächtig; es schafft ästhetische Figurationen und ermöglicht deren mimetische Rezeption. Die Erforschung dieser Art des ästhetischen Körperwissens stellt eine Aufgabe dar, der sich die Kunstwissenschaften, die Ästhetik und die Ästhetische Bildung weiter stellen müssen (Wulf 2018).

Literatur

Aristoteles (1987): Poetik. Hrsg. von H. Fuhrmann. Stuttgart: Reclam.

Brandstetter, G./Wulf, Ch. (Hrsg.) (2007): Tanz als Anthropologie. München: Wilhelm Fink.

Gebauer, G./Wulf, Ch. (1992): Mimesis. Kultur – Kunst – Gesellschaft. Reinbek: Rowohlt.

Gebauer, G./Wulf, Ch. (1998): Spiel, Ritual, Geste. Mimetisches Handeln in der sozialen Welt. Reinbek: Rowohlt.

Gebauer, G./Wulf, Ch. (2003): Mimetische Weltzugänge: Soziales Handeln, Rituale und Spiele – ästhetische Produktionen. Stuttgart: Kohlhammer.

Hermès 43, „Rituels", Paris, CNRS, 2005, hrsg. v. Christoph Wulf et Gilles Boetsch.

Hüppauf, B./Wulf, Ch. (Hrsg.) (2006): Bild und Einbildungskraft. München: Wilhelm Fink.

Resina, J. R./Wulf, Ch. (Hrsg.) (2019): Repetition, Recurrence, Returns. Lanham: Lexington Books/Roman & Littlefield.

Rosa, H. (2016): Resonanz. Eine Soziologie der Weltbeziehung. Berlin: Suhrkamp.

Wulf, Ch. (2005): Zur Genese des Sozialen. Mimesis, Performativität, Ritual. Bielefeld: transcript.

Wulf, Ch. (2009) Anthropologie. Geschichte, Kultur, Philosophie. Köln: Anaconda (1. Aufl., Reinbek 2004: Rowohlt).

Wulf, Ch. (2013a): Anthropology. A Continental Perspective. Chicago: University of Chicago Press.

Wulf, Ch. (2013b): Das Rätsel des Humanen. Paderborn: Wilhelm Fink.

Wulf, Ch. (2014): Bilder des Menschen. Imaginäre und performative Grundlagen der Kultur. Bielefeld: transcript.

Wulf, Ch. (2018): Homo imaginationis. Firenze: Mimesis.

Wulf, Ch. (2019): Dance as Experience Field of the Body. A Contribution to Aesthetics, Aisthesis 12 (2), S. 19–26.

Wulf, Ch. (2020): Bildung als Wissen vom Menschen im Anthropozän. Weinheim, Basel: Beltz Juventa.

Wulf, Ch./Göhlich, M./Zirfas, J. (Hrsg.) (2001): Grundlagen des Performativen. Eine Einführung in die Zusammenhänge von Sprache, Macht und Handeln. Weinheim, München: Juventa.

Wulf, Ch./Kamper, D. (Hrsg.) (2002): Logik und Leidenschaft. Erträge Historischer Anthropologie. Berlin: Reimer.

Wulf, Ch./Zirfas, J. (Hrsg.) (2007): Pädagogik des Performativen. Weinheim, Basel: Beltz.

Wulf, Ch./Zirfas, J. (Hrsg.) (2014): Handbuch Pädagogische Anthropologie. Wiesbaden: VS Springer.

Zirfas, J./Lohwasser, D./Burghardt, D./Klepacki, L./Höhne, Th. (2016): Geschichte der Ästhetischen Bildung, Bd. 3/2: Klassik und Romantik. Paderborn: Schöningh.

Hanging Existences: About selfies in the clouds[1]

Norval Baitello junior

The selfie gesture puts people in virtual suspension and physical depression. In the image we are high, while in physical reality we are low. *Hanging existences* deals with the separation between the high world of images in the clouds and the depreciated world of the body.

1. Taking a selfie

The right or left hand raised in front of and above the body, the face directed upwards. In the background, in front, or just below, any kind of spectacular scene. But how could that really be "any kind"? If it's spectacular, it's not just *any* kind! Well in this case, yes, the main figure is the person photographing themselves, while the scene could be the Eiffel Tower, the Great Wall of China, the Coliseum, the Statue of Liberty or the Corcovado in Rio de Janeiro and its Christ statue, everything becomes secondary, the supporting cast, smaller than the "I" taking the photograph and appearing in the photo. The hand holds a small object that is simple to handle yet houses complex technology, sized for the area between the thumb and other fingers, and perfectly fitted. Its most elaborate version, the *smartphone,* is known as a "mobile", "cell phone", "Handy", "movil" or just "phone". So, we photograph ourselves, from top to bottom, as if we were hanging by the hand that is photographing ourselves down below. Our body down here, and our photo up there inside the cell phone. The whole world is encompassed in this elegant and portable little box, which is increasingly indispensable, or even mandatory. It keeps all our secrets, our social life, our eyes to the world, our affections, our bank accounts, our alarm clock, our hobbies, our physical activity, our heart rate and blood pressure, our library and our film library, radio and television. It's a mirror and a flashlight, a camera and photo and film album, a calculator and address book, a weather forecaster and map of the sky, its stars and constellations, a world map and encyclopedia, a

1 The present text is part of the book *Existências penduradas. Sobre selfies, retratos e outros penduricalhos. Por uma ecologia das imagens.* Sao Leopoldo/Brasil: Editora Unisinos, 2019. The book is made up of 79 short texts, as if they were small clouds.

tour guide and astrological consultant, food delivery apps, a locator for everything that exists here and now, an instant translator for all languages, a diary and calendar for all eternity, a microscope and telescope and, finally, a telephone with live sound and images, or sounds and images that can be seen and read later.

Up there we're stored as an image. But the image of the whole scene shows us hanging by the arm, looking up, longing for the heights and their elevated images. This is the classic formula for selfies. The photo deposited on high, inside the little box that contains our entire world. Which photo? The photo that depicts a hanging body, in front of a scene.

2. The paradox of the image

Where are we, anyway, high or low? Are we inside the "Alephian" box (Borges 1972) that contains the whole world in all ages at a dimensionless point, or in the world looking at ourselves through the "Alephian" point of the cell phone screen?

The selfie has arrived as a concept, a gesture and a word, all together. The gesture is as universal as the word in English. And as universal as cell phones themselves. It would be futile to produce the statistics on cell phones, as something which emerged and went viral in just a few years, making landlines and public phones obsolete, soon to be followed by e-mail and perhaps even the personal computer itself, the celebrated PC of the 90s. It's futile to produce cell phone statistics, but it is also useless to calculate the avalanches of photos taken by mobile phones in the world (even though such figures are impressive!). The statistics will become immediately obsolete, such is the speed at which these objects and these actions take over the world. And maybe this estimate will give us an answer to the question above: Where are we? On cell phones stored as an image, or in the world looking at images of ourselves? Statistically, we are infinitely more present in images than in the world. There are thousands of ourselves in cell phones, while there is only one of us in the world. Furthermore, this lone one is mortal, gets sick, grows old and dies, while the images of us hanging on make a promise to resist the passage of time, not to die, not to get sick, or to grow old. This is the paradox of images: we are in them yet remain outside them.

What is an image, anyway? A paradox of presence and absence?

3. The treasure chest or the two gazes

The second gaze (we will start with the second in order understand the first) is what happens when the lens is directed at us. This is the gaze that is registered in the photo. It is the gaze of the cell phone in the upper position that will remain for eternity. The displacement of the gaze of the image that looks at us, from top to bottom, is the aerial point of view, the perspective of winged beings or suspended beings, but also of ineffable beings, angels, gods and images. The gaze from above is the gaze of power. The gaze of the 'selfie' is the gaze of one of these beings to whom we attribute symbolic life and power, to whom we entrust our soul, our life and our death, to whom we entrust our image. It is to this deity, the cell phone, worshipped to the highest level of contemporary adoration, that we give our memories, our history, our dreams, our glory. Previously it was photo albums, large or small, sometimes provided by the actual stores that developed our photos. The small albums came with transparent plastic envelopes where only one photo could fit on each side. And every once in a while we'd flip through the photos, remembering experiences. They were kept in closed boxes or drawers for a sporadic visit. With digitization, the development of negatives and photos disappeared. The laboratories and stores that took on such tasks have disappeared. The photos are now stored on tiny chips, with an increasingly gigantic storage capacity. To see their content, that is, our photos, we need to put them into a reading device, a digital camera or a computer. More commonly, however, they end up staying on cell phones, without a big screen. In the case of cell phones, the photos are stored in this tiny treasure chest, they don't even get onto the removable chips. Mobile phones, laptops and tablets can all send photos to cloud storage. And they can be accessed when necessary. Selfies, made by a gesture of raising the arm, will be in the cloud, suspended twice in the air. If we identify ourselves with our own photos (and would it be possible not to do so?), then there is a version of us in the clouds, and there we are, hanging both by the arm and the cloud.

So, what about the first gaze? This is our eyes hypnotized by the second gaze, enchanted in front of a magical promise of the machine, begging it to look at us and to look for us. It is a helpless gaze in front of an all-powerful gaze. Every selfie is the purest expression of helplessness.

4. Totemism or titanism?

Here we create a family relationship, not only between ourselves and the suspended images, but also with the device that suspends them. Could we say there's some kind of totemism present? The totem forms a community of belonging to a social group that chooses a certain animal or an object in nature as its identifying image in a vertical relationship of surrender and renunciation. Today it would not be an animal or nature, but the image and its apparatus, from the cell phone or the camera to the intricate digital alchemy of storage "in the clouds". There are the totemic clans of certain brands of cell phones, computers, cars, and designer labels. But where do we stand in the neo-totemic society?

5. Vertical worship

At the top, the image captured by the telephone, at the bottom, ourselves, our body, our real and temporal existence, us mortals. At the top, the portrait, the imago, inside a magic box, the object of worship and adoration, a treasure chest, a chest of desires and passions. We'll see ourselves there forever. Will we be able to see ourselves, at least once? Will we just store ourselves? Or do we hope to see ourselves again someday? The truth is that we imagine that we will be there forever and ever, in cryonic suspension, without even paying attention to the fact that this little box is more mortal than our own body and, in two or three years, it will be obsolete and be replaced by another one with more room for selfies and other images, affections, relationships, fantasies, passions and desires. Well, what about the totem? What whistle sounds in this scenario? The central whistle, with the role of protagonist, is the main function, the most important character! Worshipping a totem means entering an atmosphere of belonging, being someone with a last name, having a tribe, following its rules and enjoying its imaginary "perks". Whoever cultivates a totem doesn't need to have decisions and ideas of their own, but just follows others blindly in faith, imagining themselves in the best of places. Worshipping devices (cell phones) or appearances (files in the cloud) have become major forms of totemism. Can we call these religions? No, because there is no theology, an order dictated by a system of gods. It is a phenomenon much earlier than hierarchical theologies, more primitive and closer to the mythical environments of titanism, because the environments of technological production are by themselves titanic, dominated by all-powerful entities that do not respect law or order. They create their own laws and orders and impose subordination by means of harsh sanctions. We will see a little more about this matter below.

6. Who's at the top, who's at the bottom

In the imagery and media environments in which we live in the modern world we are never where we really are. As Dietmar Kamper said: "The greatest difficulty of contemporary man is to be in the present"[2]. We are always ahead, in the future and above where our body is. The acceleration of life and time leads us to that, but what leads us to the acceleration of time and life? Is it an acquired disability? Or an inexorable destination set by the paths of human civilization? Since we made the first exogenous image (since that endogenous one was born with us, in dreams and imagination) we put ourselves in it, over there, outside ourselves. We invested part of our existence in it. Since we reproduce it to exhaustion, it exhausts larger and larger parts of ourselves. And we run after it, this image that is always ahead, above and in our future. That's why we've forgotten to be in the present, to inhabit our present and our body. The present and the body remain uninhabited while the imaginary and imagined space of the future ahead and above is supercharged or inflated. The precariousness of life, work, cities, and survival has only hastened this process even further. We have to undertake very complex, long-term planning of our life, thinking decades ahead and acting in the present as if we were 20 or 30 years from now, knowing that the hardships of the now are the price to pay for the future, even without any guarantee we will get there and how we will do it, and under what conditions. And the more precarious the present conditions are, the more we are thrown into future projections, which are nothing but images without any guarantee of being realized.

7. The fascination of the mountain

Austrian professor Helga Peskoller is an excellent lecturer, leading her audience on a kind of tense and electrifying journey when she speaks, always at a very carefully slow pace. Her specialty is a type of mountain anthropology. As an educator and as a person who was born and lived in the mountains, she knows about heights, and about falls. Her lectures on extreme mountain and high sports – accompanied by photos and images – take place in such a way as to hold the listeners' breath, presenting the description of every minimal movement of the extreme climbers in slow motion, during their climbs without safe-

2 Dietmar Kamper told me bitterly about a conference given to a major German advertising agency at which he presented his thesis. The agency canceled (and did not pay) the second scheduled conference, and months later launched a worldwide campaign for the tobacco industry with the slogan "the power of now".

ty harnesses across walls of negative inclination. They are her object of study on human learning.

Defying falls and cheating gravity is what mountaineers and sky divers do. Peskoller is also a climber and has let herself be taken up by the challenges of climbing the steep rocks of the Austrian Alps.

Humankind's passion for heights is undeniable, perhaps an archaic memory of its former arboreal life and desire to fly, only fulfilled in the small flights of jumps. For humankind, as for its arboreal ancestors, jumping means defying the fall, facing the fear of the hard fall or playing with an image of omnipotence, when one does not fall. Peskoller puts us all in a state of suspension from the present, by presenting her speech in a cadenced tone. The mountain is the elevation of the earth, it is the ground that grows! That's why her lectures return us to the body we have and the body we are. They take us out of the clouds and bring us back to the world.

8. Wall and skin, the allure of surfaces and superficialities

Those who reduce themselves to a painted or drawn image are reduced to a surface. As such, they give up depth in favor of superficiality. This brings advantages and disadvantages: The first advantage is the saving of expressive resources, fewer angles, fewer facets, a single face and a single point of view. Two-dimensionality triggers the centers of two-dimensional vision in our brain. And vision is a sense of distance, a sense of alert. Vision alerts us to approaching danger. But two-dimensionality does not include the dimension of depth. So, everything on the surface, on the plane, does not have an estimated time of escape. And when we do not know how much time we have to escape from danger, we panic or become immobilized and catatonic. Or we delude ourselves that the vision presenting itself is in fact harmless. We disarm our psychic apparatus of defense before it. The phobic nature of the visual image is disarmed by its counter-phobic two-dimensionality.

Another disadvantage of the loss of depth is that we also lose tactility. Three-dimensionality is also read with our skin, with our hands, by feel, even when we do not touch it. Our brain triggers the centers of tactile perception, of proximity. In two-dimensionality, we renounce touching, especially when it comes to screens like computers or televisions. The new screens that need to be tapped, the ones that require a touch, actually only require the very light use of the fingertips. It's not our skin that interests modern cell phones and touch screen laptops, they merely want a "digitus", the finger that types, a reduction of the finger to a number.

Literature

Baitello, N. jr (2019): Existências penduradas. Sobre selfies, retratos e outros penduricalhos. Por uma ecologia das imagens. Sao Leopoldo/Brasil: Editora Unisinos.
Borges, J. L. (1972): El Aleph. Buenos Aires: Alianza/Emecé.

Civetta Nordwand, Dolomiten IT

Werner Casty

2. August 2017
Während ich am Fuss der Wand einige Steine berührte, stellte ich mir vor, dass, viele Jahre zuvor, möglicherweise die genau gleichen von Helga berührt worden waren, ganz nebenbei, ohne Absicht, bei einer Pause, einem kurzen Nachsinnen, bei der Vorbereitung zum Einstieg.

Die Steine haben es leider nicht verraten! Aber die Vorstellung, dass es so gewesen sein könnte, war ein feines Gefühl.

Civetta 1, 2021, Grafit auf Papier auf MDF, 27 × 35 cm

Civetta 2, 2020, Grafit auf Papier auf MDF, 39.5 × 50 cm

Civetta 3, 2021, Grafit auf Papier auf MDF, 30 × 40 cm

Versuch über das Banale im Theater und anderswo

Hanne Seitz

Vom gewöhnlichen Leben

Die Tragödie der Banalität, erzeugt durch gewöhnliche Umstände und dadurch nur noch unentrinnbarer gemacht, muss noch geschrieben werden.
(Michel Houellebecq)

Vor Beginn der Aufführung von *Life and Times* betritt das regieführende Duo die Bühne und begrüßt das Publikum mit Smalltalk: Kelly Copper mit fulminant hochtoupiertem und mit Plastikblumen geschmücktem Haarschopf, Pavol Liška mit Glatze und gezwirbeltem Kaiser-Wilhelm-Bart. Der Vorhang hebt sich und eine Art Ouvertüre ertönt – launige Musik mit Ukulele, Xylophon, Piano und Querflöte. „Hmmm, so – shall I start? Ok. Hmm – so, let's see. Ok." Man hat den Eindruck, die biografische Erzählung, die das Nature Theater of Oklahoma – mal als Solo, mal als Duett oder im Chor – zur Aufführung bringt, gehöre allen Ensemble-Mitgliedern gleichermaßen. Eine an der amerikanischen Ostküste aufgewachsene Mittdreißigjährige erinnert sich an ihr Leben – ein Leben, von dem man eigentlich sagen würde, nichts Besonderes sei geschehen, jedenfalls wirkt nichts auf eine Weise bedeutungsvoll, dass es lohnt, auf einer Bühne erzählt zu werden. Hinzukommen eine flapsige Wortwahl und ein mitunter stockender Redefluss, was für ein Libretto wenig tauglich ist. Die Erzählung wird nämlich gesungen, ist in eine melodische und rhythmische Form gepresst, die an Musical, bisweilen auch an Hillbilly erinnert. Dazu wird Gymnastik gemacht, alberne Schrittfolgen und Reifenschwünge, die an sozialistische Turnfeste erinnern und absolut nichts mit der Erzählung zu tun haben. Der lächerliche Auftritt eines Spielers in einem Hasenkostüm wirkt deplatziert und das ansonsten einheitlich graue Outfit des Ensembles erinnert an Schuluniformen – aufgepeppt mit bunten Pfadfinderhalstüchern und einem Emblem, das an das *Rote Quadrat* (1915) von Malewitsch erinnert. Diese *Episode 1* bringt früheste Lebenserinnerungen mit einer Reihe von szenischen Wiederholungen zu Gehör und dauert sage und schreibe vier Stunden – vier von insgesamt 18. In *Episode 2* geht es um die Schulzeit, wobei das Ensemble nun bunte Adidas-Trainingsklamotten mit einem schwarzen Quadrat als Emblem trägt und die Erzählung im Stil des 1980-Jahre-Pop gesungen wird. Dazu wird eine Choreografie in Cheerleader-Manier vorgeführt, bei der am Ende ein Haufen Laien mittanzen, die zuvor auf Plakaten stadtweit angeworben und in einem Workshop eingewiesen wurden. In *Episode 3* und *Episode 4* hat die Protagonistin die Pubertät hinter sich gelassen. Die Wirren des Jugendalters werden als melodramatisches Kriminalstück in einem altenglischen Kaminzimmer aufgeführt; sechs leicht trottelige Typen spielen vor einem gemalten Bühnenprospekt *The Mousetrap* (1952), einen Klassiker von Agatha Christie, dessen Dialoge allerdings durch die autobiografische Narration ersetzt sind. Während in der (Übergangs-)*Episode 4,5* ein schmachtender, arienartiger Gesang von der innigen Beziehung zu einem Kater erzählt und als handgemalter Stop-Motion-Film vorgeführt wird, geht es in *Episode 5* um den ersten Sex. Copper und Liška stehen an der Bühnenrampe, kommentieren die Erzählebene, verteilen selbstgemachte Bücher und laden inmitten betörend lauter Orgelmusik das mit Leselämpchen ausgestattete Publikum ein, im abgedunkelten Theaterraum zu lesen und Zeichnungen zu betrachten. Die Erzählung ist nach Art einer mittelalterlichen Handschrift aufbereitet und in Bilder übersetzt, die entfernt an das indische Kamasutra erinnern, zugleich aber ein Interieur zeigen, dessen Design von Laura Ashley stammen könnte. *Episode 6* wird als opulente Radioshow aufgeführt; Musik und Erzählung kommen vom Band und das Regieduo moderiert die Sendung. Es geht um das Schauspielstudium, die anschließende Landung im Prekariat und besonders um die Frage, ob und wie es mit dem Theater und der Kunst überhaupt weitergehen kann. Die letzten drei Episoden sind als Spielfilm umgesetzt – nach Art eines s/w-Hollywoodklassikers, eines Cinemascope-Landschaftsfilms und zuletzt als ein Rap-Video.

Life and Times wird als neunteiliges Epos an verschiedenen Abenden im Theater wie eine TV-Serie gezeigt, bisweilen aber auch in einem Stück, wie beim Berliner Festival *Foreign Affairs* im Jahre 2013, auf dem die bis dahin fertigen Episoden 1–6 und damit ungefähr 14 Stunden Theater auf die Bühne kommen. Man fragt sich, was ein so chaotisches, skurriles Stück derart spannend macht, dass das Publikum bei der zum *Steierischen Herbst 2015* gezeigten Endfassung gar 18 Stunden zuschaut. Womöglich gerade weil das Stück haarscharf am Kitsch vorbeischliddert, es sich trotz oder gerade wegen so mancher, durchaus gewollter pathischer Anleihe gut und richtig und ernsthaft, ja, wahrhaftig anfühlt. Dies hat zuletzt mit der Achtung und Sorgfalt zu tun, man kann es auch Liebe nennen, mit der das Nature Theater diese eigentlich banalen Erinnerungen absolut überzeugend darbietet und nicht zuletzt die Kunst des Erzählens fulminant feiert – eine bemerkenswerte Theatererfahrung, der ich im (Nach)Schreiben nunmehr mit einem „Versuch über das Banale“ auf die Spur zu kommen suche.[1]

---

1 Ich habe den Berliner Marathon noch immer lebhaft in Erinnerung, mich zudem bereits

Das Epische des Banalen

Und wenn Du diese –
Diese beobachteten, realen Sachen nimmst,
Und ein System daraus machst –
Oder Dich selbst dazu bringst –
Ihnen eine absurdes Maß an Aufmerksamkeit zu schenken –
Wird es zu etwas Seltsamem.
(Kelly Copper)

Ein Mann telefoniert mit einer Frau und bittet sie, die Geschichte ihres Lebens zu erzählen. Er hört sechzehn Stunden zu und bekundet nur durch ein gelegentliches „hmm" oder „aha", dass er noch da und weiter interessiert ist. Das Setting ähnelt fast einer psychoanalytischen Kur am Telefon, würde Pavel Liška das Gespräch nicht mit einem Kassettengerät aufnehmen, den Monolog transkribieren und daraus Theater machen. Es ist die Vorgeschichte zu *Life and Times.* Das Stück beruht auf einem Telefonat, in dem Kristin Worrall, Mitglied im Ensemble des Nature Theater of Oklahoma, in der Art eines inneren Monologs sich an ihr Leben erinnert – an das geliebte Stofftier vom Opa, die Schmach, in der schlechtesten Leselerngruppe zu landen, die Schwärmerei für Sting, das verbotene Zigarettenrauchen, den ersten Kuss, die Verbitterung, sitzen gelassen zu werden, die Befürchtung den falschen Beruf gewählt zu haben etc. pp. Ein unerschöpflicher Vorrat an Erinnerungen treibt die epische Erzählweise voran: Empfindungen, Wahrnehmungen, ungefilterte Gedankenfetzen; lächerliche, peinliche, herzzerreißende Situationen, traurige, schöne Episoden – keine weltbewegenden, sondern eher banale, alltägliche Geschichten. Das von Lyotard proklamierte „Ende der großen Erzählungen" hat längst den kleinen, gänzlich subjektiven Raum verschafft.

Worrall redet buchstäblich wie ihr der Schnabel gewachsen ist. Die profane Wortwahl ist für die Bühne beibehalten, doch der Monolog regelrecht gegen den Strich gebürstet und fremd gemacht: Die Sätze sind klanglich moduliert und rhythmisiert, eine poetologische Bearbeitung, die einzelne Worte auf äußerst ungewöhnliche Weise betont. Dabei wird die Erzählung nicht nur Wort für Wort, sondern auch Laut für Laut im Skript übernommen, so dass auf der Bühne auch hörbar wird, was in einer Gesprächssituation durchaus normal, aber meist ausgeblendet wird: Füllwörter, Stammeln, Räuspern, Pausen, Schnaufen, selbst das Miauen der Katze im Hintergrund, das Lachen der Erzählerin. Von der oralen Narration über die Schrift zurück in die Mündlichkeit, wobei

---

in einem früheren Text, nicht wie hier mit dem Banalen, sondern mit dem biografischen Aspekt auseinandergesetzt (Seitz 2020).

lautmalerisch übersetzte nicht-sprachliche Äußerungen beibehalten werden und das ursprüngliche Lachen onomatopoetisch als „haha" wiedergegeben wird.

Die auf diese Weise zu Gehör kommende Erzählung ist darüber hinaus szenisch gerahmt, unternimmt Stippvisiten beim Musical, Tanz, Krimi, Animationsfilm, Buch, Hörspiel und Spielfilm und ist mit allerlei Plunder aus dem kulturellen Gedächtnis angereichert. Copper und Liška kopieren Stile, nutzen gefundenes Material, setzen es nach Art der *bricolage* neu zusammen und unternehmen am Ende nichts Geringeres als ein Parforceritt durch die Kunst- und Kulturgeschichte – Populärkultur und Reality TV inbegriffen. Was dabei entsteht, bezeichnet Florian Malzacher in seinem Sammelband über das Nature Theater of Oklahoma als *hardcore entertainment:* „Banale Alltagsgeschichten werden gewagt mit ebenso banalem, von Straße, Büro, freier Tierwildbahn oder Turnolympiaden abgeschautem Bewegungsmaterial kombiniert." (Malzacher 2019, S. 7) Zudem werden mannigfache, im Theater unübliche Rezeptionsweisen geboten wie Bücher lesen, Radio hören oder Filme anschauen – selbst das Gespräch in der Pause mit Erdnussbutter-Sandwich ist Teil der Inszenierung.

Was die Regie vom Ensemble verlangt, ist mehr als herausfordernd. So sind die Textpassagen für die Krimi-Episode beispielsweise auf Karten geschrieben, die allabendlich neu gemixt und von der Regieassistenz kurz hochgehalten werden. Die Sätze richtig zu erfassen und zugleich einen Thriller von Agatha Christi nachzuspielen, verlangt nicht nur doppelte Aufmerksamkeit und absolute Präsenz, sondern erzeugt auch Panik. Den Wettlauf mit der Zeit zu meistern und die Vorgaben zu erfüllen, ist nicht nur anstrengend, sondern bringt vor allem jene unbändige Spiellust hervor, die das Nature Theater insgesamt auszeichnet – lebensbejahende Kraft und extreme Körperlichkeit. Die Regeln und Aufgaben folgen keiner Logik, sondern gehorchen der Willkür oder dem Zufall. Niemand soll sich mit dem, was zu tun oder zu sagen ist, einrichten können. Tanzen soll, wer nicht tanzen kann; nicht Können, sondern Nicht-Können ist gefragt. Es dann aber trotzdem tun, ist Teil des Kalküls – zudem eine gewaltige Herausforderung für ein professionell geschultes Team, das sich ständig auf unbekanntem Terrain bewegen muss. Der Dilettantismus wird jedoch alles andere als vorgeführt, er gehört vielmehr zum Charme der Gruppe, wie auch das Banale, das nicht gezeigt oder dargestellt wird, sondern einfach passiert. Nur der Virtuose wird am Banalen scheitern, das Streben nach Perfektion am Gewöhnlichen zugrundegehen. Im Nature Theater hingegen zeigt sich geradezu das Gegenteil. Es ist herrlich und bisweilen urkomisch mit anzusehen, wie sich jemand in Not sprichwörtlich aus der Schlinge zieht, bei aller Peinlichkeit Haltung bewahrt, bei allem Missgeschick Größe zeigt, kurz, Situationen meistert, die das Leben auch sonst bereitet. Wir kennen das. Menschen erkennen sich in ihren Selbstaussagen, vor allem aber in den Aussagen der anderen und hier besonders im Sagen der anderen. *Life and Times* ist „Jedermanns Biografie" (Seitz 2020) – weniger was die konkrete Lebensgeschichte angeht, zumal die einer weißen US-

Amerikanerin aus der Mittelschicht, sondern eher was den Erzählduktus und die thematischen Schwerpunkte der einzelnen Lebensphasen betrifft.

Man könnte die Erzählinhalte als redundantes Allerweltsgerede, den Umgang als belanglose Spielerei abtun, wäre die Narration nicht auf eine Weise fremd gemacht und verkünstelt, dass man ihr, obgleich sie allzu vertraut erscheint, wie zum ersten Mal begegnet, das Allergewöhnlichste überhaupt erstmals vor Auge tritt – die Art und Weise, Vorgänge und Kontexte in Erinnerung zu rufen, der Umgang mit dem Vergessen oder den wie aus dem Nichts aufpoppenden Details – nicht zuletzt im Bemühen, die zeitlich heterogenen Ereignisse auf ein sinnvolles, kohärentes Ganzes zu beziehen, das es nicht gibt. Da erinnerndes Erzählen immer gegenwartsbezogen ist, schöpft es aus einem Gedächtnis, das zudem neu kontextualisiert und daher auch prozessual umgebaut wird. Erzählen ist immer schon ein performativer Akt und oftmals – nicht nur im Theater – auch ein wenig Theater. *Life and Times* handelt davon, wie wir unser Leben erzählen, und das heißt zuletzt, wie wir menschlich sind. Das Stück spielt mit dem Banalen, ohne je banales Theater zu werden, und fast nebenbei verhandelt es die Grenze der Kunst.

Alltagskultur und populäre Kunst

Die vollkommene sprachliche Form ist klar und zugleich nicht banal. Die sprachliche Form ist am klarsten, wenn sie aus lauter üblichen Wörtern besteht, aber dann ist sie banal.
(Aristoteles)

Das Theaterkollektiv verdankt seinen Namen Franz Kafkas Romanfragment *Amerika* (1911–1927), in dem der Protagonist einem Ruf des Theater of Oklahoma folgt, der sein Leben verändert. Wie bei Kafka rufen Plakate am Aufführungsort die Bevölkerung dazu auf, Mitglied der Theaterfamilie zu werden – zumindest für die Dauer einer Produktion. Bei Copper und Liška ist nicht nur das gemeine Volk willkommen (und darf in manchen Episoden auch mitspielen), sondern auch sonst alles, was die Welt an Fundstücken zu bieten hat, nicht nur im Hinblick auf die Kunstgeschichte, sondern im Blick auf das, was im Alltag zu sehen, im Radio zu hören, in Gesprächen zu vernehmen ist. Daher überrascht auch nicht, dass sie bei Andy Warhol fündig geworden sind, dessen Theaterstück *Pork* (1971) auf Telefonaten beruht, die er in nächtlichen Stunden mit Brigid Berlin, einem der Superstars aus der Factory, geführt und aufgenommen hat (Comenas 2016). Die Tonbandmitschnitte funktionieren wie ein ausgelagertes Gedächtnis und dokumentieren, was zu einem bestimmten Zeitpunkt gewesen ist. 200 Stunden intentionslose Plaudereien fließen in 30 Theaterakte ohne Plot – banale Mitschriften einer vergangenen Zeit, die in die Gegenwart geholt wird.

Es sind Verfahrensweisen, mit denen schon zu Beginn des 20. Jh. die Forderung nach künstlerischer Originalität, Genialität und Einmaligkeit unterlaufen worden ist. Man denke an die Assemblagen der Surrealisten, die Banalitätensammlungen der Dadaisten oder an die Readymades von Marcel Duchamp, der für eine Ausstellung der „Society of Independent Artists" ein um 90 Grad gekipptes, handelsübliches Urinal einreicht, es mit *Fountain* (1917) betitelt und mit R. Mutt signiert. Obwohl die Jury das Werk ablehnt, ist über kein anderes so heftig diskutiert worden – ein Stück Nicht-Kunst, das am Ende zu einer Ikone der Kunstmoderne avanciert.

Ein halbes Jahrhundert später leistet eine andere Künstlergeneration den tradierten Erwartungen nicht nur mit gewöhnlichen Dingen, sondern auch profanen Praktiken Widerstand. In Wort und Bild und Performance soll Alltägliches erfahrbar, die Aufmerksamkeit auf unbedachte Dinge, auf routinierte Handlungen gelenkt werden. So erzeugt John Cage in *Water Walk* (1960) mit Badewanne, Schnellkochtopf, Gießkanne, Gummiente, Mixer und Konzertflügel ein musikalisches Klangereignis aus Klapper-, Zisch- und Vibrationsgeräuschen und zwischendurch einfach nur Stille. Trisha Brown choreografiert lässige Gesten, simple Gehschritte, kleine Sprünge, einfachstes Bewegungsvokabular und tanzt in *Roof Piece* (1971) auf den Dächern New Yorks. Andy Warhol stapelt Putzschwamm-Kisten, wie sie in jedem Supermarkt zu kaufen sind, und lässt die Galerie wie die Lagerhalle eines Großhändlers aussehen. Man fragt sich, was die Warhol-Box von der Supermarkt-Box unterscheidet und was eine solche Konsumware im Kunstkontext zu suchen hat. Während Gebrauchsgegenstände einfach nur sind, praktisch und womöglich auch wichtig, aber über den Gebrauch hinaus letztendlich kaum bedeutsam sind, ist das Kunstwerk nach traditioneller Auffassung dem Alltag entzogen, zweckfrei und interesselos. Es weist über das Ding-Sein hinaus auf etwas anderes und wird Träger einer neuen Bedeutung. Warhols *Brillo Box* (1964) hingegen ist, was sie ist; sie repräsentiert nichts, bedeutet nichts und bereitet auch kein interesseloses Wohlgefallen; manchen bereitet die Installation sogar Missfallen. Wenn überhaupt, liegt der Rezeptionsgenuss nicht auf der sinnlichen, sondern reflexiven Ebene – eine Antikunst, die die Erwartungshaltung zutiefst irritiert und zahlreiche Interpretationen hervorgebracht hat. Manch einer mag davon ausgehen, es handle sich um die gleichen Brillo-Boxen wie jene im Supermarkt und das Ganze wolle das Kunstsystem gänzlich ab absurdum führen. Doch *Brillo Box* ist kein hundertfaches Readymade, sondern ein *Siebdruck auf Acryl auf Holz* – kein industriell, am Fließband in Serie gefertigter Pappkarton, sondern die Kopie eines Massenprodukts, nämlich an die 400 für die Ausstellung handgefertigte Holzkisten mit aufgedrucktem, allseits bekanntem Produktdesign.

Was Duchamp, seiner Zeit weit voraus, angestoßen hat, wird von der Neoavantgarde weiterentwickelt und radikalisiert. Das gewöhnliche Leben, von dem sich die autonome Kunst losgesagt hat, wird zur Kunst und verschafft dem etablierten und durchaus kritisierten Kunstsystem paradoxerweise, was es braucht: das Neue, das sich dann *Pop Art*, auch *Nouveau Réalisme* oder *Art Povera* nennt. Auf der einen Seite führt dies zu einer Popularisierung und Demokratisierung der Künste, auf der anderen zu dem, was Arthur Danto die „Verklärung des Gewöhnlichen" (1984) oder Karlheinz Lüdeking etwas profaner „Die Verwandlung des Banalen" (1987) genannt hat. Bei allem ist nicht zu vergessen, dass der Kunstmarkt die *Brillo Box* als aberwitzig teures Kultobjekt handelt – eine banale Hülle mit aufgedrucktem Verpackungsdesign, die Warhol signiert und womöglich einfach nur aus Gründen der Vermarktung und Lebensdauer Holzkisten bevorzugt hat. Die Objekte der Minimal Art bringen es auf den Punkt: Der Sockel, der vormals die erhabene Kunst getragen hat, wird buchstäblich selbst zur Kunst, in der *Konzeptkunst* sogar der leere Bilderrahmen.

Ein weiteres halbes Jahrhundert später geht es Kunstschaffenden wie dem Nature Theater jedoch um alles andere als um eine Verherrlichung des Banalen oder um die Verklärung des Gewöhnlichen; sie potenzieren das Banale mit noch mehr Banalitäten, um es – nach dem Prinzip Minus mal Minus ergibt plus – zu entbanalisieren, allerdings ohne das Banale dabei zum Verschwinden zu bringen.

Wertewandel des Allzu-Zugänglichen

[W]enn einer bloß spricht, um zu sprechen, [spricht] er gerade die herrlichsten, originellsten Wahrheiten aus.
(Novalis)

Das Banale ist keine ästhetische Kategorie, sondern eine Zuschreibung, die als solche dem gesellschaftlichen Wandel unterliegt. Das aus dem Lehnrecht stammende französische Wort *banal* bezeichnet ursprünglich Gegenstände oder Gebiete, die dem Bann unterstehen und exklusiv dem Feudalherren gehören, der seine Vasallen nötigt, sie kostenpflichtig zu nutzen bzw. den Gebrauch verwehrt (Genz 2011, S. 68 ff.). Mit der Französischen Revolution werden Banalitäten in den Allgemeinbesitz überführt und dem öffentlichen Gebrauch übereignet. Doch Gemeineigentum ist nicht das, was dem aufkommenden, nach Individualität strebenden Bürgertum erlaubt, sich vom gemeinen Volk – im Sinne von Bourdieus „feinen Unterschieden" – abzusetzen. Banal ist nun nicht mehr, was einem Einzelnen, sondern aller Welt gehört. Was allgemein zugänglich ist, wird entweder gar nicht erst wahrgenommen bzw. erst dann, wenn der Zugang bedroht ist, oder es wird als „allzu zugänglich“ abgewertet (ebd. S. 64). Primitives Verhalten, schlichtes Gefühl, geistlose Tätigkeit, platte Idee, gewöhnliches Ding, profane Mahlzeit, kitschiges Bild, trivialer Text, profane Architektur, seichte Musik, anspruchslose Kunst, oberflächliche Person – dem Gewöhnlichen, Normalen, Wertlosen des Banalen steht das Einmalige, Außerordentliche, Bedeutungsvolle des Erhabenen, mithin die Kunst gegenüber – Zuschreibungen und Wertmaßstäbe gegen die die künstlerischen Avantgarden des 20. Jh. angetreten sind.

Während Trivialität Genz zu Folge eher mit kognitiver Zugänglichkeit und der Literatur verbunden ist, wird Kitsch meist mit emotionaler Zugänglichkeit und der Bildenden Kunst assoziiert. Beides ist hinreichend erforscht, Banalität hingegen, die auf soziale und mediale Zugänglichkeit verweist, noch immer wenig untersucht (ebd. S. 62). Einen diesbezüglich wichtigen Beitrag hat zweifellos der Kulturwissenschaftler Michel de Certeau geliefert, der zwar den Begriff des Banalen nicht gebraucht, sein Buch „Die Kunst des Handelns“ aber dem „gemeinen Mann“, dem anonym bleibenden „Helden des Alltags“ widmet (de Certeau 1988, S. 9). Es geht um die Alltäglichkeit der Erfahrung, die als solche den Boden des Selbstverständlichen berührt und deshalb unbedeutend bleibt. Es handelt sich um eine bastelnde Kreativität, die unsichtbar, aber effektvoll ist, eine stumm bleibende Intelligenz, deren Logik, Rhythmik und Kombinatorik u. a. auch die „Kunst des Redens“ (ebd. S. 156 ff.) bestimmt – jene Praktik, die in *Life and Times* zu künstlerischer Hochform gebracht wird.

Auch Martin Heidegger hat in seinem Vortrag „Der Ursprung des Kunstwerks“ (1935) vermeintlich Banales in den Blick genommen: Das Gewöhnliche sei von der Art, „vergessen zu bleiben“ (Heidegger 2005, S. 66) – wie die Schuhe der Bäuerin, die bloß vorhanden und dienlich sind, die van Gogh aber in seinem Gemälde *Ein paar Schuhe* (1886) aus ihrer „vernutzten Gewöhnlichkeit“ herausrückt und so das „Zeugsein des Zeugs“ zum Vorschein bringt (ebd. S. 29). Angesichts der Entgrenzung und Bedeutungsoffenheit der Gegenwartskünste kann von einem „Sich-ins-Werk-Setzen der Wahrheit“, wie es dem Philosophen vorschwebt, kaum mehr die Rede sein, aber sie vermögen das im Alltag Selbstverständliche zur Erscheinung zu bringen und so Verborgenes entbergen, das nur darum verborgen ist, weil es in seiner Gewöhnlichkeit allzu offen vor Augen liegt.

Künstler wie Vincent van Gogh oder Bruegel d. Ä. einige hundert Jahre zuvor haben immer schon bevorzugt das gewöhnliche Leben ins Bild gerückt, allerdings geht es Kunstschaffenden heutzutage weniger darum, ein solches zu repräsentieren, gar zu verklären, sondern es performativ zur Aufführung zu bringen und sich im Spiel mit alltäglichen Praktiken und kulturellen Verfahren auch gegenüber dem Imperfekten, Vorläufigen und Scheitern zu öffnen. Figuren wie ehedem Charly Chaplin oder Jacques Tati, Theaterkollektive wie derzeit das Nature Theater of Oklahoma oder Forced Entertainment zeigen, dass nicht das Komplexe, sondern das Einfache das Rätselhafte ist – die Magie des Gewöhnlichen.

Der Schriftsteller Danilo Kiš hat in seiner Erzählung „Die Enzyklopädie der Toten" aus dem Jahre 1983 Certeaus Helden des Alltags buchstäblich ein Denkmal gesetzt, nämlich all den unbedeutend gebliebenen Menschen, die nirgends sonst dokumentiert sind, die vergessen wären, wäre ihr Leben nicht in einem Buch festgehalten, das in der Königlichen Bibliothek zu Stockholm einzusehen ist. Nichts ist weggelassen, nichts vergessen. Jede Einzelheit, jedes Vorkommnis, ob gescheitert oder geglückt, kommt zu Wort, auch politische und kulturelle Umstände, Weltanschauungen, Seelenverfassungen, Lebenserfahrungen sind aufgeführt – noch jede Banalität nachgeschrieben (Kiš 2017).

Asger Jorn, Gründungsmitglied der Situationistischen Internationale, erläutert in seinem Essay „Intime Banalitäten" (1941) die herausragende Bedeutung des „Allerbanalsten", sieht im Verstehen des Banalen die größte Produktivität und entdeckt im „großartigen Kunstwerk" die perfekte Banalität: „Es ist wichtig zu betonen, daß die Grundlage der Kunst im ewig Gemeinen bleibt, im Einfachen und Billigen, das sich in Wirklichkeit als das uns Teuerste und Unverzichtbarste erweist." (Zit. n. Reck 2007, S. 108 f.) Wo es dem dänischen Künstler seinerzeit um den außergewöhnlichen Wert des Banalen für die Kunst gegangen ist, scheinen Kunstschaffende heute eher daran interessiert, das Außergewöhnliche im Banalen zu finden. Durch Kunst das Gewöhnliche des Lebens erfahren, wahrnehmen und würdigen, was wir einander mitteilen und miteinander teilen: das Menschliche, Allzumenschliche.

Literatur

Comenas, G. (2016): Andy Warhol's Pork. Zugriff am 25.01.2021 unter https://warholstars.org/pork.html.

Danto, A. C. (1984): Die Verklärung des Gewöhnlichen. Eine Philosophie der Kunst. Frankfurt a. M.: Suhrkamp.

de Certeau, M. (1988): Kunst des Handelns. Berlin: Merve.

Genz, J. (2011): Diskurse der Wertung. Banalität, Trivialität und Kitsch. München: Fink.

Heidegger, M. (2005): Vom Ursprung des Kunstwerks. Stuttgart: Reclam.

Kiš, D. (2017): Die Enzyklopädie der Toten. (Ein ganzes Leben). Typographische Bibliothek, Bd. 14, Göttingen: Wallenstein.

Lüdeking, K. (1987): Die Verwandlung des Banalen. In: Kunstforum International Bd. 91, Realkunst – Realitätskunst, S. 106–112.

Malzacher, F. (Hrsg.) (2019): Leben und Arbeit des Nature Theater of Oklahoma. Berlin: Alexander.

Reck, H. U. (2007): Eigensinn der Bilder. Bildtheorie oder Kunstphilosophie. München: Fink.

Seitz, H. (2020): Jedermanns Biografie. *Life and Times* des Nature Theater of Oklahoma. In: N. Köhler/C. Scheuerl/M. Hinz (Hrsg.), BIOGRAFIEren auf der Bühne. Theater als Soziale Kunst I (S. 69–83). München: Kopaed.

RESPIRO

Stimmen aus dem Off

Inge Valentini

Die Kunst ist eine Vermittlerin des Unsagbaren
Goethe

Ich hatte sie aus den Augen verloren. Das war kurz nach ihrer plötzlichen Entlassung. Sie war einfach verschwunden. Oder sollte ich vielleicht besser sagen, von der Anonymität verschluckt. Sie sprach nicht mehr, sie schrieb nicht mehr, Herta Weigel, die 32-jährige begabte Bildermacherin. Genauer gesagt, vor dreißig Jahren war sie 32. In ihren außergewöhnlichen Sprachbildern hatte sie Welten geschaffen, in denen sie selbst Regie führte, das Terrain, den Raum in dem sie sich frei bewegen konnte. Sie war mir damals aufgefallen wegen ihrer bedingungslosen Präsenz und Gegenwärtigkeit, wegen ihres klaren Blicks, der gepaart war mit einer erstaunlichen Abstraktionsfähigkeit. Um ihrem Denken folgen zu können, war es, als hätte man sie zuerst aus der 30sten Etage ins Parterre begleiten müssen.

Herta lebt. Das weiß ich.

> „Die Frage ob Herta gerne lebt, lässt sich schwer beantworten. Sie liebt viele Dinge. Man kann das daran erkennen, wie sie zum Beispiel Wasser in ihre Blumentöpfe gießt, oder wie sie grüne Bohnen pflückt. Dabei nimmt sie immer beide Hände, wie sie auch sonst, alles was sie angreift, nie einseitig tut. Herta ist eine durchaus liebenswerte Person, aber sie hängt nicht am Leben. Viel eher hat es den Anschein, als würde das Leben an ihr hängen." (Valentini 1992, S. 31)

Diese Beschreibung aus einem Gutachten fällt mir ein, und einige ihrer letzten Sätze: In einer Welt des Funktionierens wird mir die Luft zum Atmen genommen, werden mir Zeit, Kraft und Leben geraubt. Diejenigen, die keine Wurzeln haben, sind ewige Grenzgänger. Die Gefahr ist allgegenwertig. Eine Daueranstrengung für den Kopf. Da kann es manchmal ein Ausweg sein, sich willenlos dem Wellengang, dem Windzug zu überlassen, der Bewegung von Ebbe und Flut, um eins zu werden mit diesem Atem der Unendlichkeit. Dort ist der Raum wo das Denken aufhört, wo endlich Ruhe einkehrt, wie in einem gesunden Schlaf, wo schließlich etwas Neues seinen Anfang nehmen kann.

Aber warum das plötzliche Schweigen, dieses Verstummen? Was ist das für ein Ort, dort an den Grenzen des Red- und Sagbaren?

Ich muss sie finden.

Kein Ort nirgendwo

Die Internationale Organisation für Migration (IOM) der Vereinten Nationen definiert als „Migranten" all jene Personen, die sich zwischen internationalen oder zwischenstaatlichen Grenzen bewegen oder bewegt haben, unabhängig von ihrem Rechtsstatus und davon, ob diese Bewegung auf Freiwilligkeit oder Unfreiwilligkeit beruht oder welche Gründe auch immer dafür vorliegen mögen. Auch die Dauer des jeweiligen Aufenthalts spielt dabei keine Rolle.

Dieser „neutralen" Definition gemäß könnte jeder Migrant dieser Erde im besten Falle auch als Weltbürger bezeichnet werden, und demzufolge hätten also, zum Beispiel, ein Nichtmittelmeerbewohner/anrainer, der, so oft und sobald es nur geht, an einen der Mittelmeerstrände in Urlaub fährt, an dasselbe Meer worin, zeitgleich, hunderte andere Migranten ertrinken, Leiber auf sinkenden Booten verdursten, in lodernden Flammen und ätzendem Treibstoff verbrennen, (vergessen wir nicht die Gebeine in den Wüsten, in Wäldern, im Winter, im Eis und die Krätze, die Kotze, die Dysenterie, die Auffang- bzw. Endlager ...), denselben Status ergo dieselben Rechte?

Dass auf demselben Meeresgrund von weiteren zigtausenden bestenfalls noch die Knochen liegen – die im Salzwasser auch nicht lange überdauern – und der Rest von Fischen gefressen wurde und wird, die wiederum in Gourmettöpfen landen und anschließend in den Mägen der Fischliebhaber – eine neuzeitliche Form des Kannibalismus – sei hier nur nebenbei erwähnt (Valentini 2015).

Die gegenwärtige Migration hat ein beunruhigendes, erschreckendes, schreckliches nicht zu übersehendes myriadenhaftes Aussehen angenommen, ist zu einem furchteinflößenden, unerträglich tragischem Phänomen, von nur mit brutalster Gewalt kontrollierbarem Ausmaß angewachsen, das, anstatt zutiefst zu berühren, in die Recht- und Staatenlosigkeit Hunderter Millionen von Menschen geführt hat und führt. Kein Ort nirgendwo.

Es geht immer um Leben und Tod, oder um Leben oder Tod, hatte Herta gesagt. Und: Ich war vor Ort. Immer. Immer dort wo das Leben an einem seidenen Faden hing. Als die Schwangere sich aus Verzweiflung von der Treppe stürzte und das Kind trotzdem gesund zur Welt und ins Heim kam. Als der Wahnsinnige im letzten Augenblick davon abgebracht worden war, sein eigenes Kind zu erwürgen. Als eine gute Frau und Seele einen sich zu Tode hustenden Säugling wieder ins Leben wiegte. Als eine Fünfjährige, die auf ihrer Schaukel zu hoch hinauswollte, wie ein Brett mehrmals auf dem Boden aufschlug und widerfederte, nicht mehr atmen und sich nicht mehr bewegen konnte, auch die Lippen nicht, aber später von ihrem Stoßgebet erzählte: Lieber Gott, bitte, bitte, lass mich nicht sterben, nicht jetzt. Ja, und auch bei der Frau mit dem in Abständen wiederkehrenden rasenden Herzklopfen und der panischen Angst vor der Höhe und dem Fall, die keine denkende Erinnerung hatte, nur ein Bild: ein sich bedrohlich näherndes immer riesiger werdendes Fensterkreuz. Oder auf der Fahrbahn mitten im Mittagsverkehr, ein etwa zehnjähriges Mädchen, das kreuz und quer zwischen den fahrenden Autos nach Atem ringend, kreidebleich und lauthals betend nach dem zweijährigen Bruder suchte, der der Aufsicht der Erwachsenen während derer Streitereien und Kämpfe unbemerkt aus der Wohnung entkommen war: Lieber Gott, lass mich ihn finden, bitte, lieber Gott ... da hatten alle Autos angehalten und der kleine Junge war wohlauf, fröhlich spazierte er inmitten auf der Fahrbahn der ganzen langen Autokolonne voraus ... dann die Vergewaltigungen, die Abtreibungen, die Abschiebungen in entlegendste Bergdörfer ... die um ihre Söhne und Töchter bangenden Mütter, die ohnmächtigen Großmütter ... Ich war beauftragt die Listen zu erstellen. Die Listen der betenden Kinder ...

Vor Ort

Kein Ort wird zu einem Vor-Ort-Sein.

Ein Sein im Hier und Jetzt wird zum Dabeigewesensein. Vor Ort befindet sich im Reich der Anderen, der Nichtzugehörigen und Nirgendwohingehörenden, der für immer Fremden, der ewig Ziehenden. Derjenigen, die sich unentwegt in Übergängen üben, im gefährlichen Übersetzen von bodenlosen Abgründen, Dämmen und Schleusen und im ständigen Übersetzen von einer Sprache in die Andere, von einer Sprachebene in die nächste, in einer beinahe kosmischen Rasanz und Gleichzeitigkeit, immer den Tonfall angleichend bis dieser völlig unhörbar wird. Dort wo keine Zuhörer sind, macht das Sprechen keinen Sinn und die Zeugen der Wahrheit bleiben stumm.

Kollision

Während eine Welt-Armee von Digitalsoldaten in dieser endzeitlichen, globalen Pandemie die Kontrolle über das Einhalten des allstaatlich verordneten Bewegungsverbots übernommen hat – gewissermaßen ein jeder für sich selbst – und, obgleich noch einige Unverbesserliche aus verschiedensten Richtungen sich zu gemeinsamen Protesten dagegen auf die Straßen wagen, und die Frustration darüber nicht mehr so ohne Weiteres ins nächste Flugzeug steigen zu dürfen, oder kurz mal in die nächste Kneipe um die Ecke, groß ist, lässt sich der

Fluss jener, deren Angst keine Zukunft zu haben größer ist als die Furcht vor dem Tod, auch nicht mit äußerster Waffengewalt und/oder Segregation bis zum Aushungern und zum Verrecken, aufhalten.

Allzuoft unbedacht bleibt, dass sich hinter dem Begriff der Migration eine archaische Denkfigur verbirgt, ein Abbild des vorschriftlichen Geistes, ein Rest urzeitlicher Erinnerung, wenn man so will, die in der Vorstellungskraft des Nomaden des 3. Jahrtausends n.Ch. tief eingeprägt sind, und die verbunden sind mit einer Kraft, die den Bewegungsstrom hin zu neuen Horizonten und somit zu neuen Begegnungen, unaufhaltsam weiter antreibt.

Der unüberlegte, unvorsichtige, leichtsinnige Mut/Übermut zum Ungewissen, bei dem Körper und Leib zum Einsatz kommen, ist so alt wie futuristisch.

Ich habe sie gefunden. Wiedergefunden. Doch *„Es tut uns leid, aber Sie können sie leider nicht sehen. Nein! Auch nicht mit ihr sprechen. Sie ist bis auf weiteres in unserem Schutzprogramm"*, hat man mir mitgeteilt, und *„Frau Weigel hat uns gebeten, Ihnen das hier auszuhändigen"*.

„Respiro"

Ich will zuallererst eines: leben erster Ordnung,
dort, wo einem der Wind um die Ohren pfeift.
Helga Peskoller

Windkurs und Wellengang werden zu Schnittstellen/Kittstellen zwischen Weiß, Grau und Blau, Licht und Schatten zwischen Fels und Nebelwand.

Tasten, Riechen, Schmecken pochen an Erlebtes. Man kann das Rauschen hören. Es ist in den Ohren.

Das Bild, es wird zum Gegenüber. Einem Gegenüber das spricht, von/aus vorschriftlicher Zeit.

Das Ungewollte – plötzlich ein/auftretende Unerwartete/Erwartende – lässt den Puls höher schlagen, die Erregung steigt, treibt die Hitze ins Gesicht, ein Schwindel, wie ein Rausch lässt innehalten: weil etwas/jemandem/sich selbst auf der Spur?

Literatur

Valentini, Inge (1992): Von innen nach außen oder von außen nach innen, Institut für Erziehungswissenschaften der Universität Innsbruck.

Valentini, Inge (2015): Ausstellungsevent, Welcome – stazione di sosta, Videoinstallation, Abbazia San Pietro a Ruoti, Bucine (AR).

„Respiro“, Marmorrelief, 53 × 21cm. Inge Valentini

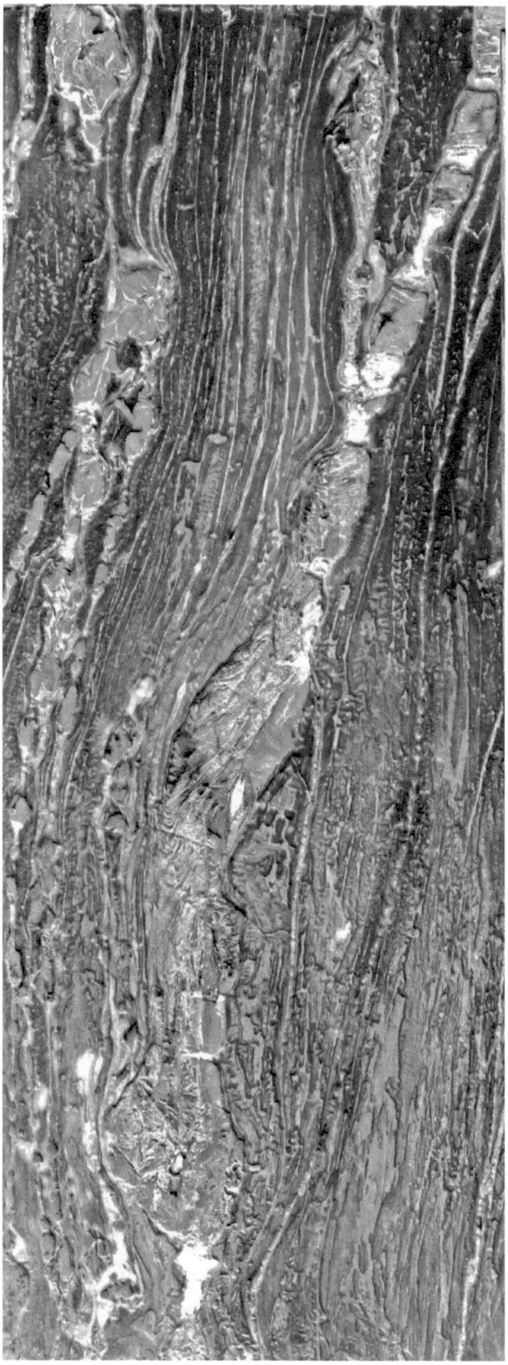

Das *Reale* des Imaginären und die Abhängigkeit von anderen

Differenztheoretische Überlegungen zum ‚*KörperDenken*' von Helga Peskoller

Ulaş Aktaş

Dietmar Kamper analysierte und kritisierte im Rahmen seines *KörperDenkens* die Beschränkungen menschlicher Erfahrungsfähigkeit durch Prozesse der Normalisierung. Die Kritik an der Einschränkung der Erfahrungsfähigkeit wendete er auch auf das Denken selbst an, indem er es auf die ‚negative Seite' des Imaginären bezog. Es ging ihm darum, das *Reale* als diese negative Seite nicht zu verkennen, sondern als *anderen Grund* des Denkens zu erhalten. Helga Peskoller hat in den letzten Jahrzehnten die Spur Kampers *KörperDenkens* aufgenommen und weitergeführt.

Im Folgenden soll diese in der Perspektive Peskollers skizziert und differenztheoretisch erweitert werden. Im ersten Schritt wird hierzu die Bedeutung des Imaginären für die Bildung einer permanenten Struktur der Subjektivität in der (post-)strukturalen Psychoanalyse Jacques Lacans in aller Kürze zusammengefasst, die die theoretische Grundlage des *KörperDenkens* bildet. Im zweiten Schritt werden mit Hilfe Jacques Derridas die gesellschaftlichen Zusammenhänge der Verkennung des *Realen* als *glattes Vergessen* erläutert. Im dritten Schritt wird dann Peskollers Körper- und Erfahrungsbegriff skizziert und die Ausgangsfrage eines differenztheoretischen *KörperDenkens* umrissen. Im vierten Schritt werden am Beispiel von „strange fruit" von Billie Holiday und Zoe Leonard, die differenztheoretischen Zusammenhänge von Körper, Aktualität des Selbst und des *Realen* des Imaginären hergestellt. Abschließend werden dann drei Aspekte eines differenztheoretischen *KörperDenkens* skizziert.

1. Das Bild als Bedingung für die Bildung einer permanenten Struktur der Subjektivität

Das Bild nimmt in Jacques Lacans psychoanalytischer Theorie eine zentrale Stellung ein. Als Zwischenbereich zwischen Vorsprachlichem und Sprachlichem bringt das Bild eine neue Bedeutung in die Welt. Es gehört weder ausschließlich dem Bereich des bloßen Verstehens an, noch ist es gänzlich außerhalb des Symbolischen situiert. Für die Bildung einer permanenten Struktur der Subjektivität sind Bilder insofern unabdingbar. Im Selbst konstituierenden Umgang mit den Bildern vollzieht sich nach Lacan ein Umschlag. Die Bilder sind nicht nur Mittel, sondern beginnen ein Eigenleben zu führen und haben immer schon die Oberhand. Man beginnt in der Funktion der geschaffenen Bilder zu leben, so Lacan. Dieser Umschlag ist als logischer und nicht als chronologischer zu verstehen. Das Bild stellt gewissermaßen die Umschlagstelle dar, an der sich das Subjekt als imaginäres bildet, indem es in eine konkrete historisch situierte Bilderwelt (‚symbolische Ordnung') eintritt. Mit diesem Eintritt aber übernehmen die Bilder teilweise die Regie und erlangen eine eigene Handlungsmacht. Das Subjekt begreift nicht nur die Dinge um sich, sondern kann dies nur um den Preis tun, sich aus der objektivierenden Fremdperspektive, dem Blick von Dritten zu sehen, so dass es nie vollkommen bei sich selbst ist. Es nimmt seinen Anfang woanders und es begreift nur über Bilder die Welt und sich selbst. Im selben Zug wird es aber von diesen Bildern unterworfen. Lacan verwirft insofern die Idee eines autonomen und souveränen Subjekts. Der Eintritt in die Sphäre der Bilder (im Spiegelstadium) ist auch der Eintritt in die notwendigen Illusionen von Autonomie.

Weil sich die Bildung des Ichs so über das Bild vollzieht, konstituiert es nach Lacan eine ganze Sphäre des Bildhaften, die er mit dem Begriff des *Imaginären* fasst. Das Bewusstsein des Selbst und die Sprache beruhen auf dieser Sphäre des Bildhaften, die von der *Logik des Unbewussten* durchdrungen ist. Die große Unruhe, mit der die Psychoanalyse den Betrieb der Wissenschaft in ihrem Selbstverständnis nachhaltig verunsichert hat, liegt gerade in diesem Primat des Bildes vor dem Begriff, der die Autonomieillusionen eines selbstgewissen Subjekts erschüttert. Der Gedanke, dass die Vernunft immer schon auf einem *anderen Grund* aufruht, der ihr selbst entgeht, mit dem sie aber zu rechnen hat, ist von großer Tragweite für das Verständnis von Subjektivationsprozessen und stellt auch den Ausgangspunkt dar, um auf die Spur des *KörperDenkens* und den Begriff des Körpers bei Peskoller zu kommen. Der Zugang zu Peskollers Körperverständnis öffnet sich an der Schnittstelle zwischen einem Denken, das diesen *anderen Grund* nicht verkennt und einer Kritik an der instrumentellen Selbstverzweckung und der Normalisierung der Erfahrung. In einer Zeit der ‚Restauration einer von allen Paradoxien befreiten Autorität des autonomen Subjekts' wird alles, das keinem instrumentellem Nutzen folgt, abgewehrt und verdrängt, „als ob es nur darauf ankäme, die vorausgesetzten Vernunftansprüche von allen Unebenheiten zu befreien in einem Diskurs, der rein kommunikativ, informationell und glatt sein soll", so Derrida (1998, S. 8). Dieses ‚Vergessen des Körpers' kann allerdings kein Vergessen unter anderen sein, weil es unweigerlich Symptome hervorbringt (Kamper 1994).

2. Symptome des *glatten Vergessens*

Nicht ohne Widerstände und Gewalt hat sich seit den 1970er-Jahren eine normative Ordnung der Vernunft zu einer tief verankerten Regierungsrationalität entwickelt, durch die alle Bereiche gesellschaftlichen Lebens und die Menschen selbst einem neoliberalen Bild des Ökonomischen unterworfen wurden (Brown 2015). Diese Ökonomisierung aller Lebensbereiche ist als Ausdruck des von Derrida so genannten ‚glatten Vergessens' zu verstehen. Das maßgebliche Kennzeichen dieser sich ausbildenden neoliberalen Regierungsrationalität ist, so Isabell Lorey, eine umfassende Prekarisierung (2012). Im Gegensatz zu vorherigen Formen der Regierung und zur fordistisch geprägten Ökonomie, die „Gehorsam für Schutz" einforderte, „verfährt neoliberales Regieren vor allem durch soziale Unsicherheit, durch die Regulierung des Minimums an Absicherung bei gleichzeitig zunehmender Verunsicherung" (ebd., S. 14). Diese Regierung durch Prekarisierung beruht auf den schon von Michel Foucault beschriebenen Techniken, durch andere im eigenen Verhalten geführt zu werden, eben gerade so, dass es zu Selbstverhältnissen kommt, die dann als Unabhängigkeit und Autonomie wahrgenommen werden können. Diese Formen, die ‚Führung zu lenken', unterhöhlen Kritik und Widerständigkeit und erhöhen das Bedürfnis, von Unsicherheit befreit zu werden. Die neue Regierungsvernunft beruht insofern vor allem auf einer Politik der Angst, die, so Kamper, paradoxerweise als „Gefängnis aus Bildern der Befreiung" (1973, S. 322) auftritt. Indem dem sogenannten Individuum seine Selbst-Führung in die Hand gelegt wird, wird die Autorität eines äußeren „Herren" scheinbar aufgelöst. Das Individuum wiegt sich, wie das Kleinkind im Spiegelstadium, in der Illusion ungeahnter Handlungsmöglichkeiten, über die es real keineswegs verfügt. Es kann zwar in einem Rahmen, der ihm größtmögliche Unabhängigkeit und Autonomie suggeriert, frei über sich verfügen. In der Suggestion dieser Freiheit wird es aber durch die Angst vor dem Verlust an Absicherung an die Hand genommen. Indem jede*r vor dem Hintergrund der umfassenden Prekarisierung sich der Kapitalisierung des Selbst unterwirft und die eigene Wettbewerbsfähigkeit verbessert, wird ihr*m auch die Verantwortung für das eigene Scheitern übertragen. ‚Wer es nicht schafft, ist selbst schuld'. Diese Vorstellung der Selbstverantwortlichkeit überfordert das Subjekt. Denn die Bedingungen ökonomischen Wohlergehens, rechtlicher Sicherheit, Gesundheit etc. liegen nicht in der Hand von Einzelnen. Im Gegenteil, bestehende strukturelle Probleme werden durch diese Zuschreibung von Eigen-Verantwortung verschleiert. Die Konsequenz dieser Verschleierungspolitik ist eine soziale ‚Grammatik der Härte', die mit einer individualisierten, solipsistischen Sorge um sich selbst einhergeht.

Das Phantasma dieser gouvernementalen Vernunft ist, dass ein mathematisches System, das das gesamte Leben in messbare marktlogische Größen überführt, uns auf dem Weg zur Entfaltung unser Selbst dient. Dabei verschleiert es aber, wie es uns gegeneinander anordnet und über die Angst vor dem sozialen Abstieg regiert. Die Desillusionierung pädagogischer Machbarkeitsphantasmen, wie sie noch die 1980er und 90er-Jahre bestimmte, Fragen zur *Intransparenz des Adressaten*, zur *Dezentrierung des Subjekts*, zum *Technologiedefizit der Erziehung*, zur *Krise der Repräsentation* und zur *Grundlosigkeit des Wissens* stellen angesichts handfester ökonomischer Aufgaben und Wirklichkeiten insofern nur unnötige Irritationen dar (vgl. Wimmer 2014, S. 432). Peskollers und Kampers *KörperDenken* weisen insofern auf die verdrängte Seite der ‚evidenzbasierten Pädagogik' und ihrer Logik der ‚sanften Führung' (Bröckling) hin und verlassen die Matrix des kompetitiven Selbst und seiner Selbstoptimierung.

Helga Peskoller hat in den letzten Jahrzehnten von diesen Rändern aus nach der Beziehung der Vernunft zu sich selbst gefragt und in unterschiedlicher Weise an den *anderen Grund* der Vernunft erinnert. Der Körper in Bewegung, beim Wandern, Bergsteigen oder Segeln, als einem Außen Ausgesetzter, dem das Unaussprechliche widerfährt, auf der Suche nach einem Ausdruck für das Unausdrückbare, der bis an die Grenzen seiner Kräfte geht, um zum *Inneren seines Selbst* (Bataille) vorzudringen, stellen immer wieder die Bezugspunkte ihres auf Grenz-Erfahrung gründenden Schreibens und Denkens dar (Peskoller 2013). Dabei geht es ihr darum, die Bedeutung einer *(inneren)* Erfahrung geltend zu machen, die sich nicht den normalisierenden Kategorien einer wie auch immer situierten Vernunft einordnen lässt: Der Körper als ein Unruhestifter, der das Affektive, Emotionale, Vorbewusste und Unbewusste, das Unverarbeitbare zutage treten lässt. Im Folgenden soll in aller Kürze der Körperbegriff von Peskoller skizziert werden.

3. Der Körper als Grenze bei Helga Peskoller

In Helga Peskollers Denken und Schreiben taucht der Körper zumeist unvermittelt auf als ein Element, das die Szene stört, das die Szene sogar aus den Fugen geraten lässt. Sie schreibt von extremen Erfahrungen des Bergsteigens, des Segelns oder des Wanderns, in denen sich die sicher geglaubte Ordnung in einen Abgrund verwandelt, vor dem man steht, in den man stürzt. Die Seile reißen, an denen das Leben hängt (Peskoller 2020a). Die Hand und der Fuß finden keinen Halt und der Körper stürzt ab (2020b). Wir betreten Gebiete, die nicht verzeichnet sind, ein Land, in dem es keine vorgetretenen Pfade gibt. Wir sind auf unseren Körper zurückgeworfen und die normalisierten Routinen des Lebens greifen ins Leere, verlieren ihren Halt (Peskoller 2007). Der Körper erscheint, er taucht auf als Bild, das in kein Bild passt, und lässt die sorgfältig gezogenen Grenzen zwischen Ich und Nicht-Ich zusammenbrechen. Der ‚Tod des Subjekts' wird in diesen Erfahrungen buchstäblich. Dabei ist seine Bewegung das Element der Erfahrung. Der Körper kommt in Berührung mit den Kräften der

Natur, den Bergen, dem Meer und seinen eigenen Kräften. Es geht um Erfahrungen, die an Verbindungen des Körpers mit der Natur und mit anderen Körpern erinnern und ein Jenseits der historischen Zurichtung des Körpers, der Umformung der Natur und der Körper geltend machen. Es ist ein lebendiger Körper, der sich bewegt und bewegt wird, der berührt und berührt wird, der sich im ständigen Austausch mit seiner Umgebung befindet, der zugleich aktiv und passiv ist. Bei Peskoller erinnert uns der Körper an unsere Ausgesetztheit, an unsere Verbundenheit mit anderen und einem Außen. Diese Erfahrung des Körpers ist marginalisiert, so Peskoller, weil der Körper und die menschliche Natur im Prozess der Zivilisation einer stetigen Deformierung unterworfen worden sind, einer, wie Horkheimer und Adorno sagen, ‚Geschichte der Verstümmelung des Verhältnisses zum Körper' (vgl. Adorno/Horkheimer 1969, S. 288). Eine Geschichte der Verdrängung und Entstellung der menschlichen Instinkte und Leidenschaften, der Demütigung des Fleisches, in der der Körper wie die Erde zur Ware umgeformt, in der das Land produktiver gemacht wurde und die Tiere in lebende Fabriken umgewandelt wurden. Mit der feministischen Theoretikerin Silvia Federici gesprochen, ist der Körper die *Grenze der Ausbeutung*, der uns an ein Leben des Körpers erinnert als eine „Struktur von Bedürfnissen und Wünschen, die nicht durch bewusste Entscheidungen oder kollektive Praktiken in uns entstehen, sondern durch Millionen von Jahren materieller Evolution: das Bedürfnis nach der Sonne, dem blauen Himmel und den grünen Bäumen, dem Geruch des Waldes und der Meere, das Bedürfnis, zu riechen, zu schlafen, Liebe zu machen" (Federici 2020, S. 123). Die Kraft der Körper, von denen Peskoller schreibt, besteht darin, dass in den Bildern der Selbstüberschreitung die Erfahrung des Körpers als Grenze der Selbstentfremdung bildhaft wird. Ihre Körper verausgaben sich, gehen an ihre Grenze oder werden über ihre Grenzen gezogen, aber sie beuten sich nicht selbst aus, um einen Mehrwert zu generieren oder leistungsfähiger zu sein. Die Überschreitung ihrer Grenzen ermöglicht erst eine Erfahrung des Selbst, eines Selbst, das nicht in gesellschaftlichen Kategorien gemessen werden kann und dieses Selbst erfährt dezente Momente des Glücks, ähnlich wie der tanzende Körper von Federici, in dem er sich sinnlich an der Natur erfreut, wie z. B. nach tagelanger körperlicher Qual, Sturm und Wetter ausgeliefert am schlichten Glück der Farben, an einem schmalen Streifen, „wo sich Himmel und Wasser berühren […]. Tiefes Blau, das in Weiß übergeht und himmelwärts in Kobaltblau" (Federici 2015, S. 6). Ihr Körper ist der Ort, „wo nur noch die Natur und die Elemente Regie führen" (ebd., S. 7).

Für die Frage nach dem Verhältnis von Körper und Bild ist eine Nähe von Peskollers Schreiben zu Maurice Merleau-Pontys Leibphänomenologie und zu künstlerischen Methoden unverkennbar. Zwei Aspekte Peskollers Schreibens lassen sich aus leibphänomenologischer (a) und künstlerischer Perspektive (b) nachzeichnen, um (c) die Fragen eines differenztheoretischen *KörperDenkens* zu umreißen.

(a) Erfahrungen sind stets verkörpert

Die Welt ist für Merleau-Ponty nicht ein feststehendes Ganzes von Dingen oder Tatsachen, sondern ein Zusammenhang von Sinnbeständen, die ständig im Fluß bleiben. Ausgehend von einem starken Erfahrungsbegriff verwirft er ein zeit- und raumloses Bewusstsein als spekulatives Konstrukt. Stattdessen geht er weitgehend von einem leiblichen Selbst aus, das der Welt zugehört (vgl. Merleau-Ponty 1966). Vom leiblichen Standpunkt sind Erkenntnis und Erfahrung zu unterscheiden. Erkenntnis ist ein vergeistigtes Konstrukt eines der Welt gegenüberstehenden Denkens, während Erfahrung ein immer verkörpertes Geschehen in der Welt darstellt. Aufbauend auf diesem Verständnis von Erfahrung untergräbt Merleau-Ponty klassische Körper/Geist Dichotomien. Dieser starke Erfahrungsbegriff ist auch für Peskoller leitend. Sprache und Zeichen sind nicht körperlos, sie sind keine Konstruktionen eines Bewusstseins, sondern stellen Erfahrungsmodalitäten dar, die immer auch verkörpert werden.

(b) Kunst als Prozess ‚Erfahrungen selbst zur Sprache zu bringen'

Zum zweiten steht Peskollers Arbeit in einer engen Verwandtschaft zu künstlerischen Methoden. Erfahrungen liegen für sie nicht als etwas immer schon Gegebenes vor, sondern stellen etwas dar, das hervorgebracht werden muss. Erfahrungen im emphatischen Sinne Peskollers stören die normalisierten Routinen des Wissens und die beherrschenden Wahrnehmungsmuster. Sie fordern auf, neu hinzuschauen und *anders* zu sehen, was vorher selbstverständlich erschien. Peskoller erforscht so, *was der Körper vermag:* seine Fähigkeiten, seine Sprachen, seinen Ausdruck für das, was nicht aussprechbar ist. Sie lässt das aufscheinen, was das Selbst betrifft und für das es keine Worte hat. Wie die Kunst, ‚ein Labor des Sehens' ist, so ist ihr *KörperDenken* ein ‚Labor der Erfahrung' (Kamper 1999).

(c) Fragen eines differenztheoretischen *KörperDenkens*

Diese zwei Bewegungen entfalten eine sublime Kritik. Zum einen widersetzen sie sich der Normalisierung der Erfahrung. Der Körper als Unruhestifter ist die Grenze des glatten Vergessens und Ort „realer Erfahrung" (Peskoller 2013, S. 72). Beide Bewegungen zielen insofern auf ein *Anderssehen,* auf die Kraft eines Sehens, das darin liegt, auf neuartige Weise zu sehen, ein Sehen, das das Sehen verändert. Auch wenn sie dies nicht explizit macht, so deutet sich hier ein Weg aus dem ‚Gefängnis aus Bildern der Befreiung' (Kamper 1973) an, ein Weg der beherrschenden Erfahrungsarmut, dem Vergessen des Körpers zu entrinnen. An Peskollers *KörperDenken* lässt sich die Frage anschließen, wie soziale Ungleichheit verkörpert wird. Wie verkörpern sich z. B. die spezifischen Erfahrungen von Frauen? Wie kann ein *KörperDenken* analytisch ins Auge fassen, inwieweit Vulnerabilität auf ungleiche Weise verteilt wird. Mit der zweiten feministischen Welle in den 1970er-Jahren und den cultural studies in Birmingham hat sich die Erkenntnis durchgesetzt, dass Wissen, Erfahrung und Praktiken entsprechend nach Gender, Race, Class und Disability situiert, privilegiert bzw. deprivilegiert sind. Wie lässt sich diese Erkenntnis analytisch berücksichtigen? Im Folgenden soll Peskollers Spur des *KörperDenkens* am Beispiel des Songs „strange fruit“ und der gleichnamigen Arbeit von Zoe Leonard mit der Frage nach der Verteilung von Vulnerabilität verbunden werden.

4. Der Körper, das ‚aktuelle Selbst‘ und das Reale

4.1 Strange fruit (Billie Holiday)

Southern trees bear a strange fruit,
Blood on the leaves and blood at the root,
Black body swinging in the Southern breeze,
Strange fruit hanging from the poplar trees.

Pastoral scene of the gallant South,
The bulging eyes and the twisted mouth,
Scent of magnolias sweet and fresh,
And the sudden smell of burning flesh.

Here is a fruit for the crows to pluck,
For the rain to gather, for the wind to suck,
For the sun to rot, for the tree to drop,
Here is a strange and bitter crop.
Billie Holiday (1939)

Vor etwa 80 Jahren, im Frühjahr 1939, singt die schwarze Jazz-Sängerin Billie Holiday im New Yorker Club *Café Society* den Song *strange fruit.*[1] Die im Lied angesprochene *strange fruit* ist der Körper eines gelynchten Schwarzen, der an einem Baum aufgehängt wurde. Das Lied wird zu einem frühen Protestsong der schwarzen Bürgerrechtsbewegung. Es klagt das weiße Amerika an, seine bürgerliche Fassade und seinen Rassismus. Noch in den 1940er und 50er-Jahren werden beinahe täglich Schwarze Opfer von Lynchmorden. Lynchmorde werden als öffentliche Spektakel inszeniert, Postkarten gedruckt, auf denen ausgelassene weiße Mobs in Anzug und Krawatte mit den gefolterten, toten schwarzen Körpern zu sehen sind. Lynchmorde sind aber nur die Spitze des Rassismus

1 Siehe zur Bedeutung von „strange fruit“ für die schwarze Bürgerrechtsbewegung Angela Davies 1999.

in den USA. Apartheid und Rassenhass haben vielfältige und häufig auch tödliche Folgen. So starb Holidays Vater 1937, weil sich alle Krankenhäuser der Gegend weigerten, einen Afroamerikaner zu behandeln. „Es macht mich immer noch traurig“, so Holiday Ende 1950er-Jahre, „wenn ich [*strange fuit*, U. A.] singe. Es erinnert mich daran, wie mein Vater gestorben ist. Aber ich musste es immer wieder singen, nicht nur, weil die Leute es sich wünschten, sondern auch, weil zwanzig Jahre, nachdem mein Vater nun tot ist, diese Dinge, die ihn umgebracht haben, immer noch im Süden passieren“ (ebd.). *Strange fruit* wird heute oft auf den Protest gegen Lynchmorde reduziert. Diese reduktive Perspektive verkennt die symbolische Dimension des Songs als Symbol für die ‚rassistische Nekropolitik‘ (Mbembe) im Allgemeinen.

4.2 Strange fruit (Zoe Leonard)

> „*Ich glaube, dass ich damals fast Schuldgefühle hatte, Kunst zu machen, während die Leute wie die Fliegen tot umfielen.*“ Zoe Leonard (zit. n. Blume 1997, S. 66)

„*Strange fruit*“ ist ebenfalls der Titel einer Arbeit der Künstlerin Zoe Leonard. In der AIDS-Krise der 1980er und 90er-Jahre, in der viele geliebte Freunde von Leonard an AIDS erkrankten und starben, begann die New Yorker Künstlerin Früchte zu schälen und die Schalen wieder zusammenzunähen. Sie berichtet, dass sie damit in Indien begann. Sie sei beeindruckt gewesen, dass dort alles, was noch irgendwie zu gebrauchen war, auch scheinbarer Müll wiederverwertet und nicht weggeworfen wurde. Nachdem sie zwei Orangen gegessen habe, habe sie die Schalen nicht wegwerfen können und sie wieder zusammengenäht. Von 1992 bis 1995 nähte sie tausende Früchte zusammen, ohne diese auszustellen. Leonard sagt zu ihrer Arbeit: „It’s an absurd act of repair. The very essence of the piece is to decompose. The absurdity, irony, pain and humor is that we attempt to hang on to memory, but we forget.“ (zit. n. Ravenal 2000, S. 18) *Strange fruit* ist ein aussichtsloser Versuch zu reparieren, was irreparabel ist, ein Versuch, sich gegen das Vergessen, die Vergänglichkeit und den Tod in der AIDS-Krise aufzulehnen, sich dagegen aufzulehnen, dass mit dem Tod etwas verloren geht, das nicht zurückgebracht und auch nicht mehr erinnert werden kann, aber auch gegen die vorsätzliche Ignoranz und das diskriminierende Krisenmanagement der US-Regierung.

Im Rahmen eines Symposiums zu Zoe Leonards *Strange Fruit* im Whitney Museum of American Art 2018, erzählt Gregg Bordowitz, ein enger Freund von Leonard und früher AIDS-Aktivist, wie er 1995 Leonard in ihrem Atelier besuchte und die Früchte, die auf dem Boden verteilt lagen, sah. „Well, that’s some strange fruit“, war seine spontane Reaktion. Im selben Augenblick wurde ihnen die Verbindung zu Holidays Song klar:

„And immediately [we] thought of Billie Holidays song. The link was for us in that time extremely powerful and poignant. We believed, we were being murdered. We were being murdered. It was an active act of willful neglect that led to the deaths of thousands." (Bordowitz 2018)

Leonard stellt mit *Strange fruit* eine historische Kontinuität zwischen Versklavung, Rassismus und der AIDS-Krise her und betrachtet man die AIDS-Krise in ihrem globalen Zusammenhang, dann ist nicht zu übersehen, dass es nach 1995 wiederum Schwarze waren, die im globalen Süden an AIDS starben und heute weiterhin sterben, die keinen Zugang zu überlebenswichtigen Medikamenten haben. *Strange fruit* ist insofern ein intersektionales Vereinigungszeichen von Bewegungen gegen Rassismus, Homo- und Transfeindlichkeit und carefeministischen Bewegungen. Aber Leonards Arbeit drückt nicht nur Anklage und Protest aus. Sie ist auch ein Symbol für den Versuch, zu heilen, zusammenzunähen, was auseinandergerissen wurde. Die Leben, über deren Sterben nicht gesprochen wird, die nicht zählen und die nicht betrauernswert sind, näht sie wieder zusammen und versucht das verlorene Band wiederherzustellen. Das Ausgeschlossene, das in der AIDS-Krise so erfolgreich ausgeblendet und verdrängt wird, ist die Abhängigkeit des einen Leben von einem anderen. Indem Leonard die Früchte wieder zusammennäht und symbolisch die weggeworfenen Körper zu heilen sucht, stellt sie temporär die verlorene Gemeinsamkeit wieder her, die das Verdrängte sichtbar macht und ein verlorenes Gemeinsam-Sein stiftet.

Holidays und Leonards Bild der „strange fruit" ist für das Verständnis eines differenztheoretischen *KörperDenkens* weiterführend. Mit ihm kann abschließend ins Auge gefasst werden, wie sich die historisch diskursive Spur des Körpers und seine Besetzung durch die Macht vollzieht. Um diese Verknüpfung analytisch ins Auge fassen zu können, ist nun noch Foucaults Konzept der ‚Aktualität des Körpers' heranzuziehen.

4.3 Das ‚aktuelle Selbst' und das *Reale* des Imaginären

In Foucaults genealogischer Analyse werden die Bruchstellen, Kämpfe, Resistenzen im, am und um den Körper fokussiert, *„die Art und Weise, in der man das Materiellste und Lebendigste an ihnen eingesetzt und besetzt hat"* (Foucault 1987, S. 289). Er analysiert, wie sich Machtdispositive an den Körper schalten und wie sich das Verhältnis zum eigenen Selbst über Machtdispositive konstituiert (vgl. Foucault 1983, S. 180). Der Körper ist bei Foucault insofern kein gänzlich diskursives Konstrukt, aber es wäre ebenfalls falsch anzunehmen, er kehre deswegen zu einem Denken substantieller Ursprünge zurück. Der Körper ist weder nur konstruiert, noch gänzlich selbst. Es ist eben einerseits nicht zu übersehen, dass auch noch entschleierte Konstruktionen im Fleisch sitzen und nicht einfach voluntaristisch aufgelöst werden können, andererseits trotzdem kulturell erzeugt sind. Die Dekonstruktion essentialisierend identitärer Begrifflichkeiten löst noch nicht die Wirkungsmöglichkeiten solcher Konstruktionen auf. Psychoanalytisch gesprochen, ist der Blick insofern nicht nur auf das ‚Imaginäre der Realität' zu richten, sondern auch auf das ‚*Reale* des Imaginären'. Auch falsche Bilder verfügen noch über die Macht, Realität zu setzen (Kamper 1989).

Der Begriff des ‚*Realen* des Imaginären' verweist auf eine Dimension der Erfahrung, die dem Sprachlichen, genauer gesagt, dem Symbolischen entgegengesetzt ist und doch mit ihm zusammenhängt. Bei Lacan bezeichnet das *Reale* das, was nicht symbolisiert werden kann. Ein psychoanalytisches Beispiel für das *Reale* ist das Trauma. Das *Reale* des Traumas zeichnet aus, dass es etwas gibt, das nicht bezeichnet werden kann. Dieses Unbezeichenbare entfaltet gerade wegen seiner Unbezeichenbarkeit aber seine traumatische Wirkung. Das *Reale* des Traumas besteht nach Lacan insofern darin, dass es in negativer Gestalt eines Schwerpunkts wiederkehrt, um den die symbolische Ordnung zu kreisen verdammt ist, den sie aber nicht erreichen kann (vgl. Fink 2015, S. 52). Das Trauma erzeugt eine Art Klumpen, den die Signifikantenkette umgehen muss. Dass das *Reale* für das traumatisierte Subjekt nicht aussprechbar ist, bedeutet allerdings nicht, dass das *Reale* überhaupt nicht aussprechbar ist. Die Aufgabe, der sich die Psychoanalyse vielmehr stellt, liegt darin, erste Schritte in Richtung der Symbolisierung des Unaussprechlichen zu gehen. Auch die Musik und die Künste bewegen sich in diesem Raum zwischen *Realem* und Symbolischem. Obwohl viele Klänge und Geräusche keine gesellschaftlich anerkannte Bedeutung haben, können sie dennoch Auswirkungen haben. Sie können den Atem stocken lassen, das Subjekt aus der Bahn werfen und mehr ausdrücken als alle Worte.

Die Aktualität des Körpers, die sich innerhalb des historisch variablen Kraftfelds diskursiver Praxen bildet, bleibt auf einen dynamischen Schwerpunkt verwiesen, das *Reale* des Imaginären, das von den diskursiven Praxen nicht erreicht werden kann. Konstruktionen von Rasse sind insofern nicht als abstrakt diskursive Glaubenssätze zu verstehen, sondern in ihrer Verflechtung mit dem Begehren, den Wünschen und Sehnsüchten zu analysieren. Sie gründen im Unbewussten. Oder wie Foucault schreibt, die Selbstkonstitution ‚durchschneidet die symbolischen Systeme, während sie sie gebraucht' (Foucault 1987, S. 289). Das heißt, ihre Beständigkeit beziehen rassialisierende Konstruktionen nicht allein aus der Trägheit von Gewohnheiten und Konventionen, sondern auch aus der Unaussprechlichkeit, welche die Bilder in uns (im Unbewussten) besitzen. Das Politische findet nicht nur auf der Oberfläche des Körpers statt, sondern ist unverbrüchlich mit einem nicht-authentischen Inneren des Körpers verbunden. Holidays und Leonards „strange fruit" sind dementsprechend nicht nur Botschaften, sondern vollziehen vielmehr eine Bewegung im Körper, indem sie hegemoniale Subjektivierungen durchkreuzen. Als solche gegenhegemonialen

Subjektivierungen artikulieren sie nicht nur begangenes Unrecht, sondern verrücken das leere Zentrum der Signifikantenketten und damit das Unaussprechliche in der Ordnung des Symbolischen.

5. Differenztheoretisches *KörperDenken*

Die hier skizzierte Verknüpfung zwischen dem *KörperDenken* und hegemoniekritischen Theorieansätzen ermöglicht es, Formen hegemonialer und normalisierender Subjektivierung in ihrer Verbindung zu analysieren und die Begrenzungen beider Analyseperspektiven zu überwinden. Abschließend werden zusammenfassend drei grundlegende Aspekte eines differenztheoretischen *KörperDenkens* skizziert.

(a) Die Kritik am Phantasma des ‚bedingungslosen Genießens'

Der Körper ist bei Kamper und Peskoller ein ‚Unruhestifter', der die Normalisierung der Erfahrung und des ‚glatten Vergessens' stört. Das *KörperDenken* kritisiert das hegemoniale Phantasma und ist keine Analyse gelebter Erfahrungswirklichkeiten. Es kritisiert die wirkmächtige Struktur des Imaginären, wie sie in Form der Politik des Begehrens, der Wünsche und Sehnsüchte besteht. Es behauptet nicht, dass Menschen keine Erfahrung machen. Dass der überwiegende Teil der Menschen von Krankheit, Armut und Prekarisierung weiterhin betroffen ist und viele ganz ohne jede soziale Absicherung in Lagern oder unter Kriegsbedingungen überleben müssen, und dass niemand ein vollständig virtualisiertes und normalisiertes Leben führt, steht außer Frage.

(b) Imaginationspolitik und Prekarisierung

Die ‚Regierung der Prekären' (Lorey 2012) beruht auf der Macht, die das Selbst dazu bringt, sich gemäß marktlogischer Prinzipien selbst zu optimieren. Sie setzt beim Wunsch nach Sicherheit an und beutet das Phantasma bedingungslosen Genießens machtvoll aus. Umso schmerzlicher der Verlust von Autonomie empfunden wird, umso stärker wird das Konkurrenzverhältnis und umso intensiver wird die statthabende Vereinzelung vorangetrieben. Die Bedingungen der Prekarisierung bestehen in der Ordnung des Phantasmas.

(c) Kunst als differenztheoretisch positionierte Arbeit am *Realen*

Der dritte Ausgangspunkt eines differenztheoretischen *KörperDenkens* ist, dass Wissen, Erfahrung und Praktiken entsprechend nach Gender, Race, Class und Disability situiert, privilegiert bzw. deprivilegiert sind und keineswegs universal beschrieben werden können. Wissen, Erfahrung und Praxis bilden vermachtete Verhältnisse, durch die hegemoniale Differenzordnungen durchgesetzt werden. Ein differenztheoretisches *KörperDenken* ist insofern als eine situierte Praxis zu verstehen, die Erfahrungen hinsichtlich vergeschlechtlichter, rassialisierter, klassenbasierter und ableistischer Differenzachsen ins Auge fasst und sich nicht außerhalb dieser wirkmächtigen Differenzordnungen positioniert. Selbstreflexive Offenheit bedeutet im Rahmen des differenztheoretischen *KörperDenkens* insofern, einerseits Erfahrungen zu stiften, die sich der Normalisierung des Körpers und der Einschränkung seiner Sinne und Erkenntnismöglichkeiten im Rahmen der umfassenden Prekarisierung und der konkurrenzorientierten Selbstverzweckung widersetzen, andererseits der hegemonialen Differenzordnung entgegenzuwirken und die eigene Verstrickung in die hegemonialen Verhältnisse selbstkritisch zu analysieren. Differenzordnung und Normalisierung der Erfahrung werden aber nicht auf der „symbolischen Ebene verhandelt, sondern auf der *realen*" (Kamper 1989, S. 59), d. h., differenztheoretisches *KörperDenken* zielt insofern auf eine situierte und performative Praxis, die das *Reale* als unsichtbar strukturierendes Zentrum der Signifikantenketten verrückt. Die Ordnung des Sichtbaren wird auf der Ebene des *Realen* durchkreuzt und nicht auf der Symbolischen. Das *Reale* ist aber keineswegs ein ahistorischer Komplex, sondern die Rückseite der diskursiv verkörperten Differenzen. Das *Reale* ist das, was die Differenz verdrängt. Wie den Künsten und der Psychoanalyse geht es einem differenztheoretischen *KörperDenken* insofern nicht um Botschaften, Hinweise oder Erklärungen, sondern um Symbolisierungsprozesse. Symbolisiert werden muss, was aus dem ‚Souterrain der Bilder' aufsteigt. Was aufsteigt, ist in einer durch rassialisierende, vergeschlechtlichende, klassenbasierte und ableistische Differenzen strukturierten Wissensökonomie, was das Phantasma verdrängt: die gegenseitige Abhängigkeit des einen Lebens von einem anderen. Im Rahmen einer durchkapitalisierten Existenzweise, die auf Konkurrenz und Segregation beruht, ist es das Ziel eines differenztheoretischen *KörperDenkens*, das leere Zentrum der Signifikantenketten zu verrücken und intersektional gerechte Formen des Gemeinsam-Seins zu imaginieren.

Literatur

Adorno, Th. W./Horkheimer, M. (1969): Dialektik der Aufklärung. Philosophische Fragmente. Frankfurt am Main: Fischer.

Blume, A. (1997): Zoe Leonard Interviewed by Anna Blume. In: Wiener Secession (Hg.), Zoe Leonard. Ausst.-Kat. Wien. Wien, S. 7–23.

Bordowitz, G. (2018): https://www.youtube.com/watch?v=sfD8iWicHB4

Brown, W. (2015): Die schleichende Revolution. Wie der Neoliberalismus die Demokratie zerstört. A. d. Amerikanischen v. J. Schröder. Berlin: Suhrkamp.

Derrida, J. (1998): Vergessen wir nicht – die Psychoanalyse. Frankfurt am Main: Suhrkamp.

Davis, A. (1999): Blues legacies and black feminism: Gertrude „Ma" Rainey, Bessie Smith and Billie Holiday. New York: Random House.

Federici, S. (2020): Jenseits unserer Haut. Körper als umkämpfter Ort im Kapitalismus. A. d. Amerikanischen v. M. Ruppel. Münster: Unrast.

Fink, B. (2015): Das Lacansche Subjekt. Zwischen Sprache und Jouissance. A. d. Amerikanischen v. T. C. Boehme. Wien: Turia + Kant.

Foucault, M. (1983): Sexualität und Wahrheit 1: Der Wille zum Wissen. Frankfurt am Main: Suhrkamp.

Foucault, M. (1987): Vom klassischen Selbst zum modernen Subjekt. In: H. Dreyfus/P. Rabinow (Hrsg.), Michel Foucault. Jenseits von Strukturalismus und Hermeneutik (S. 281–292). Frankfurt am Main: Suhrkamp.

Grevenbrock, C. (2009): Wenn Freunde sterben – Zeo Leonards Strange Fruit (for David). kunsttexte.de, 02/2009 – 1.

Kamper, D. (1973): Geschichte und menschliche Natur. Die Tragweite gegenwärtiger Anthropologiekritik. München: Hanser.

Kamper, D. (1989): Tod des Körpers – Leben der Sprache. Über die Intervention des Imaginären im Zivilisationsprozeß. In: G. Gebauer/D. Kamper/D. Lenzen/G. Mattenklott/ Ch. Wulf/K. Wünsche (Hrsg.), Historische Anthropologie. Zum Problem der Humanwissenschaften heute oder Versuche einer Neubegründung (S. 49–83). Reinbek: Rowohlt.

Kamper, D. (1994): Das Phantasma vom ganzen und vom zerstückelten Körper. In: D. Kamper/Ch. Wulf (Hrsg.), Wiederkehr des Körpers (S. 125–137). Frankfurt am Main: Suhrkamp.

Kamper, D. (1999): Denken mit zerbrochenem Kopf. Das Vermächtnis Georges Batailles. In: A. Hetzel/P. Wiechens (Hrsg.), Georges Bataille. Vorreden zur Überschreitung (S. 295–299). Würzburg: Königshausen & Neumann.

Lorey, I. (2012): Die Regierung der Prekären. Wien, Berlin: Turia + Kant.

Merleau-Ponty, M. (1966): Phänomenologie der Wahrnehmung. Aus d. Franz. übers. u. eingeführt durch e. Vorrede v. R. Boehm. Berlin: de Gruyter.

Peskoller, H. (2007): Augenblicke unmöglicher Freiheit. Eine Nachschreibung am Beispiel Eiger – B.A.S.E. In: H. Peskoller/M. Ralser/M. A. Wolf. (Hrsg.), Texturen von Freiheit (S. 53–77). iup: Innsbruck. 2007.

Peskoller, H. (2013): Erfahrung/en. In: J. Bilstein/H. Peskoller (Hrsg.), Erfahrung – Erfahrungen (S. 51–79). Wiesbaden: VS.

Peskoller, H. (2015): Berge, Menschen, Meere. Ent- und Absicherung im Durchzug der Elemente. In: Ch. Wulf (mit J. Zirfas) (Hrsg.), Unsicherheit. Paragrana, Bd. 24/1. Berlin: De Gruyter, S. 1–12.

Peskoller, H. (2020a): Homo periculosus sui. Dargestellt am Beispiel Natur. In: Ch. Wulf/ J. Zirfas (Hrsg.), Den Menschen neu denken. Paragrana Bd. 29/1. Berlin: De Gruyter, S. 166–176.

Peskoller, H. (2020b): Von der Sorge ums Überleben zum Überleben der Sorge. Am Beispiel Höhenbergsteigen und Weltumsegeln. In: C. Dietrich/N. Uhlendorf/F. Beiler/O. Sanders (Hrsg.), Anthropologien der Sorge im Pädagogischen (S. 297–308). Weinheim: Beltz Juventa.

Ravenal, J. (2000): Vanitas. Meditations on Life and Death in Contemporary Art. In: ders. Richmond, Virginia Museum of fine Arts.

Wimmer, M. (2014): Vergessen wir nicht – den Anderen! Anmerkungen zur Konjunktur des Diskurses über Heterogenität in der Pädagogik. In: ders., Pädagogik als Wissenschaft des Unmöglichen. Bildungsphilosophische Interventionen (S. 431–452). Paderborn: Schöningh.

Drei Zinnen. Dolomiten

Abbildungsverzeichnis

Helmut Eberhöfer: Berge

Piz Bernina (l.). Piz Roseg (r.). Engadin

Die Autorinnen und Autoren

Ulaş Aktaş, Dr. phil. – Juniorprofessor für Pädagogik an der Kunstakademie Düsseldorf. Forschungsschwerpunkte: hegemonie- und machtkritische Theorien der Kunst und Bildung, Ästhetische Erfahrung unter postkolonialen Bedingungen und gouvernementale Kulturen des Digitalen.

Birgit Althans, Dr. phil. – Professorin für Erziehungswissenschaft. Von 2008 bis 2013 Professorin für Sozialpädagogik an der Universität Trier; von 2013 bis 2018 Professorin für „Empirische Grundschulpädagogik mit dem Schwerpunkt Genderforschung" an der Leuphana Universität Lüneburg. Seit 2018 Professorin für Pädagogik an der Kunstakademie Düsseldorf. Seit 2020 Vorstands-Mitglied der Deutschen Gesellschaft für Erziehungswissenschaft. Arbeitsschwerpunkte: Pädagogische und Historische Anthropologie, gender und cultural studies, qualitative, transdisziplinär orientierte Forschung.

Norval Baitello junior, Dr. phil. – professor at the Pontifical Catholic University of São Paulo, Brazil, in the area of Communication Science and Sciences of Culture and dedicated to researching the ecology of images. Books published (selection): A serpente, a maçã e o holograma (2010); O pensamento sentado. Sobre gluteos, cadeiras e imagens (2012); A era da iconofagia (2014); Emocao e imaginacao. Os sentidos e as imagens em movimento. Organized with Christoph Wulf (2014); A carta, o abismo, o beijo. Os ambientes de imagens entre o artistico e o mediático (2018); Sapientia. Uma arqueologia de saberes esquecidos. Organized with Christoph Wulf (2018).

Johannes Bilstein, Dr. phil. – bis 2018 Professor für Pädagogik an der Kunstakademie Düsseldorf; aktuell Lehre an der Folkwang Universität der Künste, Essen, der Hochschule für Musik und Tanz, Köln und der Universität Innsbruck. Arbeitsschwerpunkte: Historische Bildungsforschung; Metapherngeschichte; ästhetische Bildung und pädagogische Anthropologie. Mitglied des Rates für kulturelle Bildung; ordentliches Mitglied der Nordrhein-Westfälischen Akademie der Wissenschaften und der Künste.

Gernot Böhme, Dr. phil. – geb. 1937 in Dessau, war Professor der Philosophie an der TU Darmstadt und ist seit 2005 Direktor des Instituts für Praxis der Philosophie e.V., IPPh. Bekannt vor allem durch seine Arbeiten zur Ästhetik, Natur-, Leib- und Technikphilosophie sowie mit seiner Auffassung von philosophischer Praxis als Übung darin, gut Mensch zu sein. Zahlreiche Buchpublikationen, u.a. zum Thema Atmosphäre als Stimmungsraum, sowie zu Platon, Kant und Goethe, zuletzt Ästhetischer Kapitalismus; Philosophieren für meine Enkelkinder und Leib: die Natur, die wir selbst sind.

Hartmut Böhme, Dr. phil. – 1977–92 Professor für Neuere Deutsche Literaturwissenschaft an der Universität Hamburg und 1993–2012 Professor für Kulturtheorie und Mentalitätsgeschichte an der Humboldt-Universität zu Berlin. Er war vielfach Leiter von DFG-Forschungsprojekten, u.a. Sprecher des Sonderforschungsbereichs „Transformationen der Antike" (bis 2012). Fellowships und Gastprofessuren an Universitäten in Deutschland, Österreich, Italien, Japan und USA. Er ist Träger des Meyer-Struckmann-Preises 2006 und des Hans-Kilian-Preises 2011. Schwerpunkte: Kultur- und Literaturgeschichte seit der Antike; Kulturwissenschaft; Natur- und Technikgeschichte, Historische Anthropologie und Psychohistorie.

Daniel Burghardt, PD, Dr. phil. – Wissenschaftlicher Mitarbeiter am Department Erziehungs- und Sozialwissenschaften an der Universität zu Köln. Schwerpunkte: Pädagogische Anthropologie, Bildungsphilosophie, Pädagogische Raumtheorie und Kritische Pädagogik.

Cornelie Dietrich, Dr. phil. – Professorin für Erziehungswissenschaft mit dem Schwerpunkt Allgemeine Grundschulpädagogik an der Humboldt-Universität Berlin. Sie bearbeitet in einem kulturwissenschaftlichen Paradigma die Forschungsschwerpunkte Kulturell-Ästhetische Bildung, Bildung und Sprache, Sorgeverhältnisse in der Grundschule sowie Bildungslandschaften/Community Education.

Helmut Eberhöfer – Fotograf und Bergwanderführer, aufgewachsen im Oberengadin Schweiz. Lebt seit 1997 in Hall in Tirol Österreich.

Hajo Eickhoff, Dr. phil. – Ausstellungsmacher, Kulturhistoriker mit den Forschungsschwerpunkten Körperhaltungen, Inneres Design des Menschen, Bildende Kunst und Struktur der europäischen Kulturentwicklung, und tätig in der Kulturberatung und Konzeptentwicklung für Unternehmen.

Werner Casty – Bildender Künstler. Aufgewachsen im Bündnerland, Lehrerseminar in Chur, Kunstgewerbeschule Zürich, Mitbegründer, Aufbau und langjähriger Co-Leiter der Kunstschule Wetzikon, einige Jahre Vizedirektor der Kunstschule Liechtenstein in Nendeln FL. Die künstlerische Arbeit umfasst Zeichnung, Druckgrafik und Objekt. Ausstellungen und Aktionen im In- und Ausland, zuletzt in Zentralasien, USA, Österreich, Fürstentum Liechtenstein, Italien und der Schweiz. Werner Casty lebt und arbeitet in Wetzikon.

Lutz Ellrich, Dr. phil. – Prof. i. R. für Medienwissenschaft an der Universität zu Köln. Schwerpunkte: soziale Folgen der Computertechnik, insbes. der Künstlichen Intelligenz, Konflikte und Gewaltexzesse in modernen Gesellschaften; Vertrauen und Misstrauen in Netzwerken und Organisationen; fremdkulturelles Verstehen; experimentelles und politisches Theater. Publikationen u. a.: Verschriebene Fremdheit (1999); Die Unsichtbarkeit des Politischen (2009); Vorführen und Verführen. Orientierungsangebote in alten und neuen Medien (2015); Werte(De)-Konstruktionen (Mit-Hg. 2019).

Simone Kosica, Dr. phil. – Promotion an der Universität Koblenz-Landau am Fachbereich Bildungswissenschaften. Schwerpunkte: Ästhetik und Bildung, pädagogische (Schul-)Raumforschung aus phänomenologischer Sicht. Derzeit am Studienseminar für die Primarstufe in Saarbrücken als Fachleiterin tätig.

Sabine Krause, Dr. phil. – Professorin für Erziehungswissenschaft mit dem Schwerpunkt Allgemeine Erziehungswissenschaft an der Universität Innsbruck. Schwerpunkte: Fotografie als Zugang und Erkenntnisweg in der Erziehungswissenschaft, Studien zu (historisch geografischen, erinnerungskulturellen, disziplinären und epistemologischen) Grenzen sowie Herausforderungen partizipativen Forschens in der Bildungswissenschaft. Cultural Studies, Memory Studies und Border Studies.

Wiebke Lohfeld, Dr. phil. – Akademische Oberrätin am Fachbereich Bildungswissenschaften an der Universität Koblenz-Landau. Schwerpunkte: Biografieforschung, Ästhetische Bildung, Pädagogische Anthropologie, Jüdische Emigration im Nationalsozialismus, Qualitativ-rekonstruktive Methoden, Theorie der Anerkennung, Kulturelle Bildung und Darstellendes Spiel.

Ruprecht Mattig, Dr. phil. – Professor für Systematische Erziehungswissenschaft und Methodologie der Bildungsforschung an der TU Dortmund. Schwerpunkte: Pädagogische Anthropologie, ethnographische Bildungsforschung, Ritual- und Gestenforschung, Sprache und Mehrsprachigkeit, Transkulturalität, Glück und Jugendkultur, Erziehung und Bildung in Japan.

Ulrike Mietzner, Dr. phil. – Professorin für Allgemeine Erziehungswissenschaft mit dem Schwerpunkt Historische Bildungsforschung an der TU Dortmund. DFG-Projekte: Netzwerk Transformative Bildlichkeit, „Projekt Kind“: Elterliche Konstruktion des Kindes in seiner Geschlechtlichkeit. Biografiegeschichtliche und bildtheoretische Forschungen, Fragen von Erinnerungskulturen und Geschichtsbewusstsein.

Stephanie Römer, Dr. rer. pol. – Forschungsbereiche: Exilregierungen und -gemeinschaften, Migration, Flüchtlingsökonomie, Tibet.

Holger Schulze, Dr. phil. – ist Professor für Musikwissenschaft an der Universität Kopenhagen und leitet dort das Sound Studies Lab. Er arbeitet zur Kulturgeschichte der Sinne, zum Klang in der Popkultur sowie zur Anthropologie der Medien. Letzte Veröffentlichungen u.a.: The Bloomsbury Handbook of the Anthropology of Sound (2021, Hg.), Sonic Fiction (2020), The Sonic Persona (2018).

Hanne Seitz, Dr. phil. – bis 2017 Professorin für Theorie und Praxis ästhetischer Bildung an der Fachhochschule Potsdam Sie publiziert zu ästhetischen, kulturellen und anthropologischen Fragestellungen, konzipiert, entwickelt und beforscht tanztheatrale Projekte, Performance-Art und künstlerische Interventionen in sozialkulturellen Feldern.

Martin Sexl, Dr. phil. – Professor für Allgemeine und Vergleichende Literaturwissenschaft an der Universität Innsbruck; stellvertr. Vorsitzender der Deutschen Gesellschaft für Allgemeine und Vergleichende Literaturwissenschaft/ DGAVL. Schwerpunkte: Literaturtheorie, Gegenwarts- und Situationskunst, Fotografie, Text-Bild-Relationen sowie den Zusammenhängen zwischen den Narrativen der Kultur und der Gesellschaft.

Christian Smekal, Dr. em. – Professor für Finanzwissenschaft an der Universität Innsbruck, Fakultät für Volkswirtschaft und Statistik. Forschungsschwerpunkte: Fiskalischer Föderalismus, Staatsverschuldung, Steuertheorie und -reform. Dekan 1979/80, Rektor 1995–99, Vorsitzender des Universitätsrates 2013–18. 1. Vorsitzender des Österreichischen Alpenvereins 1988–95.

Gabriele Sorgo, PD Dr. phil. – Lehre und Forschung an der Pädagogischen Hochschule Salzburg. Vorstandsmitglied der Kommission Pädagogische Anthropologie der DGfE. Schwerpunkte: Konsumanthropologie, Geschlechterforschung, Gabenökonomie und Sorgearbeit.

Ursula Stenger, Dr. phil. – Professorin für Erziehungswissenschaft mit dem Schwerpunkt Frühe Kindheit und Familie an der Universität zu Köln. Ko-Sprecherin der Theorie AG der Kommission Pädagogik der frühen Kindheit (DGFE). Schwerpunkte: Theoriebildung in der Pädagogik der frühen Kindheit, Pädagogische Anthropologie und Phänomenologie, ästhetische und kulturelle Bildung in der Kindheit, Natur-Bildung, international vergleichende Forschung mit Schwerpunkt Russland. Aktuell: BMBF Projekt mit der TH Köln (C. Stieve) zum Thema: „RaumQualitäten" – eine Topographie des pädagogischen Raums in Kindertageseinrichtungen.

Martina Tscherni, Mag.art – Bildende Künstlerin; Schwerpunkt: Zeichnung und Animation. Studium Meisterklasse für Tapisserie, Prof. M. Rader-Soulek und Meisterklasse für Graphik, Prof. Ernst Caramelle, Universität für angewandte Kunst, Wien. Seit 1988 kontinuierliche Ausstellungstätigkeit, zuletzt 2020 Mdina Biennale, Malta. Preise u. a.: 2013 Tiroler Graphikwettbewerb, 2000 Strabag/Bauholding Kunstförderungspreis. Kunst am Bau: 2013/14 4 Schallschutzwände, Anna Dengelstraße, Hall/Tirol. Lebt und arbeitet in Wien und Hall/Tirol.

Inge Valentini – Studium an der Universität Innsbruck, u. a. Philosophie, Kulturanthropologie, Ästhetik und deutsche und englische Literaturgeschichte an der Fakultät für moderne Fremdsprachen der Universität Siena; Free Columbia Art School Philmont N. Y. Aufenthalte in Europa und USA; lebt und arbeitet zwischen Florenz und Venedig. Übersetzungen aus dem Italienischen: Micelli, Alpine Siedlungen in den Dolomiten, in Karnien und in den Gebieten der Walser 1996; P. Ricci: Namne, Falten, Spuren 2000. homepage: vai.gallery.it

Kristin Westphal, Dr. phil. – bis 2019 Professorin für Erziehungswissenschaft mit dem Schwerpunkt Grundschulpädagogik an der Universität Koblenz-Landau am Fachbereich Bildungswissenschaften. Lehre an den Universitäten Wien, Innsbruck, Frankfurt, Bochum. Schwerpunkte: Pädagogische Anthropologie und Phänomenologie, Ästhetik und Bildung, Erziehen und Bilden in der Kindheit. Forschung zur Kulturellen Bildung: aktuell zusammen mit Prof. Wiebke Waburg (Projektleitung) und Ilona Sauer: Der dritte Ort? Künstlerische Residenzen in ländlichen Räumen (BMBF 12/2019–12/2022). Mitherausgeberin der Reihen: Räume der Pädagogik. Beltz Juventa; Tanz. Theater. Performance. Athena/wbv.

Christoph Wulf, Dr. phil. – Professor für Anthropologie und Erziehung, Mitglied des Interdisziplinären Zentrums für Historische Anthropologie, des Graduiertenkollegs „Körper-Inszenierungen" (1997–2006), des Sonderforschungsbereichs „Kulturen des Performativen" (1999–2010), des Cluster of Excellence „Languages of Emotion" (2007–2014; Principal Investigator) und des Graduiertenkollegs „InterArts Studies" (2006–2015) an der Freien Universität Berlin. Vizepräsident der Deutschen UNESCO-Kommission. Schwerpunkte: Historisch-kulturelle Anthropologie, Pädagogische Anthropologie, ästhetische und interkulturelle Bildung, Performativitäts- und Ritualforschung, Diversitäts- und Emotionsforschung, Mimesis- und Imaginationsforschung; Kulturelle Bildung.

Mit/Herausgeber und Redaktionsmitglied zahlreicher nationaler und internationaler Zeitschriften und Buchreihen.

Jörg Zirfas, Dr. phil. – Professor für Erziehungswissenschaft mit dem Schwerpunkt Pädagogische Anthropologie an der Universität zu Köln. Vorsitzender der Kommission Pädagogische Anthropologie (DGfE) und der Gesellschaft für Historische Anthropologie (FU Berlin); Mitglied des Interdisziplinären Zentrums Ästhetische Bildung (FAU Erlangen-Nürnberg), und der Arbeitskreise Psychoanalyse und Lebenskunst (Berlin) und Pädagogik und Vulnerabilität (Köln). Schwerpunkte: Pädagogische und Historische Anthropologie, Bildungsphilosophie und Psychoanalyse, Pädagogische Ethnographie und Kulturpädagogik.

Yak am Mo-La. Nepal